当代西方社会心理学名著译丛

方文 —— 主编

欲望的演化
人类的择偶策略 最新修订版 Revised and Updated Edition

[美]戴维·巴斯 著
(David M. Buss)

王叶 谭黎 译

THE
EVOLUTION
OF
DESIRE

Strategies of Human Mating

中国人民大学出版社
· 北京 ·

当代西方社会心理学名著译丛（第二辑）编委会

学术顾问

陈欣银教授（宾夕法尼亚大学教育学院）
王登峰教授（北京大学心理与认知科学学院）
乐国安教授（南开大学社会心理学系）
周晓虹教授（南京大学社会学院）

编辑委员会

戴健林教授（华南师范大学政治与公共管理学院）
高明华教授（哈尔滨工程大学人文社会科学学院）
高申春教授（吉林大学心理学系）
管健教授（南开大学社会心理学系）
侯玉波副教授（北京大学心理与认知科学学院）
胡平教授（中国人民大学心理学系）
寇彧教授（北京师范大学心理学部）
李丹教授（上海师范大学心理学系）
李磊教授（天津商业大学心理学系）
李强教授（南开大学社会心理学系）
刘力教授（北京师范大学心理学部）
罗教讲教授（武汉大学社会学院）
马华维教授（天津师范大学心理学部）
潘宇编审（中国人民大学出版社）
彭泗清教授（北京大学光华管理学院）
汪新建教授（南开大学社会心理学系）
杨宜音研究员（中国社会科学院社会学研究所）
翟学伟教授（南京大学社会学院）
张建新研究员（中国科学院心理研究所）
张彦彦教授（吉林大学心理学系）
赵德雷副教授（哈尔滨工程大学人文社会科学学院）
赵蜜博士（中央民族大学民族学与社会学学院）
钟年教授（武汉大学心理学系）
朱虹教授（南京大学商学院）
佐斌教授（华中师范大学心理学院）
方文教授（译丛主编，北京大学社会学系）

开启社会心理学的"文化自觉"
"当代西方社会心理学名著译丛"(第二辑)总序

只有一门社会心理学。它关注人之认知、情感和行为潜能的展现,如何受他人在场(presence of others)的影响。其使命是激励每个活生生的个体去超越约拿情结(Jonah Complex)的羁绊,以缔造其动态、特异而完整的丰腴生命。但他人在场,已脱离奥尔波特(Gordon. W. Allport)原初的实际在场(actual presence)、想象在场(imagined presence)和隐含在场(implied presence)的微观含义,叠合虚拟在场(virtual presence)这种新模态,从共时-历时和宏观-微观两个维度得到重构,以涵括长青的研究实践和不断拓展的学科符号边界(方文,2008a)。社会心理学绝不是哪个学科的附属学科,它只是以从容开放的胸怀,持续融会心理学、社会学、人类学、进化生物学和认知神经科学的智慧,逐渐建构和重构自主独立的学科认同和概念框架,俨然成为人文社会科学的一门基础学问。

在不断建构和重构的学科历史话语体系中,社会心理学有不同版本的诞生神话(myth of birth),如1897年特里普里特(Norman Triplett)有关社会促进/社会助长(social facilitation)的实验研究、1908年两本偶然以社会心理学为题的教科书,或1924年奥尔波特(Floyd H. Allport)的权威教材。这些诞生神话,蕴含可被解构的意识形态偏好和书写策略。援引学科制度视角(方文,2001),这门新生的社会/行为科学的学科合法性和学科认同,在20世纪30年代中期于北美得以完成。而北美社会心理学,在第二次世界大战期间及战后年代声望日盛,成就其独断的符号霸权。当代社会心理学的学科图景和演进画卷，舒展在此脉络中。

一、1967年：透视当代社会心理学的时间线索

黑格尔说，一切哲学也就是哲学史。哲人道破学科史研究的秘密：滋养学术品位。但在社会科学/行为科学的谱系中，学科史研究一直地位尴尬，远不及人文学科。研究学科史的学者，或者被污名化——自身没有原创力，只能去总结梳理他人的英雄故事；或者被认为是学问大家研究之余的闲暇游戏，如对自身成长过程的记录。而在大学的课程设计中，学科史也只是附属课程，大多数被简化为具体课程中的枝节，在导论里一笔带过。

学科史研究对学术品位的滋养，从几方面展开。第一，它在无情的时间之流中确立学科演化路标：学科的英雄谱系和经典谱系。面对纷繁杂乱的研究时尚或招摇撞骗的学界名流，它是最简洁而高效的解毒剂。第二，它作为学科集体记忆档案，是学科认同建构的基本资源。当学子们领悟到自身正置身于那些非凡而勤奋的天才所献身的理智事业时，自豪和承诺油然而生。而学科脉络中后继的天才，就从中破茧而出。第三，它也是高效的学习捷径。尽管可向失败和愚昧学习，但成本过高；而向天才及其经典学习，是最佳的学习策略。第四，它还可能为抽象的天才形象注入温暖的感性内容。而这感性，正是后继者求知的信心和努力的动力。

已有四种常规线索、视角或策略，被用来观照当代社会心理学的演化：学科编年史，或者学科通史是第一种也是最为常用的策略；学派的更替是第二种策略；不同年代研究主题的变换是第三种策略；而不同年代权威教科书的内容变迁，则是第四种策略。

还有一些新颖的策略正在被尝试。支撑学科理智大厦的核心概念或范畴在不同时期杰出学者视域中的意义演化，即概念史或范畴史，是一种新颖独特但极富难度的视角；而学科制度视角，则以学科发展的制度建设为核心，也被构造出来（方文，2001）。这些视角或策略为洞悉学科的理智进展提供了丰厚洞识。

而历史学者黄仁宇先生则以核心事件和核心人物的活动为主线，贡献了其大历史的观念。黄先生通过聚焦"无关紧要的一年"（A Year of No Significance）——1587年或万历十五年（黄仁宇，2007），条分缕析，洞悉当时最强大的大明帝国若干年后崩溃的所有线索。这些线索，在这一年六位人物的活动事件中都可以找到踪迹。

剥离其悲哀意味，类似地，当代社会心理学的命运，也可标定一个"无关紧要的一年"：1967年。它与两个基本事件和三个英雄人物关联在一起。

首先是两个基本事件。第一是1967年前后"社会心理学危机话语"的兴起，第二是1967年前后所开始的欧洲社会心理学的理智复兴。危机话语的兴起及其应对，终结了方法学的实验霸权，方法多元和方法宽容逐渐成为共识。而欧洲社会心理学的理智复兴，则终结了北美主流"非社会的"社会心理学（asocial social psychology），"社会关怀"成为标尺。而这两个事件之间亦相互纠缠，共同形塑了其当代理论形貌和概念框架（Moscovici & Marková，2006）。

还有三个英雄人物。主流社会心理学的象征符码，"社会心理学的教皇"（pope of social psychology）费斯廷格（Leon Festinger，1919—1989），在1967年开始对社会心理学萌生厌倦之心，正准备离开斯坦福大学和社会心理学。一年后，费斯廷格终于成行，从斯坦福大学来到纽约的新社会研究学院（New School for Social Research），主持有关运动视觉的项目。费斯廷格对社会心理学的离弃，是北美独断的符号霸权终结的先兆。

而在同一年，主流社会心理学界还不熟悉的泰弗尔（Henri Tajfel，1919—1982），这位和费斯廷格同年出生的天才，从牛津大学来到布里斯托大学。他从牛津大学的讲师被聘为布里斯托大学社会心理学讲席教授。

而在巴黎，和泰弗尔同样默默无闻的另一位天才莫斯科维奇（Serge Moscovici，1925—2014）正在孕育少数人影响（minority influence）和社会表征（social representation）的思想和研究。

从1967年开始，泰弗尔团队和莫斯科维奇团队，作为欧洲社会心理学理智复兴的创新引擎，在"社会关怀"的旗帜下，开始一系列独创性的研究。社会心理学的当代历史编纂家，会铭记这一历史时刻。当代社会心理学的世界图景从那时开始慢慢重构，北美社会心理学独断的符号霸权开始慢慢解体，而我们置身于其中的学科成就，在新的水准上也得以孕育和完善。

二、统一的学科概念框架的建构：解释水平

教科书的结构，是学科概念框架的原型表征。在研究基础上获得广泛共识的学科结构、方法体系和经典案例，作为学科内核，构成教科书的主体内容。教科书，作为学科发展成熟程度的重要指标，是学科知识传承、学术社会化和学科认同建构的基本资源和主要媒介。特定学科的学子和潜在研究者，首先通过教科书而获得有关学科的直观感受和基础知识。而不同年代权威教科书的内容变迁，实质上负载特定学科理智演化的基本线索。

在杂多的教科书当中，有几条标准可帮助辨析和鉴别其优劣。第一，教科书的编/作者是不是第一流的研究者。随着学科的成熟，中国学界以往盛行的"教材学者"已经淡出；而使他们获得声望的所编教材，也逐渐丧失价值。第二，教科书的编/作者是否秉承理论关怀。没有深厚的理论关怀，即使是第一流的研究者，也只会专注于自己所感兴趣的狭隘领域，没有能力公正而完备地展现和评论学科发展的整体面貌。第三，教科书的编/作者是否有"文化自觉"的心态。如果负荷文化中心主义的傲慢，编/作者就无法均衡、公正地选择研究资料，而呈现出对自身文化共同体的"单纯暴露效应"（mere exposure effect），缺失文化多样性的感悟。

直至今日，打开绝大多数中英文社会心理学教科书的目录，只见不同研究主题杂乱无章地并置，而无法明了其逻辑连贯的理智秩序。学生和教师大多无法领悟不同主题之间的逻辑关联，也无法把所学所教内容图式化，使之成为自身特异的知识体系中可随时启动的知识组块和创造资源。这种混乱，是对社会心理学学科身份的误识，也是对学科概念框架的漠视。

如何统合纷繁杂乱但生机活泼的研究实践、理论模式和多元的方法偏

好，使之归于逻辑统一而连贯的学科概念框架？有深刻理论关怀的社会心理学大家，都曾致力于这些难题。荣誉最终归于比利时出生的瑞士学者杜瓦斯（Willem Doise）。

在杜瓦斯之前，美国社会心理学者，2007年库利-米德奖（Cooley-Mead Award）得主豪斯也曾试图描绘社会心理学的整体形貌（House, 1977）。豪斯所勾画的社会心理学是三头怪物：社会学的社会心理学（sociological social psychology, SSP）、实验社会心理学（experimental social psychology, ESP）和语境社会心理学或社会结构和人格研究（contextual social psychology, CSP; social structure and personality）。曾经被误解为两头怪物的社会心理学，因为豪斯更加让人厌烦和畏惧。

但如果承认行动者的能动性，即使是在既定的社会历史语境中的能动性，在行动中对社会过程和社会实在进行情景界定和社会建构的社会心理过程的首要性，就会凸显出来。换言之，社会心理过程在主观建构的意义上对应于社会过程。

杜瓦斯在《社会心理学的解释水平》这部名著中，以解释水平为核心，成功重构了社会心理学统一的学科概念框架。杜瓦斯细致而合理地概括了社会心理学解释的四种理想型或水平，而每种解释水平分别对应于不同的社会心理过程，生发相应的研究主题（Doise, 1986: 10-17）。

水平1——个体内水平（intra-personal or intra-individual level）。它是最为微观也最为心理学化的解释水平。个体内分析水平，主要关注个体在社会情境中组织其社会认知、社会情感和社会经验的机制，并不直接处理个体和社会环境之间的互动。

以个体内解释水平为核心的**个体内过程**，可涵括的基本研究主题有：具身性（embodiment）、自我、社会知觉和归因、社会认知和文化认知、社会情感、社会态度等。

在这一解释水平上，社会心理学者已经构造出一些典范的理论模型，如：费斯廷格的认知失调论；态度形成和改变的双过程模型，如精致化可能性模型（elaboration likelihood model, ELM）与启发式加工-系统加工模型（heuristic-systematic model, HSM）；希金斯（Higgins, 1996）的知识启动和激活模型。

水平2——人际和情景水平（interpersonal and situational level）。它主要关注在给定的情景中所发生的人际过程，而并不考虑在此特定的情景之外个体所占据的不同的社会位置（social positions）。

以人际水平为核心的**人际过程**，可涵括的基本研究主题有：亲社会行为、攻击行为、亲和与亲密关系、竞争与合作等。其典范理论模型是费斯廷格的社会比较论。

水平3——社会位置水平（social positional level）或群体内水平。它关注社会行动者在社会位置中的跨情景差异（inter-situational differences），如社会互动中的参与者特定的群体资格或范畴资格（different group or categorical membership）。

以群体水平为核心的**群体过程**，可涵括的基本研究主题有：大众心理、群体形成、多数人的影响和少数人的影响、权威服从、群体绩效、领导-部属关系等。其典范理论模型是莫斯科维奇有关少数人影响的众从模型（conversion theory）、多数人和少数人影响的双过程模型和社会表征论（Moscovici, 2000）。

水平4——意识形态水平（ideological level）或群际水平。它是最为宏观也是最为社会学化的解释水平。它在实验或其他研究情景中，关注或考虑研究参与者所携带的信念、表征、评价和规范系统。

以群际水平为核心的**群际过程**，可涵括的基本研究主题有：群际认知，如刻板印象；群际情感，如偏见；群际行为，如歧视及其应对，还有污名。

在过去的40年中，群际水平的研究已有突破性的进展。主宰性的理论范式由泰弗尔的社会认同论所启动，并深化到文化认同的文化动态建构论（dynamic constructivism）（Chiu & Hong, 2006; Hong et al., 2000; Wyer, et al. Ed., 2009）和"偏差"地图模型（BIAS map）（Cuddy et al., 2007; Fiske et al., 2002）之中。

社会理论大家布迪厄曾经讥讽某些社会学者的社会巫术或社会炼金术，认为他们把自身的理论图式等同于社会实在本身。英雄所见！杜瓦斯尤其强调的是，社会实在在任何时空场景下都是整体呈现的，而不依从于解释水平。社会心理学的四种解释水平只是逻辑工具，绝不是社会实在的四种不同水平；而每种解释水平，都有其存在的合理性，但都只涉及对整体社会实在的某种面向的研究；对于社会实在的整体把握和解释，有赖于四种不同的解释水平的联合（articulation；Doise，1986）。

这四种不同面向和不同层次的社会心理过程，从最为微观也最为心理学化的个体内过程，到最为宏观也最为社会学化的群际过程，是对整体的社会过程不同面向和不同层次的相应表征。

以基本社会心理过程为内核，就可以勾画社会心理学逻辑连贯的概念框架，它由五部分所组成：

（1）社会心理学的历史演化、世界图景和符号霸权分层。

（2）社会心理学的方法体系。

（3）不断凸现的新路径。它为生机勃勃的学科符号边界的拓展预留空间。

（4）基本社会心理过程。

（5）社会心理学在行动中：应用实践的拓展。

社会心理学的基础研究，从第二次世界大战开始，就从两个方面向应用领域拓展。第一，在学科内部，应用社会心理学作为现实问题定向的研究分支，正逐渐地把基础研究的成果用来直面和应对更为宏大的社会问题，如健康、法律、政治、环境、宗教和组织行为。第二，社会心理学有关人性、心理和行为的研究，正对其他学科产生深刻影响。行为经济学家塞勒（Richard H. Thaler，又译为泰勒）因有关心理账户和禀赋效应的研究而获得2017年诺贝尔经济学奖。这是社会心理学家在近50年中第四次获此殊荣［这里没有算上认知神经科学家奥基夫（John O'Keefe）和莫泽夫妇（Edvard I. Moser 和 May-Britt Moser）因有关大脑的空间定位系统的研究而获得的2014年诺贝尔医学或生理学奖］。在此之前，社会心理学家洛伦茨（Konrad Lorenz）、廷伯根（Nikolaas Tinbergen）和冯·弗里希（Karl von Frisch）因有关动物社会行为的开创性研究而于1973年分享诺贝尔医学或生理学奖。西蒙（Herbert A. Simon；中文名为司马贺，以向司马迁致敬）

因有关有限理性（bounded rationality）和次优决策或满意决策（sub-optimum decision-making or satisficing）的研究而获得1978年诺贝尔经济学奖。而卡尼曼（Daniel Kahneman）则因有关行动者在不确定境况中的判断启发式及其偏差的研究，而与另一位学者分享2002年诺贝尔经济学奖。

在诺贝尔奖项中，并没有社会心理学奖。值得强调的是，这些荣膺大奖的社会心理学家，也许只是十年一遇的杰出学者，还不是百年一遇的天才。天才社会心理学家如费斯廷格、泰弗尔、莫斯科维奇和特里弗斯（Robert Trivers）等，他们的理论，在不断地触摸人类物种智慧、情感和欲望的限度。在这个意义上，也许任何大奖包括诺贝尔奖，都无法度量他们持久的贡献。但无论如何，不断获奖的事实，从一个侧面明证了社会心理学家群体的卓越成就，以及社会心理学的卓越研究对于其他人文社会科学研究的典范意义。

杜瓦斯的阐释，是对社会心理学统一概念框架的典范说明。纷繁杂乱的研究实践和理论模式，从此可以被纳入逻辑统一而连贯的体系之中。社会心理学直面社会现实的理论雄心由此得以释放，它不再是心理学、社会学或其他什么学科的亚学科，而是融会相关理智资源的自主学科。

三、当代社会心理学的主宰范式

已有社会心理学大家系统梳理了当代社会心理学的理智进展（如乐国安主编，2009；周晓虹，1993；Burke Ed.，2006；Kruglanski & Higgins Eds.，2007；Van Lange et al. Eds.，2012）。以杜瓦斯所勾画的社会心理学的概念框架为心智地图，也可尝试粗略概括当代社会心理学的主宰范式。这些主宰范式主要体现在方法创新和理论构造上，而不关涉具体的学科史研究、实证研究和应用研究。

（一）方法学领域：社会建构论和话语社会心理学的兴起

作为学科内外因素剧烈互动的结果，"社会心理学危机话语"在20世纪60年代末期开始登场，到20世纪80年代初尘埃落定（方文，1997）。

在这段时间，社会心理学教科书、期刊和论坛中充斥着种种悲观的危机论，有的甚至非常激进——"解构社会心理学"（Parker & Shotter Eds., 1990）。"危机话语"实质上反映了社会心理学家群体自我批判意识的兴起。这种自我批判意识的核心主题，就是彻底审查社会心理学赖以发展的方法学基础即实验程序。

危机之后，社会心理学已经迈入方法多元和方法宽容的时代。实验的独断主宰地位已经消解，方法体系中的所有资源，正日益受到均衡的重视。不同理智传统和方法偏好的社会心理学者，通过理智接触，正在消解相互的刻板印象、偏见甚至是歧视，逐渐趋于友善对话甚至是合作。同时，新的研究程序和文献评论技术被构造出来，并逐渐产生重要影响。

其中主宰性的理论视角就是社会建构论（如 Gergen，2001），主宰性的研究路径就是话语社会心理学（波特，韦斯雷尔，2006；Potter & Wetherell，1987；Van Dijk，1993）和修辞学（rhetoric；Billig，1996），而新的研究技术则是元分析（meta-analysis；Rosenthal & DiMatteo，2001）。近期，行动者中心的计算机模拟（agent-based simulation；Macy & Willer，2002）和以大数据处理为基础的计算社会科学（computer social science）（罗玮，罗教讲，2015；Macy & Willer，2002）也开始渗透进社会心理学的研究中。

（二）不断凸显的新路径：进化路径、文化路径和社会认知神经科学

社会心理学一直不断地自我超越，以开放自在的心态融合其他学科的资源，持续拓展学科符号边界。换言之，社会心理学家群体不断地实践新的研究路径（approaches or orientations）。进化路径、文化路径和社会认知神经科学是其中的典范路径。

进化路径和文化路径的导入，关联于受到持续困扰的基本理论论争：是否存在统一而普遍的规律和机制以支配人类物种的社会心理和社会行为？人类物种的社会心理和社会行为是否因其发生的社会文化语境的差异而呈现出特异性和多样性？这个基本理论论争，又可称为普遍论-特异论（universalism vs. particularism）之论争。

依据回答这个论争的不同立场和态度的差异，作为整体的社会心理学家群体可被纳入三个不同的类别或范畴之中。第一个类别是以实验研究为定向的主流社会心理学家群体。他们基本的立场和态度是漠视这个问题的存在价值，或视之为假问题。他们自我期许以发现普遍规律为己任，并把这一崇高天职视为社会心理学的学科合法性和学科认同的安身立命之所。因为他们持续不懈的努力，社会心理学的学子们在其学科社会化过程中，不断地遭遇和亲近跨时空的典范研究和英雄系谱。

第二个类别是以文化比较研究为定向的社会心理学家群体。不同文化语境中社会心理和社会行为的特异性和多样性，使他们刻骨铭心。他们坚定地主张特异论的一极，并决绝地质疑普遍论的诉求。因为他们同样持续不懈的努力，社会心理和社会行为的文化嵌入性（cultural embeddedness）的概念开始深入人心，并且不断激发文化比较研究和本土化研究的热潮。奇妙的是，文化社会心理学的特异性路径，从新世纪开始逐渐解体，而迈向文化动态建构论（Chiu & Hong, 2006; Hong et al., 2000）和文化混搭研究（cultural mixing/polyculturalism）（赵志裕，吴莹特约主编，2015；吴莹，赵志裕特约主编，2017；Morris et al., 2015）。

文化动态建构论路径，关涉每个个体的文化命运，如文化认知和知识激活、文化认同和文化融合等重大主题。我们每个个体宿命地诞生在某种在地的文化脉络而不是某种文化实体中。经过生命历程的试错，在文化认知的基础上，我们开心眼，滋心灵，育德行。但文化认知的能力，是人类物种的禀赋，具有普世性。假借地方性的文化资源，我们成长为人，并不断地修补和提升认知力。我们首先成人，然后才是中国人或外国人、黄皮肤或黑白皮肤、宗教信徒或非信徒。

倚靠不断修补和提升的认知力，我们逐渐穿越地方性的文化场景，加工异文化的体系，建构生动而动态的"多元文化的心智"（multicultural mind; Hong et al., 2000）。异质的"文化病毒"，或多元的文化"神灵"，"栖居"在我们的心智中，而表现出领域-特异性。几乎没有"诸神之争"，她们在我们的心灵中各就其位。

这些异质的"文化病毒"，或多元的文化"神灵"不是暴君，也做不成暴君，绝对主宰不了我们的行为。因为先于她们，从出生时起，我们就被植入了自由意志的天赋。我们的文化修行，只是手头待命的符号资源或"工具箱"（Swidler，1986）。并且在行动中，我们练习"文化开关"的转换技能和策略，并累积性地创造新工具或新的"文化病毒"（Sperber，1996）。

第三个类别是在当代进化生物学的理智土壤中生长而壮大的群体，即进化社会心理学家群体。他们蔑视特异论者的"喧嚣"，而把建构统一理论的雄心拓展至包括人类物种的整个动物界，以求揭示支配整个动物界的社会心理和社会行为的秩序和机制。以进化历程中的利他难题和性选择难题为核心，以有机体遗传品质的适应性（fitness）为逻辑起点，从1964年汉密尔顿（W. D. Hamilton）开始，不同的宏大理论（grand theories）[如亲属选择论（kin selection/ inclusive fitness）、直接互惠论（direct reciprocal altruism）和间接互惠论（indirect reciprocal altruism）在利他难题上，亲本投资论（theory of parental investment；Trivers，2002）在性选择难题上]被构造出来。而进化定向的社会心理学者把进化生物学遗传品质的适应性转化为行为和心智的适应性，进化社会心理学作为新路径和新领域得以成就（如巴斯，2011，2015；Buss，2016）。

认知神经科学和社会认知的融合，催生了社会认知神经科学。以神经科学的新技术如功能性磁共振成像技术（fMRI）和正电子发射断层扫描技术（PET）为利器，社会认知的不同阶段、不同任务以及认知缺陷背后的大脑对应活动，正是最热点前沿（如 Eisenberger，2015；Eisenberger et al.，2003；Greene et al.，2001；Ochsner，2007）。

（三）个体内过程：社会认知范式

在个体内水平上，从20世纪80年代以来，以"暖认知"（warm cognition）或"具身认知"（embodied cognition）为核心的"社会认知革命"（李其维，2008；赵蜜，2010；Barsalou，1999；Barbey et al.，2005），有重要进展。其典范的启动程序（priming procedure）为洞悉人类心智的"黑箱"贡献了简洁武器，并且渗透在其他水平和其他主题的研究中，如文化认知、群体认知（Yzerbyt et al. Eds.，2004）和偏差地图（高明华，2010；佐斌等，2006；Fiske et al.，2002；Cuddy et al.，2007）。

卡尼曼有关行动者在不确定境况中的判断启发式及其偏差的研究（卡尼曼等编，2008；Kahneman et al. Eds，1982），以及塞勒有关禀赋效应和心理账户的研究（泰勒，2013，2016），使社会认知的路径贯注在经济判断和决策领域中。由此，行为经济学开始凸显。

（四）群体过程：社会表征范式

人际过程的研究，充斥着杂多的中小型理论模型，并受个体内过程和群体过程研究的挤压。最有理论综合潜能的可能是以实验博弈论为工具的有关竞争和合作的研究。

当代群体过程研究的革新者是莫斯科维奇。从北美有关群体规范形成、从众以及权威服从的研究传统中，莫斯科维奇洞悉了群体秩序和群体创新的辩证法。莫斯科维奇的团队从1969年开始，在多数人的影响之外，专注少数人影响的机制。他以少数人行为风格的一致性为基础的众从模型（conversion theory），以及在此基础上所不断完善的多数人和少数人影响的双过程模型（如 De Deru et al. Eds.，2001；Nemeth，2018），重构了群体过程研究的形貌。莫斯科维奇有关少数人影响的研究经历，佐证了其理论的可信性与有效性（Moscovici，1996）。

而社会表征论（social representation）则是莫斯科维奇对当代社会心理学的另一重大贡献（Moscovici，2000）。他试图超越北美不同版本内隐论（implicit theories）的还原主义和个体主义逻辑，解释和说明常识在社会沟通实践中的生产和再生产过程。社会表征论从20世纪90年代开始，激发了丰富的理论探索和实证研究（如管健，2009；赵蜜，2017；Doise et al.，1993；Liu，2004；Marková，2003），并熔铸在当代社会理论中（梅勒，2009）。

（五）群际过程：社会认同范式及其替代模型

泰弗尔的社会认同论（social identity theory, SIT）革新了当代群际过程的研究。泰弗尔首先奠定了群际过程崭新的知识基础和典范程序：建构主义的群体观、对人际-群际行为差异的精妙辨析，以及"最简群体范式"（minimal group paradigm）的实验程序。从1967年开始，经过十多年持续不懈的艰苦努力，泰弗尔和他的团队构造了以社会范畴化、社会比较、认同建构和认同解构/重构为核心的社会认同论。社会认同论，超越了前泰弗尔时代北美盛行的还原主义和个体主义的微观-利益解释路径，基于行动者的多元群体资格来研究群体过程和群际关系（布朗，2007；Tajfel，1970，1981；Tajfel & Turner，1986）。

在泰弗尔于1982年辞世之后，社会认同论在其学生特纳的领导下，有不同版本的修正模型，如不确定性-认同论（uncertainty-identity theory；Hogg，2007）和最优特异性模型（optimal distinctiveness model）。其中最有影响的是特纳等人的"自我归类论"（self-categorization theory；Turner et al.，1987）。在自我归类论中，特纳提出了一个精妙构念——元对比原则（meta-contrast principle），它是行为连续体中范畴激活的基本原则（Turner et al.，1987）。所谓元对比原则，是指在群体中，如果群体成员之间在某特定维度上的相似性权重弱于另一维度的差异性权重，沿着这个有差异的维度就会分化出两个群体，群际关系因此从群体过程中凸显。特纳的元对比原则，有两方面的重要贡献：其一，它完善了其恩师的人际-群际行为差别的观念，使之转换为人际-群际行为连续体；其二，它卓有成效地解决了内群行为和群际行为的转化问题。

但社会认同论仍存在基本理论困扰：内群偏好（ingroup favoritism）和外群敌意（outgroup hostility）难题。不同的修正版本都没有妥善地解决这个基本问题。倒是当代社会认知的大家费斯克及其团队从群体认知出发，通过刻板印象内容模型（stereotype content model，STM；Fiske et al.，2002）巧妙解决了这个难题，并经由"偏差"地图（BIAS map；Cuddy et al.，2007）把刻板印象（群际认知）、偏见（群际情感）和歧视（群际行为）融为一体。

典范意味着符号霸权，但同时也是超越的目标和击打的靶心。在社会认同范式的笼罩下，以自尊假设和死亡显著性（mortality salience）为核心的恐惧管理论（terror management theory，TMT）（张阳阳，佐斌，

2006；Greenberg et al.，1997)、社会支配论（social dominance theory；Sidanius & Pratto，1999）和体制合理化理论（system justification theory；Jost & Banaji，1994）被北美学者构造出来，尝试替代解释群际现象。它有两方面的意涵：其一，它意味着人格心理学对北美社会心理学的强大影响力；其二则意味着北美个体主义和还原主义的精神气质期望在当代宏观社会心理过程中借尸还魂，而这尸体就是腐败达半世纪的权威人格论及其变式。

四、铸就中国社会心理学的"社会之魂"

中国当代社会心理学自1978年恢复、重建以来，"本土行动、全球情怀"可道其风骨。立足于本土行动的研究实践历经二十余载，催生了"文化自觉"的信心和勇气。中国社会心理学者的全球情怀，也从21世纪起开始凸显。

（一）"本土行动"的研究路径

所有国别中的社会心理学研究，首先都是本土性的研究实践。中国当代社会心理学的研究也不例外，其"本土行动"的研究实践，包括以下两类研究路径。

1. 中国文化特异性路径

以中国文化特异性为中心的研究实践，已经取得一定成就。援引解释水平的线索，可从个体、人际、群体和群际层面进行概要评论。在个体层面，受杨国枢中国人自我研究的激发，金盛华和张建新尝试探究自我价值定向理论和中国人人格模型；王登峰采用中文词汇学路径，构造了中国人人格结构的"大七模型"，以与西方的"大五模型"相区别；彭凯平的分析思维-辩证思维概念、侯玉波的中国人思维方式探索以及杨中芳的"中庸"思维研究，都揭示了中国人独特的思维方式和认知特性；刘力有关中国人的健康表征研究、汪新建和李强团队的心理健康和心理咨询研究，深化了对中国人健康和疾病观念的理解。而周欣悦的思乡研究、金钱启动研究和控制感研究，也有一定的国际影响。在人际层面，黄光国基于儒家关系主义探究了"中国人的权力游戏"，并激发了翟学伟和佐斌等有关中国人的人情、面子和里子研究；叶光辉的孝道研究，增进了对中国人家庭伦理和日常交往的理解。在群体层面，梁觉的社会通则概念，王垒、王辉、张志学、孙健敏和郑伯埙等有关中国组织行为和领导风格的研究，尝试探究中国人的群体过程和组织过程。而在群际层面，杨宜音的"自己人"和"关系化"的研究，展现了中国人独特的社会分类逻辑。沙莲香有关中国民族性的系列研究，也产生了重大影响。

上述研究增强了中国社会心理学共同体的学术自信。但这些研究也存在有待完善的共同特征。第一，这些研究都预设一种个体主义文化-集体主义文化的二元对立，而中国文化被假定和西方的个体主义文化不同，位于对应的另一极。第二，这些研究的意趣过分执着于中国文化共同体相对静止而凝固的面向，有的甚至隐含汉族中心主义和儒家中心主义倾向。第三，这些研究的方法程序大多依赖于访谈或问卷/量表。第四，这些研究相对忽视了当代中国社会的伟大变革对当代中国人心灵的塑造作用。

2. 稳态社会路径

稳态社会路径对理论论辩没有丝毫兴趣，但它是大量经验研究的主宰偏好。其问题意识，源于对西方主流学界尤其是北美社会心理学界的追踪、模仿和复制，并常常伴随中西文化比较的冲动。在积极意义上，这种问题意识不断刺激国内学子研读和领悟主流学界的进展；但其消极面是使中国社会心理学的精神品格，蜕变为北美研究时尚的落伍追随者，其典型例证如被各级地方政府所追捧的有关主观幸福感的研究。北美社会已经是高度稳态的程序社会，因而其学者问题意识的生长点只能是稳态社会的枝节问题。而偏好稳态社会路径的中国学者，所面对的是急剧的社会变革和转型。社会心理现象的表现形式、成因、后果和应对策略，在稳态社会与转型社会之间，存在质的差异。

稳态社会路径的方法论偏好，可归结为真空中的个体主义。活生生的行动者，在研究过程中被人为剔除了其在转型社会中的丰富特征，而被简化为高度同质的原子式的个体。强调社会关怀的社会心理学，蜕变为"非社会的"（asocial）社会心理学。而其资料收集程序，乃是真空中的实验或问卷调查。宏大的社会现实，被歪曲或简化为人为的实验室或田野中漠不相关的个体之间虚假的社会互动。社会心理学的"社会"之魂由此被彻底放逐。

（二）超越"怪异心理学"的全球情怀

中国社会"百年未有之变局"，给中国社会心理学者提供了千载难逢的社会实验室。一种以中国社会转型为中心的研究实践，从21世纪开始焕发生机。其理论抱负不是对中西文化进行比较，也不是为西方模型提供中国样本资料，而是要真切地面对中国伟大的变革现实，以系统描述、理解和解释置身于转型社会的中国人心理和行为的逻辑和机制。其直面的问题虽是本土-本真性的，但由此系统萌生的情怀却是国际性的，力图超越"怪异心理学"［western，educated，industrialized，rich，and democratic (WEIRD) psychology；Henrich et al.，2010］，后者因其研究样本局限于西方受过良好教育的工业化背景的富裕社会而饱受诟病。

乐国安团队有关网络集体行动的研究，周晓虹有关农民群体社会心理变迁、"城市体验"和"中国体验"的研究，杨宜音和王俊秀团队有关社会心态的研究，方文有关群体符号边界、转型心理学和社会分类权的研究（方文，2017），高明华有关教育不平等的研究（高明华，2013），赵德雷有关社会污名的研究（赵德雷，2015），赵蜜有关政策社会心理学和儿童贫困表征的研究（赵蜜，2019；赵蜜，方文，2013），彭泗清团队有关文化混搭（cultural mixing）的研究，都尝试从不同侧面捕捉中国社会转型对中国特定群体的塑造过程。这些研究的基本品质，在于研究者对社会转型的不同侧面的高度敏感性，并以之为基础来构造自己研究的问题意识。其中，赵志裕和康萤仪的文化动态建构论模型有重要的国际影响。

（三）群体地图与中国体验等紧迫的研究议题

面对空洞的宏大理论和抽象经验主义的符号霸权，米尔斯呼吁社会学者应以持久的人类困扰和紧迫的社会议题为枢纽,重建社会学的想象力。而要滋养和培育中国当代社会心理学的想象力和洞察力,铸就社会心理学的"社会之魂",类似地,必须检讨不同样式的生理决定论和还原论,直面生命持久的心智困扰和紧迫的社会心理议题。

不同样式的生理决定论和还原论,总是附身于招摇的研究时尚,呈现不同的惑人面目,如认知神经科学的殖民倾向。社会心理学虽历经艰难而理智的探索,终于从生理/本能决定论中破茧而出,却持续受到认知神经科学的侵扰。尽管大脑是所有心智活动的物质基础,尽管所有的社会心理和行为都有相伴的神经相关物,尽管社会心理学者对所有的学科进展有持续的开放胸怀,但人类复杂的社会心理过程无法还原为个体大脑的结构或功能。而今天的研究时尚,存在神经研究替代甚至凌驾完整动态的生命活动研究的倾向。又如大数据机构的营销术。据称大数据时代已经来临,而所有生命活动的印迹,通过计算社会科学,都能被系统挖掘、集成、归类、整合和预测。类似于乔治·奥威尔所著《一九八四》中老大哥的眼神,这是令人恐怖的数字乌托邦迷思。完整动态的生命活动,不是数字,也无法还原为数字,无论基于每个生命从出生时起就被永久植入的自由意志,还是自动活动与控制活动的分野。

铸就中国当代社会心理学的"社会之魂",必须直面转型中国社会紧迫的社会心理议题。

(1) 数字时代人类社会认知能力的演化。方便获取的数字文本、便捷的文献检索和存储方式,彻底改变了生命学习和思考的语境。人类的社会认知过程的适应和演化是基本难题之一。"谷歌效应"(Google effect; Sparrow et al., 2011) 已经初步揭示便捷的文献检索和存储方式正败坏长时记忆系统。

(2) "平庸之恶"风险中的众从。无论是米尔格拉姆的权威服从实验还是津巴多的"路西法效应"研究,无论是二战期间纳粹德国的屠犹还是日本法西斯在中国和东南亚的暴行,无论是当代非洲的种族灭绝还是不时发生的恐怖活动,如何滋养和培育超越所谓"平庸之恶"的众从行为和内心良知,值得探究。它还涉及如何汇集民智、民情和民意的"顶层设计"。

(3) 中国社会的群体地图。要想描述、理解和解释中国人的所知、所感、所行，必须从结构层面深入人心层面，系统探究社会转型中不同群体的构成特征、认知方式、情感体验、惯例行为模式和生命期盼。

(4) 中国体验与心态模式。如何系统描绘社会变革语境中中国民众人心秩序或"中国体验"与心态模式的变迁，培育慈爱之心和公民美德，对抗非人化（dehumanization）或低人化（infra-humanization）趋势，也是紧迫的研究议程之一。

五、文化自觉的阶梯

中国社会"千年未有之变局"，或社会转型，已经并正在形塑整体中国人的历史命运。如何从结构层面深入人心层面来系统描述、理解和解释中国人的所知、所感及所行？如何把社会转型的现实灌注到中国社会心理学的研究场景中，以缔造中国社会心理学的独特品格？如何培育中国社会心理学者对持久的人类困扰和紧迫的社会议题的深切关注和敏感？所有这些难题，都是中国社会心理学者不得不直面的挑战，但同时也是理智复兴的机遇。

中国社会转型，给中国社会心理学者提供了独特的社会实验室。为了描述、理解和解释社会转型中的中国人心理和行为逻辑，应该呼唤直面社会转型的社会心理学的研究，或转型心理学的研究。转型心理学的路径，期望能够把握和捕捉社会巨变的脉络和质地，以超越文化特异性路径和稳态社会路径，以求实现中国社会心理学的理智复兴（方文，2008b，2014；方文主编，2013；Fang，2009）。

中国社会心理学的理智复兴，需要在直面中国社会转型的境况下，挖掘本土资源和西方资源，进行脚踏实地的努力。追踪、学习、梳理及借鉴西方社会心理学的新进展，就成为无法绕开的基础性的理论工作，也是最有挑战性和艰巨性的理论工作之一。

从前辈学者开始，对西方社会心理学的翻译、介绍和评论，从来就没有停止过。这些无价的努力，已经熔铸在中国社会心理学研究者和年轻学子的心智中，有助于滋养学术品位，培育"文化自觉"的信心。但翻译工作还主要集中于西方尤其是北美的社会心理学教科书。

教科书作为学术社会化的基本资源,只能择要选择相对凝固的研究发现和理论模型。整体研究过程和理论建构过程中的鲜活逻辑,都被忽略或遗弃了。学生面对的不是原初的完整研究,而是由教科书的编/作者所筛选过的第二手资料。期望学生甚至是研究者直接亲近当代社会心理学的典范研究,就是出版"当代西方社会心理学名著译丛"的初衷。

本译丛第一辑名著的选择,期望能近乎覆盖当代西方社会心理学的主宰范式。其作者,或者是特定研究范式的奠基者和开拓者,或者是特定研究范式的当代旗手。从 2011 年开始出版和陆续重印的名著译丛,广受好评,也在一定意义上重铸了中文社会心理学界的知识基础。而今启动的第二辑在书目选择上也遵循了第一辑的编选原则——"双重最好"(double best),即当代西方社会心理学最好研究者的最好专著文本,尽量避免多人合著的作品或论文集。已经确定的名篇有《语境中的知识》(Jovchelovitch,2007)、《超越苦乐原则》(Higgins,2012)、《努力的意义》(Dweck,1999)、《归因动机论》(Weiner,2006)、《欲望的演化》(Buss,2016)、《偏见》(Brown,2010)、《情绪感染》(Hatfield et al.,1994)、《群际接触》(Pettigrew & Tropp,2011)和《道德与社会的调节》(Ellemers,2017)。

正如西蒙所言,没有最优决策,最多只存在满意决策。文本的筛选和版权协商,尽管尽心尽力、精益求精,但总是有不可抗力而导致痛失珍贵的典范文本,如《自然选择和社会理论》(Trivers,2002)以及《为异见者辩护》(Nemeth,2018)等。

期望本名著译丛的出版,能开启中国社会心理学的"文化自觉"。

鸣谢

从 2000 年开始,我的研究幸运地持续获得国家社会科学基金(2000,2003,2008,2014,2020)和教育部人文社会科学重点研究基地重大项目基金(2006,2011,2016)的资助。最近获得资助的项目是 2016 年度教育部人文社会科学重点研究基地重大项目"阻断贫困再生产:儿童贫困后效、实验干预与政策反思"（项目批准号为 16JJD840001）和 2020 年度国家社会科学基金一般项目"宗教和灵性心理学的跨学科研究"（项目批准号为 20BZJ004）。"当代西方社会心理学名著译丛"（第二辑），也是这些资助项目的主要成果之一。

而近 20 年前有幸结识潘宇博士，开始了和中国人民大学出版社的良好合作。潘宇博士，沙莲香先生的高徒，以对社会心理学学科制度建设的激情、承诺和敏锐洞察力，给我持续的信赖和激励。本名著译丛从最初的构想、书目选择到版权事宜，她都给予了持续的支持和推动。而中国人民大学出版社的张宏学和郦益在译丛出版过程中则持续地贡献了智慧和耐心。

最后衷心感谢本译丛学术顾问和编辑委员会所有师友的鼎力支持、批评和建议，也衷心感谢所有译校者的创造性工作。

方文

2020 年 7 月

参考文献

巴斯．(2011)．欲望的演化：人类的择偶策略（修订版；谭黎，王叶译）．北京：中国人民大学出版社．

巴斯．(2015)．进化心理学：心理的新科学（第 4 版；张勇，蒋柯译）．北京：商务印书馆．

波特，韦斯雷尔．(2006)．话语和社会心理学：超越态度与行为（肖文明等译）．北京：中国人民大学出版社．

布朗．(2007)．群体过程（第 2 版；胡鑫，庆小飞译）．北京：中国轻工业出版社．

方文．(1997)．社会心理学百年进程．社会科学战线 (2)，248-257.

方文．(2001)．社会心理学的演化：一种学科制度视角．中国社会科学 (6)，126-136+207.

方文．(2008a)．学科制度和社会认同．北京：中国人民大学出版社．

方文．(2008b)．转型心理学：以群体资格为中心．中国社会科学 (4)，137-147.

方文．(2014)．转型心理学．北京：社会科学文献出版社．

方文．(2017)．社会分类权．北京大学学报（哲学社会科学版），54（5），80-90．

方文（主编）．(2013)．中国社会转型：转型心理学的路径．北京：中国人民大学出版社．

高明华．(2010)．刻板印象内容模型的修正与发展：源于大学生群体样本的调查结果．社会，30（5），200-223．

高明华．(2013)．教育不平等的身心机制及干预策略：以农民工子女为例．中国社会科学（4），60-80．

管健．(2009)．社会表征理论的起源与发展：对莫斯科维奇《社会表征：社会心理学探索》的解读．社会学研究（4），232-246．

黄仁宇．(2007)．万历十五年（增订本）．北京：中华书局．

卡尼曼，斯洛维奇，特沃斯基（编）．(2008)．不确定状况下的判断：启发式和偏差（方文等译）．北京：中国人民大学出版社．

李其维．(2008)．"认知革命"与"第二代认知科学"刍议．心理学报，40（12），1306-1327．

罗玮，罗教讲．(2015)．新计算社会学：大数据时代的社会学研究．社会学研究（3），222-241．

梅勒．(2009)．理解社会（赵亮员等译）．北京：北京大学出版社．

泰勒．(2013)．赢者的诅咒：经济生活中的悖论与反常现象（陈宇峰等译）．北京：中国人民大学出版社．

泰勒．(2016)．"错误"的行为：行为经济学的形成（第2版，王晋译）．北京：中信出版集团．

吴莹，赵志裕（特约主编）．(2017)．中国社会心理学评论：文化混搭心理研究（Ⅱ）．北京：社会科学文献出版社．

乐国安（主编）．(2009)．社会心理学理论新编．天津：天津人民出版社．

张阳阳，佐斌．(2006)．自尊的恐惧管理理论研究述评．心理科学进展，14（2），273-280．

赵德雷．(2015)．农民工社会地位认同研究：以建筑装饰业为视角．北京：知识产权出版社．

赵蜜．(2010)．以身行事：从西美尔风情心理学到身体话语．开放时代（1），152-160．

赵蜜．(2017)．社会表征论：发展脉络及其启示．社会学研究（4），222-245+250．

赵蜜．(2019)．儿童贫困表征的年龄与城乡效应．社会学研究（5），192-216．

赵蜜，方文．(2013)．社会政策中的互依三角：以村民自治制度为例．社会学研究 (6)，169–192．

赵志裕，吴莹（特约主编）．(2015)．中国社会心理学评论：文化混搭心理研究（Ⅰ）．北京：社会科学文献出版社．

周晓虹．(1993)．现代社会心理学史．北京：中国人民大学出版社．

佐斌，张阳阳，赵菊，王娟．(2006)．刻板印象内容模型：理论假设及研究．心理科学进展，14（1），138–145．

Barbey, A., Barsalou, L., Simmons, W. K., & Santos, A. (2005). Embodiment in religious knowledge. Journal of Cognition & Culture, 5 (1–2), 14–57.

Barsalou, L. W. (1999). Perceptual symbol systems. Behavioral & Brain Sciences, 22 (4), 577–660.

Billig, M. (1996). Arguing and thinking: A rhetorical approach to social psychology (New ed.). Cambridge University Press.

Brown, R. (2010). Prejudice: It's social psychology (2nd ed.). Wiley-Blackwell.

Burke, P. J. (Ed.). (2006). Contemporary social psychological theories. Stanford University Press.

Buss, D. M. (2016). The evolution of desire: Strategies of human mating. Basic Books.

Chiu, C.-y., & Hong, Y.-y. (2006). Social psychology of culture. Psychology Press.

Cuddy, A. J., Fiske, S. T., & Glick, P. (2007). The BIAS map: Behaviors from intergroup affect and stereotypes. Journal of Personality & Social Psychology, 92 (4), 631–648.

De Dreu, C. K. W., & De Vries, N. K. (Eds.). (2001). Group consensus and minority influence: Implications for innovation. Blackwell.

Doise, W. (1986). Levels of explanation in social psychology. (E. Mapstone, Trans.). Cambridge University Press.

Doise, W., Clémence, A., & Lorenzi-Cioldi, F. (1993). The quantitative analysis of social representations. (J. Kaneko, Trans.). Harvester Wheatsheaf.

Dweck, C. S. (1999). Self-theories: Their role in motivation, personality and development. Psychology Press.

Eisenberger, N. I. (2015). Social pain and the brain: Controversies, questions, and where to go from here. Annual Review of Psychology, 66, 601–629.

Eisenberger, N. I., Lieberman, M. D., & Williams, K. D. (2003). Does rejection hurt? An fMRI study of social exclusion. Science, 302 (5643), 290 – 292.

Ellemers, N. (2017). Morality and the regulation of social behavior: Groups as moral anchors. Routledge.

Fang, W. (2009). Transition psychology: The membership approach. Social Sciences in China, 30 (2), 35 – 48.

Fiske, S. T., Cuddy, A. J., Glick, P., & Xu, J. (2002). A model of (often mixed) stereotype content: Competence and warmth respectively follow from perceived status and competition. Journal of Personality & Social Psychology, 82 (6), 878 – 902.

Gergen, K. J. (2001). Social construction in context. Sage.

Greenberg, J., Solomon, S., & Pyszczynski, T. (1997). Terror management theory of self-esteem and cultural worldviews: Empirical assessments and conceptual refinements. In P. M. Zanna (Eds.), Advances in experimental social psychology (Vol. 29, pp. 61 – 139). Academic Press.

Greene, J. D., Sommerville, R. B., Nystrom, L. E., Darley, J. M., & Cohen, J. D. (2001). An fMRI investigation of emotional engagement in moral judgment. Science, 293 (5537), 2105 – 2108.

Hatfield, E., Cacioppo, J. T., & Rapson, R. L. (1994). Emotional contagion. Cambridge University Press.

Henrich, J., Heine, S. J., & Norenzayan, A. (2010). The weirdest people in the world?. Behavioral & Brain Sciences, 33 (2 – 3), 61 – 83.

Higgins, E. T. (1996). Activation: Accessibility, and salience. In E. T. Higgins & A. Kruglanski (Eds.), Social psychology: Handbook of basic principles (pp. 133 – 168). Guilford.

Higgins, E. T. (2012). Beyond pleasure and pain: How motivation works. Oxford University Press.

Hogg, M. A. (2007). Uncertainty-identity theory. Advances in Experimental Social Psychology, 39, 69 – 126.

Hong, Y.-y., Morris, M. W., Chiu, C.-y., & Benet-Martínez, V. (2000). Multicultural minds: A dynamic constructivist approach to culture and cognition. American Psychologist, 55 (7), 709 – 720.

House, J. S. (1977). The three faces of social psychology. Sociometry, 40 (2), 161 – 177.

Jost, J. T., & Banaji, M. R. (1994). The role of stereotyping in system-justification and the production of false consciousness. British Journal of Social Psychology, 33 (1), 1-27.

Jovchelovitch, S. (2007). Knowledge in context: Representations, community and culture. Routledge.

Kahneman, D., Slovic, P., & Tversky, A. (Eds.). (1982). Judgment under uncertainty: Heuristics and biases. Cambridge university press.

Kruglanski, A. W., & Higgins, E. T. (Eds.). (2007). Social psychology: Handbook of basic principles. Guilford.

Liu, L. (2004). Sensitising concept, themata and shareness: A dialogical perspective of social representations. Journal for the Theory of Social Behaviour, 34 (3), 249-264.

Macy, M. W., & Willer, R. (2002). From factors to actors: Computational sociology and agent-based modeling. Annual Review of Sociology, 28, 143-166.

Marková, I. (2003). Dialogicality and social representations: The dynamics of mind. Cambridge University Press.

Morris, M. W., Chiu, C.-y., & Liu, Z. (2015). Polycultural psychology. Annual Review of Psychology, 66, 631-659.

Moscovici, S. (1996). Foreword: Just remembering. British Journal of Social Psychology, 35, 5-14.

Moscovici, S. (2000). Social representations: Explorations in social psychology. Polity.

Moscovici, S., & Marková, I. (2006). The making of modern social psychology: The hidden story of how an international social science was created. Polity.

Nemeth, C. (2018). In defense of troublemakers: The power of dissent in life and business. Basic Books.

Ochsner, K. N. (2007). Social cognitive neuroscience: Historical development, core principles, and future promise. In A. W. Kruglanski & E. T. Higgins (Eds.), Social psychology: Handbook of basic principles (pp. 39-66). Guilford.

Parker, I., & Shotter, J. (Eds.). (1990). Deconstructing social psychology. Routledge.

Pettigrew, T. F., & Tropp, L. R. (2011). When groups meet: The dynamics of intergroup contact. Psychology Press.

Potter, J., & Wetherell, M. (1987). Discourse and social psychology: Beyond attitudes and behaviour. Sage.

Rosenthal, R., & DiMatteo, M. (2001). Meta-analysis: Recent developments in quantitative methods for literature review. Annual Review of Psychology, 52, 59 – 82.

Sidanius, J., & Pratto, F. (2001). Social dominance: An intergroup theory of social hierarchy and oppression. Cambridge University Press.

Sparrow, B., Liu, J., & Wegner, D. M. (2011). Google effects on memory: Cognitive consequences of having information at our fingertips. Science, 333 (6043), 776 – 778.

Sperber, D. (1996). Explaining culture: A naturalistic approach. Blackwell.

Swidler, A. (1986). Culture in action: Symbols and strategies. American Sociological Review, 51 (2), 273 – 286.

Tajfel, H. (1970). Experiments in intergroup discrimination. Scientific American, 223 (5), 96 – 103.

Tajfel, H. (1981). Human groups and social categories: Studies in social psychology. Cambridge University Press.

Tajfel, H., & Turner, J. C. (1986). The social identity theory of inter-group behavior. In S. Worchel & L. W. Austin (Eds.), Psychology of intergroup relations (pp. 7 – 24). Nelson-Hall.

Trivers, R. (2002). Natural selection and social theory: Selected papers of Robert Trivers. Oxford University Press.

Turner, J. C., Hogg, M. A., Oakes, P. J., Reicher, S. D., & Wetherell, M. S. (1987). Rediscovering the social group: A self-categorization theory. Blackwell.

Van Dijk, T. A. (1993). Elite discourse and racism. Sage.

Van Lange, P. A. M., Kruglanski, A. W., & Higgins, E. T. (Eds.). (2012). Handbook of theories of social psychology. Sage.

Weiner, B. (2006). Social motivation, justice, and the moral emotions: An attributional approach. Erlbaum.

Wyer, R. S., Chiu, C.-y., & Hong, Y.-y. (Eds.). (2009). Understanding culture: Theory, research, and application. Psychology Press.

Yzerbyt, V., Judd, C. M., & Corneille, O. (Eds.). (2004). The psychology of group perception: Perceived variability, entitativity, and essentialism. Psychology Press.

序　言

　　自从1994年本书出版以来，该领域已涌现出大批新兴的有关人类择偶的科学研究。几十年来，择偶在心理学主流研究中并未受到重视，不过现在它已经赢得理应享有的关注。与进化历程的引擎——繁殖联系最紧密的莫过于择偶。那些无法成功择偶的人也无法成为我们的祖先。因此，每一个活着的人都是那条漫长且绵延不断的成功择偶链的后裔，而这一链条可以追溯到数百万年前。无论我们祖先中的哪一位没能成功穿越择偶路上布下的荆棘，我们都无法现存于世，更无法思忖这些或许并不存在的功绩。我们的择偶心智——浪漫的喜悦、激情的迸发、爱情的成功是这一进化历程的幸运产物。

　　本书初版赢得了广泛的关注，也引发了一些不满的情绪。情绪的强度也许能反映出这一主题的重要性。人类面对与自身密切相关的领域时，似乎无法做出客观理智的评论。早在书籍出版之前，就有读者告诉我这本书所包含的信息如果被广而告之会带来一定的负面影响，因此其出版应当被叫停。有些人拒绝相信择偶策略存在性别差异，因为很多年来社会科学界的主流思想宣称男性和女性的性心理在本质上是一致的。另外一些人虽然承认那些令人生畏的科学发现，但拒绝承认性别差异拥有进化的根源。令人欣慰的是，对本书的批评已经大部分——当然不是全部——平息了。择偶研究已经成为主流并为全世界所知晓——本书初版已有10种语言的译本。

本书初版解释了人类择偶的部分谜题，也指出了一些知识的空白，特别是那些关于女性性行为复杂性的谜题。书出版以后，一些研究已经填补了部分空白。新的版本也涉及了一些择偶方面的长期难题。为什么会存在同性恋？男性和女性能够"只做朋友"吗？采取短期择偶策略的人如何避免长期承诺？女性进化出了反强奸的防御机制吗？男性和女性在解读对方的心智时，是否存在一些无药可救的偏误？这些话题在初版中有一些简要的讨论，并在2003年版新加入的两章中得到了深入的探讨。现在这个最新版则将这些资料整合在了一起，并系统地将过去22年的理论和研究进行了完备的修订和更新。

俗话说没有放之四海而皆准的真理，尽管我已经意识到这一点，但我依然相信人类择偶策略渗透进了每个人的行为之中。在我眼中，它们无处不在。它们塑造了女性之间的地位等级，也助长了男性的性背叛。它们在生命的早期推迟了男性的青春期，同时在另一端导致他们过早死亡——都是配偶竞争的产物。它们以爱之名将人拥入怀中，又用嫉妒的怒火和残忍的背叛将恋人分离。无论它们的外表是光辉闪耀还是令人不安，人类的择偶心理都根深蒂固于社会行为的结构之中。

目 录

第一章　择偶行为的起源　　/ 1
第二章　女性之所求　　/ 22
第三章　男性别有所求　　/ 57
第四章　随意性关系　　/ 82
第五章　吸引伴侣　　/ 109
第六章　长相厮守　　/ 137
第七章　两性冲突　　/ 159
第八章　分手　　/ 190
第九章　时过境迁　　/ 207
第十章　两性和谐　　/ 232

致谢　　/ 249
注释　　/ 255
参考文献　　/ 277
索引　　/ 313
译后记　　/ 341

第一章
择偶行为的起源

> 我们是行走的档案库,保存着来自祖先的智慧。
> ——海伦娜·克罗宁(Helena Cronin)
> 《蚂蚁和孔雀》(*The Ant and the Peacock*)

人类择偶行为给予我们快乐和消遣,并提供谈资。它引发了如此之多的讨论、如此之多的法律,以及遍及所有文化的复杂仪式,这在人类活动领域中是少有的。人类择偶的基本原则似乎难以理解。女人们、男人们有时发现,他们选择的配偶让自己不快乐,或使他们在心理和生理上饱受折磨,或使他们在沉默的绝望中共度一生。吸引一位新配偶的努力经常适得其反。配偶之间冲突连连,责备和失望每每加剧。尽管怀有最美好的初衷,发下终生相爱的誓言,仍有一半的婚姻以破裂告终。

痛苦、背叛和失去,与通常对于爱情所抱有的浪漫观念形成强烈的对比。我们带着对真爱的信仰长大,梦想找到自己的"唯一",我们以为只要愿意,就能缔结美满婚姻,从此幸福地生活。然而,现实很少符合我们的信仰。只要粗略地扫一眼离婚率、比例达 30% 到 50% 的婚外恋、被嫉妒怒火破坏掉的大量关系,我们的幻想就破碎了。

不和与分裂,被视为失败的配偶关系的典型标志。它们被视为自然的婚姻生活状态的扭曲和反常。在旁人看来,它们显示了个人的无能、幼稚、神经过敏、意志薄弱,或仅仅是选择配偶时缺乏判断。然而,这种观点完全错了。择偶的冲突是常态而绝非意外。从一位男子在求偶时因遭到拒绝而愤怒,到一位妻子因丈夫不愿倾听或不能养家而深感挫败,都属于择偶冲突的范围。这种模式如此普遍,以至于我们无法对其进行简单解释。一些更深层的、有关人类天性的因素涉及其中——这些因素我们还未能完全理解。

由于爱情在人类生活中占据着中心地位,择偶的问题显得更为复杂。拥有爱情时,我们被爱的感觉催眠;没有爱情时,我们被爱的幻想占据。爱情的快乐与苦闷充斥于诗歌、音乐、文学、肥皂剧和爱情小说,超过了其他任何主题。与通常的观念相反,社会科学中的爱情并不是西方有闲阶级最近的发明。在所有文化中,人们都经历爱情,为它谱写篇章。[1]这种情况的普遍性使我们相信,爱情与它的核心部分——承诺、将爱人理想化、深刻的共情和压倒一切的激情,是人类经验中不可避免的一部分,任何人概莫能外。[2]

不理解人类择偶的真相和矛盾本质,无论从科学还是从社会的意义上来讲,都会使我们付出高昂的代价。从科学的角度讲,知识的匮乏使我们解答不了生命中最令人困惑的问题,比如为什么人们耗费生命中许多年来寻求爱情,并为了稳定的关系而奋斗。从社会的角度讲,我们的无知使我们挫败和无助,无论是网络约会的丛林、大学校园的联谊,还是在工作场所和家庭生活中,我们会被过分的求偶行为所伤。

在人类对深刻爱情的追求与弥漫于两性关系的冲突之间,我们要进行调和。我们要使梦想与现实一致。为了理解这些令人困惑的冲突,我们必须回望演化的历程——它开凿了我们的心智,同样刻画了我们的身体;在彼时我们的择偶策略如同我们的生存策略一样至关重要。

❖ 演化的根源

在一个多世纪以前,查尔斯·达尔文为择偶神话提供了一个革命性的解释:性选择理论。[3]因为有些动物发展出一些似乎对其生存有所阻碍的特征,这令他感到困惑并激发了他的研究兴趣。精致的羽毛、巨型的鹿角,以及许多物种展示出的其他显著特征,从生存的角度看似乎是成本高昂的。雄孔雀似乎是所有捕食者梦想的猎物,它不仅包含富有营养的肉质,还附带着又长又灿烂的尾羽。这些尾羽不仅妨碍雄孔雀从捕食者面前逃走，还构成了一个显而易见的目标。达尔文的回答是，雄孔雀的炫耀之所以得以进化，是因为它在竞争合意的配偶时提供了优势，使它得以成功繁衍。进化出具有遗传收益而非生存收益的特征，就是性选择。

根据达尔文的理论，性选择具有两种形式。一种形式是同性成员的互相竞争，它们之间争斗的结果是胜利者获得对异性的更多的性接触。两只成年雄鹿双角交叉进行搏斗，是同性竞争的典型画面。更加强壮的体格、更多的智慧或者更强的吸引同盟的能力——这些有利于战斗胜利的特征得以进化，因为胜利者更有可能完成交配从而将这些基因传递下去。

另一种形式的性选择是，某种性别的成员偏好具有特殊品质的配偶。异性成员的这些品质得以进化，因为拥有这些品质的动物更有可能被选为配偶，携带这些品质的基因也因此而得到延续。缺少这些合意品质的动物被排除出择偶市场，它们的基因也消亡了。因为雌孔雀偏好羽毛光彩熠熠的雄孔雀，羽毛黯淡的雄性就被淘汰在进化的尘埃之中。今天看到的雄孔雀拥有光彩照人的羽毛，正是进化历程中雌孔雀偏好与多彩耀眼的雄性交配的结果。

达尔文的性选择理论，通过识别进化中变化可能发生的两个关键过程来解释择偶行为：挑选配偶和竞争配偶。但是这个理论在一个多世纪的历程中，受到男性科学家的激烈反对，部分是因为对配偶的主动选择似乎赋予了女性过多的权力，而女性原本一向被视为择偶过程中的被动者。性选择理论也遭到主流社会科学家的反对，因为它似乎把人类天性描述为只是依赖本能行为，从而贬低了人类的独特性和灵活性。人们原本假定，文化、觉醒和自由意志已经将我们从进化压力下解放出来了。将性选择理论应用于人类，突破于20世纪70年代末和80年代，由我的同事和我在心理学及人类学领域推动了关于这一问题的理论进展。[4]我们尝试去识别作为进化产物的深层心理机制——这种机制能同时解释人类行为的异常灵活性，以及男性和女性采取的主动择偶策略。这门新学科叫作进化心理学。

当我开始涉足这个领域时，人们对人类择偶行为的真相还所知甚少。在对人类择偶行为的研究中，科学证据的缺乏令人沮丧，实际上，还没有证据能够有力支持宏大的进化理论。没有人知道，某些择偶欲望是不是普遍存在的，特定的性别差异是不是所有文化中所有人群的共同特征，文化的影响是否强大到足以凌驾于可能存在的进化偏好之上。因此，我偏离主流心理学的传统路径，探讨人类择偶行为的哪些特征服从进化原则。首先，我只想用进化论证明一些最明显的择偶偏好的性别差异，例如：男性是否渴望年轻并富有身体魅力的配偶？女性是否渴望拥有地位和经济保障的配偶？在这一步考察接近尾声之时，我进行了访谈和问卷调查，调查对象是美国的 186 名已婚成年人和 100 名未婚大学生。

下一步是证明此项研究所揭示的心理现象，是不是我们这个物种的根本特征。如果择偶欲望和人类心理的其他特征是进化历程的产物，它们应该普遍存在，而不仅仅只限于美国。所以，我发起了一项国际性研究，从一些欧洲国家开始，包括德国和荷兰，探索在其他文化中人们是如何挑选配偶的。然而，很快我就意识到，由于欧洲文化与美国文化具有许多共性，它们并不能为进化心理学原则提供最严格的检验。在五年时间里，我将这项研究扩展到六个大陆和五个岛屿，囊括从澳大利亚到赞比亚的 37 种文化的 50 个合作伙伴。当地人采用母语开展了对于择偶欲望的问卷调查。我们的样本包括大城市，比如巴西的里约热内卢和圣保罗、中国的上海、印度的班加罗尔和阿默达巴德、以色列（巴勒斯坦）的耶路撒冷、特拉维夫，以及伊朗的德黑兰。我们也研究了乡村人口，包括古吉拉特邦的印度人和南非的祖鲁人。我们的样本覆盖了受到良好教育的人口和缺乏教育的人口，囊括了从 14 岁到 70 岁各个年龄阶段的调查对象，也包括从资本主义到社会主义等各种政治经济体制的地区。所有的主要种族群体、宗教群体和民族群体都有代表。我们在世界范围总共调查了 10 047 人。

作为有史以来对人类择偶欲望的规模最大的一次考察，这项研究仅仅只是一个开始。研究结果涉及人类择偶的方方面面，从约会到婚姻、婚外恋和离婚。它们也与当前的主流社会话题相关，比如性骚扰、家庭暴力、色情文学和父权制（patriarchy）。为了考察尽可能多的择偶领域，我的实验室紧接着又开展了超过 100 项新的科学研究，研究对象包括成千上万人，如单身酒吧和大学校园里寻求配偶的男性和女性、处于不同承诺阶段的约会情侣、在婚姻头五年的新婚夫妇和最终离婚的夫妇。

所有这些研究的发现，在我的同事间引起了困惑和争论，因为它们在很多方面与传统观念相矛盾。它们推动了一个看待男性与女性性心理的标准观念的激烈变革。我写这本书的一个目标是从这些多种多样的发现之中，构建一个关于人类择偶的统一理论，不是基于浪漫的观念或过时的科学理论，而是基于最近的科学证据。我的很多关于人类择偶的发现显得并不美好。例如，在追求性伴侣的无情竞争中，男性和女性诋毁他们的竞争对手，欺骗异性，甚至背叛他们自己的配偶。这些发现困扰着我；我宁愿人类择偶的这些竞争的、冲突的和操纵他人的方面并不存在。但一个科学家不能只凭愿望而排除令人不快的发现。最终，我们必须面对人类择偶的这些令人烦扰的方面，才能指望它的残酷后果可能得到改善。

❖ 性策略

策略是达到目标和解决问题的方式或手段。把人类择偶、浪漫、性和爱情看作本质上是策略性的，也许会显得很古怪。但是，人类如同其他两性繁殖的物种一样，从来不会随机挑选配偶，我们也不会不加区别地吸引配偶。我们不会出于无聊来诋毁我们的竞争者。我们的择偶是策略性的，而我们的策略是为了解决问题以获得择偶成功而设计的。要理解人类如何解决这些问题，需要对性策略（sexual strategies）进行分析。

适应（adaptations）是进化出来解决生存和繁殖问题的办法。在几百万年的演化中，自然选择为我们制造出饥饿的机制，来解决为有机体提供营养的问题；制造出对脂肪和糖类敏感的味蕾，来解决把什么放进我们的口中（坚果和浆果，而不是泥土或沙砾）的问题；制造出出汗和发抖的机制，来解决极热和极冷的问题；制造出情绪，比如恐惧和愤怒，来激发逃走或搏斗的行为，以应对捕食者或好斗的竞争者；制造出复杂的免疫系统，来对抗疾病和寄生物。这些适应机制是人类应对大自然制造的生存问题的解决办法——它们是我们的生存策略。

相应地，性策略也是应对择偶问题的适应机制和解决方法。在演化的历程中，那些未能成功获得配偶的人不会成为我们的祖先。我们都是从一条漫长的、未经破坏的祖先繁殖之链延续下来的，他们都在竞争合意的配偶时技压群雄，吸引到在繁殖方面有价值的配偶，留住配偶直到诞下了后代，挡开了虎视眈眈的竞争对手，并且解决了可能阻碍繁殖成功的问题。我们携带着这些成功祖先的性基因。

每一种性策略都应对一个特定的适应问题，比如，识别一个合意的配偶或在竞争者中脱颖而出，以达到吸引配偶的目的。每一种性策略背后都暗含着心理机制，比如对一位特定配偶的偏好、爱与情感、性欲望或疯狂的性嫉妒。每种心理机制都对外界的信息或线索非常敏感，比如身体特征、性兴趣的暗示，或不忠（infidelity）的潜在线索。我们的心理适应机制对于我们自身的信息也非常敏感，比如我们自身作为配偶的价值，我们吸引某个合意或受赞许（desirability）配偶的能力。这本书的目标是剥开择偶过程中男性和女性所面对的适应问题的表层，揭示他们进化出来以解决这些问题的复杂的性策略。

尽管**性策略**这个术语对于考察择偶问题的解决方法来说，是一个有用的隐喻，但它在某种程度上却意味着有意识的意图，这具有误导性。性策略并不需要有意识的计划或知觉。我们的汗腺是达到调节体温这个目标的"策略"，但我们不会有意识地流汗，也不会察觉我们身体想要达到的目标体温。的确，正如钢琴演奏者突然意识到她的双手的存在可能会妨碍其演奏，人类的大多数性策略也在表演者没有察觉之时就顺利实施了。

❖ 挑选配偶

无论何时，人们都不会对所有的潜在配偶产生同等的欲望。人们总是只偏好某些潜在配偶，而规避其他可能的选择。我们的性欲望与其他欲望以相同的方式进化而来。想一想摄食这个生存问题。人类面对着一长串可能的食用清单——有浆果、水果、坚果和鱼，也有泥土、沙砾、有毒的植物、树枝和粪便。如果我们没有任何口味偏好，而是随机地摄取从环境中获得的物质，一些人出于偶然，吃到成熟的水果、新鲜的坚果和其他能提供热量和营养的物质，其他人，也是出于偶然，吃了腐臭的肉、腐烂的水果和有毒物质，那么，稍微偏好有营养物质一点的早期人类，比他们的同辈有更大的概率存活下来，并且将他们的食物偏好遗传给后代。

我们现在的食物偏好证实了这个演化过程。我们对富含脂肪、糖、蛋白质和盐的物质表现出强烈的喜好，而厌恶苦的、酸的、致病的和有毒的物质。[5]这些食物偏好解决了生存的基本问题。我们今天有这些偏好，恰恰是因为它们曾经解决了我们祖先的关键的适应问题。

我们对配偶的偏好服务于类似的适应目的，但其功能不单纯是作用于生存。想象一下很久以前我们祖先的生活——努力用火保暖，打到猎物以养活家人，采集坚果、浆果和药草，躲避寄生虫、危险的动物和人类敌人。如果我们挑选了一个未能提供承诺资源、有外遇、懒惰、缺乏狩猎技巧或经常虐待我们的配偶，我们的生存机会将微乎其微，繁殖会充满风险。对比之下，一个能提供充足的资源，保护我们和我们的孩子，对家庭付出时间、精力和努力的配偶，对于我们家庭的帮助将是巨大的。由于我们那些明智地选择配偶的祖先收获了强有力的生存和繁殖优势，对于配偶的明确的欲望得以进化出来。作为那些祖先的后代，我们携带着他们的欲望直到今天。

许多其他的物种也进化出了对配偶的偏好。非洲村落里的织巢鸟提供了一个生动的例证。[6]当雄性织巢鸟发现一只雌性正在附近时，它会把自己倒挂起来，并且兴奋地拍着翅膀，来展示它刚建好的巢。雌鸟在一旁观察。如果雄鸟通过了雌鸟的初步视觉审查，雌鸟就会飞到鸟巢跟前，钻进去检查鸟巢的材料，这里戳戳、那里拽拽，大概持续10分钟之久。在它检查鸟巢时，雄鸟会在一旁为它唱歌。在这个过程中，雌鸟一旦认为这个巢达不到它的标准，就会马上离开，接着去考察其他雄鸟的巢。如果一只雄鸟的巢连续遭到好几只雌鸟的拒绝，它通常会把巢毁掉重新再建。挑选能建造上好鸟巢的雄性这一偏好，为雌性织巢鸟解决了保护以及喂养未来雏鸟的问题。相对于那些对巢的质量没有偏好、与恰好遇到的任何雄性配对的雌性织巢鸟来说，有偏好的雌鸟具备更大的繁殖优势，它们的偏好就在进化过程中被继承下来。

女性就像织巢鸟，偏好能够提供合意的"巢"的男性。想一想女性在演化历程中必须面对的一个难题：选择一个愿意承诺长期关系的男性。在演化的过去，一个女性如果选择与一个轻浮的、冲动的、喜欢拈花惹草的或不能维持长期关系的男性配对，会发现她要独自承担抚养孩子的辛劳，得不到资源、帮助和保护，而另一个男性原本可能会提供这些好处。如果一个女性偏好可靠的、愿意对她负责的男性，则她的后代更有可能存活并茁壮成长。通过成千上万代的选择，女性进化出对有意愿、有能力承诺的男性的偏好，就像织巢鸟进化出对拥有像样的巢的配偶的偏好一样。这个偏好解决了关键的繁殖问题，正如食物偏好解决了关键的生存问题一样。

人们并不总是渴望长期择偶所需要的承诺。男性和女性有时会不顾一切地采取短期的性策略——一次短暂的放纵，一场一夜情，一次周末的私通，或者一次偶然的外遇。在这种时候，他们的偏好发生了改变，有时候这种改变是戏剧性的。人类择偶中一个极为重要的决定，是他们要寻求一个短期配偶还是一个长期伴侣，对于短期配偶他们只投入很少，而对于长期伴侣则投入很多。性策略的选用暗示了这样的决定。这本书呈现了男性和女性表现出来的对配偶特定特征的普遍偏好，揭示出每种性别的不同欲望背后的进化逻辑，探究了人们的目标由一段随意的性关系（casual sex）转向一段长期承诺关系（committed relationship）时发生的变化。

❖ 吸引配偶

人们对于拥有合意特征的高价值配偶需求旺盛。然而，仅仅欣赏这些配偶的特征，并不足以成功择偶，就像发现了陡峭峡谷中的成熟浆果灌木丛，并不意味着就能吃到它。择偶的下一步是成功地在竞争中获得一个合意的配偶。

加利福尼亚海岸的雄性海象在择偶季节的正面交锋中，用它们锋利的长牙打败竞争对手。[7]它们的搏斗和吼叫经常持续几天几夜。失败者伤痕累累地躺在沙滩上，它们是这场残酷竞争的牺牲品。但是胜利者的工作还没有结束。它必须在它的领地四周巡视，领地中容纳了一打以上的雌性。雄性统治者在繁殖期必须守住它的地盘，把离群的雌性赶回领地，驱逐企图暗中交配的雄性"窃偶者"。

经过许多代，雄性海象中更强壮、体型更大、更凶猛以及更狡猾的那一部分成功地获得了配偶。体型较大、较为好斗的雄性控制了对雌性的性接触，因此能够向它们的儿子传递决定这些品质的基因。今天的雄性海象大约重 4 000 磅①，是雌性重量的 4 倍，在人类观察者看来，交配过程中，雌性看上去有被压碎的危险。

雌性海象偏好与胜利者配对，并将决定这种偏好的基因传递给它们的女儿。雌性通过选择体型更大、更强壮的胜利者，也将决定体型和搏斗能力的基因传递给它们的儿子。较小的、较弱的、较胆怯的雄性根本找不到配偶。它们走到了演化的尽头。由于5%的雄性垄断了85%的雌性，选择压力直到今天仍然很严酷。

雄性海象必须进行搏斗，不仅是为了打败其他雄性，也是为了被雌性选中。当较小的雄性试图与一个雌性交配时，这个雌性会大声发出吼叫。听到警报的雄性统治者会跑过来，对着潜入者威胁性地昂起头，并露出结实的胸膛。这个姿势经常足以吓跑较小的雄性。雌性的偏好是引起雄性之间竞争的一个关键因素。如果雌性不介意与较小的、较弱的雄性配对，那么它们就不会向雄性统治者报警，关于体型和力量的选择压力也不会这么严酷。简而言之，雌性的偏好决定了雄性竞争的许多基本规则。

人类的大部分择偶行为与海象不同。例如，5%的雄性海象完成了85%的交配，而超过90%的男性人类能在他们生命的某个时刻找到配偶。[8] 雄性海象奋力地争取垄断其领地上的雌性，但胜利只能维持一到两个季节，而人类的结合能够持续几年甚至几十年。然而，男性人类和雄性海象有一个关键的共同特征：他们都必须通过竞争来吸引女性或雌性。不能吸引女性或雌性的男性或雄性在配偶选择中会有被排除出局的危险。

在动物世界中，雄性争夺配偶的竞争普遍比雌性的更为激烈，而且在

---

① 1磅约合0.45千克。——译者注

竞争的很多方面，雄性确实更招摇、更刺眼。但是，很多物种的雌性之间也存在严酷的竞争。举个例子，雌性赤猴和雌性狮尾狒狒会骚扰正在交配的一对，以干扰竞争对手的成功配对。雌性野生恒河猴采用攻击来打断其他雌性和雄性的性接触，并且偶尔会赢得雄性与它自己交配的机会。而在热带草原狒狒中间，雌性的配偶竞争不仅用于获得性接触，也用于发展长期的社会关系，从中获得身体保护。[9]

在人类择偶体系中，女性之间的竞争，尽管一般不如男性之间的竞争那么张扬和激烈，但也处处可见。作家门肯指出："当女性互相亲吻问候时，总会让人想起职业拳击赛选手之间的握手。"本书介绍了每种性别的成员如何互相竞争以接触异性。他们的竞争策略经常为异性的偏好所左右。那些不具有异性渴望的品质的人会在择偶之舞中面临着始终处于局外的风险。

❖ 留住配偶

留住配偶是另一个重要的适应问题。也许配偶对于你的竞争对手来说仍然是合意的，对手可能窃取配偶，从而使你在吸引、求爱和对配偶的承诺中所投注的所有努力化为乌有。此外，如果配偶的一方未能满足另一方的核心需求，或者仅仅由于某个更新鲜、更夺目或更美丽的第三者出现，配偶的一方可能会变心。一旦获得配偶，必须要能够将其留住。

我们来看一下"Plecia nearctica"的例子，这是一种被称为爱虫（lovebug）的昆虫。雄性爱虫在清早就密密地聚集成群，在离地一到两英尺①的空中盘旋，等待机会与雌性配对。[10] 雌性爱虫既不聚集也不盘旋。早上，它们出现在植物上，进入雄性的密群。有时，雌性还来不及逃跑，就被雄性逮住。雄性经常要与其他同性成员搏斗。在一个雌性周围，大概会围着十来个雄性。

胜利的雄性会带着它的配偶离开这个密群，悄悄地到地面上去交配。

---

① 1英尺约合0.3米。——译者注

也许是因为其他雄性仍然试图与它的配偶配对，这位雄性保持着交配的姿势长达整整三天——因此获得"爱虫"这个绰号。延长交配过程本身就是守卫配偶的一种方式。通过始终与雌性连接在一起，直到它准备好要产卵，雄性爱虫防止了其他雄性对卵授精。在繁殖期间，如果未能解决留住配偶的问题，它与其他雄性竞争和吸引雌性的能力再强也等于零。

不同的物种用不同的方式解决这个问题。人类不会成天保持性交姿势，但每个寻求长期关系的人都面临着留住配偶的问题。在我们的演化历史中，男性如果不在乎配偶的性背叛，将危及他的父权。他们可能会冒这样的风险：把时间、精力和努力投入一个不是他们自己的孩子身上。与之相反，对于女性祖先来说，如果配偶有了外遇，她们并没有丧失母权的风险，因为母权总是百分之百确定的。但如果一个女性的丈夫喜欢拈花惹草，她将失去他的资源、承诺以及他对她和孩子的投资。一个对抗不忠行为的心理策略由此进化出来，这就是嫉妒。人类祖先在看到配偶潜在的背叛时会被激怒，并采取行为来防止它，这样的人相对于不嫉妒的人来说具有适应的优势。那些未能防止配偶背叛行为的人，繁殖成功率也低一些。[11]

嫉妒的情绪激发出各种行为，来回应威胁关系的事件。例如，性嫉妒可能会引发两种截然不同的战术——保持警惕或诉诸暴力。如果选择保持警惕，一个嫉妒的男人可能会在妻子外出时跟踪她，或者突然打电话给她，看她是否在她要去的地方。他还会在聚会上盯住她，或阅读她的邮件。如果诉诸暴力，一个男人在发现有人与自己的爱人调情时，会威胁这个竞争对手，用拳头揍他，叫朋友把他打一顿，或向他的窗户扔砖头。警惕和暴力这两种留住配偶的战术，是嫉妒这种心理适应机制的不同表现。它们代表了解决配偶背叛问题的两种可选方式。

嫉妒不是一种僵化的、一成不变的本能，驱动机器人般机械呆板的行为。它对于情境和环境高度敏感，包括对手是否强大、伴侣双方配偶价值的差异，以及可供备选的配偶数量。嫉妒策略还包括许多行为选项，使人类能够针对不同的情形，灵活地做出反应。本书讲述了嫉妒会引发哪些行为，以及这些行为在何种情境下产生。

❖ 更换配偶

并非所有的配偶都能留住，而且也不必如此。有时候，一些原因迫使你要摆脱一个配偶。比如，当配偶停止提供经济支持、拒绝发生性关系，或开始施行身体或心理虐待时。那些始终与配偶相守，无论是否面对经济困难、性背叛和虐待的人，因为他们的忠诚而赢得我们的钦佩。但是，与一个恶劣的配偶相守，不会帮助远古人类存活下来，成功繁衍。我们是那些知道何时应当止损的祖先的后代。

在动物世界中存在摆脱配偶的先例。比如，斑尾林鸽从一个繁殖季节到下一个繁殖季节一般遵循一夫一妻制，但它们在有些条件下会分开。这种鸽子在每个繁殖季节的离婚率达 25％，它们分开的主要原因是不育。[12] 当一只斑尾林鸽未能与一位伴侣在这个繁殖季节生下幼雏时，其中的一方会离开这位伴侣，而去寻找另一位。失去一位无法生育的配偶，比维持一种不育的结合，更能使斑尾林鸽达成繁殖的目标。

正如我们进化出挑选、吸引和维持一个好配偶的性策略，我们也进化出抛弃坏配偶的策略。人类的离婚普遍地发生在所有已知的文化中。[13] 我们的分离或"驱逐配偶"（mate ejection）策略包含各种心理机制。我们评估一个配偶带来的成本是否超过其所能提供的收益。我们细细审察其他的潜在伴侣，评价他们是否能比现有配偶提供更多东西。我们估量着成功吸引更合意伴侣的可能性。我们计算着结束这段关系可能对我们自身、我们的孩子和我们的亲属造成的潜在损害。最终，我们结合所有这些信息来决定是去还是留。

一旦一个配偶决定离开，另一套心理适应机制就会被激活。这样的决定关乎与这对夫妇利益紧密相连的两个家族的扩展亲属，具有复杂的后果，因此分手既不简单也不轻松。他/她必须权衡这些复杂的社会关系，同时也要给分手一个正当的理由。人类可供选择的手段名目繁多，小到仅仅是卷起铺盖走人，大到暴露不忠来制造一道裂痕。要离开一位爱人，至少有 50 种方法。

分手解决了不良配偶的问题,但它导致了新的问题——更换配偶。就像大多数哺乳动物,人类一般不会与一个配偶走完整个一生。人类往往会重新进入择偶市场,重复一遍挑选、吸引和留住配偶的过程。但是,在分手之后重新开始,本身也会带来一系列独特的问题。人们重新进入择偶市场时,处于不同的年龄,带着不同的资产和负债。上升的地位和资源也许会帮助一个人吸引从前无法奢求的配偶。或者,年龄增长、前一个配偶留下的孩子,或前一段关系留下的心理负担也许会降低一个人吸引新配偶的能力。

可以预见,男性和女性在离婚后重入择偶市场时,经历了不同的变化。如果有了孩子,女性经常承担抚养孩子的首要责任,尽管随着部分男性加入抚养孩子的行列,这个现象可能发生变化。因为之前的结合生下的孩子在择偶中经常被视为成本而不是收益,相对于男性,女性吸引到合意配偶的能力会受到损害。因此,与男性相比,离婚后再婚的女性较少,而且两性之间的这个差异随着年龄增长而不断扩大。本书记录了人类在一生之中变化的择偶模式,识别了影响男性和女性再次择偶可能性的条件。

❖ 两性之间的冲突

一种性别成员用来挑选、吸引、留住或更换配偶的性策略,经常不幸地与另一性别成员的相应策略形成冲突。雌性蝎蛉拒绝与一位雄性交配,直到它带给它一份丰盛的礼物,这份礼物一般是一只送给它吃的死昆虫。[14] 当雌性吃着这份礼物时,雄性马上与它交配。在交配过程中,雄性始终松松地抓着这份礼物,仿佛是防备雌性在交配结束之前带着它逃走(有时是一种雌性获利的性策略)。雄性要持续交配 20 分钟,才能把它所有的精子排入雌性体内。雄性蝎蛉进化出了一种能力,能够挑选出让雌性恰好花 20 分钟吃完的结婚礼物。如果这份礼物太小,在交配完成前就吃完了,雌性会在雄性排出所有精子之前摆脱它。如果这份礼物太大,需要雌性花超过 20 分钟才能吃完,那么雄性在完成交配以后,会与雌性争夺剩下的礼物。导致雄性和雌性蝎蛉之间产生冲突的问题在于，雄性带的礼物太小时是否能完成交配，或者当礼物大得超过需要时谁应享受剩下的食物。

男性和女性也会在资源和性接触的问题上发生冲撞。在人类择偶的进化心理学中，一种性别采用的性策略会与另一种性别采用的性策略发生抵触，这个现象叫作**策略冲突**（strategic interference）。比如，男性和女性在寻求短期性关系的倾向上，就有所不同。认识某个人多久、对其了解多深才同意与其发生性关系，男性和女性一般是不同的。尽管存在一些例外和个体的差异，但男性发生性关系的门槛一般更低一些。[15]例如，男性经常表达与一位有魅力的陌生人发生性关系的欲望和意愿，而女性几乎异口同声地拒绝与萍水相逢的陌生人发生性关系，对于潜在的配偶也要有一定了解之后才愿意发生性关系。

在不同的性策略之间有一个基本的冲突：男性在满足他们的短期性愿望之时，不可避免地与女性的长期目标互相妨碍。坚持迅速发生性关系妨碍了延长求爱的要求。这种妨碍是相互的，因为推迟性关系也阻碍了对方寻求短期性关系的目标。无论何时，当一种性别采用的策略妨碍了另一种性别的策略时，冲突随即发生。

冲突不会随着婚姻的誓言而结束。已婚的女性抱怨她们的丈夫态度傲慢、压抑情感和不可信赖。已婚的男性抱怨他们的妻子情绪多变、过分依赖和性抑制（sexually withholding）。两性都抱怨不忠，小到轻微的调情，大到严重的外遇。在我们演化而来的择偶策略的情境中，所有这些冲突都是可以理解的。

尽管两性之间的冲突是普遍性的，却并不是不可避免的。有一些情形能够将冲突减至最小，为两性带来和谐。关于演化的性策略的知识赋予我们巨大的力量，通过选择行动和情境来改善我们的生活。这些行动和情境激活某些策略，抑制另外一些策略。的确，理解了性策略，包括理解触发它们的线索，便朝着减少男性和女性的冲突迈进了一步。本书探究了两性冲突的本质，提供了一些促进两性和谐的解决办法。

❖ 性取向

"异性恋取向是一种典范式的心理适应。"迈克尔·贝利（Michael Bailey）——一位享有世界声望的研究性取向的科学家——这样写道。[16]他提供了令人信服的理由。在有性生殖的物种中，雌性和雄性为了成功繁殖，必须要彼此交配。所有降低成功繁殖可能性的取向，都会被无情地剔除。尽管这种评价存在着争议，但大部分科学家认同这一发现——大约96%到97%的男性和98%到99%的女性的**首要**性取向是异性恋。

少数有同性恋倾向或纯粹是同性恋的男女的存在，提出了一个真正的进化难题。在我进行的有关人类性策略的几百次公开演讲中，"那同性恋呢？"这个问题是至今提问频率最高的。它是人类择偶的谜题，也是进化理论的经验主义谜题。[17]两个已知事实让这个谜题变得更加有趣。第一，很多双生子研究显示，性取向在一定程度上可以遗传，这表明同性恋是有部分遗传基础的。[18]第二，很多其他研究毫无疑问地表明，男同性恋者的繁殖率绝对低于男异性恋者。[19]这种部分取决于遗传因素的性取向，是如何对抗持续不断的自然选择的打压而存活至今的呢？

我们会在这本书以后的章节探讨这些问题，并提供一些科学发现来讨论关于性取向与配偶偏好之间的联系。在这里，我们不妨先提到一些关键的概念。首先，关于"性取向"这个说法至少有三种不同的理解。一种是**首要性取向**（primary sexual orientation），指的是某个人在性方面被男性或女性吸引，或是被同时吸引（双性恋的），或是二者都不吸引（无性的）。另一种是**性别认同**（gender identity），即某个人主观上感觉自己是男性或女性，或者二者都是，或者二者都不是。第三种是**性行为**（sexual behavior），指的是某个人与哪种性别的对象发生性关系。其中的区别非常关键，因为我们在人类个体中观察到多种情况的排列组合。例如，有些人可能主要被一种性别所吸引，但是出于好奇心（性实验）或是社会环境约束（缺少或接触不到符合自己首要性取向的性伴侣），也会与另一种性别发生性行为。

另一个重要的区别是女同性恋和男同性恋的本质和发展轨迹都有很大的差异。男性的性取向一般在生命早期就显现，而且很少随着时间发生剧烈变化，而女性的性取向在一生当中远比男性更灵活多变。例如，男性性取向的分布会呈现两个峰值——大部分男性是完全的异性恋或者完全的同性恋，中间只会分布相对较少的双性恋。而女性的性取向则相反，从完全异性恋到一系列不同程度的双性恋再到只偏好同性伴侣，变化更连续和平缓。

还有一个差异是女性似乎更容易更换性取向，这也证明了她们的性取向更具可变性。有趣的是，在女子大学发现了"LUG现象"——"毕业之前做女同性恋"（Lesbian Until Graduation）。演员安妮·海切和女喜剧演员艾伦·德詹尼丝维持了几年时间的同性恋关系。在她们分手后，海切嫁给了一个男人，并与他有了一个孩子。同样，很多女性年轻时结婚生子，然后到中年时转变为同性恋。尽管有些男性会为了符合社会规范而和他们没有"性趣"的人结婚，并在之后才"出柜"，但他们的首要性取向很可能在生命早期就确定下来，并且之后也没有真正发生转变。

一旦我们认识到性取向不是单一的，并且在性吸引、性别认同和性行为之间存在重大的差别，我们对人类性的差异的科学理解就可能会加速。我们也要认识到没有一种单一的理论可以解释人类性的多样性，包括男同性恋者、女同性恋者、双性恋者、变性人和无性人，更没有哪一种理论能够解释那些具有不同性取向的个体之间的深刻的差异。我们会在第二章、第三章和第四章更详细地探讨性取向的起源和本质，并且特别聚焦在配偶偏好、性动机和择偶策略的选择上。

❖ 文化和情境

尽管祖先的选择压力造就了我们今天还在使用的择偶策略，但我们如今所处的环境在一些重要方面已不同于历史环境。我们的祖先通过采集获得蔬菜，通过狩猎获得肉类，而现代人从超市和餐馆获得食物。现代的城里人在互联网的约会网站和酒吧里展开他们的择偶策略，而不是在热带草原上。尽管如此,同样的性策略今天仍带着不可遏制的力量在发挥作用。我们进化出来的择偶心理在现代环境中仍然起作用,因为这是我们这些凡人唯一拥有的择偶心理。

为了说明这个问题,我们来看一看速食连锁店里消耗的大量食物。我们没有进化出任何关于汉堡或比萨的基因,但在那里吃的食物暴露了我们身上携带的祖先的生存策略。[20]以汉堡、奶昔、炸薯条和比萨的形式,我们大量地消耗脂肪、糖、蛋白质和盐。速食连锁店之所以广受欢迎,恰恰因为它们集中地大量供应这些营养元素。它们暴露了在过去的稀缺环境中进化出来的食物偏好。然而,今天我们过度地消耗着这些元素,因为在进化过程中我们未曾预料它们会如此丰裕。因而,古老的生存策略损害了我们的健康。我们陷入在不同的环境中进化而来的口味偏好中,因为进化在时间刻度上进行得太慢,以至于不能跟上过去几百年发生的巨大变化。尽管我们在时间上不能倒退,不能直接观察祖先的环境是什么,但我们现在的口味偏好,正如我们对蛇的恐惧和对孩子的喜爱,提供了一扇观看这些环境可能是什么的窗户。我们身上携带着一套为远古世界量身定做的装备。

我们进化出的择偶策略,正如我们的生存策略,在这么多方面也许不再适应现在的生存和繁殖。例如,艾滋病(AIDS)的出现,使得随意的性关系对于生存来说比在远古环境下要危险得多。在互联网上有机会接触成千上万个潜在的择偶对象,有时让我们很难抉择谁是"唯一"。只有通过理解我们进化出的性策略,理解它们从哪里来、为了应对什么样的环境而设计,我们才有希望解决新环境带来的择偶问题。

人类拥有的一个引人注目的、超越许多其他物种的优势,就是我们的择偶策略的语库(repertoire)非常庞大,而且对情境高度敏感。比如,某人处于一桩不愉快的婚姻之中,仔细思忖着是否要离婚。这个决定将依赖于许多情境因素,比如婚内冲突的次数、配偶有没有拈花惹草、离婚将施加给家庭双方亲属的压力、孩子的存在、孩子的年龄和需求,以及吸引另一个配偶的前景。人类已经进化出考虑和权衡这些情境因素的成本与收益的心理机制。

文化环境也在很多方面不尽相同,这些方面对于激发择偶策略菜单中特定的性策略非常关键。有些文化的择偶体系是一夫多妻制，允许男性娶多个妻子。另一些文化实行一妻多夫制，允许女性拥有两个或更多丈夫。还有一些文化实行一夫一妻制——至少表面上如此——规定两性每次都只能拥有一个婚姻伴侣。还有一些文化允许乱交，有很高的配偶更换比率。我们进化出的择偶策略，对这些社会、法律和文化模式高度敏感。例如，在一夫多妻的择偶体系中，男性为了获得女性而竞争，父母给儿子施加了巨大的压力，这显然是为了避免他沦入找不到配偶的境地。由于有些男性独占着多个女性，另一些男性不免遭遇这种困境。[21] 相反，在一夫一妻制的择偶文化中，父母对其儿子的奋斗则施加了较少的压力。

另一个重要的情境因素是两性比例，或者说整个择偶池中相对于单身女性的单身男性数量。当女性过剩时，就像在巴拉圭的阿赫族印第安人（Ache Indians）一样，男性不情愿只忠于一个女性，而偏好寻求多个随意的性关系。当男性过剩时，比如在委内瑞拉的希维（Hiwi）部落中，一夫一妻制得到采用，而且离婚率直线下降。[22] 当男性的性策略改变时，女性的也必须改变。当女性的性策略改变时，男性的也必须如此。在复杂的相互关系中，这两套设置同时存在，部分是基于性别比例。

从某种角度来看，情境就是一切。在进化的历程中不断再现的情境，创造了我们携带到今日的策略。当今的情境和文化条件决定了哪些策略得到激活，哪些策略潜而不发。为了理解人类的性策略，本书识别了重复出现的选择压力和过去的适应问题、它们创造出的心理机制和策略性解决方案，以及当今的情境激活了其中某些解决方案而没有激活另一些。

❖ 理解人类性行为的障碍

自1859年达尔文第一次提出进化论来解释新物种的产生，以及形塑它们功能特征的适应性以来，进化论一直让人们感到不安和震惊。作为与达尔文同时代的人，伍斯特主教的妻子在听到达尔文"我们从非人的灵长类进化而来"的理论之后，评论道："我们希望这不是真的；如果这是真的，我们希望这不会被更多人得知。"[23] 激烈的抵抗持续至今日。如果我们想获得关于性的真实洞见，就必须移除这些理解上的障碍。

一种是感知上的障碍。自然选择设计了我们的认知和知觉机制，来感知和思考在一个相对有限的时间跨度上发生的事件——几秒、几分钟、几小时、几天，有时是几个月，偶尔会是几年。人类祖先用大部分时间来解决即时的问题，比如寻找食物、维持庇护之所、保暖、挑选和竞争伴侣、保护孩子、形成联盟、为地位奋斗以及抵御掠夺者。因此，存在着一种压力，让他们只能进行短时间的思考。相反，演化需要历经几千代，并在我们观察不到的细小增量中逐渐地发生。为了理解发生在如此之大的时间刻度上的事件，我们需要想象的跳跃。这在认知特点上就像某些物理学家，即使看不到，也能建立关于黑洞和十一维宇宙的理论。

对于理解人类择偶的进化心理学，另一种障碍来自意识形态。从斯宾塞的社会达尔文主义理论开始，生物学理论有时被用作政治目的——使压迫正当化，或者赞成种族或性别优越论。我们必须警惕，不要让滥用人类行为生物学的历史重演。同时，我们也不能被这段历史误导，忽略我们所拥有的最强大的关于有机生命的理论——通过选择而进化。如同哈佛大学进化心理学家史蒂芬·平克所说，进化心理学提供了强大的理论来解释侵犯与合作，以及人类的性与择偶。为了理解人类的择偶问题，我们需要勇敢面对我们在进化过程中的遗产，把我们自身理解为自然选择和性选择这些先决力量的产物。

抵抗进化心理学的另一个基础是自然主义谬误（naturalistic fallacy），这种谬误坚称存在物都是合理的。自然主义谬误混淆了关于人类行为的**科学描述**和**道德规范**。自然中存在着疾病、瘟疫、寄生虫、婴儿死亡以及许多其他我们试图消除或减少的自然事件。这些事件**的确**存在，但这并不意味着它们**应该**存在。

类似地，男性的性嫉妒，部分是作为一种保护男性父权确定性的适应机制而进化出来的。但是，由于伴随着亲密关系暴力、虐妻和杀妻，它对世界范围的女性都造成了伤害。[24]我们的社会也许最终能找到一些方法，减少男性的性嫉妒及其危险的表现形式。即使男性的性嫉妒有其进化根源，也并不意味着我们要被动地接受它及其危险的表现形式。

自然主义谬误的反面就是浪漫主义谬误（romantic fallacy）。有些人颂扬作为人类意味着什么的愿景。其中一种观点认为，"自然的"人类带着自然的本性，与动植物和平地共存。在现实条件下，比如在父权制、文化或资本主义下，战争、侵犯和竞争是这种本质上和平的人类天性的堕落。尽管存在人类天性的证据，但人们仍坚守这种幻觉。人类学家拿破仑·夏侬的研究显示，25％到30％的雅诺马马（Yanomamö）男人在暴力中死于其他雅诺马马男人之手。他的研究受到一些人的强烈指责，那些人假定该群体生活在和谐之中。[25]我们希望人们是什么样，这只能构成乌托邦的幻想。如果以这种乌托邦式的透镜来看待我们自身，浪漫主义谬误就发生了。

也有人反对进化心理学关于变化（change）的假定。如果择偶策略植根于进化生物学，那么它应该是恒定不变、难以驾驭、不可更改的。因此，我们注定要服从我们的生物性规定，就像盲目的、不会思考的机器人一样。这种信念错误地将人类行为划分到两个互相分离的范畴，一种是生物决定的，另一种是环境决定的。事实上，人类行为是两者的共同产物。DNA的每一链条都在特殊的环境和文化情境中显示出来。在每个人的生命中，社会和物理环境为进化出的心理适应机制的发展与激活提供输入。每一个行为都毫无例外地是这些机制和环境影响的联合产物。在确定形成人类心理并引导这种心理直至今日的历史的、发展的、文化的和境遇的特征方面，进化心理学代表了一种真正的互动论者的观点（interactionist view）。

所有的行为模式原则上都能被环境的干预所改变。事实上，我们今天能改变某些模式而不能改变其他模式，仅仅是一个知识和技术的问题。如果我们想要改变，知识的积累就会带来新的改变的可能性。人类对于他们所处环境中发生的变化具有不同寻常的敏感度，因为自然选择没有给人类创造出在任何情境下都保持不变的行为本能。它创造了心理适应机制，恰是为了解决变化多端的情境所制造的问题。在进化生物学中识别择偶行为的根源，并不意味着给我们判处了一种不可更改的命运。

另一种对于进化心理学的抵抗来自一种担忧，认为进化论的解释可能暗示了两性的不平等，支持对于男性和女性的角色限制，鼓励关于性别的刻板印象（stereotype），让女性永久被排除在权力和资源之外，而且助长了不可改变现状的悲观主义。但是，在更仔细的检视中，进化心理学并不带有这些对于人类择偶行为的可怕暗示。在进化论的术语中，女性和男性在许多甚至在大多数方面是相似的，仅仅在有限的方面，他们不断面临人类进化历史上不同的适应问题。例如，他们的差别主要在于所偏好的特定性策略不同，而不是实践人类全部性策略的先天能力有所不同。进化心理学致力于解释男性和女性进化出来的择偶策略，而不是规定两性可能是什么样或应该是什么样。它也没有规定什么是适当的性别角色。它不带有任何政治企图。

进化心理学的最后一种抵抗来源于关于浪漫爱情、两性和谐以及终生相爱的理想主义观点，这些观点是我们赖以存在的信念。我本人也牢固地坚持这些观点，相信爱情在人类性心理中占据着中心地位。我写了一篇题为《真爱》（"True Love"）的文章，致使我的一些研究生以为我走上歧途。但是配偶关系带来了一个人生命中最深刻的满足，没有它，生命就会显得空虚。无论如何，有些人的确做到了幸福和谐地生活与择偶。但是，我们对人类择偶的真相忽视太久了。冲突、竞争和操纵也充斥于人类择偶的过程中，如果我们要理解这种生命中最引人入胜的关系，就必须集体从沙子中抬起头来审视它。

第二章
女性之所求

> 在非同寻常的程度上，作为两性投资方——女性的偏好潜在地决定了物种演化的方向，因为女性是决定自己何时性交、性交频率和与谁性交的最终裁断者。
>
> ——莎拉·赫迪（Sarah Hrdy）
> 《从不演化的女性》（*The Woman That Never Evolved*）

女性对于配偶究竟有什么需求，这个谜题困扰了包括男科学家在内的所有男性长达数世纪。女性对伴侣的偏好，较之任何其他物种中任何性别的择偶偏好，都更为复杂和神秘——这种提法并非男性中心论。要发现女性欲望的演化根源，需要在时间上回溯到人类进化成一个物种以前，回溯到灵长类从其哺乳动物祖先中衍生出来以前，回溯到性繁殖的起源本身。

女性能够选择配偶的原因之一，来自生殖生物学中最基本的事实——性别的定义。一个显著情形是，生物学上对性别的定义仅仅根据性细胞的大小。雄性被定义为具有较小性细胞者，而雌性是具有较大性细胞者。雌配子较大，理所当然地保持静止不动状态，携带着营养成分。雄配子较小，具有活动性，能够以一定速度游动。[1] 性细胞的大小和活动性的差别，造成了不同性别的性细胞在数量上的差异。比如说，男性会产生数百万个精子，这些精子以每小时大约 1 200 万个的速度得到补充；而女性在一生之中只能产生固定数量、不可再生的 100 万到 200 万个卵细胞，其中大部分在囊中就死掉了。只有 400 个卵细胞成熟到能够被授精的程度。

女性的初始投资更大，不仅限于更大的卵细胞。人类亲本投资的关键部分——受精和孕育，在女性身体内部发生。性交只是一个动作，只需最小的雄性投资，却会给女性带来长达九个月的孕期。这是一项不可推卸的、耗能巨大的投资，她们因此错过了其他的择偶机会。然后，女性负担起不可替代的哺乳重担，一项消耗巨大、可能要持续三到四年的投资。

在动物世界中，没有哪项生物法则规定雌性要比雄性投入更多。事实上，有些物种——比如摩门蟋蟀、尖嘴鱼和巴拿马毒箭蛙——雄性投资更多。[2]雄性摩门蟋蟀要付出巨大的努力，制造一个负载着营养物质的大型精囊。雌性摩门蟋蟀彼此竞争，以接近具有最大精囊的雄性。在这些所谓的性别角色颠倒的物种中，雄性对于择偶更为挑剔，而雌性比雄性体型更大、更好斗。然而，包括250多种灵长类物种在内的超过5 000种哺乳动物，均由雌性承担体内受精、孕育和哺乳的责任。

女性巨大的初始亲本投资，赋予她们一项珍贵却又有限的资源。[3]孕育、分娩、照看、哺育和保护幼儿，是非同一般的繁殖资源，不能不加选择地提供。没有任何一个女性能将它们分给多个男性。这个世界上只有这么多时间和精力，而每繁殖一次既耗时又耗力，在人类一生中仅能繁殖这么几次。这就意味着女性的繁殖机会有限：一名女性在她一生中**至多**只能繁殖几次。相反，一名男性**最多**能繁殖的次数，取决于他能与多少性成熟的女性发生性关系。女性的繁殖资源相对更加珍贵。那些拥有不多机会的性别，想要在演化过程中获得成功，出手要更加小心。

珍贵资源的掌握者，不会将资源轻易给予他人，也不会不加选择地送出。因为，在我们演化历程的过去，女性在发生性关系之后，会面临付出巨大投资代价的风险。进化过程偏好那些对于配偶高度挑剔的女性。女性祖先如果在选择配偶时不加区分，将会付出严酷的代价——她们的繁殖成功率会降低，能够存活到繁殖年龄的后代数量也会减少。例如，女性如果没有小心地选择健康的配偶，可能会生育不健康的子女，给她们自己和所有孩子带来危险的病原体。她们的子女更可能死亡，更难以繁殖后代。在人类进化史中，男性要离开一个偶然遇到的伴侣，所需付出的代价不过是几小时的时间。他的繁殖成功率并不会因此而大打折扣。在进化史中，女性也可以离开一个偶遇的伴侣,但是,如果她已经怀孕,她将会承担这个决定所包含的代价,少则几个月、几年,多则包括在此以后的几十年。与此同时,明智地选择配偶会带来大量好处,从优良基因到一位可靠的供养者。

现代的生育控制技术已经改变了所需付出的代价和收益。在女性能获得可靠的生育控制手段的地方,女性如果有短期的放纵行为,对于怀孕的恐惧会减少。一些现代女性通过她们自己的事业成功,获取到足以与男性匹敌,有时甚至远超过男性平均水平的资源。但是,人类的性心理经过成百上千万年的进化,应对的是人类祖先的适应问题,如同我们进化而来的食物偏好是为了匹配祖先面临的食物条件。尽管我们的生活环境已经改变,这种潜在的性心理仍然保持不变。

❖ 欲望的组成部分

考虑这样一个案例:一位女性祖先尝试在两个男性之间进行选择,其中一个男性在其拥有的资源方面对她极为慷慨,而另一个显得比较吝啬。如果其他条件不相上下,那么对她来说,慷慨的男性比吝啬的男性更有价值。慷慨的男性可能会与她分享打猎获得的肉食,帮助她存活下来,也可能会为了孩子的利益而牺牲自己的时间、精力和资源,帮助这个女性成功繁殖后代。从这些方面来看,作为配偶,慷慨的男性比吝啬的男性具有更高的价值。如果在进化的岁月中,慷慨的男性不断地提供这些好处,而且这种慷慨是有迹可循、稳定可靠的,那么通过自然选择,女性将更可能进化出对于慷慨配偶的偏好。

现在考虑一个更复杂、更现实的案例,在这个案例中,男性不仅在慷慨程度上有所差异,而且在关乎配偶选择的种种重要方面都具有差别。男性在他们的体能、运动技巧、抱负、勤奋、和善、共情(empathy)、感情稳定性、智力、社交技巧、幽默感、亲属网络和社会等级地位等方面都有所差异。不同的男性,给配偶关系带来的成本也有所不同:有些男性带着孩子、债台高筑、脾气火暴、生性自私,并且有滥交的倾向。除此以外,在成百上千个与女性无关的方面，男性也千差万别。有些男性的肚脐内收，另外一些肚脐外翻。当然，对于一种特定的肚脐形状的强烈偏好不太可能进化出来，除非男性的肚脐差异在一定程度上关系到女性祖先的适应性。在男性的成千上万种差异中，几十万年的自然选择使女性的偏好集中于最具适应价值的特征之上。

然而，人们偏好的品质并不是静态的特征。由于特征在不断变化，配偶寻求者必须估测一位预期伴侣的未来潜力。一个年轻的医学生，虽然目前缺少资源，但可能具有极好的前途。一位很有抱负的男性可能已经到达人生巅峰，未来不太可能获得更大的成功。或者，一个男性可能拥有前一次婚姻带来的孩子，但因为孩子们即将离开家庭，他的资源并没有耗尽。估测一个男性的择偶价值，需要超越他现有的位置，评估他的潜在未来。

进化钟爱挑剔的女性，这些女性偏好具有特定属性的男性，这些属性能够确保女性的收益。她们不喜欢具有另外一些属性的男性，这些属性会将某些成本强加给她们。对于女性来说，每一种属性分别构成了男性配偶价值的一种成分。她的每一种偏好都能追溯到其中一种价值成分。

然而，对于特定价值成分的偏好，不能完全解决择偶问题。女性还面临着更多的适应障碍。首先，一个女性必须评价她的独特境况和个人需要。同一个男性，对不同的女性来说，可能具有不同的价值。例如，一个男性愿意承担大量的、直接的幼儿看护工作，在一个周围没有亲属的女性看来，可能比一个拥有热心参与幼儿看护工作的母亲、姐妹、姑姨、叔舅的女性看来更有价值。选择一个脾气暴躁的男性，对于一个独生女来说，比对于拥有四个强壮兄弟姐妹护驾左右的女性来说，可能危险性更大。简言之，潜在配偶的价值依赖于女性选择者个体化、私人化和情境化的视角。

在挑选配偶时，女性必须识别和正确评价某些线索，它们能够暗示一个男性是否确实拥有一项特定资源。评价的问题在某些领域变得尤为困难，在这些领域，男性容易欺骗女性。是的，男性有时会撒谎。有些装作拥有比事实上更高的地位，有些假装给予超出真实意愿的承诺。

最终，女性面临的问题是整合对一个预期配偶的认识。假如有一个男性,虽然慷慨,但是情绪不稳定;另外一个男性,虽然情绪稳定,但是很吝啬。女性应该选择哪个男性呢?选择配偶需要依靠心理机制对相关特质进行评价,赋予每一种特质在整体中合适的权重。有时要进行折中。一位阳刚的男性可能拥有优良基因,但也许更有可能出轨。在最后决定是选择还是拒绝某个特定男性时,有些特质超过了其他特质,被赋予更大的权重。这其中一个具有重要权重的部分就是男性拥有的资源。

❖ 资源潜力

雌性进化出对于提供资源的雄性的偏好,这也许是动物世界中最古老、最普遍的雌性选择基础。灰色伯劳鸟就是一个例子。伯劳鸟是一种生活在以色列内盖夫沙漠中的鸟类。[4]在繁殖季节开始之前,雄性伯劳鸟就会着手收集可食用的猎物作为贮藏品,比如蜗牛,以及其他有用的东西,比如羽毛、布片,数量从90件到120件不等。它们把这些东西插在各自领地的荆棘和其他尖锐的突出物上。雌鸟查看附近的雄性,然后选择拥有最多收藏品的雄鸟作配偶。当生物学家鲁文·优素福(Reuven Yosef)人为移走一些雄性的贮藏品,加到另一些雄性的贮藏品中时,雌鸟便转向了拥有更多收藏品的雄鸟。雌鸟全然拒绝没有任何资源的雄鸟,使它们沦为单身汉。无论何时,雄性拥有的资源常常是雌性择偶偏好的关键标准。

在人类世界,女性要进化出对拥有资源的忠诚配偶的偏好,需要三个前提条件。第一,在人类进化史中,资源必须是增长的、牢靠的,而且是由男性掌控的。第二,男性在财产数量、获取资源的能力,以及将财产投资给一位女性及其孩子的意愿方面是各自不同的。如果所有男性都拥有同等的资源,并且在资源投入上表现出同等的意愿,女性就没有必要发展出不同的偏好。常数在择偶决定中是不重要的。第三,与一个男性厮守获得的好处,超过了与多个男性共处所获得的好处。

在人类世界很容易遇到这些情形。仅以领地和工具这两种资源为例,全世界范围的男性都在获取、防卫、垄断和控制它们。不同男性掌握的资源数量差异巨大——从街头游民的赤贫到比尔·盖茨、马克·扎克伯格以及沃伦·巴菲特的豪富。古代男性在获得资源的能力上各不相同,比如狩猎技巧,是古代资源潜力的核心指标。现代男性投入时间和资源给长期配偶的意愿也大大不同。有些男性是无赖,他们偏好与许多女性配对,而对每个女性都投入甚微。另外一些男性是好爸爸,他们把所有资源都投注给一个女性和她的孩子。[5]

在人类进化史上,女性通常能够从唯一的配偶那里,比从多个暂时的性伴侣那里,为她们的孩子获取多得多的资源。人类男性为其妻子和孩子提供的资源数量,在灵长类中达到了前所未有的程度。例如,在大多数其他灵长类中,雌性必须凭借自己的努力来获取食物,因为雄性一般不与配偶分享食物。[6]相比之下,人类男性提供食物、寻找庇护所,并且保卫领地。男性还保护孩子。他们教导孩子狩猎技术、打仗的技巧、提高社会影响力的策略甚至择偶的技巧。他们把地位传递给孩子,帮助孩子在今后的生活中形成互惠联盟。这样的好处,女性很难从一个暂时的性伴侣那里获得。并非所有潜在的丈夫都能确保提供这些好处,但经过成千上万代,当某些男性能够提供这些好处时,女性通过选择他们作为配偶,就能获得巨大的优势。

因此,女性势必会进化出对拥有资源的男性的偏好。但是,女性需要线索来指示男性拥有资源的情况。这些线索可能是间接的,比如一个男性的人格特征暗示他向社会上层流动的可能性。这些线索也可能是身体上的,比如一个男性的运动能力或健康状况。这些线索还可能包括名声方面的信息,比如一个男性在同辈人中获得的尊重。然而,经济资源提供了最直接的线索。

现代的女性择偶偏好提供了一个窗口,从中可以看到我们择偶行为的过去,正如我们对蛇和高处的恐惧提供了一个了解祖先危险环境的窗口。几十项研究的证据证明,现代美国女性的确从根本上比男性更看重配偶的经济资源。例如,在1939年开展的一项研究中,美国男性和女性评估了配偶或婚姻伴侣所具有的18项特征的相对赞许性,程度从无关紧要到必不可少。女性并没有把良好的经济前景视为绝对必不可少,但是她们的确将它评价为重要的特征。男性把良好的经济前景评价为仅仅是合意的,但并不太重要。1939年的女性对配偶良好经济前景的重视程度，大约有男性重视程度的两倍那么高，而这个发现又在1956年和1967年得以重现。[7]

20世纪60年代末和70年代初的性解放运动并未改变在这个问题上的性别差异。我在20世纪80年代中期重复了几十年前的研究，用相同的调查问卷调查了1 491名美国人。马萨诸塞州、密歇根州、得克萨斯州和加利福尼亚州的女性和男性，评估了婚姻伴侣的18项人格特征的价值。就像几十年前一样，女性对配偶的良好经济前景的重视程度，大体上仍然是男性重视程度的两倍。[8]在20世纪90年代、21世纪初直至2015年所发表的文献中，这种性别差异未见减少。[9]

女性对经济资源的青睐在许多情境中都表现出来。心理学家道格拉斯·肯里克（Douglas Kenrick）和他的同事设计了一种有用的方法，可以显示人们在多大程度上重视一个婚姻伴侣的不同特性。他们要求男性和女性分别指出他们可以接受的每种特征的"最低百分位数"（minimum percentiles）。[10]美国的女大学生指出，她们对于丈夫的赚钱能力，可以接受的最低百分位数是70，或者说，超过70%的其他男性。而男性对于妻子的赚钱能力，可以接受的最低百分位数才到40。在过去十年进行的一项研究中，诺曼·李（Norman Li）发现，女性总是将配偶拥有的资源视为"必需品"而不是"奢侈品"。

报纸、杂志和相亲网站上的征婚启事可以说明，处于真实婚姻市场上的女性渴望经济资源。一项对1 111条征婚启事的研究发现，女性征婚者对于经济资源的寻求，大概是男性征婚者的11倍。[11]简言之，在资源偏好方面的性别差异不局限于大学生，也不受调查方法的限制。

女性的这些偏好既不限于美国，也不限于西方社会或资本主义国家。在选择配偶方面，我和我的同事进行的国际性研究证明了女性偏好的普遍性。我们在6个大陆、5个岛屿的37种文化中，调查了多个人口学和文化特征差异巨大的人群。调查对象从实行一夫多妻制的国家，如尼日利亚和赞比亚，到更加恪守一夫一妻制的国家，如西班牙和加拿大；既包括那些同居和结婚一样普遍的国家，如瑞典和芬兰，也包括那些不赞同未婚同居的国家，如保加利亚和希腊。这些研究的样本量总共有10 047人。[12]

在这项研究中，男性和女性参与者评价了一位潜在配偶或婚姻伴侣的18项特征的重要程度，等级从"不太重要"到"必不可少"。在所有大陆，所有政治经济体制（包括社会主义），所有种族、宗教群体，所有择偶体系（从严格的一夫多妻制到大致上的一夫一妻制）中，女性都比男性更看重良好的经济前景。大体来看，女性对经济资源的重视比男性高一倍，或者说，大致达到男性的两倍。其中也存在一些文化差异。来自尼日利亚、赞比亚、印度、印度尼西亚、伊朗、日本、中国、哥伦比亚和委内瑞拉的女性，对良好经济前景的重视稍高于来自南非祖鲁社群、荷兰和芬兰的女性。例如，在日本，女性对良好经济前景的重视大约比男性高150％。而认为良好经济前景很重要的荷兰女性，仅仅比荷兰男性高36％，低于任何其他国家的女性。尽管如此，性别差异仍然是恒定不变的——世界范围的女性都比男性更加渴望拥有经济资源的婚姻伴侣。这些发现提供了第一个广泛的跨文化证据，支持人类择偶心理的进化基础。在整个心理学的领域，这是证据最充分的性别差异之一。[13]

因为女性祖先面临着体内受精、九月孕育以及哺乳的巨大负担，通过挑选拥有资源的配偶，她们可以获得巨大的收益。这些偏好帮助我们的祖先母亲解决了生存和繁殖的适应问题。

❖ 社会地位

传统的狩猎者-采集者社会，是我们了解祖先可能处于何种环境的最亲近的窗口。对这种社会的研究表明，男性祖先已经明确地定义了地位等级，与之相伴的是资源畅通无阻地流向顶层，同时微少而缓慢地流向底层。[14]在今天的传统部落中，比如提维（Tiwi）这个居住于澳大利亚北部海面两个小岛的土著人群、委内瑞拉的雅诺马马部落、巴拉圭的阿赫族、博茨瓦纳的昆族，都有所谓的"头人"（head men）和"大人物"（big men），他们掌握着强大的权力，享受着威望带来的资源特权。因此，一个男性祖先的社会地位为他所拥有的资源提供了强有力的线索。

亨利·基辛格曾说，权力是最好的春药。女性渴望在社会上占据着较高位置的男性，因为社会地位是资源控制的一个普遍线索。伴随更高地位而来的是更好的食物、更多的领土和更优质的卫生保健。较高的社会地位能够使孩子享有那些较低等级男性的孩子享受不到的社会机会。在全世界来说，如果男孩的家庭拥有更高的社会地位，他一般能够接触到数量更多、品质更好的配偶。一项在186个社会——这些社会的范围从非洲的姆布蒂人一直到阿拉斯加的阿留申人——开展的研究发现，拥有高地位的男性总是拥有更多的财富，给予孩子更好的营养，并且拥有更多的妻子。[15]

美国女性毫不犹豫地表示，她们更偏好拥有更高社会地位或高级职业的男性，她们认为这些品质的重要性仅仅稍低于良好的经济前景。[16]在20世纪90年代，我的同事和我采用一种评价程度从"无关紧要""并不重要"到"必不可少"的量表，要求来自美国马萨诸塞州、密歇根州、得克萨斯州和加利福尼亚州的参与者们评价潜在配偶的社会地位的重要性。结果发现，女性对它的评价介于重要和必不可少之间，而男性对它的评价仅仅是合意但不是很重要。[17]在一项对5 000个大学生的研究中，女性比男性更为频繁地将地位（status）、声望（prestige）、等级（rank）、职位（position）、权力（power）、身份（standing）、地位（station）和较高的位置（high place）列为重要的条件。[18]

戴维·施密特（David Schmitt）和我开展了一项关于短期择偶和长期择偶的研究，目的是探索相对于潜在性伴侣（partners），人们特别看重潜在配偶（spouses）的哪些特征。[19]几百人评价了67种特征在短期和长期关系中的赞许性或不合意性。在女性的评价中，获得职业成功的可能性和拥有一项有前途的事业，是配偶高度令人渴望的条件。值得注意的是，她们认为这些指示未来地位的线索，在长期配偶身上比在偶然的性伴侣身上更加吸引人。

美国女性也非常重视配偶的教育和职业水平——与社会地位紧密相连的特征。女性认为，缺乏教育对于一位潜在的丈夫来说是高度不合意的。女性喜欢嫁给医生、律师、教授、成功企业家等职业的男性，这虽是陈词滥调，但看上去是与现实吻合的。女性避开那些轻易受其他男性支配的男人，以及那些未能赢得群体尊重的男人。

女性对地位的渴求表现在日常生活中。我的一位同事曾无意中听到餐馆里四个女人的谈话。她们都在抱怨周围没有合适的男性。但是，这些女人正被男服务生包围着，没有一个男服务生戴着结婚戒指。服务生的职业地位不高，显然不在这些女性考虑的范围之内。她们的意思不是没有合适的男性，而是没有具备一定社会地位的合适男性。

择偶市场中的女性寻找着"合适的"男性。"合适的"（eligible）这个词，是一种委婉的表达方式，指的是"他的资源还没有投入其他地方"。这个词频繁地出现在"黄金单身汉"（eligible bachelor）这个组合中，显示出女性的择偶欲望。当女性给这个短语增加了一个副词时，它变成了"钻石王老五"（most eligible bachelor），指的不是男性的合适程度，而是他的社会地位和他拥有的资源量级。这是对于女性身边拥有最高地位、满载着资源的未婚男性的一种委婉提法。从担当配偶的角度讲，绝大多数无家可归者和失业的男性是合适的，但是绝大多数女性对他们毫无兴趣。

女性重视配偶的社会地位，这不限于美国，甚至也不限于资本主义国家或地区。在关于配偶选择的国际研究所涉及的 37 种文化中，身处绝大部分文化的女性比男性更看重一位预期配偶的社会地位——无论是不是社会主义国家，克罗地亚人还是中国人，天主教徒还是穆斯林，热带气候还是北方气候，均是如此。[20] 例如，在中国台湾，女性对于地位的重视度比男性高 63%；在赞比亚，女性的重视度比男性高 30%；在德国，女性的重视度比男性高 38%；在巴西，女性的重视度比男性高 40%。当关乎长期择偶时，女性将社会地位视为"必需品"超过"奢侈品"。[21]

等级是人类群体的普遍特征，在等级系统中资源更倾向于流向等级上升的人，因此女性部分是通过选择地位高的男性来解决如何获取资源的适应问题的。社会地位给予女性一个强有力的指示，从中可以看出男性有多大能力对她和她的孩子进行投资。现有的跨文化的科学证据支持一个进化的预见，即女性惯于循着这条线索来判断资源获取能力。全世界的女性都选择高嫁（marry up）。在我们演化的过去，那些未能高嫁的女性，更不可能为她们自己和她们的孩子提供资源。

❖ 年龄

一个男性的年龄也提供了他获取资源方面的线索。正如年轻的雄狒狒必须成熟之后才能进入狒狒社会等级的上层,人类的青少年和青年男性,也很少能够获得成熟或年长男性所受到的尊重、拥有的地位或位置。在提维部落,这个趋势达到了极端。这是一个采取老人统治制度的部落,最老的那些男性掌握着绝大部分权力和特权,并且通过复杂的联盟网络控制着择偶体系。即使在美国文化中,地位和财富也趋于随着年龄增加而积累。

在关于配偶选择的国际研究所涉及的全部 37 种文化中,女性普遍偏好年龄比她们大的男性。[22]在全部文化中,平均来说女性偏好比她们大三岁半左右的男性。最小的年龄差异偏好出现在法裔加拿大女性中,她们寻找比她们大不到两岁的丈夫。而最大的年龄差异偏好出现在爱尔兰女性中,她们寻找比她们大五岁以上的丈夫。在新娘和新郎之间,全世界的平均年龄差异是三岁,这表明女性的婚姻抉择符合她们的择偶偏好。

要理解为何女性看重年长一些的配偶,我们必须考察那些随年龄而变化的事物。最常见的变化之一体现在资源的可获得性上。在当代西方社会,收入通常随着年龄而增长。[23]例如,在美国,30 岁的男性比 20 岁的男性挣得多,而 40 岁的男性比 30 岁的男性挣得多。这种趋势并不限于西方世界。在传统的、非现代化的社会,年长的男性拥有更高的社会地位。提维部落的典型现象是男性至少要到 30 岁,才能获得足够的社会地位,娶到第一位妻子。[24] 40 岁以下的提维男性,很少能够达到足够高的地位,娶到超过一位妻子。在不同文化中,较大的年龄与较多资源和较高地位是相伴的。

在传统社会,这种联系一部分与强壮的体魄和狩猎技能相关。男性的强壮体魄随着他们的年龄增长而增加,在 30 岁左右达到顶峰。人类学家发现,男性的狩猎能力会在他 30 多岁时达到顶峰,此时,他体能上的轻微下降,将由于知识、耐心、技巧和智慧的增长而得到绰绰有余的补偿。[25] 所以,女性对年长男性的偏好,可能源自我们的狩猎者-采集者祖先,对他们来说，打猎带来的资源对于生存和繁衍十分关键。

女性偏好更为年长的男性，也可能是出于有形资产以外的原因。年长的男性很可能更加成熟、更加稳定，并且在提供资源方面更加可靠。例如，在美国，男性随着年龄增长，至少到年过三十以后，情绪上多多少少会变得更加稳定，会更加认真尽责，并且更加值得信赖。[26]在一项关于女性择偶偏好的研究中，一位女性说道："年长的男性看起来更好，因为你［能］跟他们谈论严肃的话题；年轻男性傻乎乎的，而且生活态度一点都不严肃。"[27]随着年龄增长，男性的地位潜力也变得更加明晰。偏好年长男性的女性，能够更好地判断他们可能会升到多高。

在国际性研究涵盖的全部 37 种文化中，20 岁的女性通常选择嫁给年长几岁但年龄又不比自己大太多的男性，尽管事实上男性的财产一般直到他们 40 岁或 50 岁时才达到顶峰。年轻女性不沉迷于年长得多的男性，一个原因可能是年长很多的男性存在死亡的风险，因此不太可能在其左右持续地贡献资源和保护孩子。较大的年龄差异会造成潜在的不和谐，可能会导致争吵，从而增加离婚的可能性。此外，男性的精子质量多多少少会随着年龄增长而下降，从而导致生育缺陷。因为这些原因，年轻女性更可能受到稍长几岁但拥有远大前途的男性吸引，而不是年长很多、已经获得一个很高位置、然而来日无多并且精子质量可能较差的男性。

但是，并非所有女性都会挑选年长的男性。有些女性也会选择较为年轻的男性。一项关于一个中国小村庄的研究发现，十七八岁的女孩有时会嫁给年仅十四五岁的"男人"。然而，这种事情发生的情境是具有高度局限性的，因为这里所说的所有"男人"都是有钱人，来自更高地位的家庭，而且具有继承家业的稳固保障。[28]显然，对稍微年长的男性的偏好也能够被推翻，只要对象拥有关于地位和资源的其他强大线索，并且获得资源的前景具有充分的保障。

在其他的例外情况下，女性也会选择年轻得多的男性作为配偶。许多这种例子发生，不是因为女性对年轻男性具有强烈的偏好，而是因为大龄女性和年轻男性在择偶市场上都缺乏讨价还价的实力。大龄女性经常无法获得身处高位的男性的注意力，因此只能屈就于较为年轻的男性。这些男性自身并没有获得很高的地位，或者说还不拥有作为配偶的价值。例如，在提维部落，一个年轻男性的第一个妻子通常是一位大龄女性——有时比他大几十岁——因为大龄女性是他凭借自己相对较低的地位仅能获得的对象。

还有一些例外发生在那些已经获得较高地位、自身拥有丰富资源的女性中间，她们可能会选择年轻得多的男性作为对象。玛丽亚·凯莉、麦当娜和雪儿就是名人中的典型例子。她们往来于比自己年轻几岁甚至几十岁的男性中间。但这些例子是少见的，因为大多数掌握资源的女性宁愿选择富有程度至少与她们相当，而且最好超过她们的男性作为配偶。[29]女性可能选择与一位俗话说的"穷男孩"发生短期性关系，或是通过线上约会网站或应用软件勾搭年轻的男性，但当她们打算安定下来时，她们通常会寻求一位更为年长的男性作为婚姻归宿。

所有这些线索——较强的经济实力、较高的社会地位和较长的年龄——可归总为男性获取和控制资源的能力，这种能力可被女性用于她们自身和她们的孩子。一段漫长的历经选择的进化历史，塑造了女性视男性为成功对象的方式。但是，仅仅掌握资源还不够。女性也需要拥有某些特质的男性，因为拥有这些特质才可能长期地、持续地获得资源。

在人们偏好与年轻对象结婚的文化中，男性的经济实力经常不能进行直接评估，而必须经过间接推断。诚然，在狩猎者-采集者这种非货币经济的群体中，选择的目标本来就不可能是金融资源。例如，在提维部落，年轻男性同时受到女性和年长男性的仔细审视。人们会评估哪些人是"冉冉升起的明星"，注定会获得地位和资源，哪些人有可能始终停滞不前。这种判断部分基于他们的人格。人们对年轻男性的前途潜力进行评估，关键的标志就是优秀的狩猎技巧、搏斗技巧，尤其是进入部落权力和影响力上层的巨大野心。在所有文化中，无论是过去还是现在，女性都会挑选明显具有增加未来资源的潜力的男性。选择基于特定的人格特征，这些人格特征很可能会带来地位和可持续获取的资源。重视这些人格特征的女性，比忽视这些至关紧要的人格线索的女性要胜出许多。

❖ 抱负和勤奋

人们采用哪些策略来提升自己的阶层地位呢？我的实验室发现了 26 种不同的策略，包括欺骗、社会网络、性别优先、教育和勤奋。勤奋策略包括在工作中投入额外的时间和精力、进行高效的时间管理、按重点排列目标次序，以及努力工作给他人留下印象。在所有的策略中，勤奋，经证明是过去和将来的收入和升职的最佳预测指标。那些努力工作的人，与那些不努力工作的人相比，达到了更高的教育水平，拥有更高的年收入，并且预期会有更高的薪水和升职机会——这些发现在美国和挪威都得到可靠的证明。[30] 勤奋、有抱负的男性，比懒惰、没有动力的男性取得了更高的职业地位。[31]

美国女性比男性更多地渴望那些享受工作、显示出职业倾向、证明自身勤奋并且展示出抱负的配偶。[32] 在跨 37 种文化的研究中，852 位单身美国女性和 100 位已婚美国妇女，一致将抱负和勤奋评价为重要的或不可或缺的。女性将缺少抱负视为极度不可取的，而男性将妻子缺少抱负视为既非合意也非不合意的。如果一个男性丢了工作、缺少职业目标，或者表现出懒惰的个性，女性很可能结束与这个男性的长期关系。[33]

在绝大多数文化中，女性一致比男性更加看重抱负和勤奋，通常将其评价为介于重要和不可或缺之间。例如，我们的研究显示在中国台湾，女性对抱负和勤奋的重要性的评价，比男性高 26%；保加利亚女性对其评价比男性高 29%；而巴西的女性对其评价要高 30%。

这个跨文化、跨时间的证据支持了一个关键的进化预期：女性已经进化出一种偏好，偏爱表现出获取资源能力的男性，蔑视缺乏抱负的男性。然而，努力工作和抱负并不是仅有的指示潜在资源的可用线索。另外两种线索——可靠性（dependability）和稳定性（stability），进一步提供了资源有多稳固，或者说有多飘忽不定的信息。

❖ 可靠性和稳定性

在跨 37 种文化的研究评出的 18 种特征中，得到第二和第三重视的特征是值得信赖的人品，以及情绪的稳定性或成熟性。在 37 种文化中，有 21 种文化的男性和女性同等程度地偏好一位可靠的伴侣。在 16 种文化中，两性之间存在差别，其中 15 种文化的女性比男性更看重对方是否可靠。从全部 37 种文化的平均水平来看，女性对可靠品质的评价达到 2.69（3.00 意味着必不可少），而男性将它评价为接近重要的，平均分 2.50。在情绪稳定或成熟方面，两性之间差别更大。在 23 种文化中，女性对这种品质的重视远远超过男性；在其余的 14 种文化中，男性和女性同等程度地重视情绪稳定性。从所有文化平均来看，女性对这项品质的评价是 2.68，而男性是 2.47。

这些特征在世界各地都得到重视，因为它们可靠地指示出对方是否能持续不断地供给资源。相对而言，不可靠的人不仅提供的资源时有时无，而且可能会使配偶付出沉重的代价。在一项关于新婚夫妇的研究中，我的实验室发现，情绪不稳定的男性对于女性来说代价尤其高昂。他们倾向于以自我为中心，独占共享资源，而且可能具有较强的占有欲，占用他们妻子的大量时间。他们显示出超过平均水平的性嫉妒，甚至妻子与其他人谈话都会激怒他们。他们显示出依赖性，坚持让配偶满足他们的全部需要。他们有虐待的倾向，包括言语虐待和身体虐待。他们也表现得轻率粗心，比如在约定的时间不能准时到达。而且，他们与情绪稳定的对照者相比更郁郁寡欢，有时小小的挫折就会令他们哭泣。他们的绯闻数量超过了平均水平，这意味着时间和资源的进一步分散。[34] 所有这些代价表明，这样的配偶将会花费他们伴侣的时间和资源，将他们自己的时间和资源分散到别处，而且不能持续不断地输送资源。可靠性和稳定性这两种个人品质，标志着女性的资源不太可能被这个男性耗尽。

情绪不稳定的男性存在一些不可预测的方面，妨碍了关键适应问题的解决，从而引发额外的代价。不能稳定地提供资源，将对生存和繁衍造成重大危害。如果一位不可靠的配偶在狩猎的最后一分钟决定打个小盹，而不是继续追踪猎物，那么快要到手的肉食就会失去，而这是一项指望获得却没能被提供的资源，它的缺失将给营养和生存造成障碍。经证明，可预测的资源是最有益处的。偶然提供的资源甚至可能会造成浪费，如果原本打算通过这些资源满足的需求，已经通过其他更加昂贵的方式获得了满足的话。可预测的资源能够被更加有效地分配，来克服日常生活中多种多样的适应障碍。

女性青睐人品可靠和情绪稳定的配偶，以避免招致上述这些代价，并享受配偶对她们持续不断的供给所带来的好处。在人类的远古时代，选择了稳定、可靠的配偶的女性，更有可能确保男性获取和保持资源的能力，以供给她们及她们子女的使用。做出这些明智选择的女性，避免了不可靠、不稳定的男性引发的许多损失。

❖ 智力

可靠性、稳定性、勤奋和抱负并非仅有的指示资源的获得和稳固性的个人品质。智力这个品质提供了另一条重要线索。没有人确切地知道智力测试测量的是什么，但是存在清楚的证据证明得高分者能够做什么。在美国，智力是预测拥有的经济资源的有用指标。[35]智力测试得高分者能去好学校，获得更长时间的教育，而且最终获得报酬更高的职位。即使在特殊行业，例如建筑和木工行业，智力也可以预测谁能够率先到达掌握权力的位置，谁能够获得更高的收入。在部落社会，头人或者领袖几乎无一例外地由群体中更聪明的成员担任。[36]

如果智力在人类进化历史上是经济资源的一个可靠的预测器，那么女性很可能进化出对具备该品质的潜在婚姻伴侣的偏好。关于配偶选择的国际性研究发现，女性将教育和智力排在18种合意品质的第五位。在一个包括13种合意品质的较小名单中，智力在世界范围内的得分位居第二。在37种文化中，有10种文化的女性比男性更看重智力。例如，爱沙尼亚女性在13种合意品质中将智力列为第三位，而爱沙尼亚男性将它列为第五位。挪威女性将它视为第二重要,而挪威男性将它排在第四位。但是,在其余的27种文化中,两性对智力的青睐度同样高。

智力这个品质标志着许多潜在的好处。这些好处可能包括较好的育儿技巧、较高的文化知识能力以及育儿的拿手程度。[37] 此外,口语的流利度、影响群体中其他成员的能力、预测危险的先见之明以及采用健康疗法的判断力都与智力联系在一起。除了这些具体的品质,智力还传达出解决问题的能力。有些人推断,智力是"优良基因"(good genes)的标志,可以遗传给儿子或女儿。[38] 女性如果挑选了更聪明的配偶,更有可能成为所有这些重要资源的受益者。

为了识别聪明人会如何表现,我的实验室要求140个男性和女性去回忆他们认识的最聪明的人,并且描述五种反映他们智力的行为。他们描述的五种行为暗示着将会流向选了聪明人做配偶的人的收益,这些人是足够幸运的。(1)聪明人具有宽广的视角,能够从各个角度出发来思考一件事,显示出较好的判断和决策能力。(2)他们能够与其他人很好地交流信息,能够非常敏锐地察觉其他人的感受,显示出很好的社交能力。(3)他们知道从哪里着手去解决问题,意味着有很好的判断力。(4)聪明人能够对金钱进行妥善管理,意味着资源不会被丢弃或浪费。(5)他们能够完成他们以前从未尝试过的任务,而且几乎不犯错误,显示出解决问题和安排时间的高效率。通过挑选一位聪明的配偶,女性增加了她们获得全部上述收益的机会。

将这些好处与不太聪明的人引发的损失进行对比,不聪明者的行为表现如下:不能领会其他人的微妙暗示,不能理解其他人都理解的笑话,以及在错误的时间说错误的话,所有这些行为都显示他们缺乏社交才能。不太聪明的人重复犯同样的错误,表明他们总结经验教训的能力很弱。他们也不能理解简单的口头指示,在听取解释说明时不能抓住要领,而且有时候在显然是他们出错时依然顽固争辩。这些行为暗示着不聪明的配偶是差劲的问题解决者、不可靠的工作者,是社会的负担。

偏好聪明配偶的女性祖先,更有可能为她们自身及子女确保社交、婚姻以及经济资源。由于智力或多或少具有遗传性,这些有利的品质将通过基因传递给她们的子女，提供了又一项遗传收益。在现代，所有文化中的女性和大部分男性都表现出这种偏好。

❖ 和谐共处

成功的长期择偶，需要与另一个人为了共同的利益目标持续合作。如果两人关系冲突不断，就会阻碍这些目标的达成。配偶之间的和谐共处，需要两种不同的性格特质进行复杂的啮合。在两性的劳动分工中，一方的性格特质是对另一方的补充，或者一方拥有另一方所不具备的资源和技能。双方都受益于这种专业化与分工。

然而，与配偶和谐共处还需要另一些关键特征，这就是与某人自身的特殊个性最为契合，也就是与其个性最为近似的特征。一对夫妇之间如果政治立场、宗教观念、道德观念、爱好和兴趣甚至个性存在差异，都会带来争吵和矛盾。心理学家齐克·鲁宾（Zick Rubin）和他的同事在长达几年的研究中，调查了202对正在交往的情侣，看哪些情侣能终成眷属，哪些最终分手。[39]他们发现，在上述方面不相配的情侣，比相配的情侣更容易分手。分手的103对情侣比99对终成眷属的情侣，在性别角色、性态度、浪漫主义以及宗教信仰方面的价值观差异更大。

解决和谐共处问题的方法之一是寻找配偶与自己的相似之处。在美国和世界各地，在多种多样性格特征中彼此相似的男性和女性倾向于结为夫妇。相似之人结合的趋势，在价值观、智力和共同的群体成员身份这几个领域表现得最为显著。[40]人们寻求具有相似的政治立场和社会价值观的配偶，比如关于堕胎或死刑的观点。人们也渴望在种族、民族和宗教方面与自己相似的配偶。情侣渴望与具有同等智力的配偶结婚。另外，在人格特征——比如外倾性、宜人性、尽责性方面的相似性也很重要。性格外向的人喜欢与他们一样热衷开派对的配偶，而性格内向的人喜欢与他们一样倾向于在家中度过安静夜晚的配偶。愿意坦述个人经历的人，会选择与他们同样爱好美酒、艺术、文学和美味佳肴的配偶。认真尽责的人会选择与他们同样乐意按时支付账单并为未来储蓄的配偶。而不太认真尽责的人会选择与他们一样及时行乐的配偶。

和谐共处的夫妇彼此之间的相似性，是另外一个事实的副产品。这个事实就是，人们倾向于与自己接触密切的人结婚，而接触密切的人很可能与自己很相似。例如，现代婚姻中夫妇双方智力的相似，可能是拥有相似智力的人进入同样的教育机构带来的巧合。然而，巧合这种解释不能说明人们普遍偏好相似配偶的现象。[41]在马萨诸塞州坎布里奇进行的一项关于约会情侣的研究中，我的实验室测量了108位正在约会者的人格特征和智力水平，并要求他们分别完成一份问卷，回答他们对一位具有同样品质的理想配偶的偏好。这项研究发现，女性偏好在多个方面与她们自己相似的配偶。这些方面包括勇敢、强势与活跃程度，热情、随和与亲切程度，认真、尽责与勤奋程度，尤其是智力、洞察力与创造力。

寻求与自己相似的另一半，是夫妇之间和谐共处这个适应问题的上乘解决之道。这样一来，夫妇得以最大限度地联合起来，追求共同的利益和目标。不妨考虑一下一个外向、热爱野外聚会的女人，嫁给了一个内向、宁愿在家中度过安静夜晚的男人，尽管他们可能打算每一晚都按照各自不同的方式度过，但这种不协调也会带来矛盾争吵。如果夫妇两人都是内向的或者都是外向的，就不会由于彼此追求的活动不同而导致不和。一位民主党人与一位共和党人结婚，或者一位枪支管制支持者与一位持枪权支持者结婚，可能会带来有趣的讨论，但是接踵而至的冲突将会浪费宝贵的精力。

也许更重要的是，相配的夫妇在追求共同目标，比如在抚养子女、维持亲属联盟和社交网络方面，能够顺利达到双方合作的最大化。在如何抚养子女这个问题上意见相左的夫妇，将会浪费宝贵的精力，也会使收到矛盾信息的孩子感到困惑。寻求相似的另一半，能够使夫妇避免这些损失。

人们也寻求配偶整体价值的相似性。由于随和、认真尽责和聪明这些人格特征在择偶市场上受到高度赞许，拥有较多上述特征的人，能够赢得具有较多类似特征的配偶。[42]而缺少这些宝贵个人资本的人，获得的资源也较少，只能将他们的寻求对象限制在那些拥有与他们类似资本的人身上。

通过寻求相似之处，人们避免了追求自己无法企及的对象所造成的时间和金钱的浪费。举个例子，一位女同事抱怨说所有对她有吸引力的男士都对她不感兴趣，但她其实不断被她不感兴趣的男士追求着。她的朋友告诉她："你是 8 分，追求 10 分的对象，但是被 6 分的人追求。"[43] 对于她所处的择偶市场，仅这一观察对她来说就比三年的治疗来得有价值。她随之调整了她的择偶策略。

争取一位超出某人自身价值的配偶，会面临一定的风险，即遭到选择范围宽广得多的对象的抛弃。配偶价值不匹配的两人倾向于分手，因为受到更多赞许的一方可能在别处遇上一笔更划算的交易。[44]

对相似性的寻求，同时解决了好几个适应问题：使某人在择偶市场上能够赢得的价值最大化；使双方努力合作；减少夫妇之间的冲突；避免各自追求的目标不协调带来的损失，使达到成功的可能性最大化；而且减少了在不久之后遭到抛弃或分手的风险。

❖ 体型、力量与 V 形身材

当优秀的篮球运动员"魔术师"约翰逊透露，他曾经和成千上万个女人睡过觉时，他无意中指出女性偏好显示出身体和运动才能的配偶。这个数量也许很惊人，但这种偏好并不奇怪。身体特征，比如运动才能、体型和力量，向女性传达了用于抉择配偶的重要信息。

雌性选择配偶时看重身体特征，这在动物世界是很普遍的。有一种叫作斗蛙（gladiator frog）的动物，雄性负责建筑巢穴和保卫蛙卵。[45] 在大多数求爱过程中，考验雄性的雌性会故意猛撞静止不动的雄性，有时会把它撞开，甚至把它吓跑。如果雄性移动得太多或者逃离巢穴，雌性会马上离开去考察其他的雄性。大多数雌性会与受到撞击后岿然不动或者移动得最少的雄性配对。雌性极少会拒绝一个在经受撞击之后稳踞不动的雄性。撞击能够帮助雌蛙判断该雄性能不能成功保卫它产下的卵。撞击测试试验出雄性发挥保卫功能时的身体素质。

女性有时会受到体格上比她们更高大、更强壮的男性的支配，后者阻止她们进行选择，对她们造成伤害并进行性侵犯。在远古时代，这样的支配无疑会经常发生。的确，对许多非人灵长类群体的研究揭示出，雄性对雌性的身体和性支配，是灵长类一再出现的遗传特征的一部分。灵长类动物学家芭芭拉·斯马茨（Barbara Smuts）曾经在非洲稀树大草原的狒狒中间生活并研究它们的择偶模式。她发现，雌性经常与为自己及其幼崽提供身体保护的雄性结成持久的"特殊友谊"。作为回报，雌性赋予其"朋友"在发情期的优先交配权利。

类似地，女性在长期择偶中获得的好处之一就是男性提供的身体保护。男性的体型、力量和身体技能是能否解决保护问题的线索。我的实验室及其他研究者发现，女性认为矮小的男性作为长期配偶是不合意的。[46] 对比之下，她们认为高大、体魄强壮、运动员类型的潜在长期配偶是非常合意的。作为约会对象和配偶，高个男性始终比矮个或平均身高的男性的赞许更高。[47] 关于个人征婚启事的两项研究揭示出，提及身高的女性有80%希望找到一位6英尺或更高的男性。高个男性登出的启事，比矮个男性登出的启事得到了更多女性的回应，这也许解释了为什么男性在约会网站上向女性描述自己的身高时，往往会把身高提高几英寸①。高个男性比矮个男性有更多的约会机会，而且拥有更大的潜在配偶群体。女性至少在一定程度上是通过选择一位有体型、力量和体力来保护自己的配偶，来解决保护自己免受男性侵犯的问题的。

除了身高，女性特别喜欢躯干呈V形的运动员型男性，V形身材的肩膀与臀部的比例更大。[48] 有趣的是，这些女性偏好可能对男性施加了性选择压力，因为现代男性上半身的力量大约是女性的两倍。它是人体最具性别差异的特征之一。

几乎在所有文化中，高个男性都拥有更高的地位。在狩猎者-采集者社会中，地位高的男性被称为"大人物"——顾名思义，是体型更魁梧的男性。[49] 在西方文化中，高个男性能赚更多钱，在职业生涯中发展得更快，而且能获得更多、更快的升迁。美国总统的身高很少在6英尺以下。政治

---

① 1英寸约合2.54厘米。——译者注

家也非常精明地意识到选举者的偏好。在 1988 年的总统电视辩论中，乔治·布什特意站到矮小的竞争对手迈克尔·杜卡基斯跟前，意在突出他们的身高差距。正如进化心理学家布鲁斯·埃利斯（Bruce Ellis）指出的：

> 身高构成了在人际互动中是否占据支配地位的可靠线索……矮个警察比高个警察更容易受到袭击……暗示着后者受到敌人更多的畏惧和尊重……更多的女性征婚启事征集高个男性，高个男性的征婚启事也得到更多的回应，而且似乎比矮个男性拥有更漂亮的女友。[50]

对于高个男性的偏好不只限于西方文化。人类学家托马斯·格雷戈尔（Thomas Gregor）注意到，在巴西亚马孙丛林的摩希纳古（Mehinaku）部落，体型的差异在摔跤比赛中有着非常重要的影响：

> 一个肌肉发达、威风凛凛的男人，身边很可能会聚集多位女友。而一个矮小的男人——被人们不以为然地称为"派里特西"（peritsi）——会混得很糟糕。仅仅是身高这个事实，就能带来相当大的优势。……村民们说，一位强壮的摔跤手是令人生畏的……他能赢得敬畏和尊敬。对于女性来说，他是"美丽的"（awitsiri），是情人和丈夫的最佳人选。摔跤冠军是政治和爱情的双重胜利者，他体现了男子气概所包含的最高品质。战败者就没有这么幸运了！一个长期的失败者，无论他的品德如何，都会被视为蠢货。当他摔跤时，男人们会大声嘲笑他。……女人们的声音不太听得到，因为她们在家门口观看比赛，但她们也开讽刺玩笑。如果她们的丈夫或爱人是失败者，她们没有一个不觉得丢脸。[51]

在祖先时代，试图在身体上控制女性、绕过她们的性选择的侵犯型男性的存在，可能对女性的择偶产生了重要影响。芭芭拉·斯马茨认为，在人类进化史中，保护女性的身体不受其他男性伤害，是男性能给女性提供的最重要的东西之一。由于性强迫和强奸在许多文化中的发生率令人震惊，在现代社会，配偶的保护价值可能仍然与配偶选择有关。许多女性在街上会感到不安全，而一个高大、健壮的配偶会对其他具有性侵犯倾向的男性起到威慑作用。

❖ 良好的健康状况

世界各地的女性和男性都偏好健康的配偶，这可能并不令人惊讶。[52]在跨37种文化的研究中，女性将婚姻对象拥有良好的健康状况视为重要的或是必不可少的。在另一项对美国女性的研究中，较差的身体条件——小到生活邋遢，大到感染性传播疾病（STI），都被视为极度不可取的配偶特征。生物学家克莱兰·福特（Clelland Ford）和弗兰克·比奇（Frank Beach）发现，不健康的标志，比如伤口、器官损坏和病态的脸色苍白，普遍被视为没有吸引力。[53]

对于人类来说，良好的健康状况既能通过行为，也能通过身体外部特征表现出来。例如，活跃的情绪、旺盛的精力和轻快的步伐之所以是有魅力的，可能就是因为它们要消耗大量热量，因而只有在健康状况良好的人身上才能展现。

我们赋予良好的健康状况以无与伦比的重要性，这不是我们这个物种特有的现象。有些动物展示出张扬、艳丽的特征，这些特征虽然代价昂贵，但能显示较好的健康水平和活力。雄孔雀耀眼、绚丽羽毛就是一个例子。雄孔雀好像在说："看看我，我身体很棒，虽然长着这些又大又累赘的羽毛，但我仍然能活下来。"的确，孔雀尾羽是一个谜，它看上去与生存的功能性如此相悖，然而这个谜最终要解开了。生物学家威廉·汉密尔顿（William D. Hamilton）和玛莉娜·祖克（Marlena Zuk）提出，光彩夺目的尾羽提供了一种信号，显示雄孔雀身上没有很多寄生物，因为如果携带超过平均数量的寄生物，雄孔雀羽毛颜色会比较黯淡。[54]羽毛虽然是负担，但它提供了健康和健壮的线索。雌孔雀偏好光彩夺目的羽毛，因为它提供了雄性健康状况的线索。

女性尤其容易被具有两种明显健康特征的男性所吸引——匀称和男子气概。身体应该是双边对称的，所以对称性的偏差意味着身体在构建自身时出现了差错。这些表面的差错可能预示着在构建重要系统，比如免疫系统时出现了其他差错。差错有两个来源——基因突变和环境压力，如成长过程中受伤或染上疾病。身材匀称的男性往往更健康，患呼吸道等疾病的概率也更低，而女性也发现他们比那些不匀称的同龄人更有吸引力。[55]

男性的男子特征提供了另一组健康线索。这些特征包括更长更宽的下颚、更强的眉骨、更深沉的嗓音和典型的男性 V 形身材。男性特质主要是青春期睾丸素分泌的产物，这个时期男性的面部、身体和声音特质正在形成。问题是，过多的睾丸素会对男性有害，损害他们的免疫系统，导致寿命缩短。那么为什么有些男性会发展出这些男性特征呢？该理论认为，只有特别健康的男性，即那些具有强大免疫系统的男性，才能做到在青春期分泌大量睾丸素。免疫系统较弱的男性会减少睾丸素的分泌（当然不是有意识的），以防止损害他们本已脆弱的健康。根据这一理论，男性特征是健康的诚实信号。事实上，女性发现男性特征在长期择偶中有一定的吸引力，尽管当她们选择一个短期的性伴侣时，这些特征更有吸引力。

在祖先时代，一个女子如果挑选了一个不健康或是容易患病的配偶，将会遭受四种不良后果。第一，她使她自己和她的家人面临感染疾病的风险；第二，她的配偶可能难以发挥必要的功能，为她和她孩子提供重要的收益，比如食物、保护、卫生保健和子女抚养；第三，她的配偶有更大的死亡风险，可能会过早地切断资源供给，迫使她为寻找一位新配偶而重新开展追求过程，付出巨大代价；第四，如果健康在一定程度上是可遗传的，她会冒险将导致较差健康状况的基因传递给她的孩子。不过，对健康配偶的偏好解决了配偶存活的问题，保证了资源长年累月的输送。

❖ 爱、善良和承诺

一个男性拥有诸如健康、地位、资源、智力和稳定情绪的资本，却并不能保证他愿意将它们提供给一个特定的女性。的确，有些男性在婚姻面前表现出极大的不情愿。有些男性宁愿游戏花丛，寻求一大群短期的性伴侣。一些流行的在线约会应用软件，比如 Tinder，促进了这种短期策略。女性讥讽在婚姻面前犹豫不决的男性，称他们为"躲避承诺的人"（commitment dodgers）、"承诺恐惧症患者"（commitment phobics）、"拒绝承诺的偏执狂"（paranoid about commitment）等。[56] 考虑到两性成本的巨大不对称，女性对这些倾向的消极反应是有道理的。由于从历史上看，女性因为性行为、怀孕和生育子女而承受了巨大的成本和沉重的投资，对她们来说，从与她们发生性关系的男性那里寻求某种程度的承诺，往往在繁殖方面是有利的。

下面这个真实的故事揭示了女性对承诺的看重（化名）。马克和苏珊已经交往了两年，并且同居了六个月。马克是一位条件优越的专家，42岁。苏珊是一位医学生，28岁。苏珊催促马克同她结婚——既然他们彼此相爱，而她也希望在几年内怀孕生子。但是马克退缩了。他从前结过婚，如果要他再结一次婚，他希望能够完全确定这次结婚会有好结果。由于苏珊持续催促他做决定，马克提出签署一份婚前协议。苏珊表示反对，认为这样做违背婚姻的精神。最终，他们决定以四个月为期限，在期限过后，他必须做出决定。期限到了，马克仍然难以决定，于是，苏珊离开他，搬出去住，而且开始与另一个男人约会。马克慌了，他给苏珊打电话，乞求她回心转意，说他已经改变主意，愿意与她结婚。他还承诺会送她一辆新车，并且不需要再签婚前协议。但是已经太迟了。马克没有能够给出承诺，这对于苏珊来说是一个强大的负面信号，是对两人关系的最后一击。她永远地离他而去。

过去和现在的女性，都面临着一个适应问题，就是选择一个不仅拥有必要资源而且愿意将这些资源投给她们和她们的孩子的男性。这个问题也许不像第一眼看上去那样容易。尽管资源经常能够直接观察到，承诺却不能。对承诺的判断需要寻找相关线索，这些线索指示了输送资源的忠诚度。爱是承诺的最重要的线索之一。

与社会科学中的一些传统观念相反，情感和爱的行为并不是西方特定观点的产物。爱是普遍的。全世界所有文化中的人都会经历爱的思索、情感和行动——从非洲最南部的祖鲁人到阿拉斯加最北部的因纽特人。在一项对世界范围内168种不同文化的调查中，人类学家威廉·扬科维亚克（William Jankowiak）发现，其中大约90%的文化中存在浪漫爱情。而对于其余10%的文化，人类学已有的记录过于粗略，尚不足以明确肯定爱情的存在。社会学家苏·斯普雷彻（Sue Sprecher）和她的同事访谈了俄罗斯、日本和美国的1 667位男性和女性，发现61%的俄罗斯男性和73%的俄罗斯女性目前正在恋爱。日本与之相应的数据是男性41%，女性63%。在美国人中，53%的男性和63%的女性承认他们正在恋爱。显然，爱情并不是仅限于西方文化的现象。[57]

为了准确识别爱是什么，以及它如何与承诺相关联，我的实验室发起了一项关于爱的行为的研究。[58]首先，我要求来自加利福尼亚大学伯克利分校和密歇根大学的50个女生和50个男生，回忆他们认识的最近正在恋爱的人，并且描述这些人做出的能够反映或者彰显他们爱情的行为。由大学男生和女生组成的另外一组，评价了以上描述的115种行为在表达爱意方面分别具有多高的典型性。表达承诺的行为在女性和男性的评价中都占居首位，被视为爱情最重要的部分。这些行为包括：放弃与其他人的浪漫关系，谈论婚姻，表达与对方有孩子的渴望。一个男子有这些爱的举动，标志着他愿意将资源提供给这个女人和她的孩子。

然而，承诺是多面的。承诺的一个方面是忠诚，比如说在与伴侣暂时分开时仍然对其忠诚。忠诚意味着对单一伴侣的排他性资源承诺。承诺的另一个方面是将资源投给所爱的人，比如给她买一份昂贵的礼物。这样的举动标志着一种严肃的意图，即要对一份长期关系做出经济资源的承诺。情感支持是承诺的又一个方面，表现为以下一些行为：在伴侣遇到麻烦时随叫随到，倾听对方诉说遇到的难题，等等。承诺意味着为了满足伴侣的需求，投入时间、精力和努力，哪怕牺牲自己的个人目标。生育行为也代表对伴侣基因的直接承诺，比如打算要个孩子。所有这些爱的行为，标志着对某一个人做出性的、经济的、情感的和基因资源的承诺。

既然爱是一种全世界普遍存在的现象，而且爱的行为的首要功能表现为资源方面的承诺，这些资源与繁殖相关，那么女性在选择配偶的过程中当然会对爱情青睐有加。为了说明这一点，苏·斯普雷彻和她的同事询问了美国、俄罗斯和日本的女学生，问她们是否愿意与一位拥有她们渴望的所有品质，但并不与她们相爱的人结婚。[59]足足有89%的美国女生和82%的日本女生回答，即使对方具备所有其他重要品质，她们仍然需要有爱情的婚姻。在俄罗斯人中，只有59%的女生回答，无论这个人有多少理想品质，她们都不会与她们不爱的人结婚。尽管显然大多数俄罗斯女性需要爱情，但相对较低的门槛也反映出，由于俄罗斯男性尤其是有能力提供资源的男性严重短缺，俄罗斯女性找到一位配偶相当困难。这些差异显示出文化背景对择偶的影响。无论如何，三种文化中的大多数女性将爱情视为婚姻不可或缺的成分。

一些研究直接考察了参与者对配偶的偏好，这些研究肯定了爱情的中心地位。一项由162名得克萨斯州女大学生参加的研究，考察了100种配偶特征，结果显示，爱是一位未来丈夫最令人向往的品质。[60]跨37种文化的研究肯定了爱情在各种文化中的重要性。经证明，在配偶可能具备的18种特征中，两性都认为彼此吸引或彼此钟情是一位潜在配偶最重要的价值，在3点量表上，女性对其评价是2.87，男性的评价是2.81。从南非的部落聚集地到巴西城市的街头，几乎所有的女性和男性在评价中都将爱情放在首位，指出它对于婚姻来说是必不可少的。女性对爱情如此青睐，是为了确保男性对经济、情感和性资源的承诺。

还有两种个人品质对于确保长期承诺也是非常重要的，这就是善意（kindness）和真诚（sincerity）。一项对800条征婚启事的研究显示，真诚是唯一的一项女性最频繁地寻求的特征。[61]另外一项对1 111条征婚启事的分析，再一次显示出真诚是女性最频繁地寻求的品质——女性征婚者寻求真诚品质的频率几乎是男性征婚者的4倍。[62]征婚启事提到的真诚是承诺的一个代码，女性用这个代码来排除寻求随意性关系、不做任何承诺的男性。

在世界范围内，人们所依赖的善意不是来自陌生人，而是来自他们的配偶。跨37种文化的研究显示，女性强烈地偏好亲切的、善解人意的配偶。事实上，在37种文化中，有32种文化的两性同时将善意列为配偶可能具有的13种品质中最重要的三种品质之一。只有在日本和中国台湾，男性比女性更强调善意。只有在尼日利亚、以色列和法国，女性比男性更强调善意。但是，无论哪种文化，无论哪种性别，在13种品质中，人们对善意的评价都不下于前三位。女性希望配偶表现出善意，尤其当这种善意是针对她们的时候；而当这种善意是针对其他人或其他女性的时候，女性对配偶善意的渴望就不那么强烈了。这支持了这样一种观点，即女性看重男性有选择地投入自己的资源，而不是不加区别地投入资源。[63]

善意是一种持久的人格特征，拥有多种成分，但其核心是对资源的承诺。这种特征标志着对孩子的仁慈、愿意将配偶的需求放在自我需求之前，以及愿意投入精力和努力达成配偶的目标，而不是排他地、自私地只顾个人目标。[64] 换句话说，善意标志着一位潜在配偶无私地将精力和资源投入给伴侣的可能性和意愿。

缺乏善意意味着自私、没有能力或没有做出承诺的意愿，而且很可能会给配偶带来昂贵的负担。例如，关于新婚夫妇的研究发现，嫁给不友善男性的女性抱怨说，她们的配偶在口头上和身体上都对她们进行虐待，揍她们、掴她们耳光或辱骂她们。这样的男性通常会非常高傲，将他们妻子的意见贬低为愚蠢的或低级的。他们很自私，独占了共享资源。他们什么都不管不顾，不做任何家务。他们非常疏忽大意，不能在约定的时间出现。此外，他们有较多的婚外恋，这暗示着这些男人不能够或者说不愿意投入一夫一妻的关系中。[65] 缺乏善意的男性只顾自己，不能承诺多少其他事情。

由于性是女性能够提供的最有价值的繁殖资源之一，她们进化出了不将它随意送出的心理机制。要求对方的爱、真诚和善意，是确保资源承诺的一种方式，与女性给予男性的资源价值相称。要求爱和善意，帮助女性解决了确保男性资源承诺的重要适应问题，这将有助于她后代的生存和繁殖。

❖ 坏事因素

女性想要的另一面是女性不想要的，即众所周知的"坏事因素"（deal breaker）。避免乱伦是最重要的坏事因素之一。与近亲繁殖会导致"近交衰退"（inbreeding depression），生下患有唐氏综合征和智力低下等遗传异常疾病的儿童。尽管大多数人在考虑与近亲发生性关系时会感到厌恶，但女性尤其会排斥。这种性别差异源于亲本投资的事实，女性在性方面做出一个糟糕决定的成本通常高于男性。仅仅是想到与亲兄弟姐妹或与父母舌吻，通常就会让女性产生强烈的厌恶。[66]与"殴打我""当他和我在一起时还会和其他人发生性关系""吸毒成瘾"一起，"是我的兄弟姐妹"也是女性最强大的坏事因素之一。[67]

然而，大多数坏事因素仅仅是女性渴望的品质的反面——缺乏资源、动力、野心或地位，愚笨，不可靠或情绪不稳定，外表弱小、虚弱或女性化，不健康或不匀称，卑鄙或残忍，缺乏对选择配偶的这位女性的爱意。

❖ 当女性掌握权力或资源时，她们的欲望会改变吗？

很多年前，我提出对于女性偏好拥有资源的男性这一点，还有另一种不同的解释，这种解释基于所谓的女性结构性权力缺乏（structural powerlessness of women）和性别角色社会化。[68]根据这个观点，男性控制着权力和获取资源的途径，女性通常被排除在外，因此女性只能寻求拥有权力、地位和赚钱能力的配偶。女性试图嫁给社会经济地位更高的人，由此获得资源。男性则并不像女性那样看重配偶的经济资源，因为他们已经控制了这些资源，也因为女性根本没有经济资源。

来自非洲西部喀麦隆的白克瑞（Bakweri）社会的情况动摇了这个理论，这个社会说明了当女性握有真实权力时会发生什么。白克瑞女子握有个人和经济方面的更大权力，因为她们拥有更多资源，而且女性人数比男性少得多。[69]女性通过她们自己的种植劳作来确保资源，但是也通过偶然的性关系获取资源，这是一项利润丰厚的收入来源。在这个社会，每100个女性大约有236个男性与她们配对，这种性别不平衡是由这个国家其他地区的男性持续涌入该地从事种植业工作造成的。由于两性数量极度不平衡，女性比男性更有钱，也有更多的潜在配偶可供选择。然而，尽管女性在选择配偶时有相当大的自由度，白克瑞女子仍然坚持选择一位拥有资源的配偶。妻子们经常抱怨，不能从丈夫那里获得足够的供给。的确，缺少足够的经济供给，是女性最常提出的离婚控诉。白克瑞女子如果找到一位能提供更多钱、能出更大彩礼的男人,她们会换掉目前的丈夫。当女性所处的位置能够使她们满足进化而来的偏好时,她们就会这样做。拥有对经济资源的支配和控制并不妨碍这项关键的择偶偏好。

在美国,在事业和经济上获得成功的女性仍然看重男性的资源。一项对新婚夫妇的研究通过测量工资和收入,识别出经济状况良好的女性,并将她们的择偶偏好与那些工资和收入较低的女性进行了对比。以今天的美元计算,许多经济状况良好的女性年收入超过 10 万美元。这些女性接受了很好的教育,拥有一定的职位以及高度的自尊。研究显示,成功的女性甚至比不太成功的女性更重视配偶的职位、社会地位和聪明才智,也渴望高大、独立和自信的配偶。也许最说明问题的是,这些女性甚至比经济状况不太好的女性更强烈地偏好赚钱多的男性。在另一项研究中,心理学家迈克尔·维德曼(Michael Wiederman)和伊丽莎白·奥尔盖耶(Elizabeth Allgeier)发现,希望在大学之后赚很多钱的女大学生,比期待赚钱数额较少的女生,对于潜在丈夫的经济前景更加看重。专业上成功的女性,比如医学院和法学院的学生,也相当看重配偶的赚钱能力。[70]另外,经济资源较少、地位较低的男性,并不比经济方面成功的男性更看重配偶的经济资源。[71]

跨文化研究还发现,拥有自己经济资源的女性对潜在配偶的资源的重视程度要高于缺乏这些资源的女性。一项对 1 670 名西班牙女性的研究发现,资源丰富的女性希望伴侣拥有更高的地位和更多的资源。[72]一项对 288 名约旦人的研究以及一项对 127 名塞尔维亚人的研究和一项对 1 851 名英国女性的互联网研究也发现了同样的结果。[73]综上所述,这些结果不仅不能支持结构性权力缺乏与性别角色的假设,反而直接与它相抵触。

结构性权力缺乏道出了一个事实,那就是在大多数文化中,男性的确控制着资源,而且将女性排斥在权力之外。但是这个理论不能解释,为何男性努力将其他男性排除在权力之外,至少不亚于对女性的排斥;不能解释男性控制资源的动机起源;不能解释女性为何没有进化出更高大、更强壮的身躯,来直接获取资源;并且,男性对配偶的偏好仍然完全是个谜。进化心理学解释了这一系列现象:男性努力达到对资源的控制,并将其他男性排除在资源之外,这是为了满足女性的择偶偏好。在人类进化历史上,不能积累资源的男性就吸引不到配偶。男性获取更强大的地位和更多的资源的动力,至少部分是来源于女性在过去几百万年中表达出的偏好。套用进化人类学家莎拉·赫迪的说法:"男性是女性所经营的一个漫长的育种实验品。"

❖ 性取向与配偶偏好

正如第一章所提到的,同性性取向的起源在很大程度上仍然是个谜。然而,自我认同为女同性恋的女性的择偶偏好更为人所知。2007年,理查德·里帕（Richard Lippa）发表了关于这个话题的最大的研究,报告了2 548名女同性恋者的择偶偏好,并将她们与82 819名女异性恋者进行了比较。[74]他有两大发现。首先,两组人的择偶偏好非常相似。两组人都看重健康、善良、勤奋、幽默感,以及相似的配偶价值。然而,女同性恋者与女异性恋者的不同之处在于,她们对孩子的喜爱、养育孩子的能力和对宗教信仰的重视程度较低。有趣的是,尽管两组人都非常重视诚实和聪慧,但女同性恋者对这些特质的重视程度甚至更高。

另一项研究检视了女同性恋者中间的个体差异,重点考察了那些自我认同为"男性角色"（butch）和自我认同为"女性角色"（femme）的女同性恋者之间的差异。[75]男性角色的女同性恋者更具有男子气、更强势和果断,而女性角色的女同性恋者则更敏感、活泼而且阴柔。后者想要孩子的渴望更强烈,并且更加重视潜在爱侣的经济资源。差异不只是在心理方面。男性角色的女同性恋者不那么重视伴侣的经济资源,但是对经济上更成功的竞争对手会感到更强烈的嫉妒。

因此,在许多方面,女同性恋者在择偶偏好上与女异性恋者有些相似,但在一些她们想要的品质上有所不同。更重要的是,自我认同为女同性恋者的个体之间存在着巨大的差异,这些差异提醒我们不要一概而论。

❖ 女性欲望的情境性转变

除了女性个人的经济实力之外，还有其他几种情况会导致她对男性的欲望发生可预测的变化。这些情况包括其他女性是否认为这个男性有魅力，她是在寻找忠诚的伴侣还是随意的性关系，以及她自己的配偶价值。

有史以来最成功的啤酒广告之一，描绘了一个衣冠楚楚的男人，手里拿着一瓶多瑟瑰啤酒。根据版本的不同，他周围要么有两位、要么有三位非常有魅力的女性。这则广告可能会吸引男性，因为它暗示，如果他们喝这种牌子的啤酒，他们对女性的吸引力就会增强。但是被漂亮女人包围也会让男人对女人更有吸引力。动物生物学家给这种现象起了个笨拙的名字——**配偶复制**（mate copying）。不论是鱼类还是鸟类，雌性都会把其他雌性的明显偏好作为潜在配偶价值的关键信息。我的实验室也发现了人类中的配偶复制现象［一项由莎拉·希尔（Sarah Hill）主持的研究］，还有其他四个实验室也有类似发现。女人发现男人被其他女人包围时，如果这些女人本身就很有吸引力，而且似乎对这个男人很关心和感兴趣，那么他们就特别有吸引力。

当时所处的情境——女性是在寻找"勾搭"对象还是一位长期伴侣——也会影响女性的欲望。在长期择偶中，女性优先看重的性格特质包括善良程度、可靠性和情绪稳定性，以及预示着绝佳的未来地位和资源潜力的品质，比如抱负、勤奋和教育水平。然而，对于随意的性伴侣而言，这些品质的重要性就不那么大了。相反，女性会强调外貌吸引力、对其他女性的吸引力和强烈的男子气概——这些品质可能与"优良基因"相关联。这个话题我们会在第四章进行深入探讨。

最后，女性自身的吸引力影响着她们的欲望。8分的女性通常比6分或5分的女性更挑剔，这也许并不令人惊讶。越有吸引力的女性在择偶市场上越有讨价还价的权力，她们可以提高自己的标准。研究发现，在加拿大、美国、克罗地亚、波兰、巴西和日本，拥有较高配偶价值的女性在征婚启事上会列出更长串的特征要求。她们想要更高水平的资源、教育和智力，更高的社会地位，更好的育儿技能，更佳的伴侣技能，以及一系列其他特征。也许直觉上不那么明显的是，与那些配偶价值相对较低的同性相比，具有较高配偶价值的女性更容易被拥有男子气概的男性所吸引。研究发现，这种差异是存在的，无论对象拥有男性化的声音还是具有男子气概的面容都是如此。对这种偏好变化的一种推测是，拥有男子气概的男性通常比不太有男子气概的男性更不忠诚。也许只有自身配偶价值较高的女性才会觉得，她可以通过提醒一个有吸引力的、有男子气概的男性他可能失去她，来控制他左顾右盼的眼神。

❖ 女性欲望对实际择偶行为的影响

除非择偶偏好在某些时候影响到实际的择偶行为，否则它们不可能进化出来。的确，人们不总能得到他们想要的。大多数人只能将就找到不那么理想的配偶。然而，一系列科学研究证明，女性的欲望确实影响了她们实际的择偶决定。

一个证明来源于征婚启事。什么样的男性征婚广告更能增加女性的点击量或点击率呢？年龄是关键的预测指标。更成熟的男性比年轻男性能获得更多的点击，尽管女性通常设置的标准是不能比她们大 10 岁以上。男性如果提到更高的收入和教育水平，也能获得更多的点击，这一趋势在波兰和美国都出现了。[76]

一项对 21 973 名男性的研究发现，那些社会经济地位更高的男性更容易吸引到妻子。[77] 社会经济地位糟糕的男性更容易保持单身。在肯尼亚的基普西吉斯人（Kipsigis）中间，拥有土地资源的男性更容易吸引到妻子，而拥有大量土地的男性能吸引到多位妻子。[78] 拥有资源的美国男性更可能娶到外貌有魅力的女性。平均而言，世界各地所有文化的女性都倾向于嫁给比她们自己年长一些的男性。[79]

女性对配偶的欲望也影响了男性的行为，这与性选择理论的逻辑预测是一致的。关于配偶吸引力的研究显示，男性展示资源来吸引女性，包括车子、房子、礼物和昂贵的晚餐。男性也通过贬低竞争对手的地位、抱负、体能和资源，来诋毁他们。甚至在网上约会广告中，男性也比女性更有可能夸大自己的收入、教育水平和身高，大约虚报10%到20%。在所有这些方面，女性的配偶偏好影响了实际的择偶行为：既影响她们自己的行为，也影响那些追求她们、吸引她们的男性的行为。

❖ 女性的多种偏好

现在我们能大体上回答女性之所求这个谜题了。女性挑选她们愿意与之结成配偶的男性时，是明智的、审慎的和明察秋毫的，因为她们能够提供大量有价值的繁殖资源。拥有重要资源的人，决不会不加选择地付出。在繁殖的潮流中不加选择，会让女性祖先付出过于沉重的代价。她们会挨打、经受食物匮乏、染上疾病，她们的孩子会受到虐待，她们自己甚至会遭到抛弃。相反，在营养、保护、基因品质和父亲对孩子的投资方面进行选择，收益是丰厚的。

长期配偶会提供资源的宝库。挑选一位拥有合适资源的长期配偶，显然需要格外艰辛的努力。对女性而言，这至少包含十几种独特的偏好，每种偏好都对应一种资源，帮助女性解决重要的适应问题。

对于一般的旁观者来说，女性寻求拥有资源的长期配偶似乎是显而易见的。但直到跨37种文化研究之前，这种偏好还没有在世界范围内得到科学的证明。此外，由于男性的资源和资源获取技能往往无法被直接识别，女性的偏好取决于其他预示未来可能拥有或获得资源的品质。事实上，女性受金钱本身的影响可能要小于那些能带来资源的品质，比如抱负、动力、地位、智力、情绪稳定和成熟的年龄。女性会仔细审视这些个人品质，因为它们揭示了男性的潜力。

然而，仅有潜力还不够。因为许多获取资源的潜力很高的男性，自身就很挑剔，而且有时还满足于偶然的性关系，从而让女性面临没有承诺的麻烦。寻求爱和真诚是解决承诺问题的两种方法。真诚显示出这个男子可能会做出承诺。爱的行动显示他事实上已经对某个特定的女子有了承诺。

如果一位女性祖先拥有一位男性的爱和承诺，但这个男性在体育竞技中被其他男性轻易打败，那么这个男性可能是一份有问题的"资产"。如果一位女性嫁给了一个体能不足、矮小瘦弱的男性，夫妻双方可能遭受其他男性的破坏，并且失去他们的共有资源。高大、强壮、拥有 V 形身材的运动型男性为女性祖先提供了保护。通过这种方式，她们能够确保获得的资源和承诺不会受到侵犯。如果女性在挑选男性时，部分考虑到他们的力量和体能，那么她们更有可能成功地生存和繁殖。

如果一位女性的丈夫染上疾病或是死去，或是这对夫妻彼此太不相配，以至于不能有效分工合作，那么资源、承诺和保护不会给这个女性带来任何好处。女性对健康男性的青睐，确保了她的未来丈夫有能力在漫长的岁月中提供好处。而女性对配偶之间相似的兴趣和特征的青睐，帮助她确保彼此追求一致的目标。现代的女性有多种多样的择偶偏好，但每一种偏好都完美地对应着成千上万年前我们的女性祖先面临的适应问题。

当然，女性不会一次只评估潜在配偶的一种品质。男性是整套品质的集合，必须被全盘接受或全盘拒绝。[80]这不可避免地需要权衡。一个善良的男性可能愿意将他的一生奉献给一位女性，拥有作为父亲的巨大潜力，但是也许只能提供较少的资源。一位强壮、健康、有魅力的男性也许是资源和良好基因的优秀提供者，但也可能更容易出轨。此外，许多情况下，女性的配偶偏好会发生变化——她的个人资源获取能力、她是寻求长期配偶还是偶然的性伴侣、近亲关系、择偶池中的性别比例，以及被特定男性吸引的其他女性的存在。长期以来，男性对女性想要什么一直感到困惑的原因是，女性的择偶偏好具有内在的复杂性、多面性和情境依赖性，这反映了我们的祖先母亲在人类进化史上不断面临的大量复杂的适应性挑战。

男性祖先面临着一系列不同的适应问题。因此，我们要转换视角，通过男性先辈的眼睛来看一看作为潜在配偶的女性祖先。

第三章
男性别有所求

美丽来自观看者的进化适应。

——唐纳德·西蒙斯（Donald Symons）
《男性想要什么？》（"What Do Men Want"）

男性为何结婚是一个谜题。既然一位男性祖先为了实现繁殖所要做的全部事情只是让一位女性受孕，那么不含承诺的随意性关系对于他来说应该已经足够。由于演化产生出渴望婚姻的男性，和愿意承诺对一位女性进行多年投入的男性，这样做必定存在强大的适应优势，至少在某些条件下，这种优势能够超过寻求随意性伴侣所带来的优势。

对于这个谜题的一种解答与女性设立的基本规则（ground rules）有关。比较明确的是，许多女性祖先在同意发生性关系之前，要求可靠的男性承诺的标志，那些未能承诺的男性将在择偶市场中惨遭失利。他们可能根本吸引不到任何女性。或者他们可能吸引不到合意的女性，不得不屈就于配偶价值较低的配偶。而且女性同意发生性关系的门槛之高，使得仅仅追求短期择偶策略对于大多数男性来说是代价高昂的。从繁殖投入的经济学来看，不追求永久配偶将会导致极高的代价，以至于大多数男性望而却步。而男性吸引伴侣的概率以及吸引更理想伴侣的概率，都随着他们愿意做出承诺而增加，男性也会从中受益。

男性从对一位女性的持续承诺中获益的另一种方式是，增加他成为她所生孩子的父亲的概率——提高他的父权确定性。通过长期的承诺，男性获得了反复的、排他的性接触，这种亲密接触使他们能够抵御潜在的配偶偷窃者。没有承诺，就难以获得反复的性接触，父权也更加不确定。

对一个女性做出承诺的进一步好处是能提高这个男性的孩子的生存和繁殖成功率。在人类祖先的环境中，如果缺少父母或近亲的持续投资，婴儿和年幼的孩子很容易夭折。[1]例如，在巴拉圭的阿赫族印第安人中，如果一个男人死于一场俱乐部搏斗，其他的村民经常会做出共同的决定——杀掉他的孩子，就算这个孩子的母亲还活着。人类学家金·希尔（Kim Hill）曾经报告过一个案例：一个13岁的男孩，在他父亲死于一场俱乐部搏斗之后，被杀掉了。大体来说，阿赫族的孩子如果死了父亲，会面临比其他的父亲健在的孩子高10％的死亡率。

在人类进化史中，就算有些孩子在没有父亲投资的情况下存活了下来，他们也缺少父亲的教导和政治联盟，而这些资产有助于他们今后解决择偶问题。在过去和现今的许多文化中，父亲强有力的操控能够使子女获得一个好归宿。[2]这些收益的缺失对没有父亲的孩子的进化适应性提出了挑战。运行了成千上万代的进化压力，使追求长期承诺策略的男性占据了优势。

择偶市场的经济学通常会造成两性之间的不对称，即在一段承诺性的关系中，而不是在一段暂时的关系中，两性在获得合意配偶的能力上是不对称的。[3]大部分男性，如果愿意承诺一段长期关系，就能获得一个赞许性高得多的配偶，因为女性一般都渴望持续的承诺，而具有高赞许性的女性最有可能得到她们想要的东西。相对而言，大部分女性通过提供性而不要求承诺，就能获得一个赞许性高得多的短期配偶，因为地位高的男性愿意放宽标准，与多个女性发生性关系，只要这种关系仅仅是短期且无需任何承诺的。高地位的男性对于他们愿意承诺的伴侣有更严格的标准。

男性承诺还有另外两种好处。一是提高社会地位。在许多文化中，男性直到结婚后才会被认为是"真正的男人"。当然，地位的提高会给男性带来其他好处，包括给孩子提供更好的资源，有时还会增加对其他伴侣的吸引力。承诺或婚姻的最后一个好处是形成一个更广泛的联盟网络，包括他的配偶的朋友和亲属。简而言之，男性对一个女性做出承诺会带来很多好处。

男性对长期配偶的许多要求与女性的要求是一致的。和女性一样,男性也想要聪慧、善良、可靠、情绪稳定、健康的忠诚伴侣。无论对于男性还是女性,这些品质都与优秀的伴侣、优秀的盟友和优秀的父母有关。这些品质也预示着良好的基因资源与低突变负荷,即在伴侣的基因组中比较不会出现遗传复制差错——这些品质会带来更健康、更强壮的孩子。

但是男性要面对一个适应问题——选择生育能力强的伴侣,而女性不需要面对,至少不需要那么痛苦地面对这个问题。要想生育成功,最明显的标准就是女性的生育能力。在进化的潮流中,生育能力强的女性将是极其宝贵的。因此,男性需要一些基准,来判断一个女性的繁殖能力是强还是弱。

解决这个问题的办法比它最初看起来要困难。男性祖先几乎没有什么明显的辅助手段,来确定哪些女性拥有最高的生育价值。一个女性一生中可能生育的孩子数量,并没有印在她的前额上,也没有包含在她的社会声誉中,她的家人也对此一无所知。甚至是女性自身,对于她们的繁殖价值也缺乏直接的认识。

当我们考虑黑猩猩——与我们最接近的灵长类近亲时,发现哪些女性具有生育能力的适应问题就变得很明显了。当雌性黑猩猩能生育时,它就进入发情期。它的生殖器开始充血,产生鲜红色的肿胀,从视觉上看确实有点像霓虹灯。它在排卵期散发排卵气味。这些发情信号使雄性黑猩猩陷入性狂热。为了让这些雄性黑猩猩更容易交配,发情期的雌性黑猩猩经常积极地请求交配,把它们自己呈现给它们喜欢的雄性。男人可没这么容易。尽管女性在排卵期会经历一些细微的变化,比如皮肤稍微变白,音调稍微提高,但女性并没有像雌性黑猩猩发出的那种清晰可见的排卵信号。在进化史上,人类排卵的迹象大多被隐藏起来,不可逆转地改变了择偶的基本规则。

尽管如此,对生育能力的偏好仍然进化了出来。男性祖先进化出某些机制,能够察觉女性潜在生育价值的线索,其中两个明显可观察到的线索就是年轻和健康。[4]年老或不健康的女性能够生养的后代显然不如年轻或健康的女性多。男性祖先通过偏好年轻和健康的女性,部分解决了寻找有生育价值的女性这个问题。但是怎样才能辨别年轻和健康呢？

❖ 年轻

在 20 多岁以后，女性的生育能力就随着年龄增长而稳步下降，这是关于生育的事实。到 40 岁时，一个女性的生育能力已经很低，到 50 岁时就接近零了。女性的生育能力被压缩在她们生命的一个片段中。

男性的偏好利用了这个关键的线索。在美国，男性一致表示渴望比他们更为年轻的配偶。从 1939 年到 2005 年间，在从东海岸到西海岸的大学生中进行的调查显示，男性偏好的年龄差异在两年半左右徘徊。[5] 平均来说，21 岁的男性偏好 18.5 岁的女性。

男性受到年轻女性的吸引，这并不只限于西方文化。当人类学家拿破仑·夏侬被问及在亚马孙雅诺马马男性眼中，什么样的女性最性感时，他毫不犹豫地回答："'moko dude'的女性。"[6] "moko"这个词用来形容水果时，意思是水果可以收获了，而用来形容一个女性时，意思是这个女性已经具备成熟的繁殖能力。"moko dude"用来指水果时，意思是这个水果完全成熟了，而用来指女性时，意思是她已经过了青春期，但还没有生下她的第一个孩子，或者说她正值 15 岁到 18 岁的芳龄。其他部落和传统民族的同类信息显示，雅诺马马男性的偏好并非与众不同的。

尼日利亚、印度尼西亚、伊朗和印度的男性都具有类似的倾向。在国际研究调查的 37 个社会中，每一个社会的男性都毫不例外地偏好比他们年轻的妻子。例如，23.5 岁的尼日利亚男性，表示他们偏好比自己年轻 6.5 岁或者说刚满 17 岁的妻子。21.5 岁的克罗地亚男性表示渴望拥有大约 19 岁的妻子。中国、加拿大和哥伦比亚的男性，与他们的尼日利亚和克罗地亚朋友一样，强烈渴望比自己年轻的女性。平均来说，37 种文化的男性表达出他们对大约比自己年轻两岁半的妻子的渴望。

尽管男性普遍好比他们年轻的女性作为妻子，但这种偏好的强烈程度因文化而异。芬兰、瑞典和挪威等斯堪的纳维亚国家的男性，希望他们的新娘只比自己年轻一岁或两岁。尼日利亚和赞比亚的男性分别希望他们的新娘年轻六岁半或七岁半。在尼日利亚和赞比亚实行一夫多妻制，就像世界上许多文化一样，男性只要负担得起，法律上允许他们娶一位以上的妻子。一夫多妻制中的男性在获得足够的资源以吸引到妻子时，他们的年龄通常比一夫一妻制中的男性要大一些。尼日利亚和赞比亚男性更喜欢较大的年龄差距，也许反映了他们在娶妻时年龄更大。[7]

这一解释得到了大量科学研究的支持，这些研究表明，随着男性年龄的增长，他们会偏好与他们年龄差距越来越大的女性作为配偶。看一下来自个人征婚广告的统计数据。[8]男性的年龄对他的偏好有极大的影响：30多岁的男性偏好大约年轻5岁的女性，而40多岁的男性偏好年轻10岁到20岁的女性。[9]

尽管这些发现支持了进化假设，即男性更喜欢年轻的女性，因为她们更能生育，但这一观点实际上导致了一个非常违反直觉的预测——年轻的青春期男性应该更喜欢比自己稍**大**一点的女性。科学研究证实了这一预测。例如，15岁的青春期男性对17岁或18岁的女性表现出渴望。[10]令人惊奇的是，这种吸引几乎是完全没有回报的。十七八岁的女性甚至注意不到这些年轻的青春期男性，更不会被他们吸引。她们喜欢更年长的男性，而不是更年轻的。

这些关于青春期男性的研究结果与另外两种可能的解释相矛盾，这两种解释试图说明为什么年长的男性会被年轻的女性所吸引。其中一种解释——心理学上的老套路——就是强化理论（reinforcement theory）：如果人们的行为得到奖励，他们就会重复这种行为。青春期男性很难得到他们最喜欢的女性的支持或奖励；事实上，他们被这些女性忽视或主动回避。第二种解释认为，男性被年轻女性吸引是为了行使权力和控制力。但是青春期中期的男性对他们眼中如此美丽的十七八岁女性完全没有权力或控制力。简而言之，从生育能力角度对这些研究结果进行解释是最令人信服的，包括从青春期男性的吸引到男性随着年龄增长偏好与自己年龄差距越来越大的女性等各种情况。

事实上的婚姻抉择，肯定了男性在变老过程中对与自己年龄差距越来越大的女性的偏好。美国的新郎在第一次婚姻中比他们的新娘大约年长3

岁，第二次婚姻中年长 5 岁，而在第三次婚姻中达到 8 岁。[11]在世界范围内，男性对更加年轻的女性的偏好，都转变为事实上的婚姻抉择。例如，教堂里的文件显示，在 19 世纪初的瑞典，离婚后重新结婚的男性会挑选平均比他们年轻 10.6 岁的新娘。在能够获得新娘和新郎年龄数据的全世界所有国家或地区中，平均来说男性在年龄上都超过了他们的新娘。[12]在欧洲国家，夫妻双方年龄差异最小是在波兰，大约是 2 岁；最大在希腊，达到 5 岁左右。所有国家或地区平均来说，新郎比他们的新娘年长 3 岁，这大约是世界各地的男性特别渴望的年龄差距。在一夫多妻制的文化中，年龄差距甚至要更大一些。例如，在澳大利亚北部的提维部落，地位高的男性通常拥有比他们年轻二三十岁的妻子。[13]总而言之，当代男性偏好年轻女性，因为他们从其男性祖先那里继承了一种进化的偏好，这种偏好高度关注女性生育价值的线索。这种心理偏好在很大程度上转化为实际的择偶决定——尽管我们以后会看到，人们不总能得到他们想要的。

❖ 身体美的标准

对年轻的偏好仅仅是与女性生育能力相关的男性偏好中最明显的一种。进化逻辑带来了一套更为强大的对普遍的美丽标准的期望。正如我们对于美丽风景的标准体现了诸如水、猎物和庇护所等线索——模仿对我们祖先有益的环境——我们对于女性美的标准也体现出有关女性生育能力的线索。[14]情人眼里出西施，但是眼睛和眼睛背后的心智，历经几百万年的演化才得以塑造。

我们的祖先拥有关于女性健康和青春这两类可观察的证据：身体外貌特征，比如丰满的嘴唇、明亮的肤色、光滑的皮肤、明亮的眼睛、富有光泽的头发和良好的肌肉状况，以及行为特征，比如活泼年轻的步态、活跃的面部表情和高度的活力水平。这些关于年轻和健康的信号，也是关于生育能力的身体信号，构成了男性对女性的审美标准的关键要素。

因为身体和行为的信号提供了关于女性生育价值的最有力的可观测证据，男性祖先进化出对显现这些信号的女性的偏好。如果男性没有选择标志着高生育价值的品质，而是选择与头发灰暗、皮肤不光滑、肌肉不坚实的老奶奶结婚，他将会留下较少的后代。

克莱兰·福特和弗兰克·比奇发现一些普遍的线索与美丽的进化理论恰好吻合。[15]年轻的标志，比如无瑕的肤色和光滑的皮肤，以及健康的标志，比如没有疼痛和损伤，被普遍地视为富有魅力。任何有关健康状况不佳或年龄较大的提示都被视为没有魅力。想象热吻一个爱人的痤疮更容易激起厌恶的感觉，而不是性欲。较差的面色总被视为不性感的。脓包、癣、面部毁损和污秽，普遍令人反感。皮肤明亮光滑、没有疾病则普遍迷人。

例如，人类学家马林诺夫斯基报告说，在美拉尼西亚西北部的特罗布里恩岛民中间，"疮口、溃疡和皮疹，从性接触的视角来看，是尤其令人反感的"。相反，美丽的"根本要素"是"健康浓密的头发、坚固的牙齿和光滑的皮肤"。[16]特定的特征，诸如明亮的眼睛，丰满、轮廓优美而非单薄、扁平的嘴唇，对于岛民来说尤其重要。

年轻的信号对于女性魅力的审美来说也是同等重要的。当男性和女性评价一系列年龄各异的女性照片时，对面部吸引力的评价随着照片上女性年龄的增长而下降。[17]对美丽的评价下降与评价者的年龄或性别无关。

大多数关于吸引力（attraction）的传统心理学理论假定，吸引力的标准是通过文化传递逐渐习得的，因此在小孩长到3岁或4岁以前是不会出现的。心理学家朱迪丝·朗格卢瓦（Judith Langlois）和她的同事通过研究婴儿对面容的社会反应，推翻了这种传统的智识。[18]首先，让成年人评价彩色幻灯片上的白人和黑人女性面孔的吸引力。然后，让两三个月大的婴儿和6到8个月大的婴儿也观看成对展示的具有不同吸引力水平的照片。无论是年幼些还是年长些的婴儿，对于漂亮的面孔都注视得更久一些，这表明美丽的标准显然在生命相当早的时期就出现了。在第二项研究中，朗格卢瓦发现，12个月大的婴儿与戴着漂亮面具的陌生人互动时，比起他们与戴着不漂亮面具的陌生人互动时，表现出更多显而易见的愉悦、玩耍时更大的投入程度以及较少的痛苦和回避。[19]在第三项研究中，朗格卢瓦发现12个月大的婴儿玩漂亮玩具的时间，比起他们玩不漂亮玩具的时间明显更长。这些标准的出现似乎不需要什么必要的训练。这个证据挑战了人们通常持有的观点——吸引力是通过逐渐接触现有的文化标准而习得的。

美的许多组成部分（但不是全部）既不是武断的，也不是文化上反复无常的。心理学家迈克尔·坎宁安（Michael Cunningham）要求不同种族的人评价各个种族女性照片的面部吸引力，他发现关于谁好看、谁不好看，人们达成了很大的共识。[20] 例如，亚洲和美洲的男性，在评价哪个亚洲女性或哪个美洲女性最有魅力、哪个最没有魅力的问题上彼此赞同。研究人员也在中国人、印度人和英国人之间，在南非人和美国人之间，在美国黑人和美国白人之间发现了评价的一致性。[21]

照片加工为女性美的进化理论提供了证据。为了发现一张有魅力的面孔由什么成分组成，朗格卢瓦和她的团队通过计算机图形技术生成了人类面孔的拼凑图。通过将各个面孔互相叠加，新的面孔得以产生。这些拼凑出的新面孔，分别由不同数量——4张、8张、16张或32张面孔组合而成。人们要评价每一张组合面孔的吸引力，也要评价合成面孔的每个单独面孔的吸引力。一个惊人的结果出现了。组合面孔被普遍评价为比任何一个单独面孔都更有魅力。16张面孔的组合比4张面孔或8张面孔的组合更有魅力，而32张面孔的组合是所有面孔中最具魅力的。由于单个面孔在叠加时可能消除了它们的不规则之处，使它们变得更加对称，平均的或对称的面孔比真实的面孔更具吸引力。[22]

为何人们会认为对称的面孔更具吸引力？心理学家史蒂夫·甘杰斯塔德（Steve Gangestad）和生物学家兰迪·桑希尔（Randy Thornhill）进行的研究提供了一种解释。他们考察了面孔和身体的不对称性（asymmetries）与吸引力评价之间的关系。[23] 在个体发育中，反复的环境危害和疾病造成了个体的不对称性。这些不对称性不仅包括损伤（injures）和其他暗示健康状况的身体危害（physical insults），也包括寄居在体内的寄生虫，以及潜伏在人类基因组中的突变。由于寄生虫和基因突变会导致身体的不对称，不对称的程度可以作为个体健康状况的线索，也可以作为个体发育受到各种压力因素干扰程度的指标。例如，在蝎蛉和燕子中间，雄性偏好与对称的雌性配对，并且倾向于回避那些显得不对称的雌性。人类也是如此。甘杰斯塔德和桑希尔测量了人们的特征，比如脚宽、手宽、耳朵的长度和宽度，并分别对这些人的吸引力进行了评价。他们发现不太对称的人看上去也不太有吸引力。人类身体的不对称性随着年龄增长而增加，年长者的面孔比年轻人的面孔要不对称得多，因此对称性也提供了年轻的一个线索。这个证据再一次肯定了以下理论：健康和年轻的线索体现在吸引力的标准中——这是一种在生命早期就出现的标准。

❖ 体形

美丽的面孔仅仅是其中的一部分。身体其余部分的特征提供了有关女性生育能力的大量信号。女性身体魅力的标准因文化不同而在某些维度上有所差异：有的文化以身材丰满为美，有的却以苗条为美；有的文化以较浅的肤色为美，有的却以较深的肤色为美。对特殊的身体特征——比如眼睛、耳朵、臀部或生殖器的强调，也因文化而异。在有些文化中，比如在非洲西南部霍屯督族的一个分支——纳马族（Nama）中，拉长的大阴唇被认为具有性魅力，于是他们人为地拉伸阴唇来增加魅力。在许多文化中，男性偏好又大又坚挺的乳房，但是在少数文化中，比如在苏丹东部的阿赞德人和乌干达的干达人中，男性认为长而下垂的乳房更有吸引力。[24]

文化差异最大的美丽标准似乎是苗条还是丰满的身材更美。这种差异与身体所传达的社会地位信息联系在一起。在食物稀缺的文化中，比如在澳大利亚的布须曼人中，丰满标志着财富、健康和成长发育时获得了充足的营养。[25]在食物相对充足的文化中，比如在美国和许多西欧国家，丰满和地位是负相关的，富人通过较瘦的身材来表明他们的地位。[26]男性显然根本没有进化出对特定数量的身体脂肪的偏好。相反，他们进化出对与地位相关的任何特征的偏好，这些特征的差异在不同文化中是可预测的。显然，这种偏好不需要刻意的计算或意识。

心理学家保罗·罗赞（Paul Rozin）和他的同事所做的研究，显示出女性和男性对体形胖瘦赞许性的知觉存在一个令人困扰的事实。[27]来自美国的男性和女性观看了九个女性的身体轮廓图，从非常瘦到非常胖。研究者要求女性指出她们自己认为理想的体形，以及她们认为在男性眼中理想的女性体形。在两个问题上，女性都挑选了比平均水平更苗条一些的体形。但是，当男性被要求挑选他们偏好的女性体形时，他们挑选了具有平均胖瘦水平的体形。美国的女性错误地认为男性渴望较瘦的女性，但事实上并不是这样。这些发现驳斥了这样一种观点，即男性喜欢T台模特般身材苗条的女性，大多数男性并不是。

虽然男性对胖瘦的偏好各有不同，但心理学家德文德拉·辛格（Devendra Singh）发现，对体形的一种偏好是不变的，那就是对特定的腰部与臀部尺寸比例的偏好。[28]在青春期前，男孩和女孩具有相似的脂肪分布。然而，青春期时发生了巨大的变化。男孩的臀部和大腿部位的脂肪减少，而青春期女孩由于雌激素的分泌，躯体下半部——主要在臀部和大腿上部开始沉积脂肪。的确，女性身体这个区域的脂肪含量，比男性多40%。

在青春期前，两性的腰臀比是相似的。但过了青春期，女性臀部的脂肪堆积使得她们的腰臀比变得比男性低很多。健康的、有繁殖能力的女性，腰臀比在0.67和0.80之间。而健康男性的这一比例在0.85到0.95之间。现在有充足的证据表明，腰臀比是女性繁殖状况的准确指标。腰臀比较低的女性显示出较早的青春期内分泌活动。拥有较高腰臀比的已婚女性，更难以怀孕；而那些怀上孕的人，怀孕的年龄要比腰臀比低的女性靠后一些。腰臀比也是长期健康状况的一个准确的指标。糖尿病、高血压、心脏病、卒中和胆囊紊乱等疾病都与脂肪的分布有关，并由这个比例反映出来。腰臀比与健康和生育状况之间的联系，使其成为男性祖先择偶偏好的可靠线索。

辛格发现，腰臀比是女性吸引力的一个强有力的信号。在辛格进行的十几项研究中，男性评价了在腰臀比和脂肪总量上有所差异的女性体形的吸引力。男性认为，平均体形比瘦体形或胖体形都更具吸引力。但是，无论脂肪总量如何，男性都会认为拥有低腰臀比的女性最具吸引力。腰臀比是0.70的女性被认为比0.80的女性更具吸引力，而0.80的女性被认为比0.90的女性更吸引人。最后，辛格对《花花公子》杂志插页和美国过去30年中选美比赛优胜者的分析，确认了这条线索的不变性。尽管杂志插页和选美比赛的优胜者在30年中变得越来越瘦,但她们的腰臀比总是准确地保持在0.70。

腰臀比之所以重要,可能有另一个原因。怀孕会极大地改变腰臀比。较高的腰臀比类似于怀孕的体形,因此可能使得女性作为配偶或性伴侣的吸引力下降。反过来,较低的腰臀比标志着健康、高生育能力和目前并没有怀孕的事实。男性关于女性吸引力的标准,经过成千上万代的进化,才找到了这条可靠的线索并认为它是有吸引力的。

❖ 外貌的重要性

由于女性的外貌传达了许多信号,而且男性进化出的美丽标准是用于回应这些信号的,男性在择偶时对外貌格外青睐。在美国,对美貌配偶的偏好得到了大量的证明。在20世纪50年代,5 000名大学生确认了他们想要的未来丈夫或妻子所具备的特征,男性列出外表吸引力的次数远多于女性。[29]仅仅是男性列举的条件的数量,就暴露了他们的价值观。他们想要一位漂亮、耀眼、清秀、可爱、迷人、富有魅力的妻子。至少在那个时候,美国的女大学生很少将外表视为理想丈夫的首要条件。

从1939年到1996年,在美国进行的几十年长程择偶研究发现,男性比女性更看重潜在配偶的外表吸引力和美貌。[30]男性倾向于认为吸引力很重要,而女性倾向于认为它是合意的,但并不非常重要。在吸引力的重要性上,性别差异在一代又一代之间保持不变。差异大小在几十年间都没有发生变化。男性更加偏好具有外表吸引力的配偶,这是已经证明的心理性别差异中最稳定的差异之一。[31]

这并不意味着人们对吸引力的重视是一成不变的。相反,在20世纪的美国,吸引力的重要性急剧增加。[32]从1930年以来,伴随着电视、时尚杂志、广告以及其他媒体中迷人模特的增加,几乎每隔十年,外貌的重要性对于男性和女性都同等增加。例如,调查显示,在0.00到3.00的量表中,从1939年到1989年,男性对婚姻伴侣外貌重要性的评价从1.50上升至2.11,而女性则从0.94上升至1.67。中国、印度和巴西在进入21世纪后也出现了类似的转变。[33]这一转变显示出择偶偏好是可变的。但是，到目前为止，性别差异始终保持不变。自20世纪30年代末以来，在迄今所研究的所有国家或地区中，男性和女性之间的差距持续存在。

这种性别差异不局限于美国或者西方文化。抛开地理位置、居住地、婚姻体制和文化生活安排这些因素，在关于择偶的国际性研究所涉及的全部37种文化中，男性都比女性更加重视潜在配偶的外貌。中国的情况代表了两性看待美貌的重要性的平均差异：中国男性的评价为2.06，而女性为1.59。这种一致的性别差异跨越了不同的阶级、语言、种族、民族、宗教、气候、政治体制和择偶体系而持续存在。在哈扎族（Hadza）中，重视配偶生育能力的男性是女性的5倍多。[34]当被问及如何判断一个女人是否可以生育很多孩子时，大多数哈扎族男性的回答是，"你可以从外表判断"，这表示他们意识到外貌传递了关于生育能力的重要信息。男性对外貌迷人的配偶的偏好，是一种超越了文化，在整个物种中普遍存在的心理机制。女性也看重配偶的外貌，她们应当如此，因为外貌对两性来说都意味着健康，但她们不像男性那样重视外貌。

❖ 男性的地位和女性的美丽

男性之所以重视女性的魅力，除了女性的繁殖价值，还有其他原因。女性的魅力对男性的社会地位具有重要的影响。民间俗语告诉我们，配偶反映了我们自己。男性格外关注地位、名声和阶层，因为较高的阶级往往是获取资源的一种重要途径，能使男性在女性眼中更具吸引力。因此，不难设想，一个男性会非常关注他的配偶为他的社会地位带来的影响——影响到他能否获得更多的资源和更多的择偶机会。

但是，一个人的地位和资源占有量往往不能被直接观察到，而是要通过一些具体的特征进行推断。对于人类来说，一种信号就是人们的服饰。在任何一种性别看来，金项链、昂贵的艺术品或者豪华轿车都传达着一种信息，即该个体具有充裕的资源可用作亲本投资。[35]男性追求有吸引力的女性作为配偶，不仅仅是追求她们的生育价值，同时也是作为自身地位的标志，展现给同性竞争者和其他潜在配偶。[36]

相关实验证明了配偶的魅力对男性社会地位的影响。当人们看到长相平平的男性和漂亮的配偶在一起的照片时，他们更多地将地位与职业声望归功于该男性，超过了其他类型的搭配，比如漂亮的男性和不漂亮的女性在一起、不漂亮的女性和不漂亮的男性在一起，甚至是漂亮的男性和漂亮的女性在一起。人们会猜测，一个相貌不出众的男子，如果能够引起一位极漂亮的女子的兴趣，很可能是因为他拥有显赫的地位。这大概是由于人们认为，有魅力的女性具有很高的配偶价值，她们通常能获得她们想要的伴侣。

在我进行的关于人类声望标准的研究中，与一位容貌出众的对象约会，能极大地提升男性的地位，但是对女性社会地位的提升作用却很微小。[37] 相反，如果男性与不漂亮的女性约会，他的地位和名声会有一定程度的下降；而女性如果与容貌不佳的男子约会，她的地位只会经历微不足道的下降。

这种趋势广泛存在于不同的文化中。我和我的研究合作者在对中国、波兰、关岛、罗马尼亚、俄罗斯和德国的当地居民进行一项关于人类声望标准的平行研究时，我们发现在这些国家，与女性相比，男性获得一个外表有魅力的配偶更能提升自己的地位。无论在哪个国家或地区，与女性相比，男性拥有一位不漂亮的配偶，都会对其地位造成较大的损害。当今不同文化背景下的男性都很看重有魅力的女性，这不仅是因为魅力标志着女性的生育能力，还因为魅力象征着地位，而地位反过来又创造了更多的择偶机会。

❖ 性取向与配偶偏好

男性对配偶外貌的偏好并不局限于异性恋者。一些科学家认为，同性恋关系为配偶欲望方面的性别差异的进化基础，提出了一个严峻的考验。[38] 男同性恋者是否或多或少地表现出与其他男性相似的偏好，而仅仅是渴望的配偶性别不同？他们表现出的偏好是否与女性的更加类似？或者，他们持有一种与两性的典型偏好都不同的独特偏好？

没有人知道古往今来每种文化中同性恋者的准确比例。探索的困难一部分来自对同性恋者的多种定义。性科学家阿尔弗雷德·金赛估计，群体中超过三分之一的男性曾在生命中或多或少地参与过某种形式的同性恋活动，这通常属于青春期体验的一部分。但是，仅有很少人表现出以同性作为配偶的强烈偏好。大多数估测的数字是，男性的这一比例为3％至4％，而女性为1％至2％。[39] 曾参加过某种同性恋活动的人员百分比，和表现出强烈偏好同性伴侣的人员所占的百分比之间的差异，暗示了潜在心理偏好和公开行为表现之间的重要差别。一些原本偏好异性配偶的男性，因为环境或机会的关系，可能会以同性作为替代的性伴侣。

没有人知道为什么有些人强烈倾向于以同性成员作为配偶，但缺少相关知识并不妨碍人们思考这个问题。一种猜测是所谓的同性恋的亲属选择理论（kin selection theory），这个理论认为，同性恋之所以会进化出来，是因为有些人帮助自己的近亲繁衍后代，而不是自己繁衍后代会更好。[40] 目前没有证据支持这一理论。与男异性恋者相比，男同性恋者不会在侄子侄女身上投入更多。其他理论则指出母亲的宫内环境、出生顺序和其他非遗传原因。如果性取向存在一个单一的大原因，那么科学家们现在很可能已经知道了。同性恋的起源仍然是一个谜，这表明性取向的原因可能是多种多样和复杂的。

同性恋者对配偶的偏好却远没有那么神秘。研究证明，男同性恋者非常重视伴侣的年轻和容貌。威廉·扬科维亚克和他的同事要求同性恋和异性恋的男女个体，评价一些不同年龄、不同容貌魅力的男性和女性照片。[41] 同性恋和异性恋的男性个体都认为，较为年轻的伴侣始终更具吸引力。相反，无论是同性恋还是异性恋的女性，都没有将年轻作为影响吸引力水平的重要因素。这个结果暗示，女同性恋者的配偶偏好与女异性恋者的非常相似，仅仅是喜欢对象的性别不同而已。男同性恋者与男异性恋者的配偶偏好也类似。

心理学家凯·杜克斯（Kay Deaux）和兰德尔·汉纳（Randel Hanna）开展了一项系统的关于同性恋配偶偏好的研究。[42] 他们从东海岸和西海岸的报纸中收集了800条征婚启事，对男异性恋者、女异性恋者、男同性恋者、女同性恋者进行了平均抽样。他们利用一套编码方案计算了上述每个群体展示和寻求特定特征的频率，比如容貌吸引力、经济保障和人格特征等。

女同性恋者表现得与女异性恋者相似，并不强调容貌吸引力，只有19.5%的女异性恋者和18%的女同性恋者提到了这项品质。相反，有48%的男异性恋者和29%的男同性恋者表示，他们要寻求有魅力的伴侣。在这几个群体中，女同性恋者比其他任何一个群体都更少提到自身的容貌吸引力，其中只有30%的人提到了这一点。相反，69.5%的女异性恋者在征婚启事上提到了自身的吸引力，男同性恋者是53.5%，而男异性恋者是42.5%。只有16%的女同性恋者要求回应者提供照片，而35%的女异性恋者、34.5%的男同性恋者和37%的男异性恋者提出了这个要求。

女同性恋者与其他三个群体明显不同，她们较少说明自身的身体特征，比如体重、身高、瞳孔颜色和身材。只有7%的女同性恋者提到她们对特定身体特征的渴望，而20%的女异性恋者、38%的男同性恋者和33.5%的男异性恋者对特定身体特征提出了要求。从整体吸引力来看，女同性恋者也别具一格，因为只有41.5%的女同性恋者在她们展示的资源中列出了身体特征，而64%的女异性恋者、74%的男同性恋者和71.5%的男异性恋者展示了特定的身体资本。很明显，男同性恋者与男异性恋者一样非常看重容貌。在欲求方面，女同性恋者更像女异性恋者，但她们也有不同之处，就是她们不太看重身体特征，这从她们展示的和寻求的品质中都能体现出来。

较少有正式研究确认年轻和容貌在男同性恋者眼中的中心地位。对男同性恋者择偶市场的调查总会发现，容貌魅力是一位潜在伴侣的赞许性的关键决定因素。男同性恋者非常重视穿着、打扮和身体状况。而年轻是吸引力的一个关键因素："在男同性恋者的世界里年龄说了算。"[43]

社会学家菲利普·布卢姆斯坦（Philip Blumstein）和佩珀·施瓦茨（Pepper Schwartz）发现，伴侣的美丽容貌对于满足男同性恋者和男异性恋者的欲望非常重要，超过了对于女同性恋者和女异性恋者的重要性，即使在已经成对的个体中也是如此。[44]他们发现，57%的男同性恋者和59%的男异性恋者感到,他们的伴侣看起来是否性感是很重要的。与之相对,只有31％的女异性恋者和35％的女同性恋者声称伴侣的性感外表很重要。男同性恋者和男异性恋者似乎拥有相似的配偶偏好,除了他们偏好的伴侣性别不同。他们都很看重外貌,同时都把年轻和年轻的特征作为定义美丽的核心要素。

❖ 达到自身欲求的男性

尽管大部分男性看重配偶的年轻和美丽,但显然并非所有男性都能成功地满足自身的欲望。比如,如果男性缺少女性想要的地位和资源,一般来说他们要吸引年轻美丽的女性会非常困难,所以不得不退而求其次。证明这种可能性的证据来自一些在历史上处于特殊位置,因而能够获得自身所求的男性,比如国王、皇帝、暴君和其他地位显赫的男性。例如,在18世纪初到19世纪初,德国克鲁姆赫恩(Krummerhörn)的有钱人能比没钱的人娶到更年轻的新娘。与之类似,无论是18世纪到19世纪的挪威农民还是当代肯尼亚的基普西吉斯人,地位高的男性总是能比地位低的男性娶到更年轻的新娘。[45]

国王和暴君的后宫通常云集了众多年轻貌美的妙龄女子。国王会频繁地与她们发生性关系。例如,残忍嗜血的摩洛哥苏丹穆莱·伊斯梅尔就承认他生养了888个子女。他的后宫有500名佳丽。每当一个女子年满30岁之时,她就被更年轻的女子取代,并且被送出皇帝的后宫,转送给等级较低的领主。古代罗马、巴比伦、埃及、印加、印度和中国的皇帝都拥有和伊斯梅尔同样的嗜好,命令手下在统治的领土上搜寻尽可能多的年轻美女。[46]

现代美国的婚姻模式证明了这个事实,即拥有充足资源的男性最有可能满足自身的偏好。地位高的男性,比如年长的摇滚明星洛·史都华、米克·贾格尔和电影明星乔治·克鲁尼、约翰尼·德普,经常选择比他们年轻二三十岁的女子。一项研究考察了男性的职业地位对他娶什么样的女子造成的影响。职业地位高的男性能够比职业地位低的男性娶到外貌远为迷人的女子。⁴⁷的确，男性的职业地位似乎是他妻子魅力水平的最佳预测指标。如果男性处于能够吸引年轻女性的位置，他们往往能做到这一点。

享有高地位和高收入的男性，显然清楚地意识到他们有能力吸引较高价值的女子。在一项包括1 048个德国男性和1 590个德国女性的关于计算机约会服务的研究中，习性学家卡尔·格拉默（Karl Grammer）发现，随着男性收入的增加，他们会寻求更加年轻的伴侣。⁴⁸收入的每一点增长都伴随着所寻求女子的年龄的下降。

然而，并非所有的男性都拥有地位、职位或资源来吸引年轻女子，而且有些男性最终娶的是比自己年长的女子。许多因素决定着女性结婚时的年龄，包括女性的偏好、男性自身的年龄、男性的择偶资本、男性的其他择偶偏好的强度和女性的外貌。并非在任何时候，也并非对任何人，择偶偏好都能转化为实际的择偶决策，正如食物偏好一样，不是任何人在任何时候都能将其转化为实际的进食决定。但是，如果男性处于一定的位置，能够获得所需，他们通常会娶年轻貌美的女子为妻。满足了这些偏好的男性祖先，能够比没有满足者更成功地繁衍子孙后代。

❖ 媒体对标准的影响

广告商充分利用了年轻美貌女子的广泛吸引力。一些人认为，媒体和麦迪逊大道建立了一个单一的、武断的审美标准，每个人都必须遵守。⁴⁹人们认为，广告商传达了一些不自然的、经过PS的美丽形象，并且告诉人们要努力体现这种形象。这种看法可能部分是正确的，尤其当它描绘不自然的消瘦女模特时，但也至少部分是错误的。美丽的标准不是任意设置的，而是体现了繁殖价值的可靠线索。广告商们没有特别的兴趣去反复宣传一套特别的美丽标准，而是要利用一切手段卖出商品。广告商们让一个皮肤白皙、相貌端正的年轻女子坐在最新款汽车的引擎盖上，或者让几个漂亮的年轻女人聚集在一起深情地凝视着一个喝着品牌啤酒的男人，这些画面充分利用了男性的进化心理机制，因而能使汽车和啤酒畅销，它们并非想要传播哪一种美丽标准。

但是，媒体形象每天对我们进行轰炸，这会造成一种潜在的负面影响。在一项研究中，一群男性首先观看了一些照片，照片上既可能是非常迷人的女子，也可能是相貌平平的女子；紧接着他们评价了对现任伴侣的承诺水平。[50] 观看了迷人女子照片的男性，比观看了普通女子照片的男性，随后对自己伴侣吸引力的评价要低一些。也许更重要的是，观看了迷人女子照片的男性，之后会认为自己对现任伴侣的承诺更低，对现任伴侣更不满意、更不认真，而且认为与现任伴侣的亲密程度更低。另一项研究也得到了类似的结果，该研究让男性观看容貌迷人的裸女杂志插页——这些男性认为他们的伴侣对他们的吸引力下降了。[51]

这些变化之所以发生，乃是因为这些形象的不真实性。广告中的少数迷人女子，是从几千名申请人中选拔的。在许多情况下，一位当选的女子差不多要拍几千张照片。例如，《花花公子》据说每月要为它的杂志插页拍 6 000 张左右的照片。几千张照片中只有几张会被选作广告和插页。然后这些图像会被 PS。因此男性看到的是最迷人的女子在最迷人的背景中，摆着她们最迷人造型且经过 PS 的最迷人的照片。将这些照片与某位人类祖先所看到的情况进行对比会发现，他生活在一个不超过 150 人的群体中。他在那种环境中大概很难看到几百个，甚至是几十个迷人女子。然而，如果周围有许多迷人的、有生育力的女子，他可能会合理地考虑换一个配偶，降低对现有配偶的承诺。

我们拥有从远古时期进化出来的那一套评价机制。但是如今我们每天都能在互联网、杂志、大型广告牌、电视和电影构造的视觉文化中看到不下几十位迷人的女子，这些古老的机制因此受到人为激活。这些形象并不代表我们现实社会环境中的真实女性，相反却劫持了为不同择偶环境而设计的适应性。这些形象可能成为烦恼之源，因为它们干扰了现实生活中已有的配偶关系。在 Tinder、Match.com 和 OKCupid 等交友网站和应用程序上能够浏览成千上万个潜在配偶，这种能力可能会欺骗我们的求偶心理，让我们认为只要我们能在足够多的选项中滑动或点击，总有更好的人在那里。

观看这样的形象会造成一定的后果，男性会变得对他们的配偶更不满意，而且对配偶的承诺降低。这些形象也会对女性造成潜在的伤害，因为它们在女性中间造成了一种螺旋式的、不健康的竞争，以展现她们每天看到的女性形象——这些形象可能是男性想要的，但实际上比大多数男性认为有吸引力的形象要瘦得多。饮食失调的空前比例，如神经性厌食症，和外科整容手术，如腹部整形和隆胸，也许部分源自这些媒体形象；它们使得有些女性不惜采用极端的手段来满足她们认为的男性的欲望。但是，这些形象会造成这样的不幸结果，却并不是因为它们创造了一种前所未有的美丽标准，而是因为它们充分利用了男性在进化中已经形成的美丽标准，也利用了女性的竞争择偶机制，将其激发到空前的病态程度。

美貌虽然是男性重要的择偶偏好，但它们只解决了一部分适应问题，即帮助男性识别可能具备较高生育能力的女性，并对她们产生欲望。然而，挑选一位具有较高生育价值的女性，并不能保证她的价值只由一个男性独享。下一个关键的适应问题是确保父权。

❖ 贞节和忠诚

雌性哺乳动物通常只会周期性地进入发情期。它们的发情期经常伴随着鲜明的视觉信号和浓烈的气味，强有力地吸引着雄性。哺乳动物的交配主要发生在这段短暂的时期。但是，人类女性在排卵时却没有任何外在生理表现，也没有证据显示女性会分泌任何一种可察觉的嗅觉信息。的确，人类女性的排卵活动是隐秘的，这种不同寻常的适应性在灵长类动物中非常少见。[52]是的，有一些细微的变化——皮肤轻微变白，音调更有吸引力，甚至性欲更强。但是相对隐秘的排卵掩盖了女性的生殖状况。

隐蔽的排卵活动极大地改变了人类择偶的根本规则。在男性看来，女性不仅在排卵期，而且在整个生理周期都很吸引人。女性隐秘的排卵活动给男性带来一个特别的适应问题，因为它降低了男性父权的确定性。设想一下一个灵长类动物的雄性在一个雌性短暂的发情期中独占着这个雌性。与人类男性不同，它对自己的父权非常确定，尽管显然不是有意识的。由于发情期是严格限定的，它只需在此期间看好这个雌性并与之交配。在发情期之外，它完全可以去做其他事情，不用担心配偶会与其他雄性交配。

人类的男性祖先却不能享受这种待遇。人类祖先从不知道一个女性什么时候排卵。由于人类生存和繁殖所需的不只是性交这一项活动，男性不能时时刻刻地看守女性。而且一个男性守在女性身边的时间越多，他用以解决其他关键适应问题的时间就越少。因此，男性祖先面临着其他灵长类雄性无须面对的独特的父权问题——当女性排卵活动很隐蔽时，如何能确定他们的父权。

婚姻或长期承诺的配偶关系提供了一种解决途径。[53]结了婚的男性与其他男性相比，能充分提高父权的确定性，从而获得繁殖收益。如果一个女性在整个排卵期与一个男性反复性交，该女性怀上该男性的孩子的概率将大大提高。婚姻这项社会传统作为维系夫妻关系的公共纽带而发挥着作用，家庭成员和伴侣彼此都对婚姻忠贞不渝。婚姻也提供机会，让男性密切了解配偶的个性和微妙的行为模式，使她很难掩饰背叛的痕迹。婚姻的这些收益足以弥补单身汉祖先放弃其他性机会所付出的代价，至少在某些情况下是如此。

如果一个男性祖先要获得婚姻的繁殖收益，他必须通过合理的方式确保妻子对他的性忠诚。男性如果不能察觉有关忠诚的信号，就会在相对的生育成功率的趋势中输掉。如果不能对这些信号敏感，以确保伴侣的忠诚，他多年的亲本投资可能转移到另一个男性的孩子身上。如果男性对自己的妻子与其他男人之间潜在的性接触漠不关心，那么他们在不同生育成功率的博弈中是不会取得成功的。

我们的男性祖先解决了这个独特的男性适应问题，他们通过寻求具有某些品质的配偶来提高他们的父权确定性。至少有两种偏好能为男性解决配偶的忠诚问题：对婚前贞节（premarital chastity）的渴望和对婚后性忠诚（postmarital sexual loyalty）的追求。在现代避孕措施出现之前，婚前贞节提供了保障未来父权确定性的信号。假设女性的贞节倾向不会随时间而变化，那么她的婚前贞节就标志着她未来很可能也会忠诚。

在现代的美国，男性看重处女新娘超过女性看重处男新郎。但在过去70年里，随着可靠的避孕措施越来越普及，男性对配偶贞节的重视程度在不断下降。⁵⁴在 20 世纪 30 年代，男性几乎视贞节为必不可少的品质，但在过去的几十年间，男性将贞节评价为合意的，但并不至关紧要。在所评价的 18 项品质中，在 1939 年，贞节在最看重的品质中位列第 10；而在 20 世纪 80 年代末和 90 年代末以及 21 世纪头十年，它的排名下降到第 17 位。另外，不同宗教信仰的美国男性对贞节的重视程度有所不同。例如，得克萨斯州的大学生比加利福尼亚州的大学生更渴望一位贞洁的配偶，在总分值是 3.00 的评价中，前者将其评价为 1.13，而后者的评价仅为 0.73。尽管在 20 世纪，贞节的价值有所下降，而且存在信仰造成的差异，但是性别之间的差别保持不变——在一段潜在的承诺性配偶关系中，男性比女性更强调贞节的重要性。

男性比女性更看重贞节品质，这一趋势在全世界都是如此。但在不同文化中，男性对贞节的重视程度存在巨大的差异。一个极端是，在中国、印度、印度尼西亚、伊朗和巴勒斯坦，人们非常看重潜在配偶的贞节。而另一个极端是，在瑞典、挪威、芬兰以及荷兰、德国、法国，人们则认为，是不是处女对于一位潜在配偶来说大体上无关紧要或毫不重要。

不同性别对年轻和容貌魅力的偏好不同，这在世界范围内都是一致的。与之形成鲜明对比的是，在国际性研究中只有 62% 的文化表现出两性对承诺性配偶关系中贞节的重视程度有显著的不同。然而，在两性对童贞（virginity）有不同重视程度的文化中，男性总是比女性更加重视它。没有哪一种文化中女性比男性更重视贞节。

不同性别对贞节的偏好表现出的文化差异，可以用几个因素来解释，包括婚前性行为的普遍性、择偶时在多大程度上能够要求对方保持贞节、女性的经济独立程度，以及贞节评估的可靠性。贞节与诸如女性身体魅力的其他品质不同，因为它无法直接观察到。即使对女性进行是否为处女的身体检查，也是不可靠的，无法判断究竟是处女膜发生结构变异，还是性行为以外的原因导致其破裂，又或是蓄意的改造。⁵⁵

人们对于贞节的重视程度不同，可能部分是由于女性的经济独立程度不同，以及女性对自身性行为的控制程度不同。在有些文化中，比如瑞典，人们并不反对婚前性行为，而且事实上几乎没有人在结婚时还保有童贞。其中的原因之一可能是，瑞典女性比其他文化中的女性更少在经济上依赖男性。法学家理查德·波斯纳指出，与大部分其他文化中的女性相比，婚姻给瑞典女性带来的好处很少。[56] 瑞典的社会福利体制包括儿童的日常照管、长时间的带薪产假和许多其他的物质帮助。瑞典的纳税人有效地提供了通常由丈夫提供的资源。女性的经济独立于男性，降低了她们在婚前过自由和积极的性生活所需的代价，这种轻松的单身生活甚至成为不亚于婚姻的选择。实际上，几乎没有哪个瑞典女性在结婚时还是处女，瑞典男性对贞节的重视程度也因此下降到0.25这个世界最低水平。[57]

女性不同的经济独立程度、丈夫提供的不同收益，还有获得丈夫的竞争的不同激烈程度，都会导致关键的文化差异。[58] 在女性从婚姻中获益较多、为了获得丈夫而激烈竞争的地方，女性会竞相显示自己的贞节，导致婚前性行为的平均数量下降。在女性掌控自己经济命运、不需要男性投入那么多、不需要为获得可靠的资源提供者而竞争的地方，女性可以很自由地无视男性的偏好，致使婚前性行为的平均数量上升。如果可以的话，世界各地的男性可能都会看重长期配偶的贞节，但是在许多文化中，他们确实无法向新娘要求这一点。

从男性繁殖的角度来看，对于父权确定性来说，比童贞本身更重要的线索是确保未来的忠诚。男性如果在情理上无法要求他们的配偶是处女，就会要求她们保持性忠诚。事实上，关于短期和长期择偶的研究发现，美国男性将没有性经验评价为配偶的合意品质。另外，男性将乱交视为长期配偶尤其恶劣的品质，在−3.00到+3.00的量表中将其评价为−2.07。一位潜在配偶从前进行性活动的实际数量而非童贞本身，能够为寻求解决父权不确定问题的男性祖先提供极好的指示。的确，最好的预测婚外性行为的指标就是婚前性放纵——婚前性伴侣多的人比婚前性伴侣少的人更容易出轨。[59]

现代男性很青睐忠诚。在一项对短期和长期伴侣的研究中，美国男性评价了67种特征在一段长期配偶关系中的赞许性，忠贞（faithfulness）和性忠诚（sexual loyalty）是得到最高评价的特征。[60] 所有男性对这些特征给予了尽可能高的评价，在−3.00到+3.00的量表中，对其评价平均高达

+2.85。男性认为不忠贞是一位妻子最恶劣的品质，将其评价为-2.93，这反映了男性对忠诚的高度重视。男性痛恨妻子放荡和背叛。妻子的不忠给男性带来的痛苦超过了其他任何一种品质。女性对配偶的不忠也极为恼火，但是一些其他因素，比如说性侵犯，对女性造成的伤痛超过了不忠。[61]

20世纪60年代和70年代的性解放运动标榜性自由和拒绝占有，但是男性对性忠诚的偏好显然没有因此受到多大影响。如今大学校园里盛行的"勾搭"文化也没有显著改变这些偏好。忠诚的线索仍然标志着女性愿意将她全部的生育价值贡献给她的丈夫。一个女子未来的性品行（sexual conduct）在男性的婚姻决策中具有非常突出的影响。非亲生的比例，即婚内丈夫给孩子"喜当爹"的比例在大多数文化中非常低，许多低至1％到3％，这一事实表明大多数承诺婚姻的男性在很大程度上成功地解决了这个关键的适应问题。[62]

❖ 男性欲望的进化基础

男性对女性容貌的重视，并非动物世界永恒不变的生物法则。在许多物种中，比如说孔雀，是雌性更看重外貌。同样，男性对年轻的偏好，在动物世界也不是普遍的生物现象。有些灵长类动物，比如猩猩、黑猩猩和日本短尾猿的雄性，偏好年龄大一些的雌性，因为后者已经通过生育幼崽证明了自己的繁殖能力。这些物种的雄性对于青春期的雌性兴趣不大，因为后者的生育率较低。[63]但是，人类男性面临着一系列独特的适应问题，因此进化出了独特的性心理。他们偏好年轻女性，因为婚姻在人类择偶中具有中心地位。他们的欲望被设计用于估测一个女子未来的生育潜力，而不仅仅是能否在短期内怀孕。他们青睐容貌的吸引力，因为它为潜在配偶的生育潜力提供了丰富可靠的线索。

全世界的男性都想要容貌迷人、年轻、性忠诚并且长远来看对他们忠贞不渝的妻子。这些偏好不能归因于西方文化、资本主义或者白种盎格鲁-撒克逊人的偏执，也不能归因于媒体或者广告商持续不断的洗脑。这些偏好是在不同文化中普遍存在的，任何一种文化都概莫能外。它们是根深蒂固的、通过演化形成的心理机制，驱动着我们的择偶决策，正如我们在演化中形成的口味偏好驱动着我们的食物抉择一样。

具有讽刺意味的是，同性恋者的配偶偏好提供了一种证据，证明了进化出来的心理机制的深度。事实上，容貌在男同性恋者的配偶偏好中具有中心地位，而且年轻是他们美丽标准的关键组成因素，这表明即使是性取向的变化也不会改变这些基本的男性适应性。

这种情形惹恼了一些人，因为它显得很不公平。我们只能通过有限的方式来改变我们的容貌吸引力，而且有些人生来就比别人长得好看。美丽分配得并不民主。女性并不能改变她的年龄，而且随着年龄的增长，女性的生育价值比男性下降得更快。至少在这一点上，进化对待女性非常残酷。（稍后我们将看到进化是如何残酷地对待男性，导致他们早亡的。）女性通过化妆品、整形手术、健身课程来抵抗衰老。资产高达 80 亿美元的化妆品产业在美国的崛起，就是充分利用了这种趋势。

有一次，在我关于两性的配偶偏好差异的演讲结束之后，一位女士提出，我应该隐瞒我的发现，因为它会给女性制造痛苦。她感到，即使科学家没有告知她们的择偶问题也许根源于男性的进化心理，女性在这个男性主宰的世界中也已经生活得够艰难了。然而，隐瞒这个事实似乎并不会有所帮助，就像隐藏人们对多汁、成熟的水果的偏好这个事实，并不会改变他们的偏好一样。抱怨男性对美丽、年轻和忠诚的重视，就像是抱怨肉食者偏好动物蛋白一样。要求男性不因为年轻和健康的信号而兴奋，就像是要求他们否认舌头上的糖是甜的一样。

许多人持有一种理想主义的观点，那就是美丽的标准是任意设置的，美丽是肤浅的，不同文化对外貌的重视程度相差巨大，以及西方的标准源于媒体、父母、文化或其他社会化媒介。但是，吸引力的标准并不是任意设置的——它们反映了年轻和健康的线索，由此暗示着繁殖价值。美丽并不是肤浅的，它反映了内在的生育能力。尽管现代生育技术的进步可能延长女性的生育年龄段，但是男性对显示出明显的生育能力迹象的女性的偏好在今天继续起作用，虽然事实上它们被设计适用于早已不再存在的祖先世界。

但是，文化条件、经济状况和技术发明也扮演着重要角色，影响男性对贞节的重视程度。在女性对男性的经济依赖较少的地方，比如在瑞典，性是高度宽容的，而男性也并不渴望或要求潜在的妻子保持贞节。这些变化也凸显出某些配偶偏好对于文化和情境特征是敏感的。

虽然存在文化差异，但性忠诚仍然在男性的长期配偶偏好中位列榜首。尽管在西方文化中，许多男性无法要求童贞，他们却依然坚持要求性忠诚。由于这种偏好的最初功能是确保父权，即使避孕技术的发展可能使这种配偶偏好变得不必要，这种配偶偏好仍然延续了下来。一个男人不会因为他的妻子服用了避孕药，就降低他对于忠诚的欲望。这个不变的事实证明了我们进化出来的性心理的重要性——这种心理适用于处理祖先世界的关键线索，但在现代择偶世界中，这种心理仍然发挥着巨大的力量。

然而，择偶世界包含的东西远多于婚姻。如果祖先时期的夫妻总是保持忠诚，就不会出现密切关注忠诚的选择压力。这种关注的存在，意味着两性大概都会发生随意的性关系，有时还会出轨。因此，我们应该转向这个人类性活动的神秘领域。

第四章
随意性关系

> 这种双重标准在生物意义上具有讽刺意味,因为,如果有史以来女性总是拒绝男性的乱交欲望,那么男性的乱交特性就不可能进化出来。
>
> ——罗伯特·史密斯(Robert Smith)
> 《精子竞争和择偶体系的演化》
> (*Sperm Competition and the Evolution of Mating Systems*)

想象一下,如果在大学校园里,一位迷人的异性走过来对你说:"嗨,我最近一直在注意你,我觉得你很有魅力。你愿意跟我上床吗?"你会怎么回答?如果你是一名女性,就像一项在佛罗里达进行的研究中所有的女性参与者一样,你会断然拒绝。突然间遇到这种请求,你也许感到被冒犯、被侮辱,或者只是单纯地感到困惑。但是,如果你是一名男性,你有75%的可能性会回答愿意。[1] 遇到这种请求,你很可能感到受宠若惊。

也许佛罗里达的文化有些奇怪,所以其他研究人员试图重复这些发现。基于法国和丹麦等性自由文化的研究提供了翔实的资料。例如,在法国,女性越来越多地消费色情作品,与她们在互联网上认识的男性发生性关系,拥有更多的随意性伴侣。但是,当法国女性遇到性请求时,只有3%会同意与这位提议的陌生人发生性关系,前提是对方非常有吸引力,如果他相貌一般,那比例降为0。[2] 相比之下,83%的法国男性同意与漂亮女性发生性关系,60%的男性同意与相貌一般的女性发生性关系。在丹麦进行的研究也得出了类似的结果,尽管与单身男性相比,恋爱关系稳定的男性更不愿意发生性行为。³男性和女性对随意性行为的反应是不同的，男性和女性与陌生人发生性关系的意愿在不同文化中也有很大差异。

但是，发生偶然的性关系通常需要双方同意。男性祖先不可能在对方不配合的情况下发生短期的外遇。至少有一些女性祖先在某些时候是性欲旺盛的，除非是被迫的性行为（这个话题会在第七章进行深入探讨）。如果所有女性终其一生只守着一个男子——而在大多数传统文化中，大多数女性在青春期后会结婚——发生随意性关系的机会似乎已然消失。⁴所以短期性行为意味着女性有婚外情。女性祖先获得婚外性机会的关键之一是男性对配偶疏于守卫。狩猎打开了机会之窗，因为男性为了获取肉食要外出数小时、数天或数周。

尽管随意性行为普遍存在，而且进化意义重大，但直到最近，大多数关于人类择偶的科学研究集中在长期择偶上。随意性行为通常是短暂而隐秘的，因此很难研究。例如，在金赛关于性行为的经典研究中，当人们被问及婚外性行为时，许多人全然拒绝接受访谈。在那些愿意接受访谈的人中间，也有许多人拒绝回答关于婚外性行为的问题。

我们对随意性行为的相对忽视，也反映了我们内心深处的价值取向。许多人回避放荡的人，鄙视不忠的人，因为这些人的行为通常违背了我们自己的性策略。例如，在已婚的女性或男性看来，放荡的人会威胁他们婚姻双方的忠诚。在寻求结婚对象的单身女性或男性看来，放荡的人会降低他们找到愿意承诺的对象的概率。我们将采取短期性策略的人贬斥为无赖、好色之徒（womanizers）或男妓，因为我们想要阻止随意性行为，至少在一些人当中是这样。人们也将相应的女性贬低为羞耻的荡妇。在很多方面，随意性关系仍然是一个禁忌话题，但是它让我们着迷。我们必须更仔细地考察它，探讨它为何在我们的择偶剧目中显得如此重要。

尽管女性和男性都有一整套的择偶策略剧目——长期择偶、短期择偶、窃取配偶、不忠等——但确实存在一些稳定的个体差异，这有时也被称为**社会性取向**（sociosexual orientation）。有些人强烈倾向于长期、高投入的择偶。他们想要在一段爱与承诺的关系中发生性关系。其他人更倾向于短期择偶。对他们来说，没有爱情或承诺的随意性关系感觉很好。长期择偶者寻求"唯一的真命天子",而短期择偶者热衷于性的多样性,并倾向于拥有更多的性伴侣。所以现在我们转向短期择偶在深度进化历史中呈现的线索。

❖ 性策略的生理线索与女性性高潮的奥秘

在我们的心理学、解剖学、生理学和行为学中存在的适应现象反映了先前进化选择的压力。正如我们现在对蛇的恐惧揭示出祖先所处的危险环境,我们的性解剖学和性生理学也暴露了短期性策略(short-term sexual strategies)的古老历史。通过仔细研究男性的睾丸大小、射精量、精子产生的变化以及女性性高潮的可能功能,这个故事的重要线索已经浮出表面。

较大的睾丸通常是激烈的精子竞争的结果。如果女性在同一时期与两位以上的男性发生过性交,他们的精子会同时占据该女性的生殖道。[5] 精子竞争给男性制造了选择压力,他们不得不大量射精,使得在一次射精中包含数量众多的精子。由于更大的射精量意味着释放更多的精子,在争夺有价值的卵细胞的过程中,这样的射精量具有优势,可能取代其他男性留在该女性体内的精子。

人类男性的睾丸大小相对于体重来说,远远超过了大猩猩和猩猩。雄性大猩猩的睾丸重量占体重的0.018%,雄性猩猩的则占0.048%。与之相比,人类男性的睾丸重量达到体重的0.079%,或者说,比雄性猩猩的约高60%,而比雄性大猩猩的高4倍以上。人类男性拥有相对较大的睾丸,这提供了一个确凿的证据,证明在演化的历史中,女性有时会在数日内与不止一位男性发生性关系。许多文化中形容的拥有"大球"(big balls)的男性,可能就是一种带有字面意思的隐喻性表达。但是,人类并不是拥有最大睾丸的灵长类。人类睾丸的体积比高度滥交的黑猩猩要小得多,黑猩猩的睾丸占到体重的0.269%,比人类男性的高出3倍以上。这些发现表明人类祖先并没有达到黑猩猩那样极端的滥交程度。[6]

随意择偶具有进化意义的另一条线索来自精子产生和射精量的变化。[7] 有一项研究试图弄清配偶彼此分开一段时间对精子生成量的影响。在这项研究中，35 对夫妇同意提供性交过程中的射精量，包括安全套中残留的和回流的（性交后不定时从女性体内自然排出的残留胶状精液）。[8] 所有这些夫妇彼此分开的时间长短也不同。

实验显示，随着夫妻分开的时间增加，男性精液量也显著增加。分开的时间越久，他们重聚后性交时丈夫的射精量越多。如果夫妻们 100% 的时间都在一起，男性每次的射精量只包含 3.89 亿个精子。但是，当夫妻们只有 5% 的时间在一起时，男性每次的射精量包含 7.12 亿个精子，大约是前者的两倍。夫妻分开可能会提供妻子发生婚外性行为的机会。当妻子的生殖道中可能同时留有其他男性的精子时，丈夫的射精量会增加。如果人类祖先的确存在一段随意性关系和婚姻不忠的历史，那么精子数量的增加正是可以预料的。

在较长的分离之后，丈夫射精量的增加可以确保他的精子在竞争卵细胞的过程中能驱逐或取代其他闯入者的精子。一个男子似乎会刚好射出足够多的精子，来取代他上次与这个女子性交后其体内已经死亡的精子数量，从而为他的配偶"加满"到一个特定的水平，使他的精子在他妻子体内保持相对恒定的数量。男性具有一种生理机制，能够在妻子可能发生不忠行为时提升精子量。

女性性高潮的生理学为短期择偶的进化历史研究提供了另一条线索。以前，人们认为女性高潮的功能是让女性产生困倦感，使她保持躺卧的姿态，从而减少精子外流的概率，增加受孕的可能性。但是，如果性高潮的功能是使女性保持躺卧姿态从而推迟精子回流，那么在精子回流延迟后，应该有更多的精子在女性体内保留下来，但事实并非如此。事实上，回流的时间与精子保留的数量之间没有什么关联。[9]

平均来说，在射精后半小时内，女性会排出大约 35% 的精子。但是，如果该女性达到性高潮，她能保留 70% 的精子，仅排出 30%。如果女性未达到性高潮，她们会排出更多精子。这个证据与理论是一致的，即认为女性性高潮的功能是将精子从阴道吸到宫颈管和子宫，增加怀孕的可能性。

女性性高潮之谜的关键似乎在于女性性高潮与精子保留之间的联系，以及女性性行为中隐藏的一面——女性的性不忠。金赛发现，女性与情人发生关系时达到性高潮的次数几乎是与丈夫一起时的两倍。在英国开展的一项研究发现，女性与情人在一起时比与丈夫在一起时更频繁地发生具有高精子保留率的性高潮——那些在男性达到性高潮后两分钟内发生的性高潮。然而，最关键的可能是匿名汽车旅馆中发生的午餐恋情的时间安排上：发生恋情的女性似乎将幽会时间安排在她们最容易受孕的生理阶段——在排卵期前或排卵期内。的确，在生育力顶峰的时段与情人发生性交的比例，是排卵期之后的低生育力阶段的3倍。[10]

女性性高潮似乎发挥着一种选择装置的功能，用以选择最终由哪个男性使她的卵细胞受精，这个男性并不必然是她的丈夫。从解剖学上对对称性的测量和对外貌吸引力的判断可以看出，女性与拥有优质基因品质的固定配偶一起时更容易达到性高潮。但是，如果女性发生婚外恋，她们更愿意选择具有较高基因品质的情人，在私通时经历更频繁的性高潮。对于发生婚外恋的女性，性高潮也许激发了一种两全齐美的择偶策略——从一个男性那里获得养育子女的投资，从另一个投资较少的男性那里获得优质基因，从而提高她的子女的基因品质。

尽管我读到的科学证据引导我得出这样的结论：女性性高潮至少显示出某些适应的痕迹，但对该结论的质疑——支持女性性高潮是类似于男性乳头的非适应性副产品这一假设——仍然得到大量证据的支持。例如，目前的适应假设还不能解释为什么女性性高潮的发生似乎存在巨大的文化差异。此外，完全有可能的是，女性性高潮既不是百分之百的适应性产品，也不是百分之百的副产品，而是由副产品结合了某些适应性的改装后形成的特定功能。

这对于那些寻求婚外性关系的女性的丈夫们来说也许不是好消息，但它表明女性已经进化出某些策略，在婚外恋的情境中能够用来为自身的繁殖利益服务。这些策略也许是从一个男人那里获得良好的基因，同时从她们的固定配偶那里获得资源。

除了解剖学和生理学特征，心理学和行为学证据也表明随意的、短期的择偶有着漫长的演化历程。

❖ 性欲

心理适应表明，人类进化历史上曾有过随意的性行为。但是，由于暂时的通奸对于两性具有不同的适应价值，演化过程为男性和女性塑造出不同的心理机制。对于男性祖先来说，随意性行为的首要收益是直接增加了后代的数量。因此男性面临着一个关键的适应问题，就是如何与各种各样的女性发生性关系。

对于与各种各样的伴侣发生性关系的问题，一个心理学方案就是用老套的性欲（lust）概念来解释。男性进化出与各种各样的女性发生性关系的强烈欲望。当吉米·卡特总统对记者说他自己"内心也埋藏着性欲"时，他诚实地表达了男性对于性多样化（sexual variety）的普遍欲望。男性并不总是按欲望行事，但它是一种推动力。"即便在一千次冲动中只有一次能得到满足，性冲动仍然会促使男性去进行性交。"[11]

为了发现人们事实上渴望多少个性伴侣，一项关于短期和长期择偶的研究要求未婚的美国大学生指出，在不同时期他们拥有多少个性伴侣较为理想，时间范围从下个月到他们整个一生。[12] 在不同的时间段，男性都比女性渴望更多的性伴侣。例如，男性平均声称，在接下来的一年中，理想状态下他们希望能拥有 6 位以上的性伴侣，而女性说她们只希望拥有 1 位性伴侣。在接下来的三年中，男性渴望拥有 10 位性伴侣，而女性只希望拥有 2 位。在整个一生中，男性平均希望拥有 18 位性伴侣，而女性只希望拥有 4 到 5 位。

戴维·施密特对分布在 6 大洲和 13 个岛屿上的 52 种不同文化进行了大规模研究，发现了同样的模式。[13] 挪威文化为这些性别差异提供了一个特别有趣的测试案例，因为它是一种性别高度平等的文化。[14] 在接下来的 30 年，挪威女性想要大约 5 位性伴侣；挪威男性想要大约 25 位。一些心理学家认为，性别平等程度的提升将会减少或消除这些以及其他性别差异。[15] 到目前为止，这种情况在挪威或其他任何研究过的文化中都没有发生。男性倾向于清点他们的"战利品"，并像印第安人"在带子上刻下痕迹"一样逐一进行计数。长期以来西方文化将男性的这种倾向错误地归因于男性的不成熟或不安全感，事实上这反映了一种激发短暂的性接触的适应。

对性冲动（sex drive）的研究显示出类似的性别差异。其中规模最大的一项研究涉及 53 个国家或地区的 20 多万人，通过让参与者对诸如"我有强烈的性欲"和"不需要太多东西就能让我产生性欲"之类的陈述做出反应，来衡量性冲动。[16] 从泰国到克罗地亚再到特立尼达和多巴哥，每个国家或地区的男性性欲都高于女性。同样，对自慰率和色情消费的研究也显示出巨大的性别差异。事实证明，在性别平等程度较高的国家或地区，如瑞典和丹麦，与性别平等程度较低的国家或地区，如孟加拉国、埃及和尼日利亚，性冲动的性别差异同样巨大——这些发现与认为经济上的性别不平等造成了这些性别差异的观点相矛盾。

为了获得对多个性伴侣的接近，另一种心理解决办法是在性交之前尽量减少时间损耗。一个男子在获得性交之前消耗的时间越少，他就能与数量越多的女性成功发生性关系。较大的时间投入会消耗男性更多的择偶努力，并且妨碍他解决女性数量和类型多样化的问题。在商业的世界中，时间就是金钱。在择偶的世界中，时间就是性机会。

在关于短期和长期择偶的研究中，男性和女性要进行一项评估：对于一位合意的对象，如果这位对象与他们结识才一个小时，或者一天、一周、一个月、六个月、一年、两年或五年，他们是否愿意与这个人发生性关系？男性和女性都表示，他们很可能会愿意与一位认识了五年的有魅力的人发生性关系。但是，在每个较短的时间段，男性报告他们愿意与该对象发生性关系的概率都超过了女性。五年或六个月对于男性来说是一样的。无论他们认识一位女性多久，他们都表达出同样强烈的与之发生性关系的渴望。与之相对，女性愿意与一个认识五年的人发生性关系，但对于与认识六个月的人发生性关系，她们则感觉一般。

对于一位刚认识一周的潜在配偶，男性平均来说很可能仍然愿意与她发生性关系。女性与男性形成鲜明对比，她们不太可能与认识刚一周的人发生性关系。对于认识刚一小时的潜在配偶，男性略微不情愿考虑性关系，但这种不情愿并不强烈。对于大多数女性来说，她们根本不可能与认识才一小时的人发生性关系。这些基本的性别差异在全球范围内都有广泛的记录，包括挪威、丹麦和瑞典。[17]伴随着男性的欲望，男性在获得性交之前尽量减少时间消耗的倾向，部分解决了男性的特定适应问题，即如何获得与多个性伴侣的性接触。

对网上约会的研究也得出了同样的结论。巴里·库勒（Barry Kuhle）对 Tinder——一家主要面向短期择偶的约会网站的用户进行了研究。[18]尽管该网站被广泛视为"约炮"网站，但与女性相比，男性对直接的短期性行为表现出更大的兴趣。男性会直接向右滑动数十甚至数百名女性的个人主页，希望有少数人会回访。女性则要挑剔得多，她们只会挑一个或几个潜在的对象。男性的欲望，似乎是永不满足的，驱使着男性在现代网上择偶的世界中寻求性的多样性。

❖ 短期配偶的标准

男性要获得各种类型的随意性伴侣，另一种解决办法是在心理上放松对伴侣的可接受标准。如果对年龄、智力、人格和婚姻状况这些属性设立太高的标准，大部分潜在配偶将会被排除在外。而放松标准则能够保证有更多的合格选手。

在一项研究中，大学生提供了他们可以接受的短期和长期性伴侣的最低和最高年龄。对于暂时的性伴侣，大学男生可以接受的年龄范围大约比女性宽四年。男性在短期关系中既愿意选择 16 岁的年轻异性，也愿意选择 28 岁的年长异性作为伴侣；而女性需要对方至少达到 18 岁，并且不超过 26 岁。男性对于配偶年龄标准的放松，却并不包括长期配偶在内。男性要求长期配偶年龄最小要达到 17 岁，最大不超过 22 岁，而女性要求长期配偶最小要达到 19 岁，最大不超过 25 岁。

男性也在相当大的范围内放松了对配偶其他一些特征的要求。在偶然配偶可能令人称意的 67 种特征中，男性只要求水平较低的魅力、运动素质、教养、慷慨、正直、独立、善良、智力、忠诚、幽默感、交际能力、财富、责任感、自然的举止、协作能力和情绪稳定性。男性放松标准有助于解决获得多位性伴侣的问题。

大学生们还评价了61种不合意的特征。在短期性行为的情境中,女性对其中大约三分之一的特征的评价比男性低。在短期关系中,男性较少受到对方缺点的困扰,这些缺点包括对方的精神虐待、暴力、双性恋、不讨别人喜欢、酗酒、愚昧无知、缺少教育、占有欲强、滥交、自私、缺少幽默感、不够性感等。相反,男性只对四种负面特征做出了比女性显著要低的评价,即性欲低、容貌欠佳、要求承诺和体毛过多。男性明显比女性放松了对于短期性伴侣的标准。

但是,降低的标准仍然是标准。的确,男性对于性交往的标准揭示了一种获得性多样化的精确策略。与长期配偶偏好相比,寻求暂时性伴侣的男性不喜欢一本正经、保守或性欲低的女性。与他们的长期配偶偏好相反,男性看重潜在的短期性伴侣的性经验。这反映了男性的一种信念:与没有性经验的女性相比,男性更容易获得与有性经验的女性的性接触。男性痛恨未来妻子的乱交或性生活的放纵,却认为潜在的短期性伴侣的乱交并无对错之分,甚至略感合意。某个女性放荡、性欲强烈并且有性经验,很可能意味着男性能够获得与她的短期性接触。相反,一本正经、性欲低则意味着很难获得性接触,从而也违背了男性的短期性策略。

男性对于短期性伴侣标准的放松非常显著,其中包括对承诺的需求。男性在寻求婚姻对象时,赋予承诺很高的正向价值,在3点量表中达到+2.17,而寻求短暂交往的男性不喜欢要求承诺的女性,对该特征的评价是-1.40,即不合意。[19]除此以外,男性在评价偶然的性伴侣时,并不特别在意女方的婚姻状况,因为女性对另一个男人的承诺会降低她试图从其他男性那里获取承诺的可能性。这些发现证实男性会改变他们的欲望,使他们在短期择偶中的投入最小化。这提供了一条附加线索,暗示男性在进化历程中有时会寻求短期的、无须承诺的性关系。

❖ 柯立芝效应

据说,卡尔文·柯立芝总统和他的妻子格蕾丝(Grace)先后参观了新建的政府农场。在经过鸡笼的时候，柯立芝夫人看到一只公鸡在激烈地与一只母鸡交配，她询问这只公鸡担当这项责任有多频繁。向导回答："一天有几十次。"柯立芝夫人对向导说："请告诉总统这个事实。"随后，总统经过此处，并被告知公鸡的充沛精力。他问道："总是与同一只母鸡吗？""噢，不是，"向导回答，"每次都和不同的母鸡。""请将这个告诉柯立芝夫人。"总统说。"柯立芝效应"（Coolidge effect）由此得名——当出现新的雌性时，雄性倾向于重新唤起性欲，这激发了雄性与多个雌性交配的冲动。

柯立芝效应在哺乳动物中是一种普遍存在的特性，这种特性已得到多次证明。[20] 公老鼠、公羊、公牛都显示出这种特性。在一项典型的研究中，一头母牛被放进一头公牛的牛圈里，在交配之后，这头母牛被换成另外一头母牛。面对每一头新的母牛，公牛的性反应持续不衰；但是当同一头母牛留在牛圈时，公牛的性反应迅速下降。雄性面对新的雌性会持续产生性唤起并达到射精程度，即使在第 8 次、第 10 次、第 12 次面对雌性时，雄性的性反应也几乎与第一次一样强烈。

面对新出现的雌性而产生的性唤起，通过各种努力都无法消除。例如，即便把与公羊交配过的母羊用帆布遮盖起来，公羊也绝不会上当。[21] 面对已经同自己交配过的雌性，它们的反应总是比面对一个新的雌性时要低。雄性冲动的降低，不是因为雌性已经有过性活动本身；即使新出现的雌性已经与另一个雄性交配过，雄性也会同样频繁地出现新的冲动。但是，如果仅仅是原来的雌性再次出现，雄性不会感兴趣。

不同文化中的男性都显示出了柯立芝效应。在西方文化中，与伴侣性交的频率随着亲密关系的延长而逐步下降。在结婚一年之后，性交的频率会下降到结婚第一个月的一半，而在此之后会逐渐下降得更多。唐纳德·西蒙斯指出："对于妻子的性欲减退是一种适应……因为它促使人们用情不专。"[22] 人类的不专情表现为多种形式。在大部分文化中，男性比他们的妻子更多地追求婚外性行为。例如，金赛的研究发现，50%的男性有婚外恋，而只有 26%的女性有婚外恋。[23] 其他一些研究显示，这种差距可能要小一些。在一项对 8 000 个已婚男性和女性的研究中，40%的男性和 36%的女性报告说至少有过一次婚外恋。《海蒂性学报告》指出，这个比例在男性中高达75％，在女性中也高达70％，尽管公认该数据所采用的样本不具有代表性。[24]更具代表性的样本，比如莫顿·亨特对982个男性和1 044个女性的调查，显示男性婚外恋的发生率是41％，而女性是18％。[25]尽管存在不同的评估结果，而且两性之间的差距可能更小，但所有的研究都显示，两性在婚外恋发生率和频度上有所差异。与女性相比，男性出轨的人数更多，出轨的频率更高，拥有的婚外性伴侣也更多。[26]

配偶交换（spouse swapping）、"性放任"（swinging）和多边恋（polyamory）几乎总是由丈夫而不是妻子提出。[27]一个来自印度穆里亚族（Muria）的男子简洁地概括出男性对于多位性伴侣的欲望："你不想每天都吃同样的蔬菜。"[28]一个来自南非加特拉族（Kgatla）的男子描述了他对于自己的两位妻子的性欲望："我发现她们同样都很诱人，但每当我同她们其中任何一人共度三天之后，第四天就开始厌倦了。当我去找另一个妻子时，我发现我拥有更大的激情，她显得比前一个妻子更迷人，虽然事实并非如此，因为当我回到前一个妻子那儿时，也会再次燃起同样的激情。"[29]

人类学家托马斯·格雷戈尔这样描述亚马孙的摩希纳古男性的性感受："女性的性魅力各不相同，小到'乏味'（mana），大到'可口'（awirintya）……可悲的是，与配偶的性交被说成'乏味'，与情人的性交则恰好相反，几乎总被说成'可口'。"[30]福楼拜描写包法利夫人时，说她"就像任何一位情妇那样；新鲜的魅力像外衣一样逐渐褪去，仅剩下永恒的、单调的激情，具有永远相同的形式和表达方式"[31]。

关于男性对色情作品的性唤起的研究，证明柯立芝效应存在于人类之中。[32]通过对阴茎膨胀的生理测量和对性唤起的自我报告，研究人员发现，男性在反复观看相同的色情图片时，每次观看时的性唤起都会逐渐减弱。在同一时期，男性在看到不同女性的色情图片后，会不断地重新唤起性欲。现代网络色情的爆炸式发展，如今已成为一项数十亿美元的产业，其成功在很大程度上归功于劫持了男性进化出来的性心理。

金赛总结得最好："虽然看上去不存在问题，但是如果缺乏社会约束，人类男性在其整个一生中对性伴侣的选择将是淫乱的。……人类女性对于拥有多位伴侣则兴趣小得多。"[33]

❖ 性幻想

性幻想（sexual fantasies）为男性对低承诺性关系的渴望提供了另一条心理线索。一段受众为男性青少年的视频表现的是一个男摇滚明星在一片沙滩上欢腾跳跃，沙滩上有几十位穿着比基尼的美丽女郎。另一段视频表现的是一个男摇滚明星一边唱歌，一边抚摸着一个又一个女郎的匀称双腿。还有一段视频表现的则是一个男摇滚明星盯着几十个只穿着内衣的女郎。由于这些视频是为了吸引男性受众而设计的，其含义非常清楚。一种突出的男性性幻想是与几十位年轻美丽的女郎发生性关系，这些女郎都热烈而自愿地做出回应。

在性幻想方面，男性和女性之间存在巨大的差异。日本、英国和美国的研究显示，男性的性幻想次数大约是女性的两倍。[34]男性在睡眠中比女性更容易梦到与性有关的活动。男性的性幻想中通常包括陌生人、多位伴侣与不知名的伴侣。大部分男性报告说，在一段幻想的场景中，有时他们会更换好几个性伴侣；而大部分女性报告说，在幻想中她们很少更换性伴侣。在亨特的研究中，32%的男性和仅仅8%的女性报告说，他们曾经想象在一生中拥有1 000多个不同的性伴侣。幻想过群体性交的男性有33%，而女性仅有18%。[35]在一个男性的描述中，男性典型的性幻想是："6个或更多的裸女舔我、亲吻我，给我口交。"[36]另一个男性报告，他幻想着"在一个小镇中到处是20岁到24岁的裸女，而我是这个小镇的镇长。我喜欢到处走走，然后挑选当天最漂亮的女孩，与她性交。只要我想要，所有的女人在任何时候都会跟我做爱"[37]。数量和新鲜感是男性性幻想的关键组成部分。

男性的性幻想是高度视觉化的，注重光滑的皮肤和身体部位，尤其是胸部、生殖器、臀部、腿和嘴。在性幻想中，81%的男性和仅仅43%的女性注重视觉画面多于感觉。迷人的女性，裸露着大量皮肤，表现得容易接近并且不需要任何承诺,是男性性幻想的关键组成部分。正如布鲁斯·埃利斯和唐纳德·西蒙斯所观察到的,"[男性性幻想]最显著的特征是纯粹的性欲和身体满足,而没有累赘的关系、情感的阐述、复杂的情节线、调情、追求和延长的前戏"[38]。这些幻想揭示了一种寻求与多位伴侣性接触的心理。

与之相反,女性的性幻想中常常出现熟悉的伴侣。59%的美国女性和仅仅28%的美国男性报告说,他们的性幻想一般集中于与他们已经有恋爱关系或性关系的某人身上。感情和个性对于女性来说很重要。41%的女性和仅仅16%的男性报告说,他们主要看重幻想对象的个性和情感特征。而57%的女性和仅仅19%的男性报告说,他们专注于感觉而不是视觉画面。一位女性注意到:"我常常想起和我在一起的男人。有时我意识到这种感觉快要淹没我、包围我,将我一扫而空。"[39]女性在她们的性幻想中强调温柔、浪漫和个人卷入。她们也更加注意伴侣如何回应她们,而不是伴侣呈现的视觉画面。[40]

❖ 勾搭和性后悔

男性和女性在性后悔(sexual regret)方面的差异为男性进化出的短期择偶心理提供了进一步的证据。后悔是一种强大的情感。我们为我们所犯的错误感到后悔,这种感觉可能有助于我们在未来做出更好的决定。性后悔发生在两个领域——错失的性机会(性遗漏)和实施的性行为(性承诺)。在对23 000多人的研究中,男性比女性更多地报告后悔错过了性机会。[41]这些包括年轻时没有更多的性生活,单身时没有更多的性生活,以及没有抓住与特别有吸引力的人发生性关系的机会。女性更有可能对自己的性行为感到后悔,比如把贞操给错了人,喝醉后和一个配偶价值很低的人勾搭,以及和一个对关系不感兴趣的人发生性关系。

在勾搭之后,女性比男性更容易产生负面情绪。男性更容易后悔的是,他们勾搭的女性想要一段更认真的关系。男性更多地表示,他们理想的勾搭结果是在未来有更多的勾搭。女性更多地表示,她们理想的结果是一段浪漫的关系。在勾搭之后，女性比男性更多地感到被利用，并经历抑郁的情绪。[42] 当然，每种性别内部的个体之间都有重要的差异；有些女性只想要随意的性关系，而有些男性渴望更深层的联系。然而，在性后悔和勾搭后的感受方面的所有性别差异，提供了额外的线索，揭示了男性和女性的性心理的根本差异。

❖ 打烊效应与性高潮后的变化

一些研究考察了单身酒吧里的人对吸引力的判断在整个晚上所发生的变化。这些研究提供了男性短期性行为策略的另一条心理线索。在一项研究中，研究者分别在晚上九点、十点半和午夜十二点对137个男性和80个女性进行了调查，要求他们用一个10点量表评价酒吧里异性成员的吸引力。[43] 随着酒吧打烊时间的临近，男性认为女性越来越迷人。在九点钟，男性对女性的评价是5.5，而午夜时则增至6.5。女性对男性吸引力的评价也随着时间而增加。但女性对男性的整体评价要低于男性对女性的评价。九点时，女性对酒吧男性的评价低于5.0的平均值，在临近午夜打烊时也只增加到5.5。

男性在接近打烊时间时对女性吸引力感知的变化，与摄入多少酒精没有关系。无论男性是喝了一杯酒还是六杯酒，他们在接近打烊时间时都认为女性更加迷人。人们常常提到的"啤酒透视镜"（beer goggles）现象——随着醉酒程度增加，会认为女性更加迷人——也许更应该归因于一种心理机制，即敏感地意识到这个晚上获得随意性关系的机会在逐渐减少。随着这个晚上逐渐过去，如果一个男人还没有成功地钓到一个女人，他会认为酒吧里剩下的女人越来越迷人，这种变化大概会促使他尝试从酒吧中其余女性那里获得性关系。

当男性与一位偶然的性伴侣达到性高潮之后，如果他不想与此人有进一步的瓜葛，就会发生另一种感知上的变化。有些男性报告说，他们在自己达到性高潮之前，认为一位性伴侣相当迷人，而在性高潮之后，仅仅过去10秒钟，就认为她不那么迷人了，甚至觉得她很普通。马尔蒂耶·哈兹尔顿（Martie Haselton）和我发现这种变化主要发生在那些倾向于追求短期择偶策略的男性身上。[44]这些变化不会发生在长期择偶取向的男性身上，也不会发生在无论采取何种择偶策略的女性身上。性高潮后吸引力的负面变化可能会促使性交后迅速离开，以减少男性的风险，比如卷入一场不想要的承诺。

❖ 性取向和随意性关系

短期择偶在男性的性策略中扮演着重要角色的进一步线索，来自对同性恋者的性行为的检视。唐纳德·西蒙斯指出，男同性恋者不受女性描述的浪漫、投入和承诺的限制。类似地，女同性恋者也不受男性的描述和需求的限制。因此，同性恋的行为事实上提供了一扇窗户，可用以观察男性和女性的性欲望本质，此时欲望可以不为异性的性策略导致的妥协所遮蔽。

男同性恋者比女同性恋者更喜欢与陌生人发生随意性关系。[45]男同性恋者经常寻觅短暂的邂逅，而女同性恋者极少这样做。男同性恋者频繁地寻找新的、各式各样的性伴侣，但女同性恋者可能更习惯于亲密的、持续的、承诺的关系。一项研究发现，94％的男同性恋者拥有15位以上的性伴侣，而只有15％的女同性恋者拥有同样多的性伴侣。[46]20世纪80年代在旧金山进行的扩展的金赛研究发现，几乎有一半的男同性恋者拥有过500位以上的不同性伴侣，大部分是在澡堂或酒吧遇到的陌生人。[47]一些现代的约会应用软件，比如Grindr，就是专门设计来增加这些性机会的。当男性摆脱了一般由女性强加的追求和承诺要求的约束之后，他们会自由地满足自己与多种多样的伴侣发生随意性关系的欲望。

在短期择偶倾向和长期择偶偏好中，男同性恋者类似于男异性恋者，而女同性恋者类似于女异性恋者。同性恋的倾向暴露了男性和女性在随意性关系的中心地位上的根本差异。西蒙斯指出："男异性恋者就像男同性恋者一样，经常想寻求与陌生人之间的性关系，想参与公共澡堂中匿名的狂欢，在下班回家的路上，想在公共洗手间停留五分钟来进行口交，前提是女性也对这些活动感兴趣。但女性对此并不感兴趣。"[48]

❖ 卖淫

男性对于随意性关系的欲望创造了卖淫的需求。许多男性，包括已婚男性，愿意为随意性关系付费。[49]卖淫几乎发生在每一个社会。在美国，活跃的妓女数量估计在100万，尽管卖淫仅在内华达州的部分郡县是合法的。在卖淫合法的德国，有大约40万名兼职或全职的妓女。据估计，墨西哥有50万妓女，菲律宾有80万，而印度有300万。在所有的文化中，男性绝对是主要消费者。金赛发现，69％的美国男性找过妓女，而15％的美国男性把性行业作为发泄性欲的常规渠道。女性在这方面的数量如此之低，甚至没有被报告过。[50]

卖淫的普遍存在并不意味着它是一种适应的结果，或是进化选择的目标。它更应该被理解成两种因素同时作用的结果——男性对代价较低的随意性关系的渴望，以及某些女性选择提供或者因为经济必需或其他因素所迫而提供性服务以交换财物。

揭示男性的随意性关系策略的心理线索很多：性幻想、柯立芝效应、性欲、性冲动、寻求迅速的性交、标准的放宽、对于勾搭的态度、性后悔的情绪、打烊效应、性高潮后对女性吸引力评价的变化、同性恋的倾向、把卖淫作为性出口的意愿。这些心理线索表明，过去的演化历程有利于那些在追求长期配偶的同时，在性策略库中也包含短期择偶的男性。但是，男异性恋者为了获得短期性关系，需要取悦女性。

❖ 女性短期性策略的隐藏面

短期性关系赋予男性的繁殖收益巨大而直接，但是女性从短期择偶中获得的收益几乎完全被忽视了，直到进化心理学家开始这方面的研究。尽管女性不能通过与多位伴侣发生性关系来增加所生小孩的数量，但她们能够通过短期性关系获得其他重要优势，并将其作为她们灵活的性策略库中的策略之一。[51]女性祖先大概至少在某些时候、某些情境下，曾经为了利益而寻求短期性关系。因为如果没有愿意发生短期性关系的女性，男性就不可能在短期性关系中获得他们的利益。

女性祖先不会像男性那样将所寻求的性关系本身作为结果，对于短期择偶来说，这不太可能成为一个强有力的目标，原因很简单——精子从来不会稀缺。得到更多的精子并不会让一个女性获得更大的繁殖成功。最低程度的性接触就能满足一个女性的全部需求，而从来不缺少愿意提供最小性接触的男性。额外的精子对于受精来说是多余的。

然而，短期性关系给予了女性一个关键好处，就是立即获得资源。想象一下，在千万年前，一个祖先的部落受到食物短缺的冲击。猎物稀缺，第一场严寒不祥地降临，灌木也不再结浆果。一位幸运的猎人打到一只鹿，一个女人望见他打猎回来，腹中受着饥饿剧痛的啃噬。她和他调情。尽管他们没有讨论任何明确的交换，但她的性诱惑使他愿意提供给她一部分鹿肉。在人类存在的几千年中，用性来交换资源，或用资源来交换性——这样的交易出现过几百万次。

在许多传统的社会，比如亚马孙的摩希纳古部落和特罗布里恩群岛的居民中，男性给他们的情人带来礼物，比如食物、珠宝、烟草、槟榔果、龟壳指环或臂环。如果不能源源不断地送来礼物，女性就拒绝发生性关系。一个女孩可能会说："你没有任何报酬给我——我拒绝。"[52]如果未能带来礼物，一个特罗布里恩男性在女性中的声誉会受损，这会妨碍他今后对情人的吸引力。特罗布里恩女性通过她们的恋爱关系来获得物质收益。

现代女性对情人的偏好，提供了女性从短暂的性邂逅中获取物质和经济收益的演化历史的心理线索。女性对于短期情人的四种特征特别看重，超过了长期配偶——从一开始就在她们身上花大量金钱，一开始就送礼物给她们，生活风格奢侈挥霍，以及非常慷慨地送出自己的资源。[53]女性对丈夫拥有的这些特征的评价仅仅是略为合意，但是对短期性伴侣拥有的这些特征的评价是相当合意。女性不喜欢节俭和吝啬的情人，因为这些品质标志着这个男人不太情愿立即把资源投入给她们。这些心理偏好揭示，确保立即获得资源是女性通过婚外情得到的一项关键适应性收益。

从短期性关系中获得经济资源的收益，在极端的案例比如卖淫中得到最彻底的展现。从跨文化的视角来看，许多女性正是出于经济必需，又缺少合适的婚姻机会，才成为妓女。例如，在索马里文化中，由于通奸而与丈夫离婚的女性通常无法再婚。[54] 在过去的中国和缅甸，女性如果不是处女，可能嫁不出去。阿芝台克和依富高（Ifugao）的女性如果有疾病，也嫁不出去。在所有的社会中，结不成婚的女性有时会采取卖淫的方式来获得生存所必需的经济利益。

但是，有些女性说她们变成妓女是为了避免结婚后要做苦差事。例如，新加坡的马来女性之所以成为妓女，是为了避免妻子的繁重工作，包括收集柴火和洗熨衣物。而在阿姆哈拉和本巴，妓女能通过短期性交易挣到足够多的钱，来雇用男性完成通常由妻子做的工作。简而言之，立即获得的经济资源对于参与短期性活动的女性来说，仍然是一种巨大的收益。

短期性关系也提供了评价潜在丈夫的机会，提供了仅仅通过没有性交的约会所得不到的额外信息。由于挑选一位正确的丈夫对于生育后代具有极大的重要性，女性投入巨大的努力去评估和评价。婚前性关系使得女性能够评价预期配偶的意图——他是在寻求短期的性邂逅还是一位婚姻伴侣，由此判断他有多大的可能会抛弃她。一段情使她可以评估他的个性特征——他是否能顶住压力，他有多可靠。她有机会戳穿可能发生的任何欺骗——他是真的单身，还是已经有了一段严肃的关系。她可以评价他作为配偶的价值，或者了解他对于其他女性有多大的吸引力。

婚前性交使一对情侣有机会了解他们的性生活有多和谐，从而提供了这段关系是否具有长期生命力的重要信息。通过性关系，女性能评估一些品质，比如男性的敏感程度、他对她的幸福有多关心，以及他的灵活性。性生活不和谐的夫妻，离婚的可能性更大，也更有可能发生通奸。[55] 在性学研究者塞缪尔·贾纳斯（Samuel Janus）和辛西娅·贾纳斯（Cynthia Janus）询问过的男性和女性中，有29%的人声称性问题是他们离婚的主要原因，这也是最常被提到的原因。在做出承诺之前，通过评价性生活的和谐程度，可以避免不忠的配偶和离婚可能带来的潜在成本。

女性对短期配偶的偏好表明，她们会利用随意性关系来评估可能的婚姻伴侣。如果女性寻求短期配偶仅仅是为了像许多男性那样获得性机会，就不会觉得对方的某些特征特别令人烦恼，比如男性已经拥有的长期关系，或者他的乱交。如果真是那样，女性就会像男性一样，认为乱交对于一位未来情人来说是无所谓的，或是略显合意的。[56]但是，事实上，女性认为一位预期的情人先前就有的关系或乱交倾向是高度不合意的，因为它们标志着对方不可能成为婚姻伴侣，或者标志着一种反复追求短期性关系的性策略。这些特征减少了女性与这个男性发展长期关系的可能性。这些特征强烈地传达出，这个男性不会保持忠诚，而且具有很差的长期择偶前景。此外，它们妨碍了短期性关系发挥立即获取资源的功能，因为乱交的男性和已经拥有一段严肃关系从而将资源牢牢固定的男性，只有较少的自由资产可以分配。

女性对短期性伴侣的渴望与她们对丈夫的渴望非常相似。[57]在两种情形下，女性都想要一个和善的、浪漫的、善解人意的、令人兴奋的、稳定的、健康的、幽默的和慷慨投入资源的人。在两种情境中，女性都渴望一位高大的、身强力壮的、迷人的男性。男性的偏好与之对比鲜明，随着择偶情境的不同而发生巨大改变。女性在两种情形下拥有相对一致的偏好，这证明了女性将短期配偶视为潜在丈夫的假设，因此对两者都设立了同样高的标准。

❖ 配偶更换和备胎

通过短期性关系，女性也可能获得另一份保护，帮助她们抵挡与其他男性之间或者与竞争者之间的冲突。拥有另一位能够防卫和保护她的配偶，对于女性将是特别有利的，尤其在那些女性很有可能受到袭击或强奸的社会。在有些社会，比如委内瑞拉的雅诺马马族，如果女性缺少配偶的保护，她很容易受到男性的暴力攻击，包括身体虐待、强奸，甚至她们的孩子会被杀害。[58]一位被雅诺马马男性绑架的巴西女人的叙述就说明了这种脆弱的处境。[59]当另一个村庄的男性企图强奸她时，没有任何一个雅诺马马男性为她出头，因为她没有与他们中间任何一个人结婚，也没有特别的男性朋友来保护她。

在灵长类中,利用这种特殊的友谊来获得保护的先例是热带草原狒狒。[60]雌狒狒在它们的主要配偶之外,还与一位或更多的雄性结成特殊的友谊,这些朋友会保护它们不受其他雄性的骚扰。当雌性进入发情期时,它们会明显偏好与它们的朋友交配,暗示着一种用性来交换保护的策略。正如罗伯特·史密斯指出:

> 一位主配偶不会总在需要的时候出现并保卫他的妻子和孩子。当他不在时,女性与另一个男性相伴是有利的,因为她能获得这个男性提供的保护。……主配偶离开[例如,当他外出狩猎时]可能创造出另外的择偶机会和需要。……男性可能倾向于保护已婚情人的孩子,因为他的基因可能会体现在这些孩子中间。[61]

情人可以作为女性常规配偶的潜在替代者,以防女性的常规配偶将她抛弃以及常规配偶生病或受伤,或被证明不具备生育力,甚至死亡,而这些情况在祖先的生活环境中并不罕见。例如,一位长期配偶可能在狩猎中一去不返,或者在部落战争中死掉了。男性的地位也可能随着时间而改变——例如,一个女人嫁给了部落首领,但这个首领可能遭到废黜,他的地位遭到篡夺,资源也被没收。女性如果能够迅速更换配偶,她将不必从头开始择偶,因此将从中受益。然而,女性如果因为从头开始择偶而推迟更换配偶,她将被迫为了寻求一位配偶而付出代价,因为她自身的赞许性已经下降。如果保留着备用的男性,女性将会受益。

在明尼苏达州水蛭湖的小鸭鹏岛上,科学家在一种一妻多夫的海滨鸟类——斑纹矶鹬中间观察到了更换配偶的功能。生物学家马克·科尔韦尔(Mark Colwell)和刘易斯·奥林格(Lewis Oring)通过4 000小时的田野观察,发现雌性斑纹矶鹬与配偶以外的另一个雄性交配之后,很可能与这个雄性结成未来的长期配偶。[62]雌性利用交配来试探这个雄性的接受度和可获得性。但是,雄性斑纹矶鹬有时会阻挠这种更换配偶的努力。有些雄性会穿越好几个领地,到离巢穴很远的地方寻求配偶以外的交配对象,这样对方就不会发觉它们已经有了配偶。尽管两性之间存在冲突,但通奸者最终成为配偶这个事实，暗示着婚外择偶能够成为更换配偶的一种方式。

人类的短期性关系具有更换配偶之功能的证据有几个来源。女性主要在不满于现有关系时发生外遇，与之相对，有外遇的男性并不比没有外遇的男性更不满于他们的婚姻现状。[63]第二个证据来自我和海蒂·格雷林（Heidi Greiling）进行的研究。该研究表明，有时候当女性试图更换她们现有的配偶，或者为了更容易与现有配偶分手时，她们会发生外遇。[64]

短期性伴侣有时能够提升其暂时配偶的地位。女性有时会通过与有名望的男人发生性关系来提升自己的地位，即使这只是一段风流韵事。根据择偶市场的经济学，人们会猜测这个女人必定很特别，因为有名望的男性一般能够挑选到最令人向往的女性。女性可能接触到更高的社会阶层，从中她们可能会赢得一位长期配偶。女性也能在她们所处的社会圈子中提升自己的地位，这样也可能赢得一位更加合意的丈夫。

❖ 短期性关系可能的遗传收益

女性也有可能通过偶然的性关系获得更好的基因，并将其遗传给她们的孩子。考虑到男性的机会主义的性倾向，择偶市场的经济学使得女性与一位来自更高社会阶层或者拥有更好基因的男性发生性关系，要比让这个男性娶她容易得多。例如，一个女人可能试图通过嫁给一位地位较低的男性来获取他的投资，同时通过与一位地位较高的男性发生随意性关系来获得他的基因。这种双重策略显然存在于英国，在那里，生物学家罗宾·贝克（Robin Baker）和马克·贝利斯（Mark Bellis）发现，女性通常与地位比自己丈夫高的男性发生婚外情。[65]

好基因理论的一个版本被称为"性感儿子假设"（sexy son hypothesis）。[66]根据这种理论，女性偏好对其他女性富有吸引力的男性，愿意与他们发生短期性关系，因为她们希望通过这种方式生出拥有同样魅力的儿子。由此，下一代的女性会认为她们的儿子很有吸引力。和那些与不能吸引大多数女性的男性发生性行为所生的儿子相比，她们的儿子也会获得更大的择偶成功。

这个理论的证据来自一项研究，这项研究识别出女性对于长期伴侣具有更加严格的挑选标准的一个关键的例外。女性对短期性对象的容貌吸引力的要求，比对长期配偶更为苛刻。[67]对短期性伴侣容貌吸引力的偏好可能提供了一种心理线索，暗示着在人类演化历程中，女性通过她们的性感儿子的成功获得了收益。

好基因假设最有力的证据来自女性偏好在排卵期发生转变的研究。对30多个周期变化研究的大规模统计回顾发现，不使用激素类避孕药的女性在排卵期确实更偏好具有男子气概的男性，尤其是男性化的身体和声音，以及匀称的男性。[68]然而，只有伴侣的基因品质较低的女性，才会从与拥有良好基因指标的男性的风流韵事中获得遗传收益。而且一些研究者认为，其他假设能更好地解释排卵期的偏好转变。例如，排卵期的女性性欲更强，可能会觉得自己更性感、更有吸引力，因此觉得自己能成功地吸引具有更高配偶价值的男性。[69]未来十年的研究无疑将更深入地探究追求短期性策略带给女性的隐性遗传收益。

有一种择偶体系对女性的短期择偶及其可能带来的任何好处提出了尖锐的限制——包办婚姻。尽管我们不能确定，但人类学家相信，在人类演化历程中，许多女性并不是自己订立婚约。这种观点的证据是：在今天的许多部落文化中，由父亲和其他亲属安排婚姻的现象仍然盛行。这些文化被认为与人类演化所经历过的情形具有相似性。[70]包办婚姻在世界的许多地方仍然很常见，比如印度、肯尼亚和中东。包办婚姻限制了女性通过短期配偶获取收益的机会。但是，即使在婚姻由父母和其他亲属包办的地方，女性仍然经常通过左右她们的父母、发展秘密的恋情、违抗父母的意愿，有时甚至采取私奔的手段，来对她们的性和婚姻选择施加重大的影响。这些个人选择的形式为女性短期择偶的收益打开了窗户，包括遗传收益，即使婚姻是由他人包办的。

❖ 随意性关系的代价

所有的性策略都会带来代价，短期性关系也不例外。男性在短期性关系中可能会感染上性病，获得一个花花公子或是"男妓"（man-whore）的糟糕名声，或者受到嫉妒的丈夫的伤害。在不同文化的谋杀案中，有很大一部分是因为嫉妒的男性对他们配偶的忠诚产生了怀疑。[71] 不忠的已婚男性可能会遭到妻子的报复，并面临昂贵的离婚风险。短期性策略也会占据时间、精力和经济资源。

女性有时会比男性蒙受更严重的代价。如果女性落得一个放荡的名声，那么她的赞许性会受到损害，因为男性赞赏潜在妻子的忠诚。甚至在相对开放的文化中，比如瑞典和阿赫族印第安部落，人们眼中的放荡女性的名声也会遭受损害。[72] 一个仅仅采取短期性策略的女性，会有更大的风险遭到身体虐待和性虐待。尽管已婚女性也会遭受丈夫的家庭暴力，甚至被丈夫强奸，但是约会时遭受强奸的惊人比例——研究发现在大学女生中高达15%或20%——揭示了没有长期配偶关系的女性有相当高的风险。[73] 如果将配偶偏好明智地用于避免具有潜在危险的男性，就能使风险最小化。

追求短期性关系的未婚女性冒着怀孕生子的风险，并且得不到一个男性的投资。在祖先的时代，这样的孩子很可能冒着更大的生病、受伤害和死亡的风险。[74] 有些女性在缺少男性来进行投资时会杀婴（infanticide）。例如，在加拿大，1977年到1983年间，只有12%的婴儿是单身女性生下的，但在警方报告的64起母亲杀婴案件中，超过50%是单身女性犯下的。[75] 这种趋势在各种文化中都出现了，比如在非洲的巴干达人中间。但是，即使是这种解决办法，也不能消除女性实质上付出的代价：九个月的孕期、声誉损害和失去的择偶机会。

一位不忠的已婚女性冒着被丈夫收回资源的风险，从繁殖的观点来看，她可能会在婚外情上浪费宝贵的时间，获得对于繁殖来说并非必要的精子。[76] 另外，如果这些孩子各自拥有不同的父亲，他们之间的联系会弱化，因此她可能会面临激化孩子之间同辈竞争（sibling competition）的风险。[77]

因此，短期择偶对于两性来说都会造成危险。但是，由于短期择偶中也包含着巨大的收益，女性和男性都进化出了某些心理机制，以便挑选出代价最小并会增加收益的短期择偶情境。

❖ 随意性关系的有利情境

每个人都知道有些男性是花花公子，而另一些男性则完全恪守一夫一妻制；每个人都知道有些女性享受短期性关系，而另一些女性绝不会梦想没有承诺的性关系。个体在短期择偶倾向上有所不同，不同时间和不同情境也会改变他们的倾向。这些性策略的变化依赖于一系列个人、社会、文化和生态条件。

在童年时期缺少父亲投资是增加随意性关系发生率的一种情境。例如，父母离异的女性比家庭完整的女性更倾向于乱交。例如，伯利兹的玛雅人和巴拉圭的阿赫人认为，父亲的缺席与男性不愿投入维持长期配偶关系所需的时间、精力和资源有关。[78]在没有父亲的家庭中长大的女性和男性可能更早进入青春期，更早开始性交，并在初次性行为后追求短期策略。[79]父亲的缺位可能会让女孩断定，男性并不是可靠的投资者，从而追求一种从多个男人那里获得好处的短期性策略，而不是试图获得一个男人的持续投资。

关于影响作用的方向，以及究竟是什么导致了个体在性策略上的差异，存在着一些科学争议。当父亲由于面临更严酷或更不可预测的环境而缺席时，是因为缺少父亲的投资所以转向短期策略吗？或者是因为缺席的父亲把基因传递给了他们的孩子呢？另一种可能性是继父的出现，而不是父亲的缺席，促使孩子们更早地开始性行为。此外，生身父亲会对女儿进行更严格的保护，这阻止了女孩按自己的性冲动行事，并鼓励了一种长期的择偶策略。未来的研究需要找出这些因果关系的替代品，但很明显，个体之间在短期性行为的倾向上存在着显著差异。

随意性关系也与人们的人生发展阶段有关系。在许多文化中，青少年很有可能利用短期择偶这种方式来评估他们在择偶市场上的价值，试验不同的策略，磨炼他们的吸引技巧，并且探明他们自身的偏好。由此，他们就为婚姻做好了准备。事实上，在许多文化中，青少年的婚前性试验是得到容忍的，甚至是受到鼓励的，比如在亚马孙的摩希纳古部落。这提供了一个线索,即短期择偶与一个人的人生阶段有关。[80]

长期择偶的过渡期也提供了发生短期性关系的机会。例如,一个人在离婚之后,重新评估自己在当前择偶市场上的价值是非常关键的。一方面,离婚者带着前一次婚姻中的孩子,一般会降低自身的赞许性。另一方面,伴随着事业的进展,离婚者的地位有所提升,这可能会提高他们的赞许性。所有这些情形的变化究竟怎样影响一个特定个体,也许能够通过短期恋情得到评估,这可以让一个人更准确地衡量其在择偶市场上的赞许性。

合格(eligible)的男性相对于合格的女性是充足还是稀有,这是短期择偶的又一个关键情境。许多因素影响着这个性别比例,包括:导致男性死亡数量大大超过女性的战争;对男性影响更为频繁的冒险活动,比如搏斗;导致男性死亡人数大约比女性多七倍的蓄意谋杀;伴随年龄增长的不同再婚比例,即女性再婚者相对于男性来说通常越来越少。在北美和西欧的许多学院和大学中,女生入学率高于男生,这一现代现象在受过大学教育的求偶人群中造成了性别比例失衡。例如,在得克萨斯州大学奥斯汀分校,2016年学生群体有54%的女生和46%的男生。这听上去可能不是一个巨大的差距,但事实上这意味着女生比男生富余17%。

当男性可以与许多女性进行性接触时,他们会转向短期性策略,因为性别比例对他们有利,而且这能够更好地满足他们对多样化的欲望。例如,在阿赫族,男性高度乱交,因为那里的女性比男性多50%。当进行投资的婚姻对象较为稀缺,或者结婚不会带来太多收益时,女性会转向随意性关系。[81]在一些亚文化群,特别是在穷人聚集区,男性通常缺乏女性渴望的一位长期配偶应该拥有的资源。在男性缺乏资源的地区,女性没有理由只与一个男性交往。类似地,当女性从她们的亲属那里比从丈夫那里得到的资源更多时,她们更有可能发生婚外性关系。[82]在这些情境中,女性抓住机会与不同的男性配对,为她们自己和她们的孩子获得更多的收益。许多现代大学校园里"勾搭"文化的兴起,部分原因是性别比例失衡日益加剧,追求高等教育的女性比例超过了男性。

在食物集体共享的文化中,女性结婚的动机较弱,而且经常转为寻找短期的性伴侣。例如,在巴拉圭的阿赫族,从打猎获得的大型猎物中得到的食物是集体共享的。优秀的猎手获得的那份肉并不比差劲的猎手多。女性得到同样的食物配额,无论她们是否有丈夫,也无论她们的丈夫狩猎技能如何。因此,阿赫族的女性几乎没有始终与一位男性配对的动机,她们中间大约有 75% 的人偏好短期关系。[83] 瑞典的福利体制提供了另一个例子。由于食物和其他物质资源由政府提供给每一个人,女性嫁人的动机较弱。结果,生活在一起的瑞典情侣仅有一半结了婚,而且两种性别的成员都追求短期关系。[84]

尽管对男性和女性的影响不同,但还有另一个因素也可能鼓励短期性交往,这就是一个人作为配偶的未来赞许性。如果一个男性处于一项大有前途的事业的学徒阶段,考虑到他将来事业接近顶峰时,或许能够吸引到赞许性更高的长期配偶,他可能只追求短期恋情。一个当前赞许性较低的女性,可能由于吸引不到具有她渴望的品质的丈夫,而选择追求无忧无虑的短期关系。

特定的法律、社会和文化许可鼓励短期择偶。例如,古罗马皇帝经允许能拥有几百个妃嫔,正如嗜血的摩洛哥苏丹穆莱·伊斯梅尔(见第三章),当她们年满 30 岁时就被送出后宫,由新的成员替代。[85] 在西班牙和法国,负担得起的男性在公寓里养情妇,作为婚姻的约束和联结之外的短期安排,这在文化传统上是可以接受的。一些公社和隔绝群体的理想形态——在 20 世纪 60 年代晚期和 70 年代早期尤为流行、在今天实行一夫多妻制的人群中仍然存在的一种生活安排方式——鼓励通过短期关系进行性实验。

其他人采取的性策略也会影响发生随意性关系的可能性。如果许多男性追求短期关系,就像在俄罗斯的许多人口众多的城市一样,那么女性实际上被迫进行随意配对,因为只有较少的男性愿意承诺,尽管一些女性选择完全退出择偶游戏。或者,当配偶的一方发生婚外恋时,另一方可能也倾向于出轨以使双方扯平。随意性关系从来不会在真空中进行,它受到人生阶段、配偶价值、性别比例、文化传统、法律规定和其他人采取的策略的影响。所有这些情境都会影响一个人从人类择偶策略的菜单中选择随意性关系策略的可能性。

❖ 作为一种权力资源的随意性关系

从历史上看,关于择偶的科学研究几乎毫无例外地集中于婚姻。然而,人体解剖学、生理学、心理学和行为学,暴露了人类祖先充满机会主义的性和风流韵事的过去。这些风流韵事对于男性的明显繁殖利益可能使得科学家无视女性从中获得的收益。参与风流韵事的人也包括心甘情愿的女性。心甘情愿的女性寻求或要求收益。

人类天性的这幅图景可能会使一些人困扰。想到男性会轻易与几乎完全陌生的人上床,女性可能会觉得不舒服。想到妻子持续在择偶地带搜寻,用调情、性可接触的暗示来鼓励其他男性,培养备胎,而且有时会背叛丈夫而不受惩罚,男性可能也会觉得不舒服。人类的天性也许是令人担忧的。

但是从另一个角度来看,我们拥有的择偶策略的复杂语库,赋予我们多得多的权力、多得多的灵活性,以及多得多的掌控命运的力量。我们在一份庞大的清单上进行选择,而不是采取命定的单一不变的策略。我们根据我们所处的环境来调整我们的择偶策略,无论是性别比例失衡的环境,还是分手后重返择偶市场的环境。此外,互联网约会网站和手机应用软件的迅速崛起大大扩展了潜在配偶的范围,为我们提供了成千上万的、我们在日常生活中永远不会遇到的潜在伴侣。

现代技术和当代生活条件也允许人们避免我们的祖先可能遭受的随意性关系的许多代价。例如,有效的避孕措施使得许多人能够避免不必要的或不合适的怀孕。城市生活相对的匿名性减少了随意性关系引起的声誉损害。地理迁移降低了父母通常对其子女的择偶决定所施加的影响。而且,政府的安全网络降低了短期关系产生的私生子的生存风险。这些成本的降低促进了人类在择偶领域更充分地表达复杂的策略库。

承认我们择偶策略的多样性,可能违背我们通过社会化习得的"只有唯一的幸福"的观念。但同时,这样的知识也赋予我们更大的力量来设计我们自己的择偶命运,这在人类进化历史上是前所未有的。

第五章
吸引伴侣

> 面部有多少种表情，心灵就有多少种情绪。要想俘获一千颗心，你就需要一千种不同的策略。
>
> ——奥维德
> 《情色诗：爱经》
> (*The Erotic Poems：The Art of Love*)

你即使知道自己渴望从一个配偶身上得到什么，也不能确保你可以成功得到。成功取决于我们能否发出信号，表明我们将满足我们渴望的伴侣的需求。例如，因为女性祖先渴望男性拥有较高地位，男性便进化出了获得地位、炫耀地位的动机。因为男性祖先渴望潜在伴侣年轻和健康，女性便进化出了显示年轻、健康的动机。因此，在吸引配偶的竞争中，个体需要在异性最热切渴求的特征上击败竞争者。

在这一协同进化（coevolutionary）的循环中，两性的一方通过进化出某种心理机制，来解决另一方施加给他们的适应问题。正如成功的渔夫会使用最符合鱼类的食物偏好的诱饵，成功的竞争者也会使用最符合异性进化出的欲望的心理策略。因此，男性和女性所看重的特征，是理解他们用以吸引配偶的方式的关键。

然而，吸引配偶的行为并不会脱离社会而存在。为了赢得迷人伴侣的欢心，追求者之间会展开激烈的社会竞争。因此，为了成功求得配偶，个体不但要暗示自己能满足潜在配偶的欲望，还要消除其他竞争者发出的诱惑信号。人类进化出了一种在动物界中独有的妨碍竞争者的方法——对竞争者进行言语诋毁。通过贬低、中伤和含沙射影的嘲讽来损害对手的名声，是成功吸引配偶的策略的一部分。

像吸引策略一样，诋毁策略之所以奏效，是因为它充分利用了人们的心理适应能力。这种能力使人们敏感于潜在配偶的某些有价值的品质，比如他们的资源或是容貌。只有当女性倾向于拒绝那些获取资源的潜力很低的男性时，男性向女性传达他的竞争对手缺少抱负才会有效果。与此类似，只有当男性倾向于拒绝那些难以保持忠诚的女性时，女性策略性地羞辱竞争对手才会发挥作用。

吸引和诋毁策略能否成功，都取决于欲望的目标是寻找一个随意的性伴侣还是要寻找一位长期承诺的配偶。考虑这样一个案例：一位女性为了诋毁她的竞争者，不经意地提到她和很多男人上过床。如果该男性正在寻找一位婚姻配偶，这一诋毁策略将高度有效，因为男性厌恶未来的妻子滥交。但是，如果该男性正在寻找一个随意的性伴侣，那么该女性的策略可能会产生相反效果，因为大多数追求简单性关系的男人不介意短期伴侣过去的滥交。与此类似，女性公开炫耀性能力是有效的短期择偶策略，但在长期择偶中却收效甚微：这样的炫耀虽然能获得男性的性关注，但是不会驱使他们投资或承诺。简言之，能否有效吸引配偶，在很大程度上取决于择偶的时间情境。男性和女性根据他们所寻求的关系的长短来调整他们的吸引技巧。

性领域的游戏规则在本质上区别于婚姻市场的规则。在长期择偶中，男女两性都偏好长期的求爱过程，这一过程容许双方评估对方拥有的资产性质和数量，以及自己要付出的代价。在长期的求爱过程中，最初对地位和资源的夸大可能会败露，在此之前对其他配偶的承诺可能浮出水面，与之前配偶所生的孩子也可能出现。长时间的评估也能让双方了解彼此的和谐度，这对于长期择偶是至关重要的。

随意的性关系省略了这种评估，使得欺骗发生的概率显著增加。对方在声望、地位和收入方面的夸大难以被察觉；在此之前对其他人的承诺可能继续隐瞒；损害声誉的信息可能来得太迟。简言之，随意择偶就像一片岩石地带，一步不慎就可能遭到操纵或欺骗。使这一问题更为复杂的是，欺骗往往发生在那些最重要的领域——对于女性来说是地位、资源和承诺，对于男性来说是外貌和性忠诚，对两性都重要的是人格品质。

两性都会参与短期性关系的竞争，但是不会同等参与。男性比女性更多地寻求短期性伴侣，这一事实为男性制造了一重障碍，即愿意发生短期性关系的女性少于男性。因此，与婚姻领域相比，女性在短期关系中显得更有控制力。每一个迷人并且有性意愿的女性常常都能找到几十个愿意同她发生性关系的男性。女性可能变得非常挑剔，因为她们拥有大量男性可供选择。相反，在承诺关系中，这种程度的挑剔是一种奢侈品，只有非常有魅力的女性才能负担得起。

吸引长期或短期配偶都需要进行炫耀（display）。就像织巢鸟炫耀自己的巢、蝎蛉炫耀自己的结婚礼物一样，男性和女性在择偶市场上都必须宣传他们的资产。因为男性和女性的欲望不同，所以他们炫耀的品质也必然不同。

❖ 慷慨与资源展示

雄性进化出积累和炫耀资源的策略，这在整个动物界都很普遍。例如，雄性走鹃抓住一只耗子或幼鼠，将它敲晕甚至敲死，然后送给雌性作为下一餐。但它并没有真正将礼物交给雌性。[1]相反，雄性会摇着尾巴，嘎嘎叫着，装作要把老鼠从雌性那里拖走。只有当两只鸟交尾过后，它才会把礼物留给雌性，雌性则会用它来滋养雄性刚刚授精的卵子。不能提供这种食物资源的雄性在吸引雌性的努力中会失败。

同样，人类男性也要努力炫耀资源以吸引配偶。我的实验室进行的配偶吸引研究识别了男性和女性用来吸引配偶的几十种策略。我们要求数百名来自加利福尼亚大学伯克利分校、哈佛大学以及密歇根大学的学生尽量描述自己在他人身上观察到的或是自己曾经使用过的策略。他们列举的策略包括：吹嘘自己的成就，谈论自己在工作中的重要性，对他人遇到的麻烦表示同情，主动进行视线接触，以及穿戴性感的服饰。四名研究人员组成的小组将100多种行为简化为28个相对不同的类别。例如，"展示运动能力"这一类别包括：举起重物，拧开很紧的罐子给人留下深刻的印象，以及谈论自己在体育方面取得的成就。随后，100 名成年已婚夫妇和 200 名未婚的大学生评价了每一项策略在吸引配偶时的有效性，评价该策略是在短期关系中使用更有效，还是在长期关系中使用更有效，并描述他们自己、他们的朋友和配偶使用这一策略的频率。[2]

男性常用的技巧之一就是炫耀有形资源：炫耀自己有极高的赚钱潜力，一掷千金，驾驶昂贵的汽车，告诉女性自己在工作中有多么重要，以及巧妙地展示他们的成就。另一种男性常用的技巧是通过误导女性，例如他们的职业前景，或者夸大他们在工作中的声望，来欺骗女性他们拥有的资源。就像雄性走鹃提供猎物一样，男性向女性提供资源，这是吸引她们的主要方法。

男性也会诋毁自己的竞争对手所拥有的资源。典型的诋毁行为包括：散布关于竞争对手的虚假谣言，取笑竞争对手的容貌，嘲笑竞争对手的成就，以及告诉别人竞争对手患有性传播疾病。所有这些行为都归属于我的研究团队划分的 28 个类别之一。例如，贬低竞争对手的智力这一类别包括以下行为：让竞争对手显得笨拙，告诉别人竞争对手很愚蠢，以及提到竞争对手是一个傻瓜。

男性还通过贬低竞争对手的资源潜力来抵消其他男性的吸引策略。通常，男性会告诉女性某位竞争对手很穷、没有钱、缺乏抱负或者驾驶廉价汽车。而女性几乎很少去贬低她们的竞争对手的资源；即使她们这样做，这一策略也不如男性运用时那样有效。[3]

时间（timing）是决定不同的资源炫耀方式是否有效的一个关键因素。即时的财富炫耀——如挥霍金钱、为女士购买礼物或是第一次约会时带她去昂贵的餐厅——事实证明对于吸引短期性伴侣比长期配偶更加有效。在酒吧里，展示资源的机会是有限的，男性为了接触潜在的性伴侣，经常主动提出请她们喝酒。[4]

慷慨给予资源无论对于随意还是承诺的配偶吸引都是至关重要的。例如，给女服务员一大笔小费，不仅表明自己拥有财富，还表明愿意分享它的关键意愿。一项研究发现，当男性受到女性的关注时，他们会为慈善事业提供更多捐款，而当他们受到男性关注时则不会。[5]相比之下，女性的慈善捐款在不同的观察条件下没有什么变化。男性对资源的慷慨大方使他们受益，因为在所有的择偶情境下，女性都对吝啬的表现感到厌烦。[6]

展示获得资源的潜能，比如在大学里表现得勤奋或是向一位女性描述自己的抱负，对于吸引长期配偶而不是短期性伴侣更为有效。诋毁策略同样揭示了时间的重要性。诋毁竞争对手的经济潜能在长期择偶中最为奏效。告诉一位女性某男性在专业上将毫无建树或是该男性缺少抱负，在婚姻市场上会非常有效，但是当它用于竞争短期性关系时，就相对不那么有效了。这些发现都完美地契合了女性在两种情境下的偏好——渴望从短期关系中获得即时的资源，而从长期关系中获得可靠的未来的资源。

穿着昂贵的服装在两种情境中能够同等地发挥作用。当女性观看了不同男性的幻灯片后，她们更容易被穿着昂贵服装的男性所吸引，比如三件套西装、运动夹克和名牌牛仔裤，而不是穿着宽大上装或是 T 恤等廉价服装的男性。[7]无论女性是把某男性作为婚姻伴侣还是作为性伴侣来评价，服装都有这个效果，可能因为昂贵的服装同时标志着即时和未来的资源潜力。人类学家约翰·马歇尔·汤森（John Marshall Townsend）和加里·利维（Gary Levy）证实，小到仅仅一起喝咖啡，大到结婚，男性衣着的花费和档次在吸引女性时所产生的效果在任何情形下都很显著。[8]同一群男性先是穿着一套汉堡王快餐店的制服、一件 polo 衫并戴着一顶蓝色棒球帽，然后穿着一件白色礼服衬衣搭配一条名牌领带，加上海军运动夹克和劳力士腕表拍下了两组照片。基于这些照片，一些女性表示她们不愿意同穿着廉价服饰的男性约会、发生性关系或是结婚，却愿意考虑同服饰昂贵的男性发生上述所有三种关系。

资源对于吸引力的重要性不仅限于西方文化。在玻利维亚东部的西里奥诺人中，某个男性是一个极其糟糕的猎人。他的地位下降，还被那些狩猎技能更优秀的男性夺走了几位妻子。人类学家霍姆伯格（A. R. Holmberg）开始与这个男人一起打猎，送给他一些猎物，告诉别人这是他打到的，并教他使用短枪打猎的技能。最后，由于这个男人提升了自己打猎的技能，他"开始享受最高的地位，获得一些新的性伴侣，并开始羞辱他人而不是像以前那样被人羞辱"[9]。

输送资源具有的力量并不是最近才出现的。两千年前奥维德就观察到完全相同的现象，证明该策略在人类有记载的历史中存在已久："少女赞美诗篇，却被贵重的礼物所吸引。任何一个不识字的蠢人都能通过展示财富来抓住她们的目光。当下的确是黄金时代：黄金可以买到荣誉，黄金可以获取爱情。"[10]今天的我们仍然生活在那个黄金时代。

❖ 展示承诺

展示爱、承诺和奉献都能够有力地吸引女性，它们标志着男性愿意长期对她投入时间、精力和努力。做出承诺相当困难，其代价也高昂，因为对承诺的评价取决于一段时间内重复出现的信号。仅仅对短期性关系感兴趣的男性，不大可能投入如此多的努力。展示承诺作为一种信号的可靠性使它成为吸引女性的一种尤其有效的技巧。

关于配偶吸引的研究证实了展示承诺在长期择偶市场上的力量。谈论同居或婚姻标志着一位男士愿意将女性纳入他的社会和家庭生活，对她投入自己的资源，还可能和她生孩子。主动皈依她的宗教表明愿意适应她的需要。对她的问题表现出深切的关心，传达了情感的支持以及在需要时出现在她身边的承诺。我们调查的100位新婚女性报告说她们的丈夫在求爱过程中展示了这些信号，证明它们在使用时非常有效。

承诺的一个强烈信号是男性在求爱时的坚持。它可以是花很多时间与某位女性在一起，经常看到她，在很长一段时期和她约会，经常和她通电话，以及经常发短信或电子邮件给她。这些策略在追求长期伴侣时非常有效，在7点量表上的平均效力为5.48，而在追求一位短期性伴侣时，仅为适度有效（4.54）。此外，男性在求爱中的坚持比女性更为有效，因为这表明他的兴趣不仅仅是随意性关系。

求爱过程中坚持不懈的有效性，在一位新婚女士讲述的故事中得到很好的阐明："起初，我对约翰一点也不感兴趣，我觉得他很无趣，所以一次又一次地拒绝他。但他不断地给我打电话，在我工作的地方出现，故意安排与我邂逅。后来我同意和他一起出去玩，只是为了让他不要再烦我了。但一件事情又引发了另一件。六个月后，我们结婚了。"

坚持在一位德国大学教授身上也奏效了。当这位大学教授结束了波兰的学术会议、坐上回德国的火车时，他开始同一位比他小12岁的迷人医生聊天。随着他们对彼此的吸引力一点点增长，他们的谈话变得越来越愉快活泼。医生正要去阿姆斯特丹而不是德国，不久之后，她就要换乘另一列火车。医生与教授告别，但是教授一再坚持帮她搬运行李，并为她把行李提到车站的行李寄存处。当教授乘坐的火车离开车站时，他斥责自己没有抓住时机。他决定付诸行动。他在下一个车站下了车，搭上另一列火车回到他和医生分别的地方。他徒然地找遍了整个车站，却没有发现任何她的踪迹。他又步行搜寻了车站附近的所有大小商店，但还是不走运。后来，他回到车站，如同生根一般守候在他为她存放行李的那个行李寄存处前。最终她回来了，很意外地看到教授，也被他坚持追寻的行为所感动。一年以后，她离开了她的故乡波兰，来到德国嫁给了他。如果没有执着的坚持，这位教授可能不可挽回地失去她。坚持是有回报的。

展示善良也是承诺的信号，在有效的吸引技巧中占有重要地位。男性对女性遇到的问题表示理解、对她的需要表现得敏感、对她表现出同情以及用行为给予帮助，往往能够成功地吸引女性成为他们的长期配偶。善良之所以有效，是因为它表明男人关心女人，无论顺境逆境都会在她身边，而且愿意对她投入资源。它象征着对于长期恋爱的兴趣而不是纯粹的性兴趣。

另一种显示善良的手段是对小孩表现得关怀备至。在一项研究中，研究者向女性展示了同一个男性在三种不同情况下的幻灯片——独自站着，与一个婴孩积极地互动，以及无视痛苦悲伤的婴孩。[11]热情对待婴孩的男性对女性最有吸引力，无视痛苦婴孩的男性对女性最没有吸引力。然而，当研究者向男性展示处于同样三种情况下的女性的幻灯片时——无论是独自站着、对婴孩表现积极的感情，还是无视痛苦悲伤的婴孩，在所有情境下女性对男性的吸引力都是一样的。显然，对于幼儿表现出关爱的吸引手段主要适用于男性。这一手段之所以有效，是因为它暗示了对孩子关爱和负责的倾向。对可爱的小狗或小猫表现出热情可能也有类似的效果。

男性也会通过展现忠实和忠诚来显示他们的承诺。相反，滥交的迹象表明，男性在采取纯粹的性择偶策略。短期策略的使用者一般会将他们的资源分给好几个女性。在男性吸引配偶的 130 种可能方式中，女性将展示忠诚看作第二有效的行为，仅次于对女性遇到的问题表示同情理解。

因为忠诚标志着承诺，所以诋毁竞争对手的一种有效手段就是质疑竞争对手的性意图。例如，当一个男人告诉一个女人他的竞争对手只是想要随意的性关系时，女人就不会考虑与该竞争对手发展长期关系。与之类似，说一个竞争对手欺骗女性，不能只对一个女人忠诚，对于降低竞争对手对女性的长期吸引力也是非常有效的。[12]

展示爱意提供了承诺的另一种信号。男性能够通过为一位女性做一些特别的事情、对她表现得一往情深或是说"我爱你"来吸引她。男性和女性都认为，这些手段的有效性在吸引一位女性成为长期伴侣的所有手段中位列前 10%。爱意的表露能传达长期的意图。

由于承诺的信号在吸引长期配偶时被证明是非常有效的，制造承诺的假象也可以有效地吸引和诱惑女性。寻求随意关系的男性通过模仿女性渴求的持久伴侣关系来竞争。当女性用随意的性关系来评估未来的丈夫时，这一策略尤其有效。即使在短期关系中，女性也更愿意接纳看上去体现了她们对于长期配偶的理想的男人。

一些男性会利用这一手段吸引短期性伴侣。心理学家威廉·图克（William Tooke）和洛丽·卡米雷（Lori Camire）在大学生中研究了利用和欺骗的吸引策略。[13] 从一项类似于吸引研究中采用过的提名程序中，研究者收集了一份清单，上面列举了男性和女性为了吸引配偶而欺骗对方的 88 种方式。参与者列举诸如在自己的职业前景上误导异性，经过异性成员时收紧自己的肚子，表现得比实际上更值得信赖和更加体贴，以及脑中想着性时却表现得对性关系毫无兴趣，等等。

单身酒吧研究得到了类似的结果。四名研究人员花费大约 100 人时（person-hours），守在密歇根州的沃什特瑙县的多家单身酒吧里，记下他们观察到的每一种吸引策略。在这一过程中，他们共观察到 109 种吸引手段，例如诱人地吸吮吸管，主动提出请某人喝酒，挺起自己的胸部，以及凝视某人的身体，等等。随后，来自另一样本的 100 名大学生评价了异性使用这些策略吸引他们时的可能有效性。女性表示，吸引她们的最有效的策略是表现得彬彬有礼，主动提供帮助或是表现出同情和关心。[14] 简言之，模仿女性对丈夫的需求而表现出善意和真诚的兴趣，也是一种引诱女性进入短期性关系的有效技巧。

上述欺骗研究发现，男性会使用几种策略来欺骗女性相信他们的意图。男性装作对发展一段关系很感兴趣，而实际上并非真的感兴趣；装作关心一位女性，实际上并非真的关心。大部分男性充分地意识到假装承诺是一种有效的短期性吸引策略，而且他们也承认通过这种方式欺骗了女性。使用 Tinder、Hinge 和其他约会应用软件的男性承认，他们装作对恋爱持开放态度，尽管他们的真正兴趣在于获得大量的短期性征服。一名男子估计自己在过去一年里通过约会应用软件勾搭了三四十名女性，他承认，为了赢得她们，"我装作我可以做个男朋友之类的人"，"但后来她们开始希望我给予更多**关心**……而我没有"[15]。

生物学家林恩·马古利斯（Lynn Margulis）写道："任何具有感知能力的动物都能被欺骗。"生物学家罗伯特·特里弗斯（Robert Trivers）在描述技巧如何生效时评论说，"欺骗包括模仿真实"，"[它] 寄生于既存的系统以传达正确的信息"。无论何时，只要雌性在寻找愿意投资的雄性，就会有一些雄性假装具有投资意愿来欺骗它们。某些雄性昆虫向雌虫提供食物，结果完成交尾后马上将食物收回。[16] 然后它们会用相同的资源向另一只雌虫求爱。对于雌性来说，雄性的这一策略使它们面临识破欺骗、发现不真诚和戳穿伪装的问题。人类解决这一问题的方法之一是重视诚实。

事实上，展示诚实是男性获得长久伴侣的有力手段。这种策略传达出男性不仅仅是在寻求一位暂时的性伴侣。在识别出的吸引女性配偶的 130 种策略中，有三种名列前茅的策略提到了坦率和诚实——对女性真诚，直接和坦诚地与她交流感受，以及简单地做自己。所有这些策略都属于男性可以使用的所有吸引策略中最有效的前 10% 的手段。

由于男性在长期关系和短期关系中使用双重性策略，给女性带来了历史性的适应问题，能帮助女性清楚评价男性的真实特征和意图的策略被证明是高度吸引人的。不诚实的信号隐藏了那些特征和意图，使得评价的窗口变得模糊或不透明。

如果承诺的信号是高度有效的，那么资源已经投入其他地方的信号将削弱吸引力。Tinder 软件被广泛认为是一款短期约会应用软件，使用这个应用软件的男性大约 30% 为已婚人士。经常光顾单身酒吧的男性中，许多是已婚的或已经拥有稳定关系的。这些男性报告说他们会在进入单身酒吧前摘下自己的结婚戒指。在对单身酒吧的男性进行深入盘问后，研究者发现："有 12 名男性承认他们已经结婚。……基于一些不太容易定义的品质，再联系到有时对日常生活方式的各种信息的神秘保留，我们怀疑其他一些男性也已经结婚。"[17] 已经结婚无疑会妨碍吸引女性，所以对于未能隐瞒它的男性来说，这就成了一种负担。

大学生们证实，先前的承诺阻碍了男性吸引女性的努力。事实上，在男性能用来降低其竞争对手对女性的吸引力的 83 种策略中，提及竞争对手已经有一位认真的女朋友被认为是最有效的一种策略。

承诺的信号之所以能帮助男性吸引女性，是因为它们表明男性在采取长期性策略。这些信号传递的是男性拥有的资源将无一例外地输送给她。

❖ 展示体能

现代男性将展示身体和运动能力作为吸引女性的战术武器之一。新婚夫妇和大学约会情侣都同样报告，作为一种求爱手段，男性展示他们力量的频率大约是女性的两倍，展示运动技能的频率比女性高 50%。此外，人们认为男性使用展示力量和运动技能的策略来吸引配偶要有效得多。收紧肌肉、做运动、夸耀自己的运动技能以及抬举重物，在男性的吸引策略中都占据更加重要的位置。大学生对诋毁策略的评估揭示了展现身体和运动能力对于吸引短期性伴侣比吸引长期配偶要有效得多。也许这就是为什么男性更喜欢在 Tinder 这样的交友网站上，而不是 eHarmony 或 OKCupid 这样更严肃的交友网站上，展示自己裸露上半身的照片，照片上的男人有着鼓鼓的肱二头肌和六块腹肌。在短期情境中比在长期情境中更有效的诋毁策略包括贬低竞争对手的力量和运动技能。提及竞争对手身体孱弱，在运动中胜过竞争对手，以及在体能上支配竞争对手，都被看作有效的短期而不是长期策略。这些研究支持这一普遍观点，即男性运动员，尤其是明星运动员在吸引女性发生短期性关系方面非常成功。

在雅诺马马部落，一位男性的地位很大程度上取决于他的武艺，包括猛击胸部的决斗、斧斗、与邻村的战斗，以及在打斗中胜过竞争对手。通过体能获得的地位转化成更多的性接触机会，在历史上是获得更大繁殖成功的关键路径。的确，通过杀死其他男性而证明自己力量的男性（unokai，"乌诺卡"）比同龄的非"乌诺卡"（non-unokai）男性拥有更多的妻子和儿女。[18]简而言之，无论在传统社会还是现代社会，身体和运动能力的展示都一直是强有力的吸引因素。

❖ 吹嘘和自信

男性在吸引配偶时展现自信被证明是有效的，但是这一手段在吸引随意而非承诺配偶时效果更加显著。大学生们认为，对男性而言，表现得自负或是有男子气概、吹嘘自己的成就和自我炫耀，对于吸引性伴侣比吸引妻子更加有效。吹嘘和自信的有效性在一个去过单身酒吧的女性讲述的故事中得到了反映：

> 我坐在一个角落的桌子旁，一边与我的女伴交谈，一边呷着杜松子酒。那时鲍勃走了进来。他仿佛是这个地方的老板一样走进了酒吧，开朗地微笑着，而且非常自信。他捕捉到我的视线，于是我也微笑了一下。他在我们的桌旁坐下并开始聊起他养马的爱好。他不时地提及他拥有一座牧马的农场。当最后一杯酒送到时，他还在谈论他的马如何昂贵，并说我们应该一起去骑马。他说："事实上，我们现在就能去骑马。"那是凌晨2点钟，我离开了酒吧并和他发生了性关系。我从未弄清他是否真的拥有马匹。

男性的自信是其拥有地位和资源的信号。[19]例如，在新婚夫妇中，自信程度高的男性比自信程度低的男性挣的钱要多得多。自信有助于成功寻找到性伴侣。单身酒吧中的一位女性这样描述："有些家伙就像是知道他们在做什么。他们知道怎样接近你并让你感觉愉快。然后就是那些书呆子……他们什么事也不能做好。他们刚开始时很强大，但后来就不行了。……他们一直在你身边转来转去，直到你抛下他们去洗手间或是去和朋友聊天。"[20]女性会区分虚张声势和真正的自信，她们发现"正品"男性更有吸引力。拥有较高自尊的男性倾向于接近外貌迷人的女性并要求同她们约会，无论自己的外貌是否具有吸引力。相反，拥有较低自尊的男性避免接近吸引人的女性，因为他们认定自己的机会渺茫。[21]

自信容易受到反馈的影响。在单身酒吧里，如果男性最初的尝试遭到女性拒绝，他们紧接着会采取不那么自信的方法。拒绝造成了一个怨恨、敌意以及停止所有策略的恶性循环。一个男人在单身酒吧被三个女人拒绝后，给出了这样的评论："在这个地方，你需要足够有种。"显然，被拒绝的男性所经历的心理伤痛和自信下降，触发了一种心理机制，导致他们重新评价自己的性吸引技巧，放低他们的眼光去关注那些诉求更低的女性，然后等到条件更有利时再采取进一步行动。[22]

另一种策略是假装自信。根据欺骗研究，男性会自我夸耀和吹嘘以使自己看上去更好，会表现得比实际上更有男子气概，以及在女性周围表现得比真实的自己更加自信。男性大摇大摆是有原因的——为了增加他们在性方面的成功率。

并非所有吹嘘和自信展示都是为了吸引异性。这些炫耀同样也指向其他男性，炫耀者试图以此提高自己在群体中的地位和名声。大学男生会夸大他们拥有的性伴侣的数量，以误导他人认为有许多女性对他们表现出欲望，夸大他们自己的性吸引技巧，并表现得比他们真正感觉到的更勇敢。这些都是地位竞争的策略。男性为了地位、资源和声望的提升而竞争。如果男性可以通过提升自己在性领域的地位来获得其他男性对他的尊重，他的地位通常意味着更容易接近心仪的女性。

男性主要在短期择偶情境中使用这一策略，这一事实为性感儿子假设提供了间接的支持。在女性面前吹嘘和展示自己的性征服，是暗示他们通常对于女性具有性吸引力。如同炫耀自己羽毛的雄孔雀，这些自负的男性更可能生下对下一代女性有吸引力的儿子，假设这些倾向具有一定的遗传性。

这种吸引力的展示有时也被其他雄性利用。例如，为了吸引雌性，雄性牛蛙会在池塘边发出响亮的蛙鸣。雌性会仔细倾听雄性的声音汇成的合唱，然后挑出一个作为前往的目标。蛙鸣声越大、越洪亮，对于雌性的吸引力也越大。而体形越大、越健康、越占优势的牛蛙，发出的蛙鸣越洪亮。因此，牛蛙最主要的吸引手段，就是发出尽可能大声、洪亮的蛙鸣。一只较小、较弱的雄性会悄悄坐在占有优势的雄性附近。它不发出任何叫声，所以吸引不到任何注意。但是，当雌性循着鸣声接近有优势的雄性时，那只安静的雄性会从它的藏身之处冲出来，截住雌性，并迅速与它交配。这一策略被称作伴随或潜随策略（satellite or sneak strategy），说明了无法直接竞争的劣势雄性对优势雄性的利用。[23]

人类也会使用这一策略，这在伍迪·艾伦的电影《性爱宝典》中被幽默地描绘出来。电影中的男性装扮成一群雄性精子，为了接近一枚卵细胞而打斗。有男子气概的精子激烈地战斗着。当他们打败了彼此、筋疲力尽地躺在地上时，一个由伍迪·艾伦扮演的小型精子小心地从它退缩躲藏的布帘后走了出来，并且径直跳到了卵细胞上。

我们在关于窃偶（mate poaching）的研究中发现，男性有时也会使用这一伴随或潜随策略。我们询问了 50 名男性和 50 名女性在吸引一个已经拥有配偶的异性时会使用什么样的手段。[24]使用最频繁的策略之一就是假装与那对情侣或夫妇做朋友，然后伺机转变为求偶模式。一旦关系变得密切，窃偶者就会促使夫妻关系出现裂痕："我认为你的另一半不欣赏你。""你太好了，他配不上你。""我认为你值得一个更好的人，有人会把你当公主一样对待……比如我！"

一个使用频率略低的雄性窃偶的策略是假装具有雌性特征。例如，在安大略湖中有一种太阳鱼，它们之中体形较小的雄性会模仿雌性并进入一个优势雄性的巢穴地。这种模仿减少了它被攻击的可能性。但是，一旦这

168

个小型的雄性进入领地，它就会迅速让雌性产下的卵细胞受精，给支配这一领域的雄性戴绿帽子。在人类中间，假装具有同性恋倾向而不招致优势男性的怀疑，然后趁该男性不在附近时与女性发生性关系的手段极少有人使用。但有趣的是仍然有一些大学男生报告说曾观察到这一策略。通常来说，作为潜在窃偶者，假装不具有威胁性——例如，假装自己是这个男人的朋友，或者假装已经对另一个女人有了承诺——更加常见。就像牛蛙和太阳鱼一样，人类有时会使用伴随或潜随策略。

❖ 改善外貌

正如男性成功吸引女性的策略取决于女性对配偶的欲望，女性的吸引策略也取决于男性的偏好。女性会通过发出身体和行为信号，暗示年轻和身体魅力，由此使自己看上去具有繁殖价值，从而在吸引异性的努力中取得成功。不具备这些品质的女性将失去竞争优势。

因为男性对容貌格外看重，女性之间吸引男性的竞争主要集中于改善她们的外表吸引力，使自己显得更年轻、更健康。化妆品产业支持这一做法，该行业主要由女性支持；尽管男性在化妆品上的花费越来越多，但女性在这方面的花费仍然是男性的9倍。女性杂志上刊登了大量的美容产品广告。相反，男性杂志则为汽车、电子产品和酒精饮料做广告。男性杂志上承诺改善外貌的广告，通常是针对强壮肌肉的产品，或针对香体露或沐浴露，称其香味对女性有吸引力。

女性不会为了向男性传达准确信息而竞争。相反，她们通过竞争来激活男性进化出来的与年轻和健康息息相关的审美心理标准。因为红润的脸颊和鲜艳的颜色是男性用来衡量女性健康的信号，所以女性会在脸颊上涂胭脂来吸引男性。因为光滑、洁净的皮肤是男性进化出的欲望之一，于是女性遮掩斑点，使用保湿乳液、紧肤水，做面部拉皮手术。因为有光泽的头发是男性进化出的欲望之一，女性会加亮、漂白、淡染或浓染她们的头发，而且她们会用护发素、蛋黄、啤酒或编织物来给头发增添额外的质感。因为丰满的红唇能激发男性进化出的欲望，于是女性巧妙地使用唇膏，甚至用胶原注射来使她们的双唇更加丰满，让自己看起来像被蜜蜂蜇过一样。此外，因为坚挺、傲人的乳房能刺激男性的欲望，于是女性做隆胸手术，戴上托起式文胸。

女性报告使用化妆品来凸显外貌的次数是男性的20倍。女性通过节食来改善身材，做新鲜有趣的发型，并且每天花费一小时以上的时间来打扮自己——比男性所用时间的两倍还多。她们躺在阳光下或是去参加日光浴沙龙，以获得所谓健康的皮肤光泽。女性通过改善外貌来吸引配偶的有效性是男性的两倍。[25] 相反，投注大量精力来改善外表的男性会损害他们的竞争机会；人们有时推断他们是自恋狂或是在自我陶醉。[26]

女性在容貌改善方面做的比表面上看到的更多。她们会使用一些欺骗手段来巧妙改变自己的外表。她们会佩戴人造指甲让她们的双手看起来更修长；穿高跟鞋来突出腿的长度、臀部的挺翘和小腿的形状；穿深色和直条纹的衣服以显得更苗条；喷上古铜色喷雾，让自己看起来阳光健康；收腹或束腰，以提高腰臀比；穿塑身服饰，让自己看起来苗条结实；穿有衬垫的文胸让自己看起来更性感；突出自己的头发以显得更年轻。

女性非常清楚外表在择偶市场上的重要性。采访了单身酒吧里的女性后，研究者报告说："许多女性说她们下班后，会先回家做一个'整体换装'，然后再去酒吧。"通常，她们会洗个澡，清洗她们的头发，重新化妆并且试穿三套衣服，然后才会外出去酒吧。"打扮对于我们比对于男人更重要——他们不需要为他们的外表操很多心。"[27] 让男人回头率高的能力表明某人是一位受到高度赞许的配偶，会引发更多男性的追求。这种效应扩大了男性的数量，反过来，也让女性更能够选择高配偶价值的男性。

女性不仅努力改善她们自己的外表，她们也会贬低其他女性的外表。在诋毁研究中，女性说她们的竞争对手身材肥胖、相貌丑陋、姿色平庸，长着"大粗腿"，而且一点身段也没有。对于女性来说，取笑竞争对手的容貌在性交易市场上比在婚姻市场上更有效。而且无论在短期择偶情境还是在长期择偶情境中，女性使用这一手段都比男性更加有效。

女性贬低其他女性的外貌，不仅在自己渴望得到的男性面前，在她们社交圈中的其他女性面前，也直接当着她们的竞争对手本人的面。在一家高档酒店的酒吧里，一名女子描述她习惯于直视一个竞争对手的精心制作的发型，一句话也不说，然后拿出一把梳子递给她。她的竞争对手有时会起身离开酒吧。通常这一行为会成功地赶走她的竞争对手。破坏竞争对手的自我形象是扫清障碍的一种方法。

公开一个人对一个女人外貌的蔑视，能增强这种诋毁策略的有效性。一名来自兄弟会的男性报告说，他曾被他的兄弟无情地嘲笑过，因为他们得知他与一位特别没有吸引力的女性发生了性关系。被发现与没有吸引力的女性发生过性关系的男性将遭受社会的羞辱，并在同龄人眼中失去地位。[28]

身体魅力是男性容易直接观察到的一种属性，这些发现提出了一个有趣的谜题：当男性可以用自己的眼睛来判断一个女性的魅力时，为何贬损女性的言语会奏效？贬损部分通过引导男性对女性的感知而产生作用。女性会让人们关注竞争对手的那些一般不为人注意或是不明显的缺点，比如粗壮的大腿、长鼻子、短手指、眼距近以及不对称的面孔，并且让这些缺点变得显著。没有人是不存在缺陷的。将人们的注意力吸引到这些缺陷上将放大它们的重要性，尤其当人们注意到个体为了隐藏和掩饰缺点而做出的努力之时。女性还充分利用我们对吸引力的评价会受其他人评价的影响这一事实。[29] 得知其他人认为一位女性没有魅力会导致我们对该女性外貌的评价下降。此外，得知我们所处社会环境中的其他人认为一位女性没有魅力，的确会导致她的配偶资本价值降低。即使在外貌和身材等容易观察到的素质方面，还是有足够的空间供贬低策略发挥效用。

现代整容术充分利用了女性进化出来的竞争配偶的心理，如果女性不能有效地利用各种方法来改善她们的容貌，那么她们吸引有价值配偶的机会就会减少。这一情形导致一场失去控制的美丽竞赛。在这一竞赛中，花费在外貌上的时间、精力和金钱，在人类演化的历史上达到空前的比例。所有文化中的女性都改变着她们的外貌，但也许没有人像西方社会中的女性改变得那样多，这是因为西方社会拥有这样一种技术：通过视觉媒体来发掘女性对于迷人外表的欲望，而这是传统社会所没有的。与其说化妆品产业制造了欲望，不如说它利用了早已存在的欲望。

记者娜奥米·沃尔夫（Naomi Wolf）将媒体广告描述为创造着一种被称作"美丽迷思"（the beauty myth）的虚假理想，目的在于从性、经济和政治上征服女性。美丽迷思被认为掩盖了真实的动因，隐蔽地破坏着女权主义在改善女性处境中取得的所有成就。丰胸和面部拉皮的外科手术是为了在医疗上控制女性而设计的。[30]减肥食品、化妆品和整容手术这些产业联合起来，一年总收入达 530 亿美元，据说这产生于控制女性的需要。该观点还认为，美丽的标准是随年龄变化而变化的，在不同的文化中也高度多变，在本质上不是广泛适用的，因此并不是演化的结果。

这些天真的论点与科学证据背道而驰。迷思不可能有因果力，只有信奉迷思的个体才可能有。权力结构不可能有因果力，只有掌握着权力的个体才可能有。沃尔夫对美丽迷思的描述是非常不讨女性喜欢的。这暗示着女性是被动的棋子，没有自己的偏好，也没有个性，被企图征服她们的权力结构、迷思和男性之类的力量所冲击和洗脑。

相反，进化心理学方法揭示，女性在运用吸引策略方面拥有多得多的自主性和选择性，远超过美丽迷思的拥护者要我们相信的。例如，寻求持久伴侣的女性拥有范围广泛的策略可供使用，包括展示忠诚、暗示共同兴趣以及用行动表现自己的才智。此外，女性购买美容产品并不是因为她们被媒体洗脑，而是因为她们确定使用美容产品将增强自己获取想要事物的力量。女性并不是容易轻信、被麦迪逊大道的力量所操控的蠢人，而是通过她们的偏好来决定她们要消费什么产品——那些她们感到将会提升她们作为配偶、朋友或群体成员价值的产品。

但是，广告确实损害了女性。女性被改造过、PS 过的图片狂轰滥炸，这些图片描绘了大多数女性不可能获得的理想。这一切放大了女性对外貌的关注，同时也使一些对于男性的欲望来说同样关键的内在个人品质受到忽视，比如才智、个性、社交技巧和同情心。化妆品产业充分利用了女性进化出来的对容貌的关注，然后通过大量看上去毫无缺陷、实际上被过度PS 过的世界级模特来提升女性渴望的魅力标准，增加女性的不安全感。这一欺骗手段让其他女性的外观变得更加美丽，包括她们的竞争对手，却可能降低女性的自尊。它也可能扭曲女性和男性对真实的配偶池和择偶市场的理解。

今天的所有女性都是独一无二的,都是从500万年性选择的美丽竞争之中脱颖而出的优胜者。每一位读到这些文字的读者的女性祖先都有足够的魅力来获取足够的男性投资,以抚养一个以上的子女达到生育年龄。每一位男性祖先都有足够的吸引力来赢得一位女性为他生育子女。当我们面对择偶游戏的重重困难时,值得记住的是,我们每个人都是一个演化成功的故事。

❖ 展示忠诚

考虑到男性对承诺关系中的忠诚的重视,展示忠诚应该是女性极为重要的吸引策略。忠诚的表现,如诚实和值得信赖,表明女性正在追求一种长期的择偶策略,以及她在追求过程中没有欺骗且只同一名男性在一起。

在130种吸引策略中,保持忠贞、避免与其他男性发生性关系以及表现出忠诚,被证明是吸引承诺配偶的最为有效的三种策略。在最高有效性分值为7.0的量表中,它们的有效性都被评定为6.5以上。忠诚的信号为男性提供了一个解决方案,以解决他面临的最重要的择偶挑战之一——确保他是他孩子的父亲。

忠诚在承诺的择偶情境中的重要性间接地反映在女性用来诋毁竞争对手的策略中。说一个竞争对手不能对一名男性保持忠诚,被认为是婚姻市场中女性使用的最为有效的一种诋毁策略。称呼一名竞争对手为荡妇、说她很放荡或是告诉别人说她到处乱搞,其有效性在女性诋毁手段中都位列前10%。[31]

如果一位男性要寻求短期性关系,这一手段可能适得其反。梅·韦斯特曾经注意到:"男性喜欢有经历的女性,因为他们希望历史能够重演。"寻求短期性关系的男性并不会为一名女性的性混乱而感到烦恼,事实上他们会感到适度合意,因为这增加了他们成功的机会。因此,声称另一名女性很淫乱并不会对追求短暂性邂逅的男性产生预期的劝阻作用。错误判断男性择偶目标的女性将不能成功降低竞争对手的吸引力。

男性渴望忠诚的配偶，女性也充分利用这一点来削弱竞争对手，人类语言中带有贬义的性词汇的盛行进一步强化了这一事实。尽管用来描述男性乱交的词语也有不少，比如花花公子、妇女之友、好色之徒（洛斯里奥，Lothario）和风流浪子（唐璜，Don Juan），但是它们的数量及贬损的力度都不及那些描述女性的同类词汇。而且将这些说法运用在男性身上有时并不意味着贬损，而是带着钦佩和忌妒。与之相对，约翰·巴思的《烟草代理商》中展示了女性对其他女性吐露的种种恶言。[32] 一个英国女人在与一个法国女人对抗时，使用以下标签来中伤对手的人品：荡妇、妓女、母猪、老鸨、柴火妞、杯子、垫背、橱窗女郎、江湖丫头、破鞋、娇气鬼、上夜班的、短脚跟、皱屁股、舵手、骗子、浪女、淫妇、骚货、长舌妇、臭虫、失贞者、情妇、贱女人、尿托盘、野樱桃、花柳病盒子、贱妇、哄骗佬、肚皮情人、堕落的娼妓、玩物、咸熏肉、讨厌鬼、卖淫者、野丫头、洗管器、热罐子、弯背者、出租件、展翼鹰、香肠研磨机、角落女郎、眨眼骗子、胡桃钳、勾栏娼妓、煮肉锅、暖床者、轻佻女以及撞桩者。法国女人则使用同等数量的法语词汇来回敬她，包括屁股、共鸣器、小鸡、磨坊女郎、娼妓、荡妇、淫妇、整流管、野姑娘、妓女、骆驼和沼泽地。文学与生活中一样，诋毁一名竞争对手滥交将降低她在婚姻市场上的吸引力。

情境的重要性也体现在展示腼腆或是不可接近的吸引策略上。女性装作对喜欢的人不感兴趣或是表现得难以追求，被认为比男性更有效。此外，女性展示腼腆的策略在长期择偶的情境中比短期情境中更有效。[33]

这一结果完美地契合了男性和女性的性策略。女性的腼腆策略之所以对寻求承诺配偶的女性有效，是因为它同时传达了合意和忠诚的信号。男性认为如果他们能够轻易与一名女子发生性关系，那么其他男性也可能轻易得到这名女子。例如，大学男生指出，可以轻易得到的女性很可能强烈地渴望一位配偶，而且也可能身染性传播疾病——这分别是低赞许性和高度滥交的信号。[34]

另一项研究发现，在有选择地使用的情况下，"欲擒故纵"是吸引配偶策略中最成功的一种。也就是说，一名女性通常表现得难以接近，但是唯独能被一个特别的男性所接近。[35]例如，一名女性可能公开拒绝所有男性的追求，除了她想要的那个特定的男人。这表明他在择偶市场上获得了一笔绝佳的交易，更重要的是，从长远来看这名女性也很可能是忠诚的。成功的女性传达出的是一种区别对待，而不是拒绝她们渴望的特定男性。"欲擒故纵"作为一种长期吸引技巧之所以有效，是因为它为男性提供了两项关键的繁殖资产：在择偶市场上的赞许性，以及唯独他可以获得性接触的信号。

如果一名女性有长期的随意性关系史，那么表现出贞洁、忠诚和投入对她而言可能是困难的。吸引配偶的策略并不是在没有社会关系的真空中展开的，而且人们对于传播有关他人性声誉的信息怀有强烈的兴趣。花边新闻专栏作家、脱口秀主持人以及他们的读者和观众都热衷于谈论谁与谁睡过觉之类的新闻，并且热衷于品味其中的每一个细节。声誉受损是难以修复的。

在人类演化所处的小社会群体中，个人声誉受到的损害可能持续很长一段时间。在一个小群落里，要想在别人面前隐瞒性信息是不大可能的。比如，在阿赫族印第安人中间，每个人都知道谁和谁睡过觉，所以这里几乎没有欺骗发生的空间。一位男性人类学家向阿赫族男性询问谁和谁发生过关系，然后一位女性人类学家也同样地询问了阿赫族女性，他们的表述是完全一致的。[36]在现代西方文化中，由于城市居住方式的高流动性和匿名性，人们有更多的机会重塑自己的名声，或是在一个没人认识他们的新社会环境中重新开始。在这样的情形下，拥有性乱交的过去可能并不会妨碍个体随后使用忠诚的信号来吸引配偶。

❖ 性信号

大多数男性主要想从短期择偶中得到一项好处：和有魅力的女性发生低成本的性关系。因此，女性明确的示好，即暗示性可获得或可接受是非常有效的策略。这些包括挑逗地说话，让男性想到和她上床，以及简单地问男性他是否想上床。这些吸引策略对女性在随意择偶情境中是最有效的。

单身酒吧的男性证实了这些发现。他们评价了 103 种吸引配偶策略的有效性，他们认为女人的如下行为对男性有着很大的吸引力，比如进行直接的视线接触，充满诱惑地凝视他，与他擦身而过，用手穿过他的头发，撅起嘴唇吹出飞吻，吮吸一根吸管或是手指，向前倾斜以暴露她的胸部，以及俯身来凸显她的曲线。与之对比鲜明的是，当男性做出相同行为时，女性认为这很倒胃口。男性的性挑逗行为越公开，女性越觉得他们没有吸引力。在一个 7 点量表中，男性将女性用胸部或骨盆摩擦男人的动作评定为 6.07 分，是 103 种行为中第二有效的行为，仅次于同意与他发生性关系。但是，女性对男性做出这一行为的评分只有 1.82，说明这一行为非常无效。一些男人发送所谓的屌图，错误地认为这些照片能让女人兴奋，事实上大多数女人不喜欢这些照片。

女性有时也会让自己的外表显得性感。接受调查的单身酒吧里的男性认为，女性穿着性感、暴露、紧身的衣服，穿着露胸或露背的低领上衣，让衣服滑下露出肩膀，穿短裙，扭着臀部走路，以及挑逗地跳舞，均属于所有策略中前 25% 最能吸引他们的手段。由乔尔·韦德（T. Joel Wade）和詹尼弗·斯莱普（Jennifer Slemp）开展的一项研究也有类似的发现：女性最有效的调情手法包括触摸，穿暴露的衣服，靠得更近，亲吻脸庞，以及摩擦男性。[37]在葡萄牙首都里斯本，对女性而言，有效的非言语诱惑手段包括穿紧身裙，穿低领衬衫，以及通过短裙露腿或穿引人注目的黑色或红色尼龙袜。[38]女性让自己的外表和行为变得性感，借此成功地吸引男性接近。

女性外表性感化的力量在有关服饰风格和皮肤暴露的研究中得到了进一步的展现。男性和女性分别观看了一些异性模特的不同皮肤暴露程度和不同衣物贴身程度的照片。被试在观看了每一张幻灯片后，都要评价其中的模特作为约会对象、婚姻伴侣和性伴侣的吸引力。男性认为，穿着紧身和暴露衣物的女性比穿着保守衣物的女性作为约会对象或性伴侣更有吸引力，但是作为婚姻伴侣却不同。相反，女性却认为无论在哪种情况下，穿着紧身和暴露衣物的男性都不如穿着保守的男性有吸引力，也许因为这些男性正在显示他们主要对随意性行为感兴趣。[39]

在单身酒吧里，女性对自己外表的性感化是很明显的。研究者娜塔莉·阿隆（Natalie Allon）和戴安娜·菲谢尔（Diane Fishel）报告说女性会"经常在屋里来回走动，站得高高的，挺起她们的胸部，收紧她们的小腹，抚摸着她们自己的胳膊或头发——她们就像在公开展览中展示自己"。有时，一名女性的性感外表如此有效，以至于占据了所有男性的思维。阿隆和菲谢尔这样描述一位非常苗条、诱人而且拥有大胸脯的女性：

> 她似乎经常谈论一些不着边际的事情，而且她会神经质地咯咯发笑。她的谈话和她古怪的笑声在单身酒吧里都显得非常次要，因为大多数和她交谈的男性会首先被她的胸部以及她扭来扭去展示胸部的方式所迷住。一些男士向我们诉说，他们几乎完全没有听到那个女人在说些什么——或者在那种情况下，甚至根本不关心她在说些什么。这些男性似乎更喜欢注视这位女性的胸部，而不是倾听她谈话。[40]

主动进行视线接触也被证明是女性吸引性伴侣的一项高度有效的策略。热切地凝视一个男性的眼睛，并且允许对方看到她的凝视，被认为是女性吸引短期性伴侣的策略中前15%的最有效的手段。相反，这一手段在吸引承诺伴侣时被证明仅仅适度有效，在7点量表中的得分接近中点。

一个女人如果主动进行视线接触，就表示很有可能获得性成功。在一项研究中，男性和女性互动的场景被录制下来。[41]经过一段很短的时间后，女性注视男性的眼睛并对他微笑。然后，另一些男性和女性观看了这一录像并判断该女性的意图。男性将视线接触和微笑解释为性兴趣和引诱意图的标志。观察了同一行为的女性则更倾向于将这一行为解释为友好而不是引诱的标志。很明显，目光接触和微笑常常是含糊的——有时它们标志着性兴趣，有时它们又没有这样的含义——但是男性更容易在推断性兴趣的方向上犯错，表现出男性的夸大型的性知觉偏误（sexual overperception bias）。也就是说，当面对模棱两可的暗示时，男性往往过度推断性兴趣，而实际上没到那个地步（见第七章有关错误管理理论的内容）。

虽然女性把暗示性可获得（sexual availability）作为一种策略，但她们也会质疑其他女性的性可获得性，将之作为诋毁她们的一种手段。当一名大学女生在短期情境中诋毁她的竞争对手时，她会提及她的对手仅仅在戏弄人，表明她的对手引诱男性，并且告诉这个男性她的对手性冷淡。所有这些诋毁行为都暗示，这个男性难以在性方面接近那位女性，如果他要追求那位女性作为短期性伴侣，很可能只会浪费他的时间和精力。

女性也称她们的性竞争对手为假正经的、自负的或者禁欲主义的。因为难以接近的女性对于寻求短期性关系的男性来说代价过高——他们冒着投入时间和资源却前景可疑的风险，所以质疑对手的性可获得性是一项有效的女性策略。

女性用来质疑对手的性可获得性的一些方式，比如声称竞争者爱戏弄人、惯于引诱男性、看起来特别聪明，因为与此同时这些评价并没有暗示她们的竞争对手忠诚、贞洁或是有良好的长期关系前景。相反，她们暗示对手采用了一种策略：假装性可获得，也许是为了得到资源和关注，随后并不会给予。此外，谈及一位竞争对手性冷淡或是假装正经，暗示着她是一位有问题的随意性伴侣，但是没有暗示她是一位合意的长期配偶，因为男性同样不喜欢一位性冷淡的妻子。这些手段是特别有效的，它们能够同时诋毁竞争对手在择偶市场上的短期和长期价值。

梅·韦斯特曾经这样说："你的聪慧在他人不知道时才是你的财富。"在短期性关系的情况下，可能确实如此。女性有时会表现得顺从、无助甚至愚蠢来吸引短期配偶。女性报告说她们曾经装作无助，让男性来控制交谈，表现得迟钝和"糊涂"并且装作温顺。女性的顺从暗示男性无须担心他的接近会引起敌意的反应。[42]顺从标志着女性默许男性的接近。由于男性更可能主动去接近，女性的顺从和无助的信号降低了接近的障碍。顺从的行为能吸引更多男性接近，扩大了潜在配偶的范围，从而制造了更多选择的机会，最终将提高获得的配偶的质量。

女性表现得顺从、无助或是迟钝，可能也暗示着男性能够为了自己的目标控制或操纵女性。女性表面上的无助可能暗示她们较容易受到性利用——不需要付出承诺就能发生性关系。[43]"头脑简单的金发美人"（bubble-headed blonde）的刻板印象可能是误导性的；这种公开的展示是有意为之的，是作为一种暗示可接近甚至性可获得的策略，而不是真正的智力不足。女性有时出于自己的策略目的而表现得脆弱以具有诱惑力。[44]

事实上，暗示性可获得有时是引诱男性进入长期关系的更大策略的一部分。有时女性能获得男性的注意和兴趣的唯一方式，就是将自己作为性商品提供，而不附加任何明显的条件。如果资源和承诺的代价降得足够低，大体上不少男性会屈服于这个性机会。一旦一名女性获得了与一位她中意的男性的性接触，她与该男性的近距离就为她自己提供了逐步渗透的机会，使得该男性在多方面依赖于她，并且逐步增加该男性保持这段关系所能获得的好处，提高如果他离开她所要遭受的损失。那些起初看上去似乎没有任何附加条件的零成本性行为，最终变成了承诺。

女人有时用性来引诱男人上钩。因为男性的心理适应使他们对短期的性机会非常敏感，所以女性能够充分利用这些心理机制，作为引诱男性进入承诺关系的第一步。

❖ 健康信号假设：幽默、创造力、艺术、音乐和道德

因为女性偏好拥有良好幽默感的配偶，男性在他们的吸引策略中应当展示幽默。[45]幽默有很多方面，其中两个方面是制造幽默（评论诙谐，爱讲笑话）和欣赏幽默（当别人制造幽默时大笑）。在长期择偶中，女性偏好制造幽默的男性，而男性偏好能接受他们幽默的女性。[46]女性究竟为什么看重配偶的幽默呢？有一种理论认为，展现幽默表明对方有兴趣发展和维持一段配偶关系。[47]这种理论预测，幽默预示着长期意图以及对特定个人的承诺线索。让某人大笑和欣赏他们的幽默感，传达了优秀的读心术、同理心、趣味感、语言技巧、相处默契和良好的长期配偶潜力。然而，不是每个人都相信，幽默对于吸引配偶非常重要。喜剧演员吉米·麦克法兰（Jimi McFarland）说："女人声称男人最重要的一点就是幽默感。在我做喜剧演员的这些年里，我了解到她们通常指的是布拉德·皮特、汤姆·克鲁斯和罗素·克劳等人的幽默。显然，那些家伙很搞笑。"

另一种理论认为，幽默是一种暗示，表明幽默使用者拥有良好的基因。这是一种健康指标，表明复杂认知技能在良好运转，没有受到高变异负荷的损害。[48]根据杰弗里·米勒（Geoffrey Miller）的健康信号假设（fitness signaling hypothesis），幽默是人类特有的一系列能力之一，向潜在配偶传递了基因品质。其他能力包括高语言灵活性（词汇量大且表达流利，熟练掌握语言及其细微差别）、智力、艺术能力、音乐能力和创造力。甚至表现出诚实、合作、公平和责任心等道德品质也可能是一种信号。健康信号假设以雄孔雀的尾巴作为类比——雄孔雀的尾巴浮华、笨重、昂贵，但只有状况最好的雄孔雀，即那些最健康的雄孔雀，才有能力做出这些迷人的展示。例如，高突变和寄生虫负荷会使羽毛光泽黯淡。雄孔雀不投资于雌孔雀，也不帮助后代，所以这些雄孔雀能提供的唯一好处就是高质量的基因。在性方面选择基因最好的男性的女性会生育更健康的下一代，她们的儿子会遗传那些吸引女性的特质，而她们的女儿会遗传女性的性偏好。换句话说，女儿们照样会选择能将高度健康的基因传递给她们自己后代的配偶。

健康信号假设建立在遗传学家罗纳德·费希尔和生物学家阿莫茨·扎哈维（Amotz Zahavi）等进化论者的工作基础之上。扎哈维认为，要想让健康信号可靠、诚实，它们的生产成本必须很高。[49]如果它们容易产生，而且代谢成本低廉，那么每个人都会生产它们。正是它们昂贵的成本使它们成为基因品质的真实信号。米勒认为，同样的逻辑也适用于求爱过程中的创造性、艺术、音乐和智力表现。这些能力并不能带来直接的生存益处，但确实传递了关于基因品质的线索。米勒认为，它们是通过一个配偶相互选择的过程进化而来的。在这个过程中，男性和女性在选择配偶时都表现出高度的挑剔。的确，男性和女性在智力、音乐才能、创造力和许多其他品质上非常类似。

虽然人类毫无疑问通过相互的配偶选择而进化，如同我在这本书中所认为的，而且配偶的基因品质毫无疑问是整个图景的一部分（例如，性感儿子假设），但健康信号假设的批评者还是发现关于音乐、艺术、幽默等进化的解释有一些问题。例如，进化心理学家史蒂芬·平克认为，艺术、音乐、文学等没有特定的适应性。相反，它们是为其他目的进化而来的适应性的非功能性副产品，允许人类享受"形状、颜色、声音、笑话、故事和神话"[50]的乐趣。例如，模仿水果颜色模式的绘画，可以愉快地激活为定位成熟水果而设计的颜色视觉的适应性。平克认为，音乐是"听觉上的芝士蛋糕，一种精心制作的精美甜点，可以刺激我们至少六种心智感官的敏感部位"[51]。因此，人类的艺术和音乐能力可能只是为适应其他功能而进化出来的副产品，而不是为了吸引配偶而表现出来的昂贵的健康信号。

对健康信号假设的另一个批评是，它旨在解释的诸如智力和道德等品质确实具有令人信服的适应性功能，而不仅仅是作为基因品质的线索。考虑智力，它与良好的资源获取技能、良好的父母养育技能、预测危险的先见之明、良好的健康习惯以及获取和熟练使用文化知识的能力有关。选择一位聪明的配偶会给自己和孩子带来上述适应性的好处。智力为后代提供的遗传优势可能也很重要，但如果忽视智力如何帮助解决配偶挑选者和孩子的一系列适应问题似乎有些草率，这些适应问题关系到配偶和孩子的生存和成长。道德的表现，无疑对吸引配偶很重要，也表明某人将是一个好的慷慨的伴侣、一个好的公平的合作者、一个自我牺牲的父母，以及一个高质量的长期盟友——所有这些品质都能直接解决实际的适应问题。

健康信号假设的第三组问题集中在它的可验证性和它带来前所未知的新发现的能力上。这个假设在解释有性别差异的特质时遇到了麻烦。例如，如果男性和女性都选择同样的健康指标，为什么女性看重潜在配偶能否制造幽默，而男性看重潜在配偶能否欣赏幽默？一些评论者认为，健康信号假设是对一些现象的事后解释，这些现象是众所周知的，比如人们讲笑话、发现有趣的事情、在公共场合展示道德品质、在音乐和艺术创作上投入看似浪费的时间等。他们认为，这并没有带来新的经验发现，而这是评估科学假设的关键标准之一。尽管如此，健康信号假设确实把更多的注意力放在配偶选择的基因品质上，而这在历史上相对被忽视了。它可能会成为进化心理学家拥有的理论工具的一个重要补充，用来解释人类配偶吸引力的复杂性。

❖ 相悖的两性目的

成功地吸引一位配偶，所依赖的不只是把握择偶的情境和潜在伴侣的意图，还取决于击败竞争对手。由于这一原因，男性和女性不仅会提高自身的吸引力，还会诋毁竞争对手。他们通过展示异性所寻求的特征而使自己显得更有吸引力，同时也使竞争对手显得缺乏类似特征而贬低对手。

在短期性关系中，男性和女性因为异性的策略所吃的苦头，也许超过了择偶领域的其他任何一部分。男性会通过假装对承诺感兴趣来欺骗女性，从而迅速地获取性关系。他们也会假装具有自信、地位、善意以及他们实际上缺乏的资源。受骗的女性会以最低的价格交出贵重的性利益。但是，女性也会进行回击。她们会坚持获得更强的承诺暗示，或者假装对短期性关系感兴趣从而隐藏她们的长期意图。正如男人通过策略在性方面利用女人一样，女人反过来也利用男人的性欲望。一些男性会上钩，并且有可能被诱入隐藏代价的罗网。

但是，用性做诱饵也会为女性带来风险。毫无疑问，展示性可获得是女性用来吸引男性进入短期关系的最有效的方式。但是，因为男性不喜欢长期伴侣的乱交信号，所以女性运用在短期关系中收效颇佳的策略，在女性寻求承诺配偶时常常起到相反效果。因为男性在两种情境中会使用相似的策略，所以无论他们需要一位女性作为短期伴侣还是长期伴侣，他们都能够稍后再做决定，从而掌握更多的信息。女性如果在性策略方面犯错，她们往往会遭受更多的损失。

男性和女性都对异性的欺骗十分警觉。女性有时在性方面非常保守，寻求意图和投资的证明，并且戳穿可能的欺骗。男性隐藏他们的真实感情，伪装出表面的承诺，保持沉默而且不做承诺。他们试图获得性利益而不付出承诺的代价。

可获得的女性与男性的比例影响着吸引伴侣的普遍手段。诸如 Tinder 和 Hinge 等在线约会网站中的典型比例对女性有利，因为寻求短期性伴侣的男性数量远多于女性，所以寻求短期关系的女性能够拥有更多的选择。

性别比例的不平衡加大了男性的压力,他们要用更好的台词、更好的欺骗手段,以及通过更好地模仿女性施加给异性的标准来击败其他男性。失败者的人数通常超过胜利者,许多人三振出局。

在性别比例颠倒的地方,即可获得的女性数量多于男性时,权力的平衡转移到男性身上,因为他们能够更容易地吸引女性发生随意性关系。这一不平衡在今天的大学校园和受过大学教育的人群中尤其严重。上大学的女性比男性多,而且女性比男性更不可能选择教育程度比自己低的配偶。两种情况结合使得择偶市场上高学历的女性过剩。Tinder 及其他约会应用软件和约会网站的兴起,反映了高学历男性在今天短期择偶市场上的优势。[52] 对于寻求长期配偶的女性来说,这些不利条件给她们的吸引策略带来压力并使得她们之间的性竞争变得更为激烈。

这一趋势被女性设置得很高的配偶标准所加剧:她们的挑剔,急剧缩小了合格男性的范围。许多男性甚至不能通过最初的考验而被淘汰出局。只有很少的幸存者留了下来——拥有合理的社会地位、足够的自信和良好的资源潜力并愿意做出承诺的男性——然后女性就会为了争夺这些男性而竞争。那些成功吸引到一位持久伴侣的人,将面临下一个适应问题,那就是如何长相厮守。

第六章
长相厮守

> 当两个人初堕爱河时，他们的心中爱火正燃，激情奔放。一段时间之后……他们依然爱着对方，但却是以另外一种方式——温情款款且互相信赖。
>
> ——玛乔丽·肖斯塔克（Marjorie Shostak）
> 《妮萨：一名昆族女子的生活与心声》

信守承诺的伴侣能得到很多收益。因为只有这样的结合才能有效地实现能力互补、劳动分工、资源共享、一致对外，拥有适合养育子女的稳定的家庭环境，以及更广阔的亲属网络。为了获得这些好处，人们必须尽可能留住他们已经成功吸引的伴侣。

同样，不能相守的人要付出沉重的代价：拓展的亲属网络破裂，核心资源丧失，子女被置于具有潜在危险的继父母的控制下。无法留住伴侣就意味着在择偶、吸引、求爱和承诺过程中的所有努力都是白费。男性如果没办法阻止配偶出轨，就很有可能失去宝贵的传宗接代的机会以及母系投资（maternal investment）。女性如果没能留住她们的配偶，就很可能失去配偶的资源、保护以及父系投资（paternal investment）。两性都要付出机会成本（opportunity costs），因为他们失去了很多重新择偶的机会。

考虑到西方社会的高离婚率，而且离婚在各种文化中都普遍存在，显而易见，长相厮守的承诺既非自觉也非必然。竞争者在四周蠢蠢欲动，伺机勾引那些离开配偶的人。已经拥有配偶的人有时不能兑现自己的承诺，而另一些人则开始给对方加之难以承受的代价。伴侣们身边总会有些各怀鬼胎的人伺机挑拨离间。大部分情况下，相守的承诺很脆弱，除非伴侣们能想出一套适应进化的策略为他们的结合保驾护航。

留住配偶策略（Mate-keeping tactics）在动物择偶体系中占有很重要的位置。虽然昆虫和人类在种系上差别很大，但是它们的手段极其丰富，并且与人类在解决留住配偶这一适应问题上有惊人的相似度，这可以为人类提供颇有助益的对比。[1]对竞争者隐藏配偶（mate concealing）就是昆虫们最常用的策略之一。隐藏的手段诸如：让配偶远离竞争者密集的地区，掩藏配偶的吸引力，在求爱期不动声色、暗度陈仓。雄黄蜂在沿着雌性的气味成功追踪到雌黄蜂的栖息地之后，会立即带着雌黄蜂离开那里，以避开其他寻味追踪而来的雄性。[2]如果雄黄蜂没能先行一步带走雌性，它就很有可能要与到达那里的其他雄性展开肉搏。雄甲壳虫通过释放气味来降低其配偶的吸引力，阻止其他雄性关注它，或者说是促使其他雄性去寻找没人竞争的雌性。公蟋蟀刚出现时总是大张旗鼓，但在接近异性时会收敛很多，以免其他公蟋蟀打扰它的美事。[3]所有这些隐藏手段都可以减少配偶与闯入者之间的接触。

另一种策略就是用身体阻挡其他雄性取代自己。大部分昆虫不仅要保持与配偶亲密接触，还要击退滋事的竞争者。例如雄水黾，它会紧抓自己的配偶，有时还会骑在它身上几小时甚至几天，即使没在交媾也是如此，就是为了防止其他雄性乘虚而入。面对竞争的雄性，昆虫们可能会用触角痛鞭对手，纠缠扭打，也可能只是简单地赶走对手。[4]也许最不寻常的用身体阻挡雄性竞争者的方式，就是插入交配栓（copulatory plugs）。例如，有种蠕虫会在精液中添加一种特殊的物质，使精液一旦射入雌性体内就会凝固，从而防止其他雄性使它受孕并切实地巩固了自己和配偶的生殖纽带。还有一种叫作"Johannseniella nitida"的苍蝇，其雄性在交媾后会脱落生殖器并留在雌性体内，以堵住雌性的生殖口。这些阻碍精子竞争的适应都昭示了雄性为了阻止竞争者取代自己的生殖地位所经历的漫漫征途。[5]

尽管昆虫和人类的种系差异很大，但两者择偶行为背后的基本适应逻辑却惊人地相似。两个种群的雄性都竭力使雌性受孕，同时防止通奸的发生。而雌性都竭力保护其用择偶接触（mating access）换来的投资。不同的是，人类留住配偶的手段（mate retention tactics）是一种精妙独特的心理操纵，这足以使得人类区别于动物王国中其他的种群。

人类之所以区别于其他动物，是因为人类能够形成长期的高度承诺的配偶关系。长久的结合对男人和女人来说同样重要。尽管在昆虫中上演留住配偶策略的主要是雄性，可对于人类来说，两性都谙熟此招。实际上，女性在解决相守的适应问题上，和男性付出了同等的努力。而这种同等是符合进化逻辑的，即衡量分手给个体所带来的繁殖资源价值的得失。一般来说，做出承诺的两性都希望配偶能有同等程度的赞许性，8分配8分，6分配6分，而分手会使两性都蒙受损失。[6]

❈ 窃偶者的威胁

长期存在的窃偶（mate poaching）威胁是留住配偶策略之所以重要的一个原因。合心意的配偶总是供不应求。那些迷人的、风趣的、引人注目的、社交经验丰富的人总是很热门，很快就"名花有主"。那些成功吸引9分和10分配偶的人，为了抓紧配偶，要不断分配更多的精力去守卫配偶（mate guarding）。[7]美丽的人在恋情间切换自如。在现代一夫一妻制社会中，那些在择偶舞台上被边缘化的人，择偶会随年龄增长更加困难。而在传统的一夫多妻制的社会中，心仪的女性一到青春期就会结婚，这让单身男性饱受煎熬。当所有这些因素齐心协力把有吸引力的人请出择偶市场时，一个人要怎样才能找到心仪的配偶呢？

对于这个反复出现的困境，一个不怎么光彩的解决办法就是窃偶。尽管很多人认为企图勾引人出轨的人应该遭受道德上的谴责，但这种做法却有很长的历史记载。[8]窃偶的最早文字记载是《圣经》中的"大卫与拔士巴"。一天，大卫王碰巧发现了美丽的拔士巴——乌利亚的妻子——在隔壁房子沐浴。对她热切的思念几乎吞噬了大卫。他终于成功地引诱了她，并最终让拔士巴怀了孕。大卫王打算除掉乌利亚，就把他送到战场前线，并要求他的部队后退，把乌利亚置于必死的危险境地。在乌利亚被杀之后，大卫王赢得了拔士巴。尽管他们的第一个孩子死了，但他们结合后仍然子孙满堂，相继生育了四个子女。

　　窃偶是一种常用的择偶策略。戴维·施密特和我发现，60％的男性和53％的女性承认，他们曾经试图勾引他人的配偶并展开一段有承诺的恋情。尽管这种努力一半以上都失败了，但仍然有接近一半成功了。窃偶并建立长期恋情，两性在这种尝试中表现出的相似性，与他们寻求短暂性行为的差异形成了鲜明对比——60％的男性和仅仅38％的女性报告，他们曾经试图勾引他人配偶，建立随意的性关系；两性中都有更高比例的人说，曾有人试图勾引他们离开现有恋情——93％的男性和82％的女性是为了建立长期恋情，而87％的男性和94％的女性是为了寻求短暂性关系。

　　报告说有人企图偷走他们配偶的比例稍微小些，这说明窃偶行为的开展通常能逃开没有戒心的"受害者"的窥探。样本中大约有三分之一——35％的男性和30％的女性——报告说配偶曾经被窃偶者**成功**带走了。戴维·施密特通过一项涉及超过30个国家或地区的大型跨文化研究，再次验证了这些发现。[9] 窃偶的成功率可能足以让它进化为一条明确的择偶策略。

　　人们窃偶的原因有很多与他们最初择偶的原因相同——寻找情感的亲密、体验有激情的性爱、确保安全、获得资源、提升社会地位、坠入爱河或是生育子女。但是窃偶者认为，有些附加收益只有在窃偶过程中才能获得。其中一个就是通过偷走对手的配偶来**向对手复仇**。当然，作为一种已经发展成型的动机，复仇之所以发展出来，是因为它可以满足某种适应功能，比如通过让对手付出更高代价来降低对手的繁殖成功率，或是震慑其他对手使其不敢对自己施加损害。另外一项收益是**留住一个经过预先核准的配偶**，因为这样的配偶已通过他人的筛选标准，具备明确的可靠性。尽管引诱已经"名花有主"的配偶可以获得这些收益，但有时这也会让窃偶者付出代价。窃偶者可能会遭受来自妒火中烧的配偶的暴力而受伤甚至死亡。窃偶者一旦被界定为欺骗者，他们的社会声誉也会受损。欺骗事件被传开后，他们可能被排挤，这会损害他们吸引潜在配偶的能力。不仅如此，窃偶者即便是成功了，也必须承担潜在的风险，因为其配偶有再被偷走的可能，这就需要他们付出更高代价来守卫配偶。

　　施密特和我发现，很多用在其他场景下的追求配偶的策略，也可以有效地达成窃偶的目标——改善外表、炫耀资源、表现和善、有幽默感、有同情心等。不过,有两项策略是特别设计出来引诱他人配偶的。第一项是**钻空子**(temporal invasion),这项策略有以下表现:更改自己的时间表,这样自己陪伴偷窃对象的时间就多于该对象的现有伴侣,或是在偷窃对象现有伴侣工作或出城的时候造访。第二项是**制造隔阂**(driving a wedge)——让自己慢慢介入偷窃对象现有的恋情,积极主动地促成分手。制造隔阂的一种方式就是提升偷窃对象的自尊,传递信息来增加该对象对自身赞许性的感知。同时,窃偶者还要告知该对象,其并不被现有配偶所欣赏:"他对你不好",或是"你配得上更好的",或是"你太好了,他配不上你"。不断上升的自尊和未被赏识的感觉形成鲜明对比,很多时候,这已经足够扩大恋情中的细小裂缝了。通过这种双管齐下的策略,窃偶者就把已经"名花有主"的配偶变成了自由身,他只要坐享其成就可以了。

尽管不怎么光彩,仍有充分证据表明窃偶是一种有效的择偶策略。实际上,那些使用窃偶策略的人有大量的终身性伴侣和约会对象。[10]

人类进化出他们特殊的策略来防范窃偶者并留住配偶。恋爱中的女性会对竞争者特别警惕,而男性会更警惕地监视他们的配偶。[11]一种最重要的留住配偶策略就是不断满足配偶的欲求——导致择偶行为发生的欲求。不过,如果竞争者也如法炮制,仅仅满足配偶这些欲求就不够了。人类祖先需要一套专门的心理机制,去提醒他们来自外界的潜在威胁,并指示他们何时调动执行配偶守卫策略(mate-guarding strategies)。这种机制就是性嫉妒(sexual jealousy)。

❖ 性别相关的性嫉妒适应功能

当男性作为父亲尽责的时候,他们总是要面对父权不确定性(uncertainty of paternity)的困扰。女性受精和怀孕的时候,这个困扰就无处不在;而在子代出生之后,每当男性做出亲本投资时,困扰都在不断加重。与其他雄性哺乳动物相比,男性为子代做出了巨大的投资。通奸是一个非常严重的适应问题,在整个人类进化过程中男性都不得不解决它。这个问题普遍存在于动物王国之中，以至于只有极少数的雄性哺乳动物会为子代倾其所有。[12]雄性黑猩猩——与人类最接近的灵长类亲属——可以保护自己的群落抵御同种侵袭者，但它们不会为后代做出任何投资。而人类的男性可以在父权不确定的情况下对子女进行投资，这看起来是非常不符合进化规律的，因为男性会因此招致双重惩罚：他们的亲本投资不仅付诸东流，且很有可能是流向竞争对手的后代。人类男性对子代的大量投资有力地证明：我们的祖先进化出了有效的确定父权的适应机制。在关于性嫉妒的研究中，所有的现象都直接证明嫉妒就是那种适应机制。

想象一下你提早下班回到家中，进入房间时听到里屋有动静，你喊伴侣的名字，但没人答应。你走向里屋，粗重的喘息声和呻吟声越来越清晰。你打开卧室门，看到床上躺着一个赤裸的陌生人，正和你的伴侣翻云覆雨。你当时会是什么感觉？只要你是人，你肯定会五味杂陈，经历耻辱、愤怒、背叛、失望、悲伤等各种情绪。[13]

性嫉妒中所包含的情绪是由一种可感知的、对性关系的威胁引起的。这种对威胁的感知引发了一系列减少或消除威胁的行动。[14]从保持警惕——监察配偶婚外情的蛛丝马迹，到拳脚相加——这会让配偶或竞争者为他们的不忠和偷情付出严重的代价。当一个人发现其他人可能对其配偶感兴趣，或是其配偶有不忠的迹象，比如和别人眉来眼去时，性嫉妒就会被激发。愤怒、悲伤、羞辱紧随其后，促使这个人有预谋地去除掉竞争者、阻止配偶不忠，或有时，减少损失。

不能解决适应问题的男性不但要承受随之而来的繁殖代价，更有可能失去他的地位和声誉，而这会严重影响他吸引其他配偶的能力。想想希腊文化对通奸的态度："妻子的背叛会给丈夫带来耻辱，使他沦为'乌龟'（Keratas）——对希腊男性最糟糕的羞辱——因为这暗示着软弱和无能。……尽管社会认为女性应该忍受丈夫的不忠，但社会不能接受男性容忍妻子的背叛。如果他真的这么做了，他会被嘲笑太不够男人了。"[15]通奸的男性通常也是被嘲弄的对象。因此不能留住配偶的惩罚还包括失去社会地位，这会大大降低一个人在危险的择偶游戏当中的成功率。

大部分关于嫉妒的研究集中于男性的性嫉妒，这可能是由于男性和女性在亲权确定性的问题上有差异。尽管如此，女性同样会嫉妒。配偶和其他女性接触可能使他撤走资源和承诺而转向别的女性和那名女性的孩子。男性和女性嫉妒体验的次数和强度都没什么差别。在一项研究中，有150对情侣被要求评价一般情况下他们的嫉妒情况：当面对伴侣和其他异性的关系时有多嫉妒？这种嫉妒在多大程度上困扰着两人的关系？结果，两性都表现出同等程度的嫉妒，这证明两性都会体验到嫉妒，并且在强度上没有差别。[16]

这样的反应并不仅存在于美国。来自匈牙利、爱尔兰、墨西哥、荷兰、美国、苏联、南斯拉夫的2 000多人被问及他们对各种不同的性场景的反应。当他们假想配偶与他人调情或发生性关系时，这七国的男女都一致地表达了消极情绪反应。如果性伴侣和他人相拥或共舞，两性也同样会有嫉妒的反应，尽管这次可能不像对调情和性关系的反应那么消极。和美国一样，全世界的男性和女性都把嫉妒作为一种适应机制，当备受珍视的恋情受到威胁时就激活它做出反应。[17]

尽管有众多相似，两性嫉妒的内容和关注点仍存在很多有趣的差别。在一项研究中，要求20名男性和20名女性扮演他们嫉妒时的场景。[18]这些参与者事先被要求单独在一组备选场景中做出选择，其中包括典型的嫉妒场景：伴侣和他人发生性关系，以及伴侣对他人投入时间和资源。有17名女性把资源和时间的转移作为嫉妒的诱发事件，而只有3名女性认为性背叛才是。形成鲜明对比的是，有16名男性认为性背叛是嫉妒的诱发事件，而只有4名男性选择了资源和时间的转移。这项研究得出的第一条推论就是：尽管两性都有嫉妒的适应机制，但诱发事件不尽相同，这正暗合了两性的适应问题——男性要确保亲权确定性而女性要确保资源和承诺。

在另一项研究中，要求15对情侣列出令他们嫉妒的情境。男性认为配偶与第三者的性关系是嫉妒的首因，而次因是配偶拿自己和竞争者做比较。相反，女性表示伴侣花时间在其他女性身上、与女性竞争者交谈或亲吻会引发她们的嫉妒。[19]女性的嫉妒，简而言之，就是担心配偶的资源转向其他女性；而男性的嫉妒主要来自配偶性关注的转移。

这样的两性差异在心理和生理方面都有体现。在一项有关嫉妒性别差异的研究中，我和我的同事要求 511 位大学男生和女生比较两件困扰事件——伴侣和他人发生性关系，伴侣和他人建立深厚的情感依恋。[20] 83% 的女性在发现她们的伴侣情感背叛后会更烦恼，而只有 40% 的男性会这么想。相反，60% 的男性觉得伴侣的性背叛更困扰，但只有 17% 的女性有同样想法。

为了区分 60 名男女参与者的差异，我们运用了分析两性面对性和情感背叛时的躯体不适的方法：把电极放在被试额头的皱眉肌上，因为这块肌肉在皱眉时会收缩；右手的第一和第三根手指可以测量皮电和出汗状况；而拇指可以测量脉搏和心跳。接着，我们要求每名被试都想象同样的两种背叛：性和情感。性背叛使男性有更多的躯体不适：他们的心脏每分钟大约多跳 5 次，相当于一次喝掉三杯咖啡；想象性背叛时他们的皮电会增加 1.5 微西门子，但他们想象情感背叛时皮电接近基线水平；而且他们会增加皱眉强度，想象性背叛时会有 7.75 微伏的收缩，相比之下，面对情感背叛时只有 1.16 微伏的收缩。女性则呈现出相反的情况：想象情感背叛时表现出更多的躯体不适。以皱眉为例，情感背叛让女性增加了 8.12 微伏的收缩，而性背叛只有 3.03 微伏的收缩。其他研究者用多种测量手段印证了两性生理反应的差异。[21] 两性面对困扰的心理反应和生理唤醒模式同步，这表明：经过多年，两性已经可以很好地适应为了留住配偶而必经的威胁。

两性在嫉妒诱因上的差异不限于美国人。在中欧进行的一项关于男女嫉妒的研究中，80% 的男性表现出对性的担心，例如担心他们的配偶和其他男人交媾或关注他们自己的性满足。[22] 只有 22% 有嫉妒情绪的女性表现出对性的关注；相反，大部分女性更关注情感联系，例如配偶和其他女性的亲密程度。当配偶有和其他男人的性幻想时，匈牙利、爱尔兰、墨西哥、荷兰、苏联、美国和克罗地亚的男性都会比女性呈现出更大程度的嫉妒。[23] 这种嫉妒诱因上的差异可以说是整个人类物种的特质。

❖ 对嫉妒性别差异的相互矛盾的解释

对嫉妒的性别差异的进化论解释受到了挑战。[24] 有些观点认为性背叛和情感背叛通常是相关的,而事实上它们就是相关的。人们倾向于和发生过性关系的人发展感情,相对地,倾向于和那些情感上亲密的人发生性关系。但是男性和女性对于这种关联的信念可能有所不同。基于这样的假设,女性可能对于伴侣对他人的情感投入会更加不安,因为她们觉得这意味着伴侣也会和他人发生性关系。相反,女性可能相信男性会在没有情感投入的情况下发生性关系,所以想象伴侣和他人的性行为就不会那么不安。男性的信念就不同了。男性可能在伴侣和其他男性发生性关系时感到更为不安,因为他们认为女性只有在建立情感关系后才会发生性关系,同时,他们认为女性可以在不发生性关系的情况下轻易地和一个男性建立情感关系。

我的团队和我在三种文化背景下进行了四项经验研究,用来验证相互矛盾的进化假设和信念假设。[25]第一项研究邀请了美国东南部一所文科院校的1 122名大学生。最初的背叛场景经过了调整,使得两种背叛是相互排斥的。参与者需要报告他们对于伴侣没有情感联系的性背叛和没有性背叛的情感联系的相对痛苦程度。正如进化假设所预测的,出现了巨大的性别差异。如果信念假设是正确的,那么性别差异应该消失。但是它没有。

我们的第二项研究包括四项附加的测验,用三种研究策略检测这两种模型的预测。一种策略是通过三种方法使两种背叛彼此互斥。第二种策略假定两种背叛都发生了,并让参与者陈述哪种背叛更让他们不安。第三种策略会用一个统计程序,检测性和信念在解释哪种背叛更加让人忧虑时所具备的独立的预测价值。结果是决定性的:巨大的性别差异精准地显现了出来,正如进化假设所预测的那样。无论问题被怎样表述,无论使用哪种方法论策略,无论条件概率被怎样严格地控制,性别差异依旧显著。

第三项研究是在一个非西方的本土韩国人样本中重复背叛的两难困境。最初的性别差异再次显现。我们用两种策略控制了性和情感背叛的同时出现,性别差异依旧显著。进化假设经受住了这次实证考验。在第四项研究中,我们在非西方的日本人样本中测试了关于嫉妒和信念本质的预设。结果再一次证明了进化假设。在另一项研究中,布鲁克·谢尔扎(Brooke Scelza)调查了一个小规模的群体——纳米比亚的辛巴族,她也发现，当两种形式的背叛都出现时，对于性方面的背叛，男性会比女性更加忧虑。[26]最后，进化心理学家巴里·库勒分析了在实际发生背叛之后自发的嫉妒质问。他发现男性比女性更想知道"你是不是和他做爱了？"，而女性比男性更想知道"你爱她吗？"。[27]

可能比任何研究细节都更重要的是对关键性科学标准的评价——证据的效力。[28]通过数量惊人的多种多样的方法，我们发现了嫉妒的性别差异。通过迫选方法发现的嫉妒的性别差异，在不同文化中都很显著，比如巴西、英国、罗马尼亚、韩国、日本、荷兰、挪威和瑞典，这说明了它存在的普遍性。[29]当性背叛和情感背叛都发生时，参与者被询问背叛的"哪个方面"最让人忧虑，结果也显示出显著的性别差异。尽管不是全部，但大多数研究者在调查对嫉妒的心理反应时能发现心理忧虑的性别差异。实际生活中经历过真实背叛的参与者，以及在调查程序中被要求生动地想象背叛经历的参与者，他们的性别差异会更加显著。比起情感背叛，男性比女性更难原谅性背叛，这说明他们更可能会因为性背叛而不是情感背叛去结束一段恋情。

相较于女性，男性在认知上对性背叛的线索回忆比情感背叛要多，会优先研究性背叛而不是情感背叛的线索，对性背叛线索的关注是不由自主的，对性背叛的反应比情感背叛更迅速。

在一项研究中，当参与者想象性背叛和情感背叛的情景时，研究者对他们进行功能性磁共振成像大脑扫描（fMRI brain scan），结果发现了显著的性别差异。[30]在杏仁核和下丘脑——主管性和攻击的脑区，男性比女性显示出更强的激活。相反，女性在后上沟显示出更强的激活，这个脑区负责心理解读（mind-reading），比如推断伴侣的未来意图。如果男性和女性的嫉妒适应是为了解决有些不同的适应问题，那么这些发现恰恰印证了我们的预期。[31]总的来说，性别差异的显著性适用于不同文化，也经受住了各种方法的考验，包括心理两难法、心理记录、认知实验，以及 fMRI 大脑扫描。

关于嫉妒适应的其他一些性别差异的设计特征已被记录在册。男性的嫉妒心对有地位和资源的竞争者特别敏感，女性的嫉妒心则对有身体吸引力的竞争者特别敏感。[32]一名男性表示："想到我的前女友和别人做爱太折磨人了。……如果我持续想这件事，我会感到自己体温上升，就要爆发了。"[33]一名女性表示："我特别不喜欢他和漂亮的女孩在一起，或者他说她们很漂亮。"[34]有趣的是，这些关于对竞争者特质的困扰的性别差异——女性对竞争者吸引力的愤怒和男性对竞争者地位和资源的愤怒——在被诊断为有"病态"嫉妒症状的女性和男性身上也会出现。[35]

在过度评价伴侣性背叛的可能性方面，男性比女性更多地展现出一种夸大型的不忠感知偏误（infidelity overperception bias）。[36]最后，在经常嫉妒和很担心恋情威胁的男性和女性中，对性背叛和情感背叛的反应的性别差异尤其显著。[37]

❖ 通过满足伴侣欲求来留住配偶

一旦配偶关系受到威胁，嫉妒就会被激发，所采取的手段可能是针对配偶的、竞争对手的抑或是针对自己的。无论男人还是女人都有很多种手段去留住配偶。而伴侣对配偶的原始偏好帮他们形成了一条主要策略：满足配偶的喜好，即提供配偶想要的资源，可以十分有效地维持与配偶的关系。

为了验证这个假设，我进行了一系列关于"留住配偶"的研究。[38]首先，我请恋爱中的男女描述人们会采取哪些特殊做法把伴侣留在身边并阻止伴侣和其他人接触。他们的回答有104种之多，我们的四名调查员将这些回答分为19类。以"警惕"这一类为例，包括不定时地给伴侣打电话看看他/她和谁在一起，让朋友帮忙盯梢，偷看伴侣的私人物品，不打招呼就跑过来看伴侣在干什么。最后，我请102位正在谈恋爱的大学生和210对夫妇来评价自身采取类似行为的频率。尽管结婚五年了，夫妇们仍然会用这样的手段来留住配偶。一个独立的评审小组就两性用这些手段留住配偶的有效性做出了评价。

满足伴侣的原始择偶欲望毫无疑问是有效的留住配偶的手段。女性在她们首次择偶中渴求的是爱和亲切，因此，要是一名男性想要留住他的配偶，那源源不断地提供爱和亲切绝对是高度有效的手段。只要男性向配偶述说爱意，在她们需要时伸出援手，一以贯之地表达关切和爱慕之情，他们总能成功地留住配偶。这些行为被评为男性所能施展的最有效的策略，因为在有效性的7点量表中它们获得了6.23的高评，显著高于女性使用相似的策略的有效性（5.39）。不仅如此，能否表达自己的诚意直接关系到恋爱关系的维持以及经历"五年之痒"后婚姻的维系。如果丈夫没能表达自己的爱意和承诺，他们的妻子会比那些享受着爱与呵护的女性更想要离婚。表达爱意和关切的行为能够成功，是因为它们暗示着对恋情的情感承诺，它们赋予利益而非造成代价，它们满足了女性对心仪伴侣的心理偏好。

另外，女性还看重经济和物质资源，所以源源不断地提供这些资源也可以有效地帮助男性留住配偶。参与研究的男性都表示，为了达到目的，他们在配偶身上花了很多钱，还不惜重金给她们买贵重的礼物。在那些认真交往的恋人中间，男性比女性供给更多的此类外部资源。不仅如此，在男性留住配偶的手段中，提供资源的有效性排第二，平均为4.50，而女性使用时只有3.76的有效性。为了留住配偶，男性在新婚阶段总是提供更多的资源，而且在"五年之痒"之后，他们仍然会比妻子更常使用这种手段。[39]就像成功吸引配偶的手段一样，成功留住配偶的手段满足了异性的欲望——在这里就是满足了女性对经济和物质资源的渴求。

同样，由于男性看重配偶的身体吸引力，我发现女性会认为改善外表是她们留住配偶的首选手段之一。这项发现在多种文化背景中得到验证，包括巴西、克罗地亚和美国。[40]紧随爱和亲切之后，改善外表在19类手段中排名第二。女性会用尽浑身解数吸引伴侣：化妆美容让自己看起来很漂亮，穿衣打扮来维持伴侣的兴致，举止性感以转移伴侣对其他女性的注意力。不仅仅是新婚的女性，就连结婚五年的女性也会通过改善外表来留住配偶，这说明不断满足男性的择偶欲望就是长相厮守的关键。

外表的重要性在一项研究中得到了明显的体现，研究要求两性观看一部情侣坐在沙发上聊天的录像。[41]这对情侣拥抱、亲吻、爱抚对方，45秒后其中一方起身离开屋子去重新倒酒。几秒钟后，一个人闯进来，参与者会被告知，闯入者是留在沙发上那人的前男友或前女友。（男性参与者看到的版本是闯入者为前男友，而女性参与者看到的则相反。）沙发上的人起身抱了一下闯入者，然后两人坐到了沙发上。在下面一分钟内，他们都表现得很亲密，比如亲吻或爱抚。这时倒酒的那人回来了，看到沙发上的两人正互诉衷肠，录像播放到这里结束了。女性在看完录像后更倾向于报告说，面对这种威胁，她们会让自己看起来更有魅力来留住配偶。而男性，相反，会变得很愤怒，并表示会用更有攻击性的方式留住配偶。女人改善外表是因为这调动了男性固有的欲望。

❖ 情感操纵

当其他手段，像提供资源、关爱、亲切都不起作用的时候，人们有时会求助于增加绝望情绪的手段来留住配偶，尤其当他们的配偶价值比伴侣低时。这一类手段，例如在伴侣说爱上别人的时候痛哭，让伴侣对自己的移情别恋有负罪感，然后告诉伴侣自己已经无可救药地依赖着他/她了。

屈从恭顺（submission）或者自贬身份（self-abasement）也是情感操纵（emotional manipulation）的手段之一。比如，配偶说的他/她都会照办，让配偶牵着鼻子走，承诺自己会做出改变，这真是非常绝望的手段了。尽管刻板印象中都是女性更屈从于男性，但留住配偶的研究却得到了完全不同的结果。为了留住配偶，大概有多于女性25％的男性会在配偶面前屈从或自贬。这样的性别差异在大学恋人、新婚夫妇乃至结婚几年的夫妇当中都存在。此外，自贬的性别差异可以排除男性报告偏误（male reporting bias）的因素，因为他们的配偶也报告了同样的差异。

严格地说，为什么男性会更多使用这样的策略来留住配偶始终是个谜。可能那些男性认识到自己的配偶价值比他们的伴侣低，就用屈从来阻止她甩掉他。也许屈从象征着一种抚慰和挽留即将离去的伴侣的尝试。但这些推测都不令人满意，因为它们无法解释为什么男性会比女性更多采用这种手段。只有进一步的研究才能解开这个谜。

另外一种用于留住配偶的情感操纵的手段就是有意激起配偶的性嫉

妒。比如和别人幽会，在聚会中和异性聊天，或者是表示对其他异性感兴趣来激怒配偶。女性使用这些手段去留住配偶的有效性远远高于男性。女性可以通过和别人调情来使配偶嫉妒继而紧紧抓住他们，但这尺度的把握非常微妙。如果她这招用得不那么高明，就很有可能让配偶实施暴力或者觉得她水性杨花，真的把她甩了。

尽管女性承认比男性更多使用激发嫉妒的手段，但并不是所有女性都会这么做。一项研究发现了女性有意激发性嫉妒的一种重要情境。[42]这项研究旨在考察两性对恋爱关系的投入程度的差异。这种差异说明伴侣双方的赞许性有差别，因为投入较少的一方一般来说配偶价值更高。相反，在所有觉得自己对恋情投入较多的女性中，有50%会有意激发嫉妒情绪；而在投入较少或和伴侣投入相等的女性中，只有26%会用这种手段。女性承认她们激发配偶的嫉妒情绪是为了让两人关系更亲密，检验他们的爱情是否禁得起考验，看看伴侣是否还在乎她们，激发他们的占有欲。伴侣对恋情投入程度的差异证明了他们在赞许性上的差异，而很明显，这又促使女性把激发嫉妒当作手段去试探男性做出的承诺，并且刺激承诺的提升。

❖ 击退窃偶者

人类，像许多物种一样，总想独占他们的财产和配偶。一种显示独占权的方法就是给配偶做一些公开标记（public marking），告诉异性竞争者躲远一点。公开标记可以是口头的，比如说在介绍时说他/她是自己的配偶或爱人，再向朋友夸耀他/她。公开标记也可以是身体的，比如在众人面前牵手或搂着配偶。公开标记也可以是装饰性的，比如让配偶穿自己的外套，送给配偶饰品，在Facebook上显示恋爱状态，表明他/她已经名花有主。

尽管两性在使用这些公开标记击退窃偶者的频率上没有差别，但我们的专家小组认为，男性用这种方法来留住配偶要比女性有效得多。[43]可能是因为公开标记会给女性一个强烈的暗示——这名男性愿意做出承诺。比如一枚订婚戒指，就能向潜在的窃偶者输送强烈的信号。口头、身体以及装饰性的表示，都能有效地让潜在的竞争者知难而退，就像雄昆虫会把自己的气味和雌性的混合在一起，迫使竞争者去追求其他没人竞争的雌性。这些表示同时也代表一种承诺，而这种承诺正好满足了女性的长期择偶欲求。

保持警惕也是两性用来留住配偶的方法。在加利福尼亚海岸的雄性海象中也有类似的现象。它们总是在女眷周围巡视，以防竞争者侵入和雌性出轨。人类保持警惕的方法则是不定时地给配偶打电话，或者偷看他/她的邮件，或者监控他/她的Facebook。保持警惕说明他们努力想知道配偶是否不忠。同时，配偶的警惕也告诉另一方一旦他/她的奸情东窗事发，后果会很严重。同样，我们有理由推断，在我们的进化历史中，不警惕的人总比那些警惕的人遭受更多的背叛。

隐藏配偶的策略和警惕密切相关。就像雄黄蜂会立刻带走它的配偶以避开其他雄性的追踪，无论男性还是女性都会隐藏他们的配偶，不带他们参加有同性竞争者参加的聚会，不向可能窃偶的同性朋友介绍配偶，带他们远离潜在竞争者聚集的地方。隐藏的方法的确有效，它减少了配偶和其他竞争者的接触，而且减少了配偶寻求其他择偶机会的可能。

独占配偶的时间和隐藏配偶如出一辙。这种手段包括和配偶一起度过所有的休闲时间，在社交场合一直和配偶在一起。独占配偶（monopolization of mate）是为了阻止他们和潜在竞争者接触，因为这些竞争者很有可能挖墙脚，或是提供一个比现在的恋情更诱人的机会。

这些留住配偶的方法在不同时代不同文化中都有体现。独占配偶的一个典型的例子就是通过幽禁（claustration）或隐藏女性来阻止她们和潜在的性伴侣接触。历史上，印度男性把女性隔绝于深闺之中，阿拉伯男性让女性用面纱和长袍遮住脸和身体，日本男性绑住女性的脚来限制她们的行动。在流行戴面纱的社会中，最为严格的面纱仪式会要求女性尽可能把皮肤都遮起来，这样的仪式一般会发生在婚礼上，因为此时女性的繁殖价值近乎或已经达到顶峰。青春期以前的女孩和更年期之后的老妇就不会被严格隐藏起来，因为她们对其他男性没什么吸引力。[44]

人类历史上还有一种通用的习俗，那就是男性会把女性集中在看守森严的后宫之中。"后宫"（harem）这个词意味着"幽禁"（forbidden）。实际上，就像宫外的男性很难进来一样，宫内的女性也很难离开那里。国王和其他统治者用阉人来看守后宫。在16世纪的印度，商人定期向富人提供孟加拉阉人奴隶，这些奴隶不仅被阉割了，而且整个生殖器都被切掉了。[45]

无论以哪种标准来衡量，因于后宫之中的女性数量都大得惊人。印度王公巴平德·辛格（Bhuponder Singh）死的时候，后宫有332个女人。"所有人都对王公（Maharaja）唯命是从，她们当中任何一个都可以在一天当中任何时候满足他的性欲。"[46]在16世纪，印度国王的后宫大概有过4 000到12 000名居住者。[47]在帝制时期的中国，大约公元前771年时，"天子后立六宫、三夫人、九嫔、二十七世妇、八十一御妻"[48]。在秘鲁，一个印第安酋长至少有700个女人"来服侍他起居或取悦于他……这些女人给他生了很多孩子"[49]。

所有这些留住配偶的公开标记都只为了一个目的，就是阻止配偶和潜在竞争者接触。因为自古以来高位男性一直握有权力，他们能够使用很强硬的手段，这使得女性在很大程度上失去了选择的自由。在现代工业社会，男女更加平等，两性都会应用公开标记来留住配偶，尽管没有中世纪君主的方式那么激烈。

❖ 加诸代价的留住配偶策略

另一种留住配偶的策略，就是通过诋毁、要挟甚至暴力让竞争者和配偶都付出代价。这远不同于以前那种能给配偶带来好处的提供资源、殷勤献媚的方法。但无论是阻止竞争者挖墙脚还是避免配偶出轨，破坏性手段都表现不俗。

有一套加诸代价的手段是针对对手的。对竞争者口头上的诋毁恐怕是最轻的了，尽管《德训篇》（28：17）中这样写道："鞭笞只能留下伤痕，但积毁可以销骨。"为了阻止配偶被对手迷惑，无论男性还是女性都会诋毁竞争者的外表和才智，或是散布谣言毁损竞争者的声誉。即使是结婚以后，对竞争者的诋毁还会继续，因为更换配偶（mate switching）的事情总会发生。如果这招用得巧妙，就能有效地降低对手的吸引力，减少配偶出轨的概率。

代价更加高昂的手段是向对手进行口头要挟和施加暴力。黑猩猩会向对手龇牙好让它们快点离开雌性；同样，新郎也会朝盯着新娘的对手大吼，警告向配偶献殷勤的对手，或者是仇视那些老盯着配偶的男性。所有这些威胁性的保护方法几乎只适用于男性。尽管不常发生，但仍有46%的丈夫承认，他们在过去一年中要挟过同性竞争者，而只有11%的妻子这样做过。这些手段向窃偶者们传递了强烈的信号，他们的行为会付出沉痛的代价。

当然，男性能让对手付出更加惨痛的代价。丈夫们会殴打那些向他们的配偶献殷勤的男性，还会纠集一帮朋友群殴对手，给心怀不轨的男性一巴掌，或者是恶意毁坏对手的财产。这些行为都会让挖墙脚的对手付出沉痛的代价，比如身体伤害，有时甚至是死亡。同样，这也会使施暴者声名远播，让其他对手再不敢接近他们的配偶。的确，大部分男性不敢轻易招惹那些体型健壮、面目粗犷的凶悍暴徒的女友。

破坏性手段并不只针对竞争者，有很多是阻止配偶出轨的。雄狒狒和其他灵长类都会撕咬和殴打与其他雄性通奸的雌性。[50]婚后，两性看到配偶和别人调情都会很气愤，斥责配偶对别人动心，而且要挟说一旦配偶出轨就离婚。那些被伴侣判定为配偶价值较低的男性，尤其可能对伴侣进行言语侮辱，也许是因为这些男性，没有什么利益可以给予配偶，所以试图让他的配偶认为她也不是那么心仪的伴侣。[51]不仅如此，两性都会要挟配偶说，如果抓到配偶和别人在一起，就再也不和配偶讲话了；有时看到配偶和别人调情还会大打出手。比起那些不想和眼前人相守的男性，感情认真和已经结婚的男性会更常使用这种手段。

惩罚配偶能起到很好的威慑作用，因为这可以让配偶认识到对别人动心要付出严重的代价。这代价可能是身体上的，比如身体伤害；也可能是心理上的，比如因遭受斥责或言语虐待而导致自尊下降。[52]因为一个人的自尊，部分体现了人们对自身配偶价值的认知，这种形式的羞辱在留住配偶策略中是功能性的，尽管这些行为在道德上让人不齿。

在一些特殊情境下，我们能发现对伴侣羞辱的手段是功能性的。[53]一种情境是觉察或发现性背叛。第二种是双方配偶价值不相称：低赞许性的一方会侮辱另一方来降低其对这种不相称的认知。第三种是女性怀孕，但男性怀疑孩子不是他的。这种情境中对女性的殴打，通常直指腹部，这说明了一种令人不安的可能性：这种暴力的功能是使对手的孩子夭折。

这些恶意的配偶虐待在不同文化中都会发生。例如在印度的拜加（Baiga）部落中有这样的案例：丈夫会用点燃的木条殴打妻子来惩罚她们和别的男性调情，而嫉妒就是导致对女性施暴的关键因素。[54]在对加拿大受虐妇女的研究中，55%的女性报告说嫉妒是丈夫对她们施暴的原因之一；有一半的女性都认为嫉妒就是动机，是她们的性背叛导致了丈夫的暴力。[55]

野蛮地殴打不仅出现在背叛后，有时是为了预防背叛的发生。更有甚者，在北非和中非、阿拉伯、印度尼西亚和马来西亚的文化中，人们发明了很多方法来防止婚外情的发生，比如生殖器致残。阴蒂切开术（clitoridectomy）就是通过手术切除阴蒂使女性无法享受性愉悦，数以万计的非洲妇女遭受过这样的手术。此外，非洲还流行一种阴部扣锁法（infibulation），就是缝合女性的阴唇。据统计，今天在北非和中非的23个国家或地区中，有2亿妇女因为遭受阴部扣锁而导致生殖器残疾。[56]

阴部扣锁法可以有效阻止性交。有时候，手术会由女性的亲属进行，就是为了向她未来的丈夫证明她是贞洁的。婚后，这些女性的阴部必须被切开才能行房。要是丈夫离家一段时间，那她就必须再进行这样的手术。在苏丹，女人生过一个孩子后其阴部会被再次扣锁，然后又必须要再切开行房。尽管阴部扣锁的决定一般都是由丈夫做出的，但有些女人会自动要求在分娩后扣锁，她们觉得这样可以取悦丈夫。要是一个苏丹女人不能取悦她的丈夫，她就很可能被休掉，进而失去孩子、经济来源，而且给她的家族带来耻辱。[57]

没有哪个社会中的男性是不会产生性嫉妒的。在所有据称没有嫉妒的文化中，原本只要不犯乱伦的忌讳，性交都不会被干涉，可现在却有了性嫉妒的证据。例如马克萨斯群岛的居民，一直被认为不会给通奸设障。但一个民族志的报告反驳了这一理念："如果一个女人承诺和一个男人生活在一起，她就把自己置于了这个男人的掌控之下。如果她未经允许就和另一个男人同居，她会被殴打，如果她的丈夫醋意大发，她会被杀死。"[58]

另外一个被认为不存在嫉妒的例子来自施行共妻（wife sharing）的因纽特人。他们做的绝不像说的那么好听，男性的性嫉妒是因纽特人杀偶的最主要因素，而且杀害率之高实在令人忧虑。[59]因纽特男性共妻的条件之所以极其苛刻，就是为了让他们觉得自己的好心会得到善意的回报。很明显，交换妻子可以缓和男性嫉妒导致的攻击。所有这些发现都证明这世上不存在共享配偶却不嫉妒的性自由的天堂。

如果丈夫捉奸在床，有些社会要求奸夫对丈夫做出赔偿。即便是在美国，奸夫也要为自己"挑拨感情"而向丈夫做出经济赔偿。在北卡罗来纳州，一名眼科医师就被要求赔偿一名女性的前夫20万美元，因为他勾引这名女性离开丈夫。这些责难是法律对人类进化心理本能的体谅：通奸就是非法掠夺一名男性的资源。各地的男性都会把妻子当作受自己支配的资产。所有的男性都会把通奸当作一种偷窃，而且有时这会给他们的生活带来一连串的灾难。[60]

❖ 危险且致命的愤怒

男性的性嫉妒对于人类生活来说并不是无关紧要的小情绪。相反，这种情绪有时会变得非常强大，甚至唆使它的主人杀掉配偶或第三者。在一个杀妻的案例中，丈夫显然是在意识到通奸可能带来的繁殖威胁之后受了刺激，他解释道：

> 你看，我们总是为了她婚外情的事情争吵。可事情并不这么简单，那天我下班回到家，一进屋就抱起我的小女儿拥在怀里。没想到妻子转过身来对我说："你真是傻透了，你不知道她根本就不是你的孩子，是别人的。"我真的被激怒了！我变得很疯狂，拿起枪就杀了她。[61]

妻子的背叛有时被视为一种过强的刺激，让一个"理智"的男人有权做出合法的致命反击。以得克萨斯州为例，直到1974年，丈夫可以把捉奸在床的奸夫淫妇杀死而不负法律责任；他们的被杀被当作是在过强刺激下的合理反应。实际上，丈夫杀掉通奸的妻子而被法律赦免的事遍及整个世界以及整个人类发展的历史。比如在雅浦岛，如果丈夫将奸夫淫妇捉奸在床，习俗允许他杀死他们并焚尸屋内。居住在苏门答腊的多巴-巴塔克族（Toba-Batak）也为被激怒的丈夫们设立了类似的条款。在古罗马，只有通奸行为在他家里发生时，法律才赋予丈夫杀人的权利；在今天的部分欧洲国家，很多类似的法律仍被实行。[62]

在所有对妻子施暴的情况中，包括殴打和事实性的谋杀，男性的性嫉妒是最常见的诱因。在一项对44名寻求庇护的受虐妇女的研究中，55%的妇女承认嫉妒是丈夫殴打她们的关键诱因。[63]性嫉妒也是谋杀的主要诱因。研究者对蒂夫人（Tiv）、索加人（Soga）、吉苏人（Gisu）、尼约罗人（Nyoro）、卢西亚人（Luyhia）、卢奥人（Luo）这些非洲英属殖民地上的居民进行过一项关于杀人案的研究，在70起杀妻案中，有46%明显是由性事件引起的，包括通奸、妻子离弃丈夫以及妻子拒绝和丈夫发生性行为。[64]

很多女性杀人事件究其根源受到男性性嫉妒的影响。女性杀害男性往往是为了保护自己，因为丈夫的暴怒、威胁和虐待让她们害怕自己会受到肉体上的伤害。由男性嫉妒所引起的47起杀人案中，有16名女性由于背叛或被怀疑背叛丈夫而被杀害；17名奸夫被暴怒的丈夫杀害；还有9名男性在指责妻子不忠后，妻子出于自卫杀死了他们。[65]

218 这样的行为绝不止于美国或西方国家。在苏丹、乌干达以及印度，性嫉妒仍是杀人案背后的主导动机。[66]以一项在苏丹的研究为例，研究者发现在300起男性犯下的谋杀案件中有74起是出于性嫉妒。[67]在所有得到研究的社会当中，很明显，大部分婚后杀人事件的催化剂是男性告发通奸或女性离弃或要挟离弃丈夫。不仅如此，大约20%的男性之间的凶杀事件是由于他们想要竞争同一名女性，或是一名男性企图接近另一名男性的配偶、女儿或女性亲戚而使对方恼羞成怒。[68]

嫉妒的适应功能——防止不忠和确保亲权，很难与杀妻这种看似逆适应的行为相提并论，因为这样的行为毁坏了关键的繁殖资源进而阻碍了繁殖的成功完成。可能的解释有很多种。由于绝大多数不忠的妻子并没有被杀，所以真正的杀妻行为只不过是整个机制中的意外疏漏。由此看来充满暴力的嫉妒是病理性的，它发展得过快，有意或无意地导致了死亡。[69]尽管这一理论可以解释部分案例，但却无法解释众多杀妻行为在世界范围内所具有的一致性。很多男人承认他们想要杀掉妻子，就算是追到天涯海角也要这么做。

另外一种解释是，由嫉妒引发的杀害虽然过于偏激，但仍然可以说明此机制符合进化的规则。纵观人类进化史的全貌，杀妻并不一定会危及繁殖。首先，如果妻子要离弃丈夫，他一定会失去她的繁殖资源，而且他还要承受随之而来的代价：眼睁睁看着这些资源流向他的竞争对手，这是对成功繁殖的双重打击。

此外，容忍通奸的男性将沦为被嘲讽的对象而且声誉受损，尤其是当他们不采取任何报复行动的时候。在一夫多妻制的婚姻中，杀掉不忠的妻子能挽救一名男性的声誉，而且可以有力地震慑其他妻子的不忠行为。多妻的男性如果不采取行动，通奸行为很有可能会由于不受惩罚而再次发生。在进化历程的某些情境下，杀妻象征着挽回声誉的努力，借此来控制繁殖资源的流失。

面对杀人行为的利弊矛盾，我们有理由相信：在某些情况下，比起忍气吞声地遭受背叛和抛弃，杀死不忠或离意已决的配偶能带来更大的繁殖收益。也许，经过漫长的进化，杀人的想法和偶然性的杀人行为已经具备适应性并成为男性进化机制的一部分。这种可能性让人担忧甚至害怕，这当然不是让谋杀合法化或为谋杀开脱，但如果社会真的想成功应对杀偶这一严重的社会问题，就必须面对产生它的心理机制，尤其是激发这些机制并使之变得十分危险的背景环境。

❖ 脆弱的结合

两个完全没有血缘关系的人却能形成一个团结的整体，长达数年、几十年甚至一生，这的确是人类社会的伟大成就。因为实在有太多的因素会使两人分离，所以，相守的关系十分脆弱，这其中包含着一连串棘手的进化问题。这些问题能否成功解决，取决于多种因素。首先，必须要防止提供进化资源的配偶出轨。其次，要牵制竞争者，比如公开标记自己的所有权或是隐藏配偶以避免配偶与他人接触。另外也可以用情绪控制、激发嫉妒来提高自己的赞许性，向配偶屈从或自贬，或让配偶相信别人的怀抱并不更有吸引力。最后，破坏性方法还是有可能登场，比如惩罚配偶的不忠或是攻击对手的身体。

这些五花八门的手段之所以会成功，是因为它们利用了配偶和对手的心理机制。那些增加收益的手段，比如示爱和提供资源，很适用于男性，这样他们可以通过满足女人的欲求心理来抱得美人归。而对于女人来说，改善外表和提供性资源是行之有效的，因为这满足了男人魅力优先的欲求心理。确实，我们对已婚夫妇的研究发现，男性在发现他们的伴侣有吸引力时，会加强他们留住配偶的努力，就像女性对于身居高位、收入丰富的伴侣也会加强留住配偶的努力。[70]

不幸的是，那些会让配偶和对手付出沉痛代价的威胁暴力手段，也是利用了他人的心理适应机制。就像身体伤害会让人规避环境灾害一样，心理的恐惧也会让人尽量不去激怒配偶。人们要为伤害他人付出代价。

男性的性嫉妒是许多留住配偶策略背后主导的心理机制，这种危险的情绪也是男性对配偶拳脚相加的主要原因。这样的机制有时候看起来很矛盾，它们本来是为了维持两人的关系，结果却造成了这么多破坏。这都是因为繁殖的风险太高，而参与者的利益却不能共享。已婚男性和他们对手的目标是抵触的，因为这个人千方百计想拐走他们心爱的妻子。同时，已婚男性的目标也可能与妻子或女友的目标相抵触，这就很可能让她们成为性嫉妒暴行的牺牲品。当一方想要相守，而另一方想要分手的时候，两人都在承受折磨。这就把我们引向了一个更广泛的话题——两性冲突。

第七章
两性冲突

> 现在我们越是了解那些形塑我们的模式和结构,就越觉得男性好像变成了敌人和暴君,或者至少是如外星人那般让人捉摸不透的物种。
>
> ——卡罗·卡塞尔(Carol Cassell)
> 《一扫而空》(*Swept Away*)

小说、流行歌曲、肥皂剧还有花边新闻中的男女总是在斗智斗勇,生活在水深火热之中。妻子抱怨丈夫冷落自己,丈夫被妻子的多愁善感搞得晕头转向。女人说:"男人太吝惜自己的感情。"男人说:"女人的感情就像火药桶。"男人的性欲来得快去得也快,可女人总是令人扫兴地拖拖拉拉。这些都仅仅只是刻板印象吗?

我首次接触两性冲突的话题时,就想对这一领域进行一次大型调查。为了达成夙愿,我请几百名男女简单地列出异性的哪些行为会激怒和惹恼他们。[1] 人们谈到这个话题总是滔滔不绝。他们列出了147种会激怒、惹恼异性的行为,从傲慢、无礼、身体虐待到性侵犯、性抑制、性别歧视、性背叛。以这张清单为基础,我的同事和我发起了一项由单身和婚恋中的男女参与的研究,希望能找到最高频的冲突来源和最令人困扰的冲突。

两性冲突在更为广阔的社会冲突背景下得到了最好的解释。只要一方干扰另一方达成目标就会形成社会冲突。干扰可以有很多种形式。以男人为例,当他们竞争同一项资源时,冲突就会出现,比如阶级地位或是接近心仪女性的机会。因为年轻貌美的女性总是供不应求,所以部分男性最终将被判出局。一个男人的成功就注定了另一个男人的失败。同样，如果两名女性同时爱上了一个负责、善良又有成就的男性，她们也就陷入了冲突之中。要是其中一个美梦成真，那另一个必然是空手而归。

同理，两性之间的冲突也是由于双方的目标和喜好相悖。在两性的战场上，男性总在寻求"免费"的性生活，这让很多女性的择偶目标大打折扣，因为她们本来想要更多的感情承诺和更高的物质投入。这种干扰是双方面的：想要长期恋情和重本投资的女性也干扰了男性的性策略，因为他们总想尽量少地承担责任。

冲突本身不是进化的目的，而且一般来说，和异性发生冲突是无法增加个体适应性的。相反，大多数冲突是要付出代价的。冲突更多情况下是两人性策略相悖而产生的不良后果。好在我们已经从祖先那里继承了这些心理机制来进行冲突管理（conflict management）。

气愤、困扰、烦闷这样的消极情绪是关键性的人类心理机制，经过进化，它们已经可以在一定程度上提醒人们，他们的择偶目标正遭受威胁。这些情绪同时还具有很多相关功能。它们将我们的注意力转移到问题事件上，集中精神迅速从众多事件中筛选出少量相关事件。它们给这些事件做标记，便于记忆存储和提取。情绪同样会引发行动，让人们竭力清除问题的根源或阻止争斗的发生。

男人和女人的性策略不同，会引起他们消极情绪的事件也不尽相同。那些处处留情却不愿意承诺和投入的男性总会让女性心烦意乱；而如果女性在一段时间内，引诱男性让他投资却不让他满足性趣，男性也会很不爽。

❖ 性可接触性和配偶价值的感知冲突

两性在性可接触性和性可获得性上存在差异，这可能是最常见的两性冲突的诱因。一项研究请121名大学生在四周内持续记录他们的约会活动，其中有47%报告说他们不止一次地因为性亲密程度而产生分歧。[2]男性有时会寻求成本最低的性接触。他们谨慎地守着自己的资源，挑剔地选择投资对象，"羞涩"地把自己的资源留待投入长期配偶或者是一连串的随意性伴侣，有时是连续的，有时是轮流的。而女性的手段大部分是为了服务于她们的长期性策略，所以她们总是在给予男性性接触之前，想方设法地先获得他们的投资或者投资的暗示。这样看来，最令女性垂涎的恰恰就是男性谨慎守护的投资。而男性所追求的性接触也正是女性最为珍视的。

双方对彼此赞许性的感知也会引发冲突，忽略对方作为潜在配偶的价值，这自然会让对方怒火中烧，继而打响"战争"第一炮。有较高赞许性的一方可以提供更多的资源，也就可以吸引更有价值的配偶。而那些价值较低的就不得不接受低赞许性的配偶。当然，有的时候，有人会觉得自己挺不错，可别人不一定这么想。

有个经常出入乡村音乐酒吧的女同事的案例很好地解释了这一点。她说，有时那些蓝领工人会请她跳舞，他们一般都穿着 T 恤，戴棒球帽，胡子拉碴还喝着啤酒，她要是拒绝，他们就会骂她："臭娘们！怎么，老子配不上你？"尽管她只是简单地背过身去，这也明确地表示，她觉得那些人配不上她。这种无声的拒绝表示她觉得自己挺不错，能配上更好的人，这当然会激怒那些遭冷遇的男人。大门乐队的摇滚明星吉姆·莫里森曾说过没人要的女人是邪恶的。可见，要是人们对某人作为配偶的价值的感知有差异，冲突就会发生。

❖ 性心理解读的认知偏误

人类所生存的择偶世界充满了不确定性。我们必须对彼此的意图和情感状态做出推断。他对她有多少吸引力呢？她对他承诺有多深？那个笑容是挑逗还是友好？有时，明明已经对某人点燃爱火，却要刻意隐藏起来，这让不确定变得更加不确定，让猜测变得更加变幻莫测。我们被迫对隐藏的意图和行为进行推断，就像在拼一副线索模糊的拼图，只有一定概率能够找到真实。比如恋爱对象身上一抹无法解释的香气，可能代表着性背叛，也可能只是在闲谈或在商场闲逛时无意获得的。

在解读他人的心理时，有两种犯错的可能。你可能推断出一种并不存在的心理状态，比如并不存在的性兴趣。或者你可能没能推断出一种存在的心理状态，比如对某人炙热的情感或求欢视而不见。错误管理理论（error management theory，EMT）认为，这两种错误的众多表现都表明，它们绝对不可能导致相同的成本-收益结果。[3] 从烟雾报警器的例子中，我们可以对此理论有直观的理解。烟雾报警器对任何烟雾迹象都十分敏感。与没有侦察到真的火灾而引发的灾难性代价相比，偶尔错误警报的代价是很轻微的。错误管理理论将这种成本-收益逻辑应用于进化适应性的研究上，尤其在解读异性的择偶心理时。

根据错误管理理论，心理解读式推测的成本-收益结果存在不平衡。这种不平衡如果在进化史中重复出现，将会造成自然选择的压力，而这种压力必然会产生认知偏误（cognitive biases）。就像烟雾报警器的"偏误"是"宁可误报不要漏报"一样，错误管理理论认为，人类进化出的心理解读机制会更倾向于产生两种推测错误中的一种。**夸大型的性知觉偏误**（sexual overperception bias）就是一个很好的例子，此时男性拥有的心理解读偏误让他们将误解性暗示的代价最小化。错误管理理论提供了一条令人信服的解释，来说明为什么男性在女性只是微笑、轻触他的手臂或者只是表示友好时，会错误地推断为她对他有性兴趣。

一项研究请98位男士和102位女士观看了一段10分钟的录像，内容是一位男性教授和一位女性学生之间的对话。[4] 这个学生到教授的办公室请求延期提交学期论文。短片中的演员是一名女戏剧学生和一名男戏剧教授。尽管两人被要求表现得亲切友好，但两人都没有显露轻浮或挑逗。观看影片后，参与者需用7点量表评价这个女人的意图。女性在看完之后更倾向于认为这个学生想要表现得很友好（6.45），而不是性感（2.00）或者诱惑（1.89）。男性虽然也同意友好（6.09）这一项，但在诱惑（3.38）和性意向（3.84）的推断上明显多于女性。另外一项研究也得到了相似的结果，研究使用了一张男女共同学习的照片。[5] 男性认为照片中的女性在一定程度上表现出性感（4.87）和诱惑（4.08），而女性对同样的照片则更少认为有性感（3.11）和诱惑（2.61）的意图。

有趣的是，认为自己具有较高配偶价值的男性更倾向于产生夸大型性知觉偏误。⁶倾向于使用短期择偶策略的男性展现出更显著的夸大型性知觉偏误——这种偏误让他们减少了错失良机的机会，促进了他们的短期择偶策略的成功。⁷一项由卡琳·佩里厄（Carin Perilloux）主持的快速约会（speed-dating）研究发现，男性在遇到外形性感的女性时，更容易受夸大型性知觉偏误的影响——这是一个很讽刺的发现，因为性感的女性往往更挑剔。⁸这些男人恰恰在最不可能对他们产生兴趣的女人身上发现了契机。然而，他们按照自己的推断行动时，有时也能获得性机会。在整个进化史中，哪怕只有极少部分的"误解"会导致性行为，也会提高男性推断女性有性兴趣的可能性。男性的夸大型性知觉偏误是一种进化出的激励倾向。

这种男性机制一旦启用，就很容易被操纵。女性有时候会用她们的性特征作为操纵的策略。在一项 200 名大学生参与的研究中，报告用微笑和调情来获得异性特殊待遇的女性显著多于男性，尽管她们并没真的想和这些男人发生性行为。⁹简而言之，女性有时会为了自己的目的利用男性的夸大型性知觉偏误。¹⁰男性对女性的性兴趣的误解，加之女性有意利用这种心理机制，就形成了一种潜在的不稳定组合。这些性策略导致了性亲密程度的冲突：女性觉得男性在性方面太过强求，而男性觉得这正是女人想要的。

性粗鲁（sexual pushiness）有时会升级成为性侵犯（sexual aggressiveness）——因为对性接触的渴求会让男性不顾女性的勉强和抗拒。性侵犯是男性在性接触过程中使成本最小化的策略，当然男性也要为这种策略本身付出代价：断绝关系和声誉受损。性侵犯的行为包括寻求或强迫性亲密、非自愿的性行为，以及未经许可就触摸女性身体。在一项研究中，我们请女性对 147 种男性可能做出的令人厌恶的行为进行评价。女性对性侵犯的评价均值高达 6.50，接近痛苦的最大值 7.00。男性可能做出的其他行为，例如言语虐待和与性无关的身体虐待，都没有像性侵犯那样让女人厌恶。和男性通常认为的不同，女性并不喜欢被强暴。女性有时会幻想被富有帅气的男人强暴，有时强暴的情节还会出现在浪漫小说之中，但这并不表示女性喜欢强迫或被动的性行为。¹¹

形成鲜明对比的是，男性对于女性的性侵犯并没有那么困扰。他们觉得，与其他不适相比，性侵犯是无关痛痒的。在同样的 7 点量表当中，男性对被女性性侵犯的评价是 3.02，即轻度困扰。部分男性自发地提出，他们觉得女性的这种行为会让他们产生性兴奋。而其他困扰诱因，比如配偶不忠（6.04）以及言语或身体虐待（5.55），让男性恼怒的程度远远高于女性性侵犯带给他们的困扰。

男性和女性之间有一种令人担忧的差异，那就是男性固执地认为，女性并不会对性侵犯感到那么反感。当男性在 7 点量表中评价性侵犯对女性的消极影响时，他们只给出了 5.80，这显著低于女性给出的 6.50。这样的两性冲突是令人担忧的，有些男性会由于低估性侵犯对女性的伤害而实施这样的行为。不能正确认识性侵犯对女性的心理伤害，不仅会让两性在交往过程中产生冲突，也是男性对强奸受害者缺乏同情心的一个原因。[12] 得克萨斯州某位政客曾经很冷酷地说，要是一个女人无法从强奸犯手中挣脱，她还不如躺下来享受。只有那些无视性侵犯给女性带来的伤害的人，才会有如此麻木不仁的言论。

相反，女性总是高估女方的性侵犯给男性带来的困扰，她们对此给出了 5.13，即中度不适的评价，而男性只给出了 3.02。[13] 男性和女性都在对异性的心理解读中犯了错。这种感知偏误源于对异性的错误信念，双方都基于自身的反应对异性妄下定论。男性和女性都会认为对方比实际上更喜欢自己。了解两性面对性侵犯存在的感知差异，也许能在一定程度上减少两性冲突。

与性侵犯相反的是性抑制（sexual withholding）。男性总是抱怨女性的性抑制，她们挑逗男人却拒绝发生性关系，让男人兴奋再把他们晾在一边。在那份评价困扰程度的 7 点量表中，男性给性抑制打了 5.03，而女性给出了 4.29。可见，两性都对性抑制耿耿于怀，但显然男性比女性更困扰。

对女性来说，性抑制有多重功效。一是可以保存实力去选择那些愿意做出情感承诺或物质投入或贡献高质量基因或三者兼有的优质男性。她们对某些男性采取性抑制，是为了把机会留给她们选中的男性。除此之外，女性通过性抑制提高了性行为的价值，使其成为稀缺资源。而稀缺又提高了男性愿意为她们付出的代价。就算男性获得性接触的渠道只有高昂的投资，他们也会心甘情愿。因为在性机会稀缺的情况下，不能投资的男性就找不到配偶。但这种情况也会产生另一种两性冲突：女性的性抑制干扰了男性短暂而不带感情牵绊的性接触策略。

性抑制的另一种功效是：在男性评价女性作为配偶的价值时，女性能够操纵他们的评价。因为男性一般认为与高赞许性的女性进行性接触的机会较少，女性就可以用性抑制来左右男性对自己赞许性的评价。实际上，高赞许性的女性难以企及，男性用获得性接触的难易程度来判断女性的配偶价值。最终，性抑制会让男性觉得这名女性适合做长期配偶而不是暂时性的。刚开始就允许性接触，会让男性把这名女性当成随意的性伴侣。

女性用性抑制给男人加码。她们规避了男性择偶策略中的很多手段，包括低成本的性行为。当然，女性有权选择性行为的时间、地点和对象。可不幸的是，这种选择和男性深谙的策略相悖，这让男性很困扰，也是导致两性冲突的关键要素。

❖ 情感承诺

从最抽象的意义上讲，适应问题可以由以下两种方法中的一种解决——通过自己的劳动或者获取别人的劳动。理论上，可以成功地用最小的承诺获取他人劳动的人，在解决适应问题上最成功。比如对女性最有利的情况是，一个很爱她的男性愿意为她和她的孩子倾其所有。而对男性最有利的情况是，对每个女人只投入一部分资源，剩下的资源留待解决其他的适应问题，比如寻找其他的配偶或者获得更高的社会地位。因此，两性经常会为对方的承诺产生分歧。

关于承诺的冲突有一个重要标志，就是女性很讨厌男性不表露自己的情感。女性对男性抱怨最多的就是他们总是吝啬自己的情感。比如在新婚夫妇中，45％的女性抱怨说她们的配偶不表露自己的真实情感，而只有24％的男性会这么抱怨。在约会阶段，大概有25％的女性会抱怨她们的伴侣忽视她们的情感；在她们婚后第一年，这个数字上升到了30％。婚后第四年，59%的女性抱怨丈夫忽视她们的情感。相反，只有12%的新婚丈夫和32%的结婚四年的男性会有这样的抱怨。[14]

从女性立场考虑，要是男性表达自己的情感，对她会有什么好处，要是男性没能表达，她又会付出什么样的代价呢？从男性立场考虑，抑制情感表达有什么益处，而表达情感又有什么坏处呢？这种性别差异的一个原因是，男性的繁殖资源比女性的资源更容易被分割。在一年时间当中，女性只能为一名男性怀孕生子，所以她这部分繁殖资源是不能被分割的。但在同样的一年当中，男性可以将他的资源分割成很多部分，投资给两名甚至更多的女性。

男性不表达情感的一个原因是，对一段感情投入得越少，就能留出越多的资源投给其他女性或其他目标。在很多交易磋商过程中，对男性最有利的方法是，掩藏自己的渴望、真实出价以及急切签约的心情。土耳其毛毯商戴深色眼镜来隐藏自己的兴趣。赌徒们努力摆出一本正经的样子，生怕他们不安分的情绪会出卖自己的手。情绪经常会暴露投资的意愿。要是情绪掩藏得好，那么择偶策略也会被掩藏起来。信息的缺乏让女性很痛苦，所以她们抓住所有能接触到的线索来探求男性的真实想法。大学女生报告说，她们会花时间与朋友回想和分析与约会对象的对话及行动，力图发现对方的"真实"想法、意图、情感和动机，这么做的大学女生远远多于大学男生。[15]承诺冲突发生在女性对男性情感压抑的抱怨中。

隐藏择偶策略不是迫使男性禁欲的唯一原因，而且男性也不是注定在表达情感时这么笨拙。同样，女性有时也会把隐藏情感当作策略。在求偶的战场上，比起男性，探寻潜在伴侣的长期意图对女性更重要。评价有误的女性祖先要付出很大的代价，即准许不愿做出承诺的男性进行性接触。让一个男性表达自己的情感是女性的一种手段，她们能利用它来获得她们所需的重要信息，从中可以识别该男性在多大程度上会做出承诺。这也许就是歌星麦当娜劝说女人用男人的情感表达来检验爱情的原因。只有这样才能知道他的爱情是否真实。

女人抱怨男人对感情太吝啬，而男人总抱怨女人太感性、太喜怒无常。大概30%正在约会的男性抱怨他们的伴侣太感性，而只有19%的女性这么认为。这个数字在婚后第一年变成了34%，而在婚后第四年则跃升至49%；相比之下，只有25%的女性在婚后会这么抱怨。[16]

喜怒无常的伴侣会占用你很多时间和精力。要抚慰他们，就要暂时搁置自己的计划帮他们摆脱坏情绪，这会用掉本应花在其他事情上的精力。女性用这种增加成本的手段来诱导男性做出承诺。一个喜怒无常的女人会这样说："你最好对我做出承诺，否则我就用反复无常的情绪让你付出代价。"这是女性诱导男性做出承诺的众多手段之一。但男性可不喜欢，因为它会耗掉他们本该用于应对其他适应挑战的精力。

喜怒无常也会被用作检验感情纽带的评价工具。[17]女性会用喜怒无常让男性付出小小的代价，再通过男性对这个代价的反应评价他们的承诺。男性不愿承受这种代价，就说明他们承诺的程度低。男性愿意承受代价，并对这些投资的附加要求反应敏感，说明他们对这段感情的承诺水平较高。任何一种手段，都可以帮女性得到有关他们感情纽带强度的重要信息。

无论是喜怒无常策略还是情感保留策略，都不需要演员本身有意识的思维。女性没必要意识到她们在测试男人的承诺。男性也没必要意识到他们在最小化对配偶的投资以留待他用。就像大多数心理机制一样，情感压抑与情感表达之间的冲突所具有的功能并没有显现出来。

❖ 资源投入

除了情感承诺，配偶也会因为时间、精力和资源的投入而发生冲突。忽视和失信就是投资冲突的表现。婚恋中的女性有超过三分之一抱怨配偶忽视、拒绝或者敷衍她们。她们通常抱怨说，男性没有花足够的时间陪伴她们，没按约定的时间打电话，约会迟到，在最后一分钟才告诉她们要取消安排。大约有两倍于男性的女性这样抱怨，说明这种忽视是男性让女性付出的代价。恋爱中的女性大约有38%抱怨她们的伴侣没能按约定打电话，但只有12%的恋爱中的男性会这么说。[18]

由忽视和失信产生的不愉快，反映出两性在时间和精力投入上的冲突。守时是需要付出精力的。要守信就需要放弃那些本来可作他用的时间和资源。忽视代表低投资，说明男性承诺的深度不够，导致他不愿为了满足女性的利益而付出哪怕一点代价。

婚姻无法消除投资冲突。实际上，从新婚到婚后第四年，女性对忽视和失信的抱怨会逐渐增多。大约有41％的新婚女性和45％的结婚四年的女性，抱怨说伴侣没有花足够的时间陪伴她们。而相对应的男性的统计数字只有4％和12％。[19]

与忽视相对的就是依赖（dependency）和独占（possessiveness）。当伴侣消耗对方太多精力以至于限制了对方的自由时，冲突就会升级。已婚男性会抱怨配偶占用了他们太多的时间和精力，这个数字远远超过女性。36％的已婚男性抱怨说配偶要求他们投入的时间太多，而只有7％的已婚女性会这么想。29％的已婚男性抱怨说配偶总是要求被关注，而只有8％的已婚女性这样认为。[20]

两性在对时间和关注的需求方面所表现出的差异，反映了长期存在的投资冲突。女性试图独享伴侣的投资，但很多男性会拒绝这种垄断，会想方设法抽出部分精力来解决其他的适应问题，比如提升社会地位或是获取其他的伴侣。有超过女性3倍的男性抱怨这种独占。在历史上，分配资源去获得地位和更多配偶给予男性的繁殖回报是巨大而直接的。而对于女性来说，这种收益相对微弱，也不那么直接，而且有时会付出更高的代价，因为她们很可能会失去现有伴侣的时间和资源投入。妻子们的独占和苛求是因为她们不想让丈夫的投资流向他处。

投资冲突的另外一个表现就是抱怨伴侣自私。在已婚者中，有38％的男性和39％的女性抱怨伴侣表现自私。同样，37％的已婚女性和31％的已婚男性抱怨伴侣以自我为中心。自我中心的表现有，为自己聚敛资源，却让包括配偶或子女在内的其他人买单。婚姻的进程伴随着对自我中心抱怨的激增。婚后第一年，只有13％的女性和15％的男性抱怨伴侣以自我为中心。到婚后第四年，这个数字已经超过先前的两倍。[21]

要解读这种急剧的变化，就要考虑求爱期间投资的关键信号。吸引潜在伴侣的有效求爱信号就是甘愿无私，比如先人后己、优先考虑伴侣的利益，或者至少将伴侣利益视为与自身利益同样重要。这些信号都是吸引伴侣的强有力的手段，并在求爱期表现得最为精彩。当婚姻已经顺理成章地确定下来时，暗示无私的手段就要退场了，因为这些手段的首要功能——吸引伴侣已经不重要了。两性都更无拘束地放纵自己，在伴侣身上耗费的精力也少了。也许这就是已婚夫妇所抱怨的"他们把我们当作是理所应当的"。

前景并不乐观，但自然选择所造就的人类，并不是在美好的婚礼祝福声中实现共存的。他们是为了实现自我生存和基因繁殖而造就出来的。而由这种无情的标准塑造出的心理机制，通常是自私的。

投资冲突的最终表现是金钱分配方面的冲突。一项针对美国夫妇的研究发现，金钱的确是最易引发冲突的诱因。72％的已婚夫妇每年至少要为金钱争吵一次，15％的夫妇每个月都要吵几次。[22]有趣的是，这些夫妇吵的是他们的钱该怎么分，而不是他们到底一共挣了多少钱。[23]

美国男性抱怨说配偶花在衣服上的钱太多了，抱怨人数远超过女性。新婚时，有此抱怨的男性占12％，而在婚后第四年，这个数字上升到26％。相比之下，只有5％的女性在新婚时、7％的女性在婚后第五年会抱怨丈夫在衣服上的开销。但两性都会抱怨配偶的开销太大。将近三分之一的男性和女性，在婚后第四年抱怨配偶对共享资源的花销太大。

女性更多抱怨配偶没有把他们赚到的钱用在自己身上，尤其强调他们没给自己买礼物。在婚后第五年，大约三分之一的已婚女性这么抱怨；相比之下，只有10％的丈夫表达了同样的不满。[24]两性冲突与双方最初的配偶偏好紧密相关。女性选择配偶是为了他们的经济资源，一旦结婚她就比男人更容易抱怨资源来得不够。

❖ **欺骗**

当一方欺骗另一方时，由性接触、情感承诺和资源投入而产生的两性冲突会更加激化。欺骗的手法在动植物世界十分丰富。例如，有些兰花拥有色彩艳丽的花瓣和花蕊，酷似一种土黄蜂（Scolia ciliata）的雌蜂的颜色、形态和气味。[25]雄黄蜂被这种气味和颜色强烈地吸引，会像降落在雌黄蜂背上那样降落在兰花上。紧随其后的就是拟交尾（pseudo-copulation），雄性会迅速爬过兰花表面的坚硬茸毛，这些茸毛酷似雌黄蜂腹部的绒毛。它在兰花上搜寻相应的雌性生殖结构，同时花粉会附着其身。雄性没能找到它想要的部位完成射精，只得到下一朵花上进行拟交尾。兰花通过这种方式欺骗了雄黄蜂，来完成异花传粉（cross-pollination）。

人类也会使用性欺骗的手段。一个同事经常出入高级酒店的酒吧，挑选那些能邀她共进晚餐的男士。晚餐时，她会表现得亲切、轻浮、性感而且迷人。晚餐即将结束时，她会谎称去洗手间，然后从后门溜掉，消失在夜色中。有时她独自行动，有时她会和女伴一起行动。她的目标多是从外地来的商人，这样的人她以后很少有可能再遇到。尽管她没有说谎，但她确实是一个性欺骗者。她用性暗示来换取资源，接着在发生性关系之前开溜。不过你也不用太为那些男人可惜，因为他们大部分是已婚人士，也在进行着性欺骗。

尽管这出戏看起来不同寻常，但它背后的主题却在多种司空见惯的行为方式的掩盖下反复上演。显然，女性意识到了她们对男人产生的性影响。104 名女大学生被问及是否经常通过和男人调情来获得她们想要的东西，比如帮忙或是优待，同时她们清楚地知道自己并不想和这个男人发生性关系。平均下来，她们在 4 点量表中给出了 3 的评价，3 代表"有时"，而 4 代表"经常"。相比之下，男性的评价只有 2。当女性被问及是否用性暗示来获得帮助和注意，尽管她们并不想和对方发生性关系时，她们给出了类似的回答。[26] 有些女性承认成为性欺骗者（sexual deceiver）是她们的众多择偶策略中的一种。

女人比较容易成为性欺骗者，而男性则更容易成为承诺的欺骗者（commitment deceiver）。想象一个 33 岁的男人在爱的宣言中要做出怎样的承诺吧：

> 你或许觉得没必要非得用"我爱你"这三个字来诱惑和打动女人。可事实不是这样。这三个字就像是一剂强心针。每当激情迸发的时候，我都会情不自禁地说出爱的宣言。很多时候我并不是这么想的，但在当时的情况下，这种话两人都受用。对于我来说这并不算是

欺骗，因为我必须要对她有感觉才行。无论怎样，这绝对是当时最该说的话。[27]

当我的实验室问及112名大学男生他们是否曾经通过夸大对女性的感情来哄骗她发生性行为时，有71%的人承认这么做过。而对于同样的问题，只有39%的女性承认这么做过。当女性被问及是否有男性通过夸大对她们的感情来哄骗她们发生性行为时，97%承认见识过男性这种把戏；相反，只有59%的男性遇到过女性使用这招。[28]

在已婚夫妇之间，有关承诺的欺骗以性出轨的方式继续上演。男性出轨的动机很明显，那些有婚外情的男性祖先更容易多子多孙，这就比那些老实忠诚的对手获得了更多的繁殖优势。女性对丈夫出轨非常不满，这意味着他可能将资源转移到别的女性那里，甚至完全摆脱他们的婚姻。她们只能眼睁睁看着本来有婚姻保驾护航的投资就这样流走，换个丈夫并不那么容易，尤其当她们有孩子的时候。基于这些考虑，女性对那些有感情投入的婚外情更加恼怒，因为感情投入意味着彻彻底底的背叛，而不仅仅是简单的资源分流。要是丈夫没有对婚外情投入什么感情，妻子会更宽容，也没那么生气。[29]男性似乎看清了这些。要是被当场抓住，男性通常会辩白说那个女人"什么都不是"。

在人类的求爱期，如果女性被潜在配偶的资源和承诺所欺骗，她们所要背负的代价要更沉重。男性祖先如果选错了性伴侣，失去的只是少量的时间、精力和资源，不过他也有可能因为招惹了这名女性，而激怒了爱吃醋的男朋友和疼爱女儿的父亲。但是，要是女性祖先随随便便选错了伴侣，任由自己相信男性长相厮守的鬼话，她就要承担怀孕、生育和独自抚养孩子的风险，而且她们不太可能吸引到其他伴侣，因为现有的孩子会被择偶市场上的潜在配偶视为是一种代价。

因为被欺骗者要承担严重的损失，自然选择赐予了人类用来探查和防止欺骗的心理警惕机制。两性间的欺骗与防卫就像是一场无休止的演化的军备竞赛，当今一代不过是这漩涡中新的一环。骗术日趋狡诈的同时，揭穿骗术的才智也越来越精妙。

女性时刻提防欺骗。当她们寻求一段稳定的恋情时，第一道防线就是在同意发生性行为之前给对方施压，要求其付出更多的时间、精力并做出承诺。时间可以让你更了解对方。它给了女性更多的机会去评估一名男性，看他对她有多忠诚，查查他是不是被先前做出过承诺的女性和孩子拖累着。想要对女性隐瞒真实想法的男性，会厌倦长期恋情。他们会去寻找其他更容易到手的性伴侣。

女性已经发展出一套策略来识破男性的骗术，男性也不会轻易上女性的当。尤其在男性想要寻找配偶的时候更是如此。准确评价女性的繁殖价值、资源、亲属以及忠诚度就变得十分重要。田纳西·威廉斯的戏剧《欲望号街车》就鲜明地展示了这一幕：米奇（Mitch）正和布兰奇（Blanche）约会，他想和她结婚，却不知这位前中学教师向他隐瞒了自己和其他男人的风流史，这些男人中就包括那个令她被学校开除的学生。一个朋友提醒了米奇有关布兰奇的过去，所以那晚米奇挑衅地对她说，他们每每都只在夜晚昏黄的灯光下见面，他从没在明亮的屋子中看过她。他点亮了灯，这让布兰奇害怕，因为他看到的她比她说的要老。他挑明说自己已经听说了她的风流史，她哀伤地问米奇是不是还愿意娶她。他说："不，现在我不会娶你了。"接着胁迫她发生了性关系。[30]

因为男性非常重视潜在配偶的外表和忠贞，所以他们对女性年龄和性生活的谎言会更加敏感。他们会全力搜寻信息来了解女性的性声誉。对于寻求长期伴侣的男性而言，心理警觉会提醒男性小心女性的谎言，尤其是在具有繁殖重要性的两方面——繁殖价值以及这种价值只属于他一个人的可能性。

不幸的是，两性冲突并不止于性接触程度的矛盾，也不止于承诺和欺骗，它会以更加暴力的形式呈现。

✣ 亲密伴侣暴力

暴力的方式有很多。一种是心理虐待，这会让妻子觉得自己在这段恋情中没有价值，让她降低对自身赞许性的评价，觉得能留住丈夫已经很幸运了，如果她真的出轨，那么自己在择偶市场上的前景会很悲观。[31]

心理虐待的功能性策略有两种，分别是傲慢和贬低。傲慢有两种形式。第一，男性更关注自己的意见，这仅仅因为他们是男性。第二，男性觉得配偶很傻、低人一等。大约有两倍于女性的新婚男性会表现出这样的傲慢。这种表现会让妻子觉得自己的赞许性比丈夫的低。[32] 傲慢的一种形式就是"男人说教"（mansplaining），它有可能增加受害者对恋情的投入和承诺，让受害者屈从而全力为施虐者服务。[33] 受害者通常认为，自己更换伴侣的前景并不乐观，她们必须要通过增加投资来全力安抚现在的伴侣。她们安抚配偶以防他更加愤怒。

心理虐待有时会从言语侮辱升级成为身体暴力。男性对女性进行肉体折磨的主要目的就是高压控制。一名研究者参与了对 100 对加拿大夫妇的审讯，起诉的理由都是丈夫对妻子施暴。研究者总结，几乎所有案例的核心都是丈夫因为没有能力控制妻子而觉得很沮丧，而且频繁地指控妻子是妓女或者和别的男人发生性关系。[34] 另外一项对 31 名美国受虐妇女的研究发现：嫉妒是配偶争论的主要焦点。在 52％的案例中，嫉妒导致身体虐待；而 94％的案例表示，嫉妒是家庭暴力事件的常见诱因。[35] 另一项涉及 60 名受虐妻子的研究，在北卡罗来纳州的一家诊所的帮助下，提出了"病态嫉妒"（morbid jealousy）的概念，即如果妻子由于任何原因离开家，或者如果她保持与别的男性或女性的友谊，有 95％的可能会招致暴力回应。[36] 达到对女性的强行控制，尤其在性活动方面，是身体虐待的主要原因。

虐待配偶显然是一项危险的游戏。施虐者要寻求更多的承诺和投资，但这个策略可能事与愿违，甚至导致出轨。抑或，这种虐待可以被当作一种孤注一掷的手段去留住即将离开的配偶。这样的话，施虐者将会如履薄冰。他可能会让受害者觉得这段恋情代价太高。这也说明了为什么施虐者在虐待之后频繁地道歉，他们哭泣、恳求、承诺说再不会再这么做了。[37]

虐待妻子并不是西方的发明，这在不同文化中都有体现。比如在雅诺马马人中，丈夫经常因为妻子的小过失而殴打她们，有时只是因为她们倒茶倒慢了。[38] 有趣的是，雅诺马马人的妻子会把身体虐待当成丈夫对自己的爱——当代美国妇女绝对不会认同这种解释。无论采用何种解释，殴打确实会让雅诺马马女性屈从于丈夫。

男人对配偶的虐待还表现为侮辱她们的外表。尽管只有5%的新婚丈夫会这样侮辱他们的配偶，但到婚后第四年，这个数字会涨到原来的三倍。形成鲜明对比的是，只有1%的新婚妻子会侮辱丈夫的外表，即使结婚很多年后，也只有5%的女人会这么做。考虑到对于女人来说，外貌在很大程度上决定了她的赞许性，所以女人听到这方面的诋毁会尤其伤心。男人诋毁女人的外貌，可能是想降低她对自身赞许性的评价，这样可以在恋情中保持对自己更有利的力量均衡。

鉴于种种破坏性的倾向，尽管虐待的确符合适应逻辑，但不表示我们能够接受它、需要它或是放松对这种行为的管制。相反，对虐待策略的背后逻辑和其产生背景的更好理解，会引导我们最终找出一种更有效的方法来减少它。具备某种人格特质比如情绪不稳定的男人，会比那些情绪稳定的男人更容易对妻子施暴。[39]配偶双方的赞许性差异、居住地远离妻子的亲属、对虐待的法律制裁的缺失，都将女性置于更大的风险之中。

❖ 性骚扰

尽管虐待和其他形式的冲突常见于夫妻之间，性冲突在配偶关系之外也经常发生。例如，性接触程度的分歧会发生在工作地点，人们经常在这里寻找随意和短期的性关系。这种寻找有可能越线，进而演变成性骚扰，即"在工作地点，某人未经许可就主动表现出令人厌恶的性关注"[40]。它包括一些较为缓和的形式，如令人厌恶地注视女性的胸部和身体，这被女性评论为男性"从上至下"从头到脚审视她们的身体；也包括性评论，比如"屁股不错"或者"身体很美"；还包括身体暴力，如触摸胸部、臀部或胯部。性骚扰明显引发了两性冲突。

进化心理学让我们了解到激发性骚扰的心理机制以及诱发机制的背景。性骚扰一般是由短期性接触的冲动导致的，但也有可能是由权力或是在寻找长期恋爱关系时诱发的。从受害者的典型特征就可以知道，性骚扰是两性择偶策略演化的产物，这些特征包括：她们的年龄、婚姻状况和外表吸引力，她们对意愿之外的性接触的反应，以及她们受骚扰的环境条件。

性骚扰的受害者不是随意挑选的。一项研究整理了伊利诺伊州人权署两年内收到的骚扰控诉，其中有76起是由女性提出的，只有5起是由男性提出的。[41]另一项研究涉及10 644名联邦政府的雇员，研究发现，42%的女性在她们的职业生涯中遭受过性骚扰，而男性只有15%。[42]在加拿大人权法的诉讼中，93起个案是女性提出的，男性提出的只有两起。在这两起控诉中，骚扰实施者也是男性而非女性。[43]很明显，女性一般是骚扰事件的受害者，而男性则是骚扰者。不过，在经历性侵犯后，女性可能会比男性更痛苦，因此在遭受骚扰后，女性比男性更有可能提出官方控诉。

性骚扰的受害者大量集中于年轻、外表迷人的单身女性中。45岁以上的女性成为受害者的可能性比较小。[44]一项研究发现，提出性骚扰控诉的人中有72%是20岁到35岁的女性，尽管她们只占同时期女性劳动力总人数的43%。超过45岁的女性占劳动力的28%，只有5%控诉性骚扰。[45]性骚扰的目标多是那种符合男性的性要求的较为年轻的女性。

单身或是离婚的女性比已婚女性更容易遭受性骚扰。在一项研究中，43%正在控诉性骚扰的女性是单身，不过她们只占劳动力的25%；而占劳动力55%的已婚女性中只有31%控诉性骚扰。[46]导致这种现象的原因很多。丈夫有时能充当"保镖"来抵御潜在的骚扰。不止如此，男性认为单身女性会更容易接受性挑逗或性亲近。

对性骚扰的反应似乎也遵循着进化心理逻辑。当男性和女性都被问及，如果他们的异性同事说要和他们发生性关系，他们会做何反应时，63%的女性会觉得自己被侮辱了，只有17%的女性会觉得很荣幸。[47]男性的反应正好相反——只有15%觉得受到侮辱，67%都觉得受宠若惊。这个反应是符合人类择偶的进化逻辑的，男性对随意的性关系抱有积极的情绪反应，而当女性觉得自己只是个性爱对象时，会有很消极的反应。

实际上，女性从性亲近中感受到的懊恼程度，是由骚扰者的地位所决定的。我的实验室询问109名大学女生，当陌生男性以轻度骚扰的口吻反复要求她们约会的时候，她们会感到有多反感。这些男性的职业地位呈从低到高的变化。在 7 点量表中，来自建筑工人（4.04）、垃圾清理工人（4.32）、清洁工（4.19）和燃气站服务员（4.13）的性亲近会最让她们难受。而来自医学预科学生（2.65）、研究生（2.80）或是成功摇滚明星（2.71）的持续亲近最不会让她们反感。[48] 来自不同地位男性的相同骚扰行为给女性所带来的痛苦程度是不一样的。

骚扰者的动机是性行为还是谈恋爱？这个差异也会影响女性对性骚扰的反应。与那些有可能超越单纯性关系的行为，例如非性指向的接触、称赞式的注视或调情相比，性贿赂、将性与职位晋升相关联，以及其他一些行为暗示，更可能表明这个人只想发生随意的性关系，所以他的行为就更容易被标定为性骚扰。[49] 110 名大学女生使用 7 点量表来评价一些行为的性骚扰程度，触碰女同事的胯部（6.81）和周围无人时企图围堵女性（6.03）被认为是最具骚扰性的行为。相反，真诚地向女同事表达爱意或是下班后请她喝咖啡的行为，获得的评定只有 1.50（而 1.00 就代表没有骚扰）。[50] 很明显，短期性行为和强迫倾向比真诚的求爱更具有骚扰性。

以上关于性骚扰受害者的描绘、情绪反应的性别差异以及骚扰者社会地位重要性的研究发现，都遵循人类择偶策略的进化心理。男性的进化让他们更愿意寻求随意性关系，而他们的性知觉偏误让他们能够推断出本来不存在的性兴趣。这种进化出来的性机制在工作场所中的应用率，不亚于其他的社交场所。

❖ 性侵犯

强奸是指运用暴力或要挟运用暴力来发生性行为。对被强奸妇女的人数估算取决于研究者使用定义的严格性。有些研究者使用宽泛定义，会包含这种情况：女性当时并不认为自己被强奸了，但稍后她承认自己并不是真的想要发生性行为或者后悔这样的行为。另一些研究者使用较严格的定义，会把强奸限制为违背女性意愿的强制性行为。例如，一项涉及 2 016 名女大学生的大型研究发现，她们中有 6% 被强奸过。[51] 而另外一项 380 名女大学生参加的研究发现，将近 15% 的女生有过不情愿的性行为。[52] 考虑到强奸会给受害者带来严重的社会污名,这个数字有可能低于真正被强奸妇女的人数。

强奸事件与人类择偶策略相关,因为很多强奸事件发生在伴侣之间。约会是强奸发生的常见情境。研究发现,约15%的女大学生在约会时经历过不情愿的性行为。[53]另一项347名妇女参加的研究发现,63%的性欺骗事件的施害者都是男友、情人、丈夫或是实际上的配偶。[54]规模最大的婚内强奸研究发现,在将近1 000名已婚妇女当中,14%曾被丈夫强奸过。[55]很明显,强奸不能被简单定义为发生在阴暗巷子里的、由陌生人实施的行为。

强奸事件中,几乎都是男性为施害者,而女性为受害者,尽管有些受害者也包括儿童和男性。科学界争论的焦点是,强奸究竟是男性进化出的性策略,还是男性寻求低成本随意性关系的普遍性策略的骇人副产品。[56]不过,在蝎蛉中,强奸作为进化策略的证据非常有力。雄性蝎蛉有一种结构特殊的钳子,只有在强奸雌性时才使用;而在正常择偶时,雄性给出的是彩礼。[57]通过实验把钳子用蜡封起来,就可以有效地阻止雄性强迫交尾。蝎蛉进化出了强奸适应机制,那么人类呢?

❖ 人类进化出了强奸适应机制吗?

2000年,生物学家兰迪·桑希尔和人类学家克雷格·帕尔默(Craig Palmer)出版了新书《强奸的自然历史:性强制的生物基础》(*A Natural History of Rape*:*Biological Bases of Sexual Coercion*),就此引爆了关于男性进化出了强奸适应的可能性的争论。[58]尽管早在该书发行的20年前,人类强奸的进化理论就已经公之于世,但他们的书仍然成了引爆点。作者勾画出两种相抵触的强奸理论,两位作者各主张其中的一种。兰迪·桑希尔提出的理论认为,男性已经**进化出强奸适应机制**——详细说明了男性的这种心理机制,即把与不情愿的女性发生强制的性关系作为繁殖策略。克雷格·帕尔默提出的理论则认为,**强奸**是其他进化机制的**副产品**,比如男性对性多样化的欲望、对低成本的两相情愿之性关系的欲望、对性机会的心理敏感性,以及男性一般使用身体侵犯来达到众多目标的能力。

强奸适应理论指出男性心智中可能已经进化出六种特殊适应机制:

- 评估潜在强奸受害者的弱势处境(例如,在战争中或是在非战争环境中缺乏丈夫及亲属保护的女性)。
- 拥有"背景开关",当男性无法得到自愿的性伴侣时,强奸就会诱发(例如,社会地位较低的男性无法通过正常的求爱渠道获得配偶)。
- 偏好生育力最强的强奸受害者。
- 强奸中射出的精子数量多于两相情愿的性交。
- 强暴或者女性拒绝性交,都会诱发男性特殊的性唤起。
- 精子竞争的出现会诱发婚内强奸,例如怀疑或证实女性不忠时。

支持这一适应假设的证据切实存在。强奸在战争中很常见,显然在这样的场景下女性通常容易受到伤害,就像容易发生偷窃、抢劫和财产损失一样。所有这些行为是否有专门的适应性,或者它们是其他心理机制的副产品,又或者只是更为一般的成本-收益评估机制的产物?还没有决定性的研究可以回答这些问题。

尽管没有结论性的证据能够证明强奸适应理论,但很多心理学和生理学实验的确得出了令人担忧的结果。实验室研究对比了男人被分别置于强奸的声音和影像中,以及两相情愿的性交场面中的反应,经过自我报告和阴茎勃起这两种测量评价后,发现在自愿和非自愿的两种场景下男人都有性唤起。显然当男性被置于性爱场景中时就会被性唤起,无论该行为的发生是否属于自愿,不过在另外一些场景下,比如使用暴力,有证据表明受害者在经历痛苦并呈厌恶反应时,男性的性唤起会被抑制。[59]

这些发现仍然无法区分以下两种可能:在目睹性交场面时,男性都会有性唤起,因此不会对强奸有特别的适应;也有可能男性已经进化出一套特殊的强奸心理。用食物来打个比方。人类和狗一样,在闻到或看到可口的食物时就会分泌唾液,尤其是当他们有段时间没有进食的时候。假如有一个科学家假设人类有一种特殊的适应,就是抢别人的食物。然后他进行了这样的实验，被试被断食 24 小时，然后给他们呈现两段影像中的一段：一段是，一个人自愿地给另一个人可口的食物；另一段是，一个人从另一个人那里强行取走同样可口的食物。[60] 如果这个假想的实验得出的结果是，被试在两种情境下分泌了相同容量的唾液，我们就不能下结论说人们对"抢夺食物"有特别的适应。我们所能得出的结论是，无论场景中取得食物的方式是怎样的，人们在饥饿时都会在食物影像的刺激下分泌唾液。这个假想的例子和先前的资料是相类似的，就是无论画面中呈现的是双方自愿的性行为还是强迫的性行为，这些场景都会让男性产生性唤起。这个数据并不能证明强奸是男性特别进化出的策略。

关于强奸适应理论的另外一种可能的证据是，已定罪的强奸犯较多来自社会经济地位较低的群体，这支持了所谓的"配偶剥夺假设"（mate deprivation hypothesis）。[61] 对强奸者的一些访谈证实了这个观点。例如，一名强奸惯犯表示："我认为我的社会地位会让她拒绝我，我觉得我没法能够接触这个人。我不知道要怎么和她见面。……我利用她的恐惧强奸了她。"[62] 对于缺少地位、金钱和其他资源的男性来说，强迫也许是一种绝望的吸引女性的方式。由于缺少吸引心仪配偶的资质而被女性轻视的男性，会对女性产生敌意，这种态度会导致他们正常的同情心短路，进而诱发强迫的性行为。

但导致这一结果的原因也可能是较高社会阶层男性的强奸行为上报率较低，或者可能是这些有特权的男性可以聘请昂贵的律师，帮助他们免遭逮捕和定罪，又或者可能是被较高地位的男性强奸的女性很少提起诉讼，因为这种案件使公众相信并得到公正审理的机会很小。

并且，也有直接的证据可以**反驳**有关强奸的"配偶剥夺假设"。一项研究涉及了 156 名平均年龄为 20 岁的男异性恋者，进化心理学家马丁·拉吕米埃（Martin Lalumiere）和他的同事用以下项目测量了采取性强制的情况："你曾经在女性不情愿的情况下，通过一定程度的身体暴力和她们发生性关系吗？"[63] 同时，他们也测量了择偶成功的程度。在择偶成功程度上得分高的男性，在性侵犯上的得分**也**很高。有很多性伴侣的男性**更**有可能使用暴力。不仅如此，那些预期自己将来能赚更多钱的男性，报告自己在择偶策略中会更多而非更少地使用身体强制。尽管还需要进一步的研究，我们仍然可以暂时得出这样的结论：用配偶剥夺理论的简单版本来解释强奸是错误的。

尽管如此，这些结论也不能排除更为复杂的假设——也许男性进化出了两套背景特异的强奸适应机制。一是当他们在择偶中经历失败时，二是当强奸的代价很低，他们可以轻松摆脱时，比如发生在较高的社会经济阶层中的强奸。[64] 不过现在还没有证据能够证明这种解释，但也没有证据能够推翻它。

强奸受害者多集中在年轻、处于繁殖年龄的女性中间。虽然实际上每个年龄段的妇女中都存在强奸受害者，不过受害者仍然大量集中在年轻妇女群体中。一项研究调查了 10 315 名强奸受害者，结果发现，16 岁到 35 岁的女性比其他年龄段的女性更容易遭受强奸。[65] 85％的强奸受害者小于 36 岁。比较发现，其他犯罪行为，如严重伤害和谋杀受害者的年龄分布，与强奸受害者的差别很大。比如，40 岁到 49 岁的妇女和 20 岁到 29 岁的妇女，都有相同的可能成为严重伤害的受害者，但是年龄较大的妇女被强奸的概率就小多了。实际上，强奸受害者的年龄分布与女性生育价值的年龄分布，能达到近乎完美的契合，这与其他暴力犯罪的受害者的年龄分布有显著差异。这些证据有力地证明，强奸并不能完全脱离男性进化出的性策略。

尽管如此，强奸犯挑选年轻、能生育的女性这一事实，并不能成为支持或反对任何一种强奸理论的决定性证据。这种发现可以归因为男性对有生育能力的女性的偏好，这种偏好产生于常规的择偶情境，而不是对强奸的特殊适应。尽管有很多证据显示，在各类择偶情境中，男性都会被年轻、有生育能力的女性吸引，但仍没有证据表明这种吸引是强奸的特殊适应机制。很多科学家所相信的有关强奸理论的证据来自强奸发生后的怀孕率。如果强奸是作为繁殖策略进化出来的，那么在历史上它肯定在某些时候导致了繁殖的发生。当然，现代的强奸-怀孕率并不一定像过去那样与强奸是否导致怀孕直接相关；常规的现代避孕手段可以降低现在的强奸-怀孕率，使其低于古代。因此，最近一项研究的结果就更让人震惊，**阴茎-**

阴道强奸导致繁殖年龄妇女的怀孕率非常高——6.42%——而每次双方自愿的性交的怀孕率仅为3.1%。[66]这一发现可以部分解释为强奸犯对目标受害者的偏好——年轻、能生育的女性。尽管如此，在控制了年龄变量之后，研究仍发现强奸-怀孕率比双方自愿性交的怀孕率要高出大约2%。**如果这一有悖常理的发现再次得到验证，它就急需相应的解释。**

乔纳森·戈特沙尔（Jonathan Gottschall）和蒂芙妮·戈特沙尔（Tiffani Gottschall）提出了一项假设，认为应用正常择偶策略向女性求爱的男性"会受制于那些挑剔的女性"，而强奸犯就不会。尽管强奸犯的机会有限，也会遭遇女性的反抗，不过他们还是可以选择那些原本会拒绝与他们结合的女性作为受害者。因此，强奸犯也会选择那些不仅年轻，而且外表很有魅力的女性。有魅力的女性更有繁殖能力（见第三章），这可以部分解释普遍较高的强奸-怀孕率。

不过，强奸-怀孕现象的发现并不能直接支持强奸适应假设。我们已经知道，在双方自愿的择偶情境中，男性会被与生殖力相关的特征所吸引，例如年轻和健康的特征，所以并不需要专门的强奸适应机制来解释这些结果。但这些强奸-怀孕现象的发现驳斥了"不能受孕的论据"，有些强奸适应假设的反对者宣称强奸不是进化的结果，因为它几乎不能导致受孕。[67]

每名男性对强奸的倾向是不同的。一项研究要求男性幻想自己可以在不被抓住也不会被人发现的情况下对女性实施强暴，而且没有感染疾病或污损声誉的危险。35%的男性表明，这种情况下强奸有可能发生，不过发生概率很小。[68]另一项研究也运用了类似的手法，结果有27%的男性表示，要是能不被抓到的话，是有可能发生的。[69]尽管这个比例高得令人担忧，它仍然证实大部分男性显然不是潜在的强奸犯。

实施强制性行为的男性具有某些性格特征。他们对女性表现出敌意，荒谬地认为女性私底下是希望被强奸的。他们的人格图谱表现为冲动、敌意、不随和、没有同情心、大男子主义并混合着高度的性迷乱。[70]

当丈夫觉察到潜在的性不忠时，婚内强奸更有可能发生，即便两人正要分手或分手不久后也是如此。[71]这一发现说明，强奸有可能是为了适应精子竞争而进化出来的。不过，这一因果关系的方向还不明确——可能女性更倾向于离开企图强奸她们的伴侣。简单来说,唐纳德·西蒙斯在1979年得到的结论现在似乎派上了用场:"我相信现有的资料绝不足以证明强奸本身是可供人类男性选择的适应机制。"[72]

我认为,理论家应当区分出强奸的不同类型,而不仅仅是把性强制视作单一的整体,这样科学发展才能推进。科学家应当区分约会强奸、陌生人强奸、战争强奸、丈夫强奸、同性强奸以及继父对继女的强奸。一种强奸的诱因会和其他种类的诱因有本质上的差异。比如约会强奸,可能是由现代居住状况导致的:年轻女性所居住的社会环境通常缺乏亲属网络的严密保护——我们已经知道,亲属网络可以防止针对女性的暴力。很多陌生人强奸的连环实施者能够不被发现,通常是受益于现代独有的地域流动情况和匿名的都市居住状态。我们的祖先在地域流动上受限,并采取小群落的聚居方式,这使得某些形式的陌生人强奸无法真正实施。相反,战争时的强奸似乎具备跨文化的普遍性和历史的共性——战争会助长强奸的发生。有些强奸可能是由进化机制的病变或功能不良导致的,有些则可能是进化机制的副产品,而另外一些可能是由特殊的强奸适应引发的。把所有强制性行为都笼统地标定为"强奸",会阻断研究的进程,也就无法发现各种不同犯罪形式背后隐含的特定因果关系。

❖ 女性进化出了针对性侵犯的防御机制吗?

女权主义作家苏珊·格里芬(Susan Griffin)曾经这样写道:"我从来无法消除对强奸的恐惧。从很小的时候开始,我就像大多数女性那样,认为强奸就是自然存在于我们周围的——就像火或者光一样,让你害怕并祈祷它不要发生。我从来没问过为什么男性要强奸,我简单地认为它只是人性众多谜题中的一个。"[73]

虽然有关强奸的科学研究的争论早期关注的是男性强暴女性的诱因,几乎丧失了对强奸受害者的心理进行关注的热情,但还是有一种观点是关于受害者心理的。在这里,所有的争论都达成了共识:**强奸是一项令人厌恶的暴行,通常会给受害者带来极大的伤害**。我们并不需要正式的理论来证明这一观点。不过，重要的一点是探究为何强奸会带来如此巨大的伤害。

从进化的角度来看，强奸的代价是从限制女性的选择开始的，而选择是女性的性策略的核心组成部分。遭受强奸的女性，可能会在错误的时机为错误的男性怀孕——这个男性违背她的意愿硬来，他可能不会为她的孩子投资，而且他的基因也可能劣于她本应该选择的男性。遭受强奸的女性可能会被她的伴侣责骂、惩罚或是抛弃，因为她的伴侣可能会认为这是她自愿的，或是她自己招致的。

遭受强奸的女性在心理上也承受着煎熬。她们经受恐惧、羞辱、窘迫、焦虑、沮丧、愤怒和狂躁。她们感到罪恶、被利用、被冒犯、被玷污。女性认为强迫性行为比其他至少 147 种男性伤害女性的方式都更令人不安，甚至比男性的野蛮但不涉及性的殴打更加令人不安。[74] 遭受强奸的女性在事后还要继续承受折磨。有些受害者不敢离开房屋，避免和男性接触，把自己与外界隔绝，将自己丢弃在没有缓刑的心灵监狱当中。

在心理折磨之上，遭受强奸的女性还要承受来自社会的折磨。受害者有时需要为别人犯在她们身上的罪行负责。她们的声誉受损，也会丧失在择偶市场上的赞许性。亲属会因为她们给家庭带来耻辱而拒绝甚至驱逐她们。有时她们会被社会孤立。无论强奸的起因如何，只有无知和麻木的人才会怀疑强奸给受害者带来的可怕的伤害。

看看这些灾难性的代价，**如果**强奸真的在人类历史上出现过，而优胜劣汰的自然选择又没能让女性形成防御措施来阻止强奸的发生，那它必然会成为进化逻辑的挑战。这和"男性是否进化出强奸适应性"是两个不同的问题。在理论上，即便强奸完全是非强奸机制的副产品，女性也应该进化出反强奸适应性。我们永远无法百分之百地确定，强奸的发生是否频繁到让女性形成反强奸心理。但是我们可以收集可用的历史和跨文化证据来进行一些经验推断。有文字记录的历史可以追溯到《圣经》，里面就有强奸的情节。甚至还曾有宗教领袖介绍在何种情况下男性可以强迫女性发生性行为。例如：

> 身处入侵军队中的士兵，在欲火焚身时可以和一名女性俘虏交媾……[但是]在他娶她之前，他不可以和这名女性再次交媾。……

只有在她被俘时，才可与该女性发生性行为……不能在战场上实施强暴……即，他应当带她到私密的场所方可与她交媾。[75]

对于传统社会中发生强奸的数量和频率，研究者并没有进行过系统的跨文化研究。不过，在对已出版的民族志进行简单的检索后人们会发现，其中有很多强奸的报告。事实上，从巴西的亚马孙丛林到更为和平的博茨瓦纳昆族的桑人，强奸的案例充斥于各种文化背景的资料之中。马来西亚中部的赛迈人（Semai）经常遭到马来入侵者的侵扰，他们埋伏突袭，杀戮男性，强夺女性。[76] 托马斯·格雷戈尔所研究的亚马孙居民，有专门的词语表达"强奸"（antapai）和"轮奸"（aintyawakakinapai）。[77] 开始有文字记录时，战争强奸就已经存在，苏珊·布朗米勒在她的经典著作《违背我们的意愿》中就有很多描述。[78] 早在800多年前，成吉思汗就饶有兴致地谈论过强奸所带来的快感："人生乐事，莫如战胜仇敌，驱仇敌于马前；尽掠其财物，悉夺其骏马；目睹其亲人以泪洗面；搂其妻女伴吾寝室。"[79] 进化人类学家芭芭拉·斯马茨对各文化背景下的资料进行了这样的总结："尽管世界各地男性对女性施暴的普遍程度不同，但跨文化的调查表明，男性不殴打和强奸女性的社会实属罕见，绝不是普遍现象。"[80]

众多支持进化论的科学家致力于证明，女性已进化出潜在的反强奸防御性。设想出的反强奸适应机制包括：

- 强奸带来的心理创伤会促使在未来避免强奸的发生。
- 和其他男性以"特别好友"的身份组成同盟来保护自己。
- 结成女性联盟来保护自己。
- 特殊的恐惧会促使女性避免将自己置于有强奸危险的情境之中。
- 因为排卵期女性更容易受孕，她们会尽量减少在这段时期进行冒险的活动，以减少遭受性侵犯的概率。

女性已经进化出阻止强奸发生的适应机制，支持这一可能性的第一条证据来自两项分析强奸在女性月经周期中的分布的研究。一项研究涉及785名强奸受害者，这项研究表明，女性在生理周期的中期遭受强奸的比例比较小——生理周期中期指第10天到第22天（不幸的是，这段时期较长，因此无法精确定义）。[81]另一项研究发现，处于排卵期的女性较少成为性侵犯的受害者。[82]为了检验这两项结果，塔拉·夏凡纳（Tara Chavanne）和戈登·盖洛普（Gordon Gallup）调查了 300 名女大学生的冒险活动。[83]她们需要说明是否会进行研究者指出的 18 种活动，这些冒险活动会在不同程度上导致她们遭受性侵犯。低冒险活动如去教堂和看电视，高冒险活动如去酒吧或者在光线昏暗的地方行走。

夏凡纳和盖洛普发现，对于服用了避孕药的女性来说，性周期对冒险活动并没有影响。[84]但是，对于没有服用避孕药的女性来说，她们会在排卵期减少冒险活动。研究者认为"避免冒险"（risk avoidance）可以支持反强奸适应假设，它可以有效地排除对冒险活动减少的其他替代性解释。例如，冒险活动的减少并不是排卵期性接受能力降低的表现；事实上，如果面对的是心仪的配偶，女性在生理周期中期的性接受能力通常会达到顶峰。在周期中期避免冒险的活动，也不能解释为女性普遍活动水平的降低，因为根据计步器的记录，女性的活动水平在排卵期会提高。[85]总之，处于排卵期的女性会避免那些可能会招致强奸的行为，这说明**有意地避免冒险**（specialized risk avoidance）可能就是一种反强奸的适应机制。

很多女性会**定期**采取一些"避免冒险"的策略，这样可以帮自己规避风险。[86]在一项对都市女性进行的研究中，41%的女性报告说使用"隔离策略"（isolation tactics），比如晚上不上街；71%的女性报告说使用"街头生存策略"（street savvy tactics），比如穿一双在遇到危险时方便逃跑的鞋。另外一项在西雅图进行的研究发现，67%的女性会避免去城市中的一些危险地区，42%报告说不会独自外出，27%有时会拒绝回应敲门声。一项对希腊女性进行的研究发现，她们中有 71%不会冒险在夜晚独自外出，78%会避开城市中的危险地区。女性也会小心提防那些经常讨论"性"的男性、有性侵犯倾向的男性，还有以和很多女性发生性关系而闻名的男性。女性报告说她们在和不熟悉的男性约会时，会选择公共场所。她们会有意避免给这种男性错误的性暗示。她们有时会带着防狼喷雾、手杖、哨子甚至武器。有不太熟的男性在场时，她们也会控制酒量。[87]

这些避免冒险的策略会促使女性采取谨慎的防范措施，比如在听到社区有盗窃事件发生时,就安装防盗报警铃。同样,从某种程度上讲,避免冒险的行动也可能是由**对强奸的特殊恐惧**引发的。这是第二种潜在的反强奸适应机制,它会促使女性避开可能受到性侵犯的环境。能证明这一特殊恐惧的证据来自两个变量的强正相关,即女性对强奸的恐惧和她们为避免强奸而采取各种预防措施的数量。[88] 比起对强奸没那么恐惧的女性,对强奸充满恐惧的女性更有可能避免与不太熟的男性单独相处,少搭男性的车,当男性表现出迫切的性需求时离开,避免独自进行户外活动,控制自己的酒量。一项在新西兰进行的研究发现,年轻女性比年长女性更害怕性侵犯;年长女性更害怕被抢或被偷,而不是被强奸。[89] 居住在强奸案件高发社区的女性比居住在安全社区的女性更害怕强奸。当然,这些研究并不能确定女性进化出对强奸的特殊恐惧是否取决于她们的年龄和弱势,也不能确定这些恐惧是否源于更普遍的机制,如对危险的理性评估,以及所有人都具备的恐惧机制。

心理学家苏珊·希克曼(Susan Hickman)和夏琳·米伦哈德(Charlene Muehlenhard)发现,比起熟人,女性更害怕被陌生人强奸。尽管存在这种差异,但事实上陌生人强奸很少发生,只占所有强奸案件的10%到20%,更加普遍的是熟人强奸,约占80%到90%。[90] 希克曼和米伦哈德因此得出结论:女性的恐惧和强奸事实并不相符。一种替代性的解释是,女性的恐惧实际上发生了作用:对陌生人的恐惧激发了预防措施,降低了陌生人强奸的实际发生量,而这些案件在没有这种恐惧机制时就会发生。根据这一观点,女性对陌生人的恐惧,在防止强奸的发生方面发挥了作用。抑或,女性对陌生人强奸的恐惧有可能是在古代战争环境中进化出来的,那里的强奸者实际上大部分是陌生人——这与现代环境完全不同。这些假设很可能只有部分准确,而且需要实证检验。

莎拉·梅斯尼克(Sarah Mesnick)和马戈·威尔逊(Margo Wilson)发现了第三种潜在的反强奸适应机制,他们称之为"保镖假设"(bodyguard hypothesis)。该假设认为,女性与男性进行异性恋结合,在一定程度上是为了降低她们遭受其他男性的性侵犯的风险。[91] 根据保镖假设,因为女性受到性侵犯的威胁,她们应当对体型健壮和社会地位高的男性特别着迷。为了检验保镖假设，威尔逊和梅斯尼克对 12 252 名女性进行了调查，每位女性都通过电话接受专业女性访谈者的访谈。有关性侵犯的问题开始于"是否有陌生男性通过威胁、压倒或某种形式的伤害，来强迫或企图强迫你进行任何形式的性行为？"。随后的问题关注非自愿的性接触："〔除去你刚才提到的情况〕是否有陌生男性在你非自愿的情况下，对你进行过任何形式的性接触，如非自愿的接触、拥抱、亲吻或爱抚？"[92] 统计分析关注的是访谈前 12 个月内发生的性迫害情况，但不包括丈夫和男朋友的性侵犯。

总计有 410 名未婚女性和 258 名已婚女性报告说遭受过一次或多次这样的性暴力。这证明婚姻的确对性迫害有巨大的影响力。最小年龄段，即 18 岁至 24 岁的女性中，每 100 名未婚女性中，就有 18 名遭受过陌生人的性迫害；而每 100 名已婚女性中，只有 7 名遭受过性迫害。梅斯尼克和威尔逊认为，他们的调查结果支持"保镖假设"。不过，他们承认尚未查明为何已婚女性比同龄的单身女性更少遭到强奸。已婚女性比单身女性遭受强奸的比率低，这也许只能反映她们生活方式的差异——可能单身女性有更多时间会在公共场所度过，比如酒吧或聚会，这些地方都提供酒精饮料，而不是在家里，这让她们更容易成为强奸犯的猎物。这也可能反映了择偶策略的个体差异，因为单身女性更有可能选择短期择偶，所以她们置身的环境更容易遭受性胁迫。又或者，这反映了保镖假设中提出的丈夫对潜在强奸犯的威慑作用。不过，保镖假设需要更直接的检验：当女性处于强奸风险相对较高的社会环境中时，她们会特别倾向于选择体型健壮的男性吗？当女性和这样的而非弱小的男性在一起时，她们被强奸的概率会变小吗？尽管一项研究发现生活在城市高犯罪地区的女性更偏好体型健壮的伴侣，但这种转变有可能代表着一种普遍的抵抗犯罪的保护反应，而不是特别针对强奸的抵御。[93]

第四种所设想的反强奸适应机制是**特殊的心理创伤**（specialized psychological pain），它在桑希尔和帕尔默的著作《强奸的自然历史》中得到了详细阐述。[94] 该假设认为，强奸给女性带来的巨大心理创伤，会促使她们在将来避免发生类似的情形。一项研究的结果为该假设提供了证据，该研究旨在发现，哪类女性会体验最强烈的痛苦和心理创伤：（a）年轻且有生育能力的女性，而非青春期之前或更年期之后的女性；（b）已婚的而非单身的女性；（c）遭遇阴道强奸而非口交或肛交强奸的女性。此外，女性在强奸中遭到身体暴力而留下的伤痕越明显，体验到的心理创伤越小，可能因为这样她们被谴责或怀疑与强奸犯共谋的可能性更小。心理创伤假设的倡导者还提出了另外一种猜测——被配偶价值较低的男性（如不迷人、社会经济地位低的男性）强奸的女性所体验到的心理创伤，高于被配偶价值较高的男性（如更迷人、地位较高的男性）强奸的女性。

即使不考虑这些理论和经验争论，有一点也是十分明确的——没有很好的证据能证明女性有专门针对强奸的防御机制。因此我们急需关注女性的反强奸策略和它们的相对有效性，考察这些策略是专门进化而来的适应机制的产物，还是一般认知和情绪机制的产物。

❖ 进化的军备竞赛

在择偶市场上、在工作场所中、在婚恋关系里，男性和女性的冲突普遍存在。这些冲突包括约会对象之间关于性接触的冲突、已婚夫妇之间对承诺和投资的争斗、工作场所中的性骚扰、约会强奸和战争强奸。对于如何更好地解释强奸，尽管还有许多科学问题亟待解决，但两性冲突中的绝大部分可以追溯到两性进化的择偶策略。一方所奉行的策略往往会干扰另一方的策略，因为双方都想引导对方实现自己的择偶目的。

两性都进化出了心理机制，如气愤、悲伤和嫉妒，用于提醒自己调整择偶策略。当男性扰乱女性的择偶策略，比如对她颐指气使或进行辱骂、控制、性侵犯，并限制她的个人权利和选择自由时，女性会尤其气愤。而男性也在女性扰乱他们的择偶策略时最为生气，比如女性藐视他们的亲近举动、拒绝发生性行为或是给他们戴绿帽子时。

不幸的是，这些争斗在进化的历史上发起了一场盘旋交错的军备竞赛。每当男性的欺骗技艺长进时，女性总能进化出相匹敌的能力来击破骗术。而击破骗术能力的提升，又成为推动异性发展出更精良的骗术的条件。女性考验男性承诺程度的测验在不断升级，而男性也发展出更加详尽的策略来假装或最小化承诺。这一发展又帮助女性用更精良巧妙的测试，来淘汰弄虚作假的人。施加在异性身上的每一种策略，他们都会有方法逃脱。当女性进化出更好、更复杂的策略来达到择偶目的时，男性会进化出更加复杂的策略来达到自己的目的。两性的择偶目的在进化的领域中是彼此冲突的，因此这个进化螺旋是不会有尽头的。

好在像气愤、心理创伤这样的适应性情绪，可以帮助男性和女性在干预对方的择偶策略时，降低他们自己的代价。而在约会和婚姻的情境中，这些情绪有时会导致关系的终结。

第八章
分　手

> 女人结婚时相信她们的丈夫会改变，男人结婚时相信他们的妻子永远不会变；他们都错了。
>
> ——佚名

人类择偶并不是一生只有一次。在美国，离婚和再婚的情况非常普遍，大约 50％ 的孩子并不是和亲生父母双方一起居住的。继亲家庭迅速地成为正常而不是个别现象。这种情形并不像某些观点认为的那样是新近出现的，也不能说明家庭价值的骤然下降。具体到离婚，或者广义上的长期配偶关系终结，是普遍存在的跨文化现象。大约 85％ 的美国人经历过至少一次配偶关系的破裂。[1] 比如，在博茨瓦纳的昆族的 331 桩婚姻中，有 134 桩以离婚告终，约占 40％。[2] 而在巴拉圭的阿赫族，男人和女人在 40 岁之前结婚和离婚的平均次数超过 11 次。[3]

人们终结承诺关系的理由有很多种。比如配偶开始索要更多资源，或是有更好的择偶机会出现。要维持一段错误的婚姻，就要承受高昂的代价：失去资源、失去择偶机会、遭受身体虐待、子女缺乏关爱以及遭受心理虐待，导致最终无法成功解决有关生存和繁殖的关键适应问题。而当人们脱离错误的婚姻时，就能得到很多收益，如新的择偶机会、优质的资源、对孩子的更好照顾以及更可靠的社交圈。

❖ 导致分手的适应问题

在古代，很多配偶在年老之前就受伤死去了。例如，男性在部落战争中有受伤和被杀的危险。古生物学记录向我们展示了很多引人入胜的男性互相攻击的证据。在人类遗骸的胸腔中，发现了矛和刀的碎片。比起女性，在男性骨骼中更容易发现头盖骨和肋骨上的伤痕，这说明身体搏斗主要是男性的活动。最有趣的是，分布于左侧头盖骨和胸腔的伤痕居多，这说明当时的攻击者多为右利手。古生物学记录中最早的被害人，是一名尼安德特男子。在大约 50 000 年前，他被一名右利手的攻击者刺中了胸部。[4] 这些特征明显的伤口不能被解释为意外。相反，它们说明他人伤害和谋杀是人类进化史中重复出现的危机。

即使在今天的传统部落，仍然不能避免男性复仇所造成的破坏。例如，在阿赫部落，宗教社团的战斗只有男性可以参加，而且他们经常会造成永久的残疾甚至死亡。[5] 当丈夫去参加社团战斗的时候，妻子从来不确定他们是否能完好地回来。在雅诺马马部落，男孩在杀死另外一个男人之前，无法取得成为男人的完全资格。雅诺马马男性骄傲地展示着他们的伤疤，经常会在上面涂上明亮的色彩来吸引注意。[6] 人类历史上的战争都是由男性发动的，这可以让他们经历勇敢的冒险。

并非只有来自其他男性的暴力才能使男性祖先丧命。狩猎一向都是男性参与的事业，男性祖先在狩猎中必然会有受伤的危险，尤其是猎取大型猎物，比如野猪、野牛、水牛的时候。狮子、豹、老虎在非洲草原上游荡，攻击那些缺乏准备和经验的不幸的鲁莽猎手。他们还有可能意外地从树上坠入悬崖和瀑布。在古代的生存环境中，丈夫很容易先于妻子死去，或是严重受伤以至于不能打猎和保护妻子。在这种情况下，妻子考虑甚至追求其他伴侣的行为就具有很高的适应性。

古代女性从不参加战争，也很少打猎。女性进行采集，供给了家庭食物的 60% 到 80%，这种活动的危险性要小得多。[7] 但是生育却让女性付出了沉重的代价。没有现代医疗科技的保证，很多女性在怀孕和生产的危险过程中不幸死亡。除非男性具备心理机制来预料这种情况的发生，并打好基础以确保找到替代者，不然在妻子死后，鳏夫们就必须重新踏上寻找和求爱的旅程。等到配偶死后才开始考虑潜在替代者，会让两性都付出代价。

不是只有伤害、疾病以及配偶死亡这样的危险，才会迫使古代配偶们另寻新欢。一名女性的丈夫很可能失去他在群体中的地位，被放逐、被竞争对手控制，也可能是不称职的父亲，或者不忠、不会狩猎、辱骂妻子、搞外遇、把资源分给其他女人或者是性无能。而一名男性的妻子可能不会采集食物、胡乱掌管家庭资源，也可能是不称职的母亲，或者不育、性冷淡、不忠或是怀了别人的孩子。此外，两性都有可能疾病缠身而日渐衰弱。弄人的造化会让你当初选择的那个精力充沛的伴侣付出沉重的代价。当你选择的配偶失去价值时，替代者就变得很有吸引力。

配偶价值下降和濒临死亡，只是导致人们将注意力转移到替代者身上的众多情况中的两种。另外一种重要的情况就是配偶一方赞许性的提升，这使其能接触到一群以往不可企及的替代者。例如，男性可以通过勇敢非凡的举动急剧提升自己的地位，比如捕获一头大型动物、在战斗中击败对手，或是于危难中挽救他人的孩子。突如其来的地位提升，给男性提供了新的择偶机会，使他们能够寻找更年轻、更漂亮的配偶或是多个配偶，这都让现在的配偶黯然失色。地位迅速提升的男性，选择配偶的机会也会迅速增加。由于女性作为配偶的价值和她们的繁殖价值紧密相关，所以她们通常没办法像男性那样大幅提升自己的赞许性。不过，女性仍然可以通过获得地位或权力来提升自己的配偶价值，比如在应对危机时表现出非凡的经验、展现卓越的智慧、子女或亲属在群体中的社会地位提升等等。这些改变配偶价值的可能性在今天依然存在。

另外一个促使分手的重要因素就是出现了更加迷人的配偶。名花有主的迷人配偶可能突然变成了单身。从前不起眼的人可能大放异彩。无缘得见的相邻部落成员可能现身眼前。这其中任何一个人都有足够的魅力拆散现在的婚姻纽带。

总而言之，这三种最重要的情况会导致祖先们离开长期配偶：现在的配偶变得不再迷人，比如能力和资源下降，或是没能提供在最初选择时所承诺的与繁殖相关的资源；人们经过资源和声誉的提升，接触到先前无法企及的择偶机会；引人注目的替代者变得可以接近。因为这三种情况都有可能在我们的祖先中间有规律地反复出现，我们有理由相信，人类已经进化出了一套心理机制来衡量现存恋情和替代者的利弊。这些机制会根据配偶价值的变化而变化，会继续鉴别和评价配偶替代者，会引发对潜在替代配偶的追求。

❖ 分手适应

造成配偶关系破裂的古代环境，造成了人类进化历史上反复出现的适应问题。有些人忘了自己的配偶价值在下降，或是在配偶死后完全没有更换配偶的准备，或是没能抓住机会换取更优质的配偶。比起那些及时感知和应对状况的人，他们会遭受巨大的繁殖损失。

这样的事实可能让你觉得不安，不过人们确实会既维持承诺的恋情又考虑其他可能的配偶。男性的调侃，如果不是关于体育和工作，那一定是关于周围女性的外表和性可获得性。已婚女性也会讨论到底哪名男性迷人、容易到手或是地位高。这样的谈论可以达到交换信息和品评择偶圈子的目的。为寻求择偶机会而实时监控替代者是有好处的。那些历经疾苦与磨难仍坚持在不如意的配偶身边的人，的确值得我们敬重。不过在祖先时代这种人的繁殖不会那么顺利，今天在我们中间也并不多见。两性都会考虑寻找替代者的择偶机会，即使他们现在并不想立即更换配偶。正所谓有备无患。

在婚姻中，男性的偏好会继续发挥作用，不仅是为了比较众多潜在配偶，更是为了比较替代者和当前的配偶。男性并不是在婚礼宣誓后就不再偏好那些年轻漂亮的女性了，女性也不会因此就不再关注其他男性的地位和名望。一项由丹·康罗伊-比姆（Dan Conroy-Beam）主持的研究发现，配偶关系是否幸福部分取决于现有配偶和周围潜在配偶价值的差异。人们会评估自己的配偶有多少竞争力，如果发现配偶相形见绌就会感到不快。[8] 决定留住或是甩掉配偶，取决于这些计算的结果，而这些计算很可能是无意识中进行的。

一名因为地位提升而获得更好择偶机会的男性，并不会这么告诉自己："要是我离开现在的妻子，去找个更年轻、繁殖价值更高的女人，我

一定可以增加自己的繁殖成功率。"他们只是会发现其他女人更有吸引力，而现在的恋情乏善可陈。要是一名女性的配偶虐待她，她不会这么想："**如果我离开这个代价高昂的配偶，我和我孩子的繁殖成功率会增加。**"她只会想，她得让自己和孩子更安全。当这些婚姻破裂机制发挥作用时，我们也不会意识到它们所要解决的适应问题。

人们一般需要一个冠冕堂皇的理由来离开长期配偶，这个理由可以帮助他们向亲朋好友解释，也能给自己一个交代。同时这个理由还能帮助他们维持社会声誉，或者至少把损害降到最小。尽管有些人会简单轻易地摆脱婚姻，但一般人不会用这么直截了当的做法。从进化心理学角度看，一个有效的甩掉配偶的方法就是打破配偶对自己的幻想，这样配偶就不会想要维持关系了。也就是说，有些人不会自己离开，而是想方设法让他们的配偶迈出这一步。男性祖先会扣留资源，并且暗示对方他已经在向其他女性投资了。女性会用出轨来降低男性的父权确定性，或是对配偶采取性抑制的方法。冷酷、不友善、不体贴、恶意、伤害和刻薄的行径，对两性来说都是甩掉配偶的有效手段，因为它们违背了两性对配偶的普遍偏好——友善和善解人意。这些手段都应用了异性已有的心理机制——这些机制用来提醒人们，他们有可能选错配偶了，他们的配偶正在变质，或许是时候摆脱他们来止损了。

在古代，两性从长期配偶那里得到的收益是有差异的。男性的收益来自独占一名女性的繁殖能力，而女性的收益来自垄断一名男性的资源，其中暗藏着分居和离婚的导火索。这表明，男性和女性在评价配偶历经岁月后的变化时，具有十分不同的标准。例如，一名女性从 25 岁到 40 岁，她的繁殖价值会急速下降，不过她其余的配偶价值的增加可能会弥补这些损失。而男性在同样的时期，可能地位得到提升，享受随之蜂拥而至的择偶机会；也有可能屡遭失败，甚至不能留住现在的伴侣。这样，男性祖先和女性祖先会因为不同的原因想要离婚，而背后的实质就是，两性都必须要解决成功择偶这一适应问题。

关于分手问题的一份主要资料来源于迄今为止规模最大的有关离婚原因的跨文化研究，在这个研究中进化人类学家劳拉·贝齐格（Laura Betzig) 分析了来自 160 个不同社会背景的资料。研究划分出了 43 种婚姻破裂的原因，这些个案是由生活或居住在当地的民族志学者和报告者共同提交的。[9] 研究中的各种限制，比如缺乏收集资料的标准方法以及资料不完整，影响了对离婚原因的绝对频率的统计。不过，我们已经获得了相对频率，而出现某一离婚原因的社会越多，该原因就越有可能是离婚的普遍原因。处于离婚原因列表顶端的两个事件——不忠和不育与繁殖高度相关。

❖ 不忠

女性的不忠是男性未能获得她的繁殖能力的有力标志。而男性的不忠则是女性不能再利用他的资源的有力标志。在从男性后代缺失到性忽视的 43 种原因中，通奸是婚姻破裂的最普遍的原因，它存在于 88 个社会中。在存在通奸行为的社会中，它的普遍性有很大的性别差异。尽管在 25 个社会中，离婚可能是由配偶中任何一方的通奸导致的，但在 54 个社会中，只有妻子通奸才会导致离婚；仅在两个社会中，只有丈夫的通奸才导致离婚。不过，即便是这两个社会，也不能算作男女双重标准的例外，因为不忠的妻子是很难逃脱惩罚的。在这两种文化中，男性在发现妻子不忠后都会殴打她们，有时甚至将她们殴打致死。这两种文化中的妻子都不会被休掉，但她们也不能轻易过关。

妻子不忠是更为普遍的离婚原因，这样的发现令人吃惊，因为男人通常更容易不忠。[10] 阿尔弗雷德·金赛发现，调查中有 50% 的丈夫和仅仅 26% 的妻子有过不忠行为。[11] 最近的一些研究发现，在不忠发生率方面也存在类似的性别差异。[12] 对不忠的反应有双重标准，这并不是美国文化或是西方社会的特例，它在全世界都有体现。这种现象的普遍性可能是由三种原因导致的。首先，男性有更大的权力强行实施他们的愿望，所以女性会被迫比男性忍受更多的配偶不忠。其次，全世界的女性可能都会更宽容丈夫的"一时性起"，如果丈夫不会同时分走他的资源和承诺，那么在人类进化史上，性不忠实质上给女性带来的损失比男性要小。最后，全世界的女性都更可能被迫忍受丈夫的不忠，因为离婚的代价太高了，会进一步减少她们在择偶市场的价值，尤其是当她们有孩子时。基于上述理由，妻子的不忠更有可能造成不可挽回的裂痕，最终导致离婚。

因为人们知道不忠可以导致婚姻的破裂，所以他们有时会故意使用不忠来摆脱错误的婚姻。在一项关于配偶离异的研究中，我询问 100 名男女会用什么手段摆脱错误的婚姻。随后，另外 54 名参与者对这些手段在完成目标中的有效性进行了评价。[13] 一种摆脱不如意配偶的普遍方法就是婚外恋，比如公开性乱交，或是故意让人发现自己在可疑场所和异性见面。

有时，婚外恋并没有真正发生，只是暗示和影射。人们用类似手段，比如和别人调情，或是告诉配偶他们爱上了别人，来促使配偶结束婚姻。一个相关的手段是表达想和其他人约会的愿望，以确认他们两个是否真的彼此适合，这是一种通过逐渐转变和摆脱承诺来优雅地退出婚姻的方式。

不忠是一个甩开配偶的如此冠冕堂皇的理由，所以即使有时不忠并没有真的发生，人们也会使用它。比如在特鲁克群岛，如果丈夫想要结束婚姻，他只需要散播谣言说他的妻子通奸。他会假装相信，并怒气冲冲地离开。[14] 很明显，人们急于向他们的社交圈证明，婚姻破裂是情有可原的。假装发生婚外情是个很好的理由，因为不忠是大家公认的导致分手的不得已的苦衷。

❖ 不育

尽管比起其他鸟类，斑尾林鸽更多地恪守一夫一妻制，但它们每季还是会有 25% 的离婚率。它们关系破裂的主要原因是不育——无法生养后代。[15] 斑尾林鸽在繁殖季节产下幼鸟后，很有可能会为下一季重新择偶；而那些没能在本季产下幼鸟的个体，也会在下一季寻找其他配偶。

不能生育子女也会导致人类离婚。没有孩子的夫妇比有两个或更多孩子的夫妇更容易离婚。根据联合国对 45 个社会中数百万人的调查，39% 的离婚是在没有孩子的情况下发生的，26% 是在只有一个孩子时发生的，19% 是在有两个孩子时发生的，有四个以上孩子后离婚的夫妇少于 3%。无子女导致的婚姻终结，无论结婚时间长短都会发生。[16] 孩子增强了婚姻纽带，减少了离婚的可能，他们在一个男人和一个女人之间所创造的共同遗传收益是极其丰厚的。如果未能产生这些将双亲基因传递到未来的小小媒介，夫妻就将缺少这种强大的共同纽带。

在各个社会都频繁提到的离婚原因中，只有通奸的发生率超过了不育。在有关婚姻破裂的跨文化研究中，有75%的社会报告说，不育是婚姻破裂的原因之一。其中12个社会强调，夫妻中任何一方的不育都会导致离婚。不过，就像通奸那样，不育所带来的后果也有严重的性别差异。由男性单方引起的不育而导致离婚的社会有12个，而由女性单方引起的不育导致离婚的社会有30个——这也许体现了另外一种双重标准：让女性承受比男性更多的责任。在21个社会中，我们无法判断是由男性、女性还是双方的不育造成了婚姻破裂。

并不是所有的社会都允许离婚。在禁止离婚的社会中，没有生育的男性和女性要提前做好准备。例如在亚洲的安达曼群岛，没有孩子就不算结婚。[17]日本很多村落的人会在婚礼举办过很长时间后才注册结婚，在第一个孩子出生之前，很多婚姻没有写进村政府的家庭档案之中。[18]在孩子出生前，婚姻不被法律认可，不育就顺理成章地成为婚姻破裂的原因。

年老和低生育率相关，不过这个关联程度对于女性来说更为明显。尽管随着年龄的增大，每次射精的精子浓度都会降低，但男性在60岁、70岁和80岁的时候仍然可以有孩子，而且他们也是这么做的。在雅诺马马部落，一个生殖能力很强的男性所生的孩子，年龄跨度长达50年。在澳大利亚北部的提维岛，年老的男性经常会独占30岁或者更小的女性并生养孩子。尽管西方文化中的夫妇比提维和雅诺马马夫妇年龄更相近，但男人和已经停经的妻子离婚，并和年轻女性组建家庭的事件也不在少数。[19]

男性和女性繁殖的生物性差异会产生这样的后果，即妻子年龄较大会比丈夫年龄较大更容易导致离婚。尽管关于婚姻破裂的跨文化研究并未发现年老是离婚的常见原因，但它确实在8个社会中出现了，而且在这8个社会中女性的年老——而非男性——是离婚的原因。[20]当男性离婚后，他们都毫无例外地娶了更年轻的女性。

从进化角度来讲，不育和不忠成为世界范围内普遍的离婚诱因是很有道理的。两者都是繁殖资源传递失败的最有力和最直接的证明，它们让长期择偶失去了进化意义上的存在理由。人们不会有意识地计算这些事件给适应带来的影响。相反，不育和不忠这样的适应难题，给人类祖先施加了选择压力，使他们产生了一种与繁殖失败相一致的心理状态。就像发生性行为是为了生孩子，但是没有人会意识到繁殖逻辑包含于其中一样，当气愤导致一个人离开不忠或不育的配偶时，也不需要他/她清晰地意识到这其中的适应逻辑。那些有意不要孩子的夫妇，仍然会因为不忠而分开，这就证明我们的心理机制在现代社会依然发挥着作用，即便有些机制早已经摆脱了导致它们发生的选择压力。

❖ 性拒绝

如果妻子拒绝和丈夫发生性行为，她就在有效地剥夺丈夫获取其繁殖价值的权利，只不过两性都没有用这些专业名词来思考这件事情。由于在人类进化史上，性活动是繁殖所必需的，剥夺男性性行为的权利，会让他投资于妻子所获得的繁殖收益大打折扣。这也可能暗示着她已经把性的权利分配给了其他男性。男性应当进化出一套心理机制，来提醒自己提防这些干扰他们性策略的行为。

有关婚约解除的跨文化研究发现，有12个社会把性拒绝列为婚姻破裂的原因。在这些社会中，破裂都被归咎于妻子的拒绝而不是丈夫的拒绝。[21] 我的实验室在关于伴侣分手的研究中也发现，性拒绝是甩掉不如意配偶的主要方法。女性说她们分手的手段有很多，比如拒绝和伴侣进行身体接触、在性生活上表现得冷淡疏远、不让男性触碰自己的身体、减少性要求。这些手段只有女性才会使用。[22]

在有关伴侣分手的研究中，一名女性的报告证明了这种手段的成功。[23] 她向朋友抱怨她有好多次都想和丈夫分手，但是都失败了。她想要些建议。进一步的讨论发现，她虽然很想摆脱自己的丈夫，但是从来没有拒绝过他的性亲近。她的朋友建议她应该试试。一星期后，她报告说她丈夫对她的性拒绝很生气，两天后，他就打包走人了。之后他们很快就离婚了。

如果说女性用性来换取爱，而男性用爱来换取性，那么剥夺男性的性权利可能的确是让男性收回爱并离开的可靠手段。

❖ 缺乏经济保障

男性有能力和意愿向女性提供资源，这是他配偶价值的核心，是她选择他作为结婚伴侣的重要依据，是男性用来吸引配偶的主要手段，也是男性用来留住配偶的主要手段。从进化角度讲，男性未能向妻子和孩子提供资源，会成为婚姻破裂的一个主要的与性别相联系的原因。男性不能或不愿提供资源，就违背了女性当初据以选择他们当配偶的标准。

事实上，在全世界范围内，男性不能提供资源都是离婚的诱因。有关解除婚约的跨文化研究发现，在 20 个社会中，离婚的主要诱因都是经济支持不足；在 4 个社会中是住房不足，3 个社会中是食物不足，而在另外 4 个社会中是穿衣不足。所有这些原因全都被归咎于男性。没有一个社会将女性不能提供资源作为离婚理由。[24]

一名接近 30 岁的女性参加了一项婚后分居的研究，她的报告向我们证明了男性不能提供经济资源会带来怎样严重的后果：

> 我丈夫丢了好多份工作，他非常沮丧。他一份工作都留不住。他做一个工作做了几年，然后就结束了。后来又找了一个，做了一年，又结束了。他就再找。后来他特别沮丧，就去找社会工作者，不过也没什么用。后来他总是睡觉。我想总有一天我会受不了他老这么睡的。我想出去一晚再回来，结果他都没能从床上下来把孩子们哄上床。我走的时候，他们在看电视，我回来的时候他们还在那看。第二天我就让他走，而且是逼他走的。[25]

在当代美国，要是女性比丈夫的收入高，她们很可能会离开丈夫。一项研究发现，那些妻子收入高的美国夫妇的离婚率，比丈夫收入高的夫妇的离婚率高 50%。[26] 事实上，要是妻子事业发展得好，男性有时会表现得很愤慨。在一项关于女性离婚原因的研究中，一名女性报告说丈夫"讨厌我比他挣得多，这样他觉得自己不够男人"。女性也很讨厌丈夫没有野心。另一名女性说："我整天都在工作，而他只做兼职，还整天喝酒；最后，我意识到我需要更多的帮助，就走到了今天这步。"[27] 男性如果不能满足女性对配偶的首要需求，即提供资源，他们就只能被判出局，尤其是当女性挣得比男性多的时候。

❖ 多妻的冲突

一夫多妻是在很多文化中广泛流行的习俗。在分析 853 种文化后，研究者发现 83% 的文化允许一夫多妻。在西非很多社会中，25% 的年长男人会同时拥有两个以上的妻子。[28] 即使在那些一夫多妻不合法的文化中，这种情况也会出现。一项研究估计，在美国有 25 000 到 35 000 桩一夫多妻的婚姻，多数在西部地区。[29] 另外一项研究涉及 437 名经济成功的美国男性，研究发现他们中有些有两个单独的家庭，彼此都不知道对方的存在。[30]

从女性角度来看，丈夫有其他妻子的最大不利就是：资源给了一个妻子和孩子，就不能再分给另一个妻子和孩子。虽然有时多妻的出现会带来重要的收益，比如她们可以共同抚养孩子，但多数时候，一个女人的收获就代表着另一个女人的损失。有关婚姻破裂的跨文化研究发现，在 25 个社会中，一夫多妻都是离婚的原因——绝大部分是由一个男性的多个妻子间产生冲突导致的。

多个妻子之间的冲突是一个适应问题，在古代，一夫多妻的男性必须要解决这个问题才能控制他的妻子们。问题是怎样让所有的妻子都高兴，这样她们才不会离开；出轨会剥夺男性重要的繁殖资源。有些多妻的男性会采用严格的规则来管理资源的分配，给每个妻子以同等的关注和性生活。在肯尼亚的基普赛吉斯人中，男性的妻子们拥有自己的一块土地，这是由丈夫平均分配给她们的。[31] 基普赛吉斯男性拥有独立的住所，不和妻子同住。他们会和每一个妻子都住几天，谨慎地平均分配时间。一名关注中东地区古伊斯兰文化的作者这样写道："你应该有四个妻子，当然，你的财产要足够多,能给她们每个人相同的关注、日常所需的生活费和一个独立的门户。"[32] 所有这些手段都是为了让妻子之间的冲突最小化。姐妹共夫(sororal polygyny)即妻子们是姐妹,也是为了使冲突最小化,这说明基因的相似性使得女性的利益趋于一致。[33]

尽管男性努力让妻子之间保持和睦,但在像冈比亚这种社会中,女性在知道她们的丈夫想娶别人时,仍然会离开,即使一夫多妻在那里是合法的。[34] 女性还是很难和别的女性共享丈夫的时间和资源。

❖ 冷酷和不近人情

在世界范围内,一个有责任的配偶的最重要的品质就是亲切和善,因为这象征着他共结连理的意愿,这种意愿是长期择偶获得成功的重要因素。脾气坏的人很难成为好配偶。一个易怒、有暴力倾向、爱辱骂或贬损他人的配偶,或是一个打骂孩子、毁坏财产、无视家务、疏远朋友的配偶,都会给对方的心理、身体和社交造成很严重的影响。

考虑到以上代价,在跨文化研究中,冷酷、虐待和无情是出现频率最高的导致婚姻破裂的原因,存在于 54 个社会中。事实上,在所有文化中,这些品质作为导致婚姻破裂的因素,仅次于通奸和不育。[35] 根据一项对女性离婚原因的研究,63% 的离婚女性报告说丈夫在情感上虐待她们,29% 报告说丈夫对她们进行身体虐待。[36]

在婚姻旅途中,冷酷和不近人情有时是与某些事件相关的,尤其是通奸和不育。比如在印度的部落中,不育经常会引发配偶间的唇枪舌剑。一个印度丈夫说:"我们在一起七年了,双方都感到很疲倦,但我们始终没有孩子。每次我妻子来例假都会骂我:'你还是不是个男人?怎么一点本事都没有?'这总是让我很难受也很羞愧。"[37] 最终,这对夫妇离婚了。

通奸也会引发冷酷和不近人情。要是一个奎契族(Quiche)女性承认通奸,她的丈夫会责备、侮辱、斥责、虐待甚至饿死她。[38] 在全世界,通奸的女性都会被愤怒的丈夫殴打、强奸、鄙视、辱骂或是伤害。[39] 看来,有些形式的不近人情是由婚内发生的有损繁殖的事件引发的。换句话说,冷酷和不近人情在某种程度上是离婚诱因的外部表征。心理机制和行为策略能帮助解决这些由配偶引发的代价高昂的问题。

在另外一些案例中，不近人情是配偶的人格特征，不会随时间流逝而改变。[40]在对新婚夫妇的研究中，我的实验室测试了配偶人格特征与他们给伴侣造成的问题之间的关系。拥有一个坏脾气的丈夫，会让妻子很沮丧，因为这样的男性总让你觉得你欠他的，他会进行身体虐待、言语虐待，会不忠、不善解人意，还会情绪化、无礼而且以自我为中心。[41]拥有坏脾气丈夫的妻子，总会抱怨丈夫对待她们像对待下人一样。这样的男性要求她们付出很多时间和精力，却不关注她们的想法。他们扇她们耳光，打她们，给她们起下流的名字；和其他女性发生性关系；从不帮忙做家务；酗酒，侮辱妻子的容貌。无怪乎有个脾气坏的配偶就会导致另一半对婚姻感到痛苦与不满。等到婚后第四年的时候，很多人就想要分居或是离婚了。

因为人们如此看重配偶的亲切友善，无怪乎最有效的甩掉不如意配偶的方法之一就是表现得卑鄙、残酷、刻薄、怒气冲冲。男性和女性都表示，促成配偶离开的有效手段包括对他们不好、当众侮辱、有意伤害他们的感情、制造争吵、没理由地大喊大叫或是把琐碎的分歧上升为争吵。

在全世界，冷酷和不近人情都是甩掉配偶的手段。在奎契族，要是丈夫想甩掉妻子，通常是因为妻子不忠。他会想方设法让她受不了："不理想的妻子会被责备、辱骂甚至被饿死，她的丈夫会责骂和虐待她，会公开出轨。他会娶别的女人，或是把妓女带到家里来，就为了侮辱妻子的自尊。"[42]所有这些行为都是冷酷的表现，与亲切友善这一全世界男女都有的择偶偏好截然相反。

❖ 配偶抛弃策略

想从一段相互承诺的配偶关系中解脱出来十分艰难。被拒绝的伴侣不想轻易放手。亲朋好友会施加压力避免分手。两人的孩子会让羁绊更加复杂。而在我们当代社会中，离婚法律和错综复杂的财务关系也会把分手的进程拉长到几个月甚至数年。

有些进化心理学家认为，我们已经进化出专门的配偶抛弃策略（mate ejection tactics）来促成分手。[43] 尽管对配偶抛弃策略的科学研究尚处于起步阶段，但它仍然为我们提供了一些重要的见解。一种策略是开门见山地告诉伴侣彼此应该另寻他人了。另一种策略是开始和他人发生性关系并且让伴侣撞破——这种策略虽然危机四伏，却被认为是最有效的。这包括和伴侣的朋友发生性关系，在社交场合和潜在伴侣出双入对，或者故意留下显而易见的出轨证据让伴侣发现。

第三种策略是撤回所有资源。有些配偶只是简单地不再表达爱意，不再说"我爱你"，不再和伴侣发生性行为。有些人会在伴侣被他人羞辱或被当众诋毁时不再挺身而出。撤回配偶关系所带来的收益有时会让伴侣离开去寻找更青葱的草原。可想而知，男性会比女性更倾向于用停止送礼物或提供经济资源的办法来驱逐配偶。女性会更倾向于使用拒绝发生性行为或减少伴侣性接触的方法。

撤回收益的反作用就是付出代价。两性都会对配偶更不耐烦，还会因为小事就大打出手。当言语侮辱升级成身体虐待，比如掌掴或殴打时，配偶会迅速逃离以规避代价。因为冷酷和不近人情是分手的关键诱因，人们有时会使用这些不讨喜的策略来促成分手。

在现代社会，一种常用的策略是"人间蒸发"（ghosting）——中断一切联系，比如短信和邮件。有些人会在 Facebook 上将伴侣从"好友"中删除，或者将 Facebook 的状态从"恋爱中"变成"单身"。这些行为都向伴侣发出了强烈的拒绝信号，同时也向更广阔的社交圈表明恋情已经结束了。

所有的配偶抛弃策略都潜藏着代价，包括声誉受损甚至前任寻仇。俗话说"地狱之焰不及被拒女人之怒火"，这对男人同样适用。事实上，男性更倾向于使用某些出格的策略来复仇，比如尾随或者在报复网站上张贴前任的裸照。[44] 最终，挑起分手的人总会尝试减少这些代价。"不是你，是我的错"或者"我觉得我们还是应该'做朋友'"，这些话都是这方面的典型案例，有时也会成功。

不论是被分手的还是提出分手的,都将面临分手后的新的适应问题——需要应对策略的问题。

❖ 应对分手的策略

斩断旧爱是人一生中所能体会的最具创伤性的经历之一。在有关应激性生活事件(stressful life events)的研究中,它总是排在前五位。只有诸如丧子或丧偶的压力才会超过它。社交网络会变得紧张,而仓促间被重新推进择偶市场也让人胆怯。分手会威胁一个人的社会地位,因为我们的配偶通常会被他人视作构建我们现有尊严的重要因素。甚至,分手常常会终结我们习以为常的收益,无论是经济层面、性生活层面还是社交层面。

关于应对策略的科学研究刚刚起步。[45]两性通常会尽力和前任保持朋友关系,这样恋情所带来的收益就不会完全终止,或者可以把前任复仇的概率降到最低。但有些人会反其道而行之,与前任断绝往来。比起男性,女性更愿意和朋友一起讨论旧日恋情,她们条分缕析,深思熟虑,找出分手的根源,谋划未来的前景。两性有时都会和他人同床共枕。正如我们访谈的一名女性所说:"忘掉一个男人最好的方法就是躺在另一个男人身下。"[46]

相比于男性,女性更愿意用购物来作为应对策略。[47]血拼新装和化妆品可以提升一个女人的自尊,同时增加她的外表吸引力,为她重入择偶市场铺路。

有些人应对分手的方法是向酒精和药物寻求慰藉。有些人会辗转反侧寤寐思服,密切关注前任的行踪和约会活动,或者探查他们的网络动态,不断加深自己的痛苦。有些人追踪前任是为了复合,干扰前任重新择偶的尝试,或者他们只是想寻仇。[48]

最终,大部分人会渡过情关,重新进入择偶市场,重启挑选、吸引和求爱的征程。

❈ 持久婚姻的蕴涵

在全世界范围内，婚姻破裂都会让配偶付出繁殖代价或是扰乱配偶的择偶策略。在历史上，它们会影响配偶成功完成繁殖这一任务。最具破坏性的事件和改变就是不忠，这会降低丈夫的父权确定性，也会让妻子部分或全部失去丈夫的资源；不育会让这对夫妇无后；性拒绝剥夺了丈夫获得妻子繁殖价值的权利，也暗示妻子她们的丈夫正让资源流向别处；没能提供经济保障的男性，剥夺了女性当初择偶时所寻求的繁殖资源；男性多妻，就会分散原来只给特定配偶的资源；而冷酷和不近人情，则意味着虐待、背叛、外遇以及不能或不愿共结连理。

人类择偶心理的基本倾向是寻求长期婚姻，这其中的含义是很深远的。要维持婚姻，夫妻双方就要忠贞不渝，共同生养后代，有充足的经济资源，和善、慷慨、善解人意，关注配偶的性欲求和心理需求。这样做并不能保证婚姻成功，但可以切实地提高成功率。

不幸的是，并不是所有破坏事件和改变都可以避免。环境强加的敌对力量，是人力所不能控制的——不育、年老、性欲缺失、疾病、地位下滑、社会孤立甚至死亡。无论意志如何坚强，这些敌对力量都能够无可挽回地击垮一个人作为配偶的价值。潜在的替代配偶有时能提供缺失的东西，所以由进化塑造的心理机制——配偶更换适应（mate-switching adaptations）帮人们决定，在这样的情形下他们必须要离开爱人。[49]

心理评价机制之所以被设计出来，就是为了应对不断变化的择偶环境，它是不会轻易失效的。在古代，如果配偶没能提早准备好替代者或是没能完成一场本来有价值的配偶转换交易，他就要付出繁殖代价。那些没有准备好就变成猎物的人，那些没能在这片不可预知的战场上胜出的人，还有那些不想离开繁殖利益受损的配偶的人，都不会成为我们的祖先。因为我们要不断权衡现有配偶和替代者各自的利与弊，因此更换配偶的心理机制不可避免地包含着比较的功能。终身幸福是那么遥不可及，现有的配偶可能并不尽如人意，比不上有魅力的替代者。

今天，这些敌对力量大部分仍然存在。配偶的地位可能上升也可能降低；不育折磨着原本快乐的夫妻；不忠潜滋暗长；年轻时不计回报的爱所带来的挫折，在经历了无可奈何的岁月后，变成了无法得到的爱所生发的绝望。这些事件激活了心理机制，它们不断进化发展以应对婚姻破裂，让人们避免对自身繁殖的威胁。这些机制看起来很难停止运行。它们驱使人们去寻找新的配偶，而且有时不断地离婚，因为生命中出现了有关适应的重要事件。

第九章
时过境迁

> 这世界的人总是在抱怨,但事实是——没有什么事情生来就是注定的。
>
> ——电影《血迷宫》中的侦探

在荷兰的阿纳姆有一片大型动物聚集区,而伊莱恩(Yeroen)就是这里成年雄猩猩的领袖。[1]它走路时步伐极其沉稳,而且它的体形看起来比实际上要大。它只需要偶尔显示一下权威,竖起毛发全速向其他猩猩冲去,猩猩们就会从它的领地上四散而逃。伊莱恩的权威也延伸到性方面。尽管在群落中有四头成年雄猩猩,但在雌性发情期,伊莱恩能和其中的75%交配。

当伊莱恩年老时,所有的事情都开始改变。一只年轻的雄性——鲁伊特(Luit),迅速地成长起来,并开始挑战伊莱恩的权威。鲁伊特渐渐不再对伊莱恩表现出恭敬顺从,而是厚颜无耻地展示着自己的勇敢无畏。一次,鲁伊特走近伊莱恩并给了它沉重的一击。还有一次,鲁伊特用它强有力的、足以致命的獠牙把伊莱恩咬出了血。不过大多数时候,这样的攻击只是象征性的威胁和虚张声势,并非真正的杀戮。起初,所有的雌性都站在伊莱恩这边,支持他巩固自己的地位。可后来它们都顺势一个接一个地投向了鲁伊特。两个月后,局势完全扭转了。伊莱恩的霸主地位被废,它转而对鲁伊特表现得恭敬顺从。而交配情况也随之变化。在伊莱恩统治时,鲁伊特只能得到25%的交配机会,而到它接管时,它的性接触获得率跃升至50%以上。而伊莱恩的性接触获得率下滑至零。

尽管被剥夺了权力也失去了性接触的机会，伊莱恩的生活并没有结束。渐渐地，它和一个后起新秀尼克依（Nikkie）结成了同盟。虽然伊莱恩和尼克依都不敢单独挑战鲁伊特，但它们在一起时却是一个强大的组合。几个月后，这个组合在挑战鲁伊特时变得越来越大胆。最终，双方展开了一场肉搏。尽管所有参与其中的猩猩都负了伤，尼克依和伊莱恩的组合还是取得了最终的胜利。伴随成功而来的，是尼克依获得了50%交配权；而伊莱恩，作为尼克依的盟友，现在享有25%的交配权。它不得接近雌性的禁令只是暂时的。虽然它永远无法再获得统治地位，但他能够从挫败中重整旗鼓，这足以保障它在群落中的竞争地位。

人类就像猩猩一样，在择偶过程中没有什么是一生不变的。一个人作为配偶的价值会随着性别和环境而改变。因为人们经历的很多改变在人类进化历史上一直反复出现，这给我们的祖先带来了反复出现的适应问题，所以我们进化出心理机制来应对它们。一个稳步提升自己地位阶层的人，可能迅速地被一个有能力的后来者超过。一个猎手的豪言壮语，可能被突如其来的重伤打破。一个老妇的儿子可能变成部落的族长。一个经常被忽视的沉默寡言者，一向被认为作为配偶的赞许性极低的人，会因为他令人眼花缭乱的发明在群体中派上了用场，就声名远播。一对年轻夫妇本来健康幸福，却突然发现其中一方不能生育。这些变化如果遭到忽视，会导致适应不良，阻碍祖先们解决适应问题。我们已经进化出心理机制来警告我们，小心这些变化。这些机制会触发解决问题的适应行为。

从某种意义上说，所有的择偶行为都要承担时间带来的变迁，从青春期引发的荷尔蒙躁动，到祖父母尝试着去干涉家族中的择偶决定。要弄清一个人的择偶欲求，需要花费时间。培养吸引力，需要不断练习。择偶不会一生不变。这一章的目的在于讲述求偶历程中会降临在所有男性和女性身上的更为重大的变迁——关于失败和成功，关于变化无常和无可避免的事件。

❖ 女性配偶价值的变化

因为女性作为配偶的赞许性是由她的生殖能力决定的，所以这种价值会随着她的衰老而减少。在其他方面相同的情况下，女性在 20 岁时可以吸引一位非常迷人的丈夫，而在 40 岁时她只能吸引一位不那么迷人的丈夫。在很多社会中，女性会经历这样的低谷，因为男性追求她们，就是为了从她们身上获得回报来弥补结婚时的开销，肯尼亚的基普赛吉斯人就是这样。[2] 新娘的聘礼包括大量的牛羊，还包括新郎和婆家给新娘家付的肯尼亚先令，这是用于交换新娘的。准新郎的父亲会和准新娘的父亲讨价还价，确定首次交付的牛羊数量和先令。新娘的父亲会考虑所有人的竞价。之后他会反悔，要求的聘礼比所有求婚者给的都高。讨价还价可以持续好几月，新娘的父亲决定最终的新郎人选。这时聘礼也确定了，主要是根据新娘的质量决定的。新娘的繁殖价值越高，她能要求的聘礼就越高。年龄大的女人，哪怕只大四五岁，也只能获取较低的聘礼。如果准新郎认为还有其他因素影响了这个女人的价值，也会降低她作为准新娘的价格，比如身体状况差或是身体残疾、怀有身孕以及之前生了其他男性的孩子。

这种优先考虑女性年龄和身体状况的风俗，并不只存在于基普赛吉斯人中。在坦桑尼亚，图鲁人（Turu）在离婚时会退还一部分聘礼，年老的妻子只能要求较少的退款，因为"妻子的身体贬值了"。[3] 在乌干达，赛贝人（Sebei）为年轻寡妇付的钱要多于年老的寡妇，这清楚地说明，年老寡妇的繁殖时间所剩无多。[4]

衰老给女性配偶价值带来的影响，表现为她的可被感知的魅力随着年龄而发生变化。在德国进行的一项研究拍摄了 32 张女性的照片，她们的年龄从 18 岁到 64 岁。[5] 一组由 252 名从 16 岁到 60 岁的男女组成的参与者，用 9 点量表来评价每一张照片上女性的魅力。不论评价者的年龄和性别如何，拍摄对象的年龄都严重影响了他们对该对象的女性魅力的判断。年轻女性得到了最高评价，而年老女性得到了最低评价。这种年龄影响在男性做评价时更为明显。女性可被感知的魅力随着年龄而发生变化，这样的影响的确伤害了女性，但这并不是来自某个男性至上主义文化的恣意评论。相反，这种感知上的变化反映出男性普遍的心理机制，即认为女性的年轻特征等同于她的配偶价值。

当然，也有很多例外。有些女性的地位、名望、财产、人品或社交网络，能让她们在年老后依然魅力不减。对很多人来说，美国超模辛迪·克劳馥在她 50 岁的时候就比大多数 20 岁的女人有魅力。而平均情况只能说明个体世界中的普遍变化趋势。总而言之，一个人的配偶价值是由自身决定的，同时也取决于个人在做选择时的特殊需要、价值和环境。想想现实生活中的案例吧，一位非常成功的 50 岁的商务经理，和妻子生有六个孩子。他的妻子患了癌症，很年轻就死了。后来他娶了一个比他大三岁的女人，他的新妻子把主要精力都用于照顾他的孩子。对于这个男人来说，年轻女人照顾孩子的经验不足，而且她想要自己的孩子，这就降低了她的价值，还有可能影响他照顾自己的孩子。一名 53 岁的女性对一个带孩子的男性来说有特别的价值，因为他需要她。而对一名没有孩子并想组建家庭的男性来说，她的价值就小得多。个人在选择配偶时，具体情况比平均情况更重要。

当男性的境遇发生变化时，对他来说同一名女性的价值是不同的。在商务经理的例子里，等他的孩子们都上了大学，他就和那个帮他带孩子的女人离婚了，然后娶了一个 23 岁的日本女人，建立了第三个家庭。或许他的行为很无情也不值得称赞，但他的境遇的确改变了。从他的个人角度来看，当他的孩子长大成人后，他第二个妻子的价值就急剧地下降了，而有魅力的年轻女性的价值则上升了，正符合他新的境遇。

尽管平均情况会掩盖真实的个体境遇，但它的确给出了许多人生命趋势的整体轮廓。不仅如此，它还指出了形塑人类择偶心理的适应问题。从妻子的角度来看，当她的繁殖价值随着年龄下降时，她的繁殖成功就和养育子女息息相关，子女是她把基因传递至未来的媒介。从她丈夫的角度来看，她培养子女的能力就是一项很有现实价值的无可替代的资源。女性总是不断地提供经济资源、家务劳动、社会地位以及其他资源，其中很多不像她的繁殖价值那样会随着年龄增长而急剧下降，其中一些还会提升。比如在提维部落中，年老的女性可以成为配偶的有力政治同盟，可以接触到更大范围的社会同盟网络，甚至可以帮丈夫获得其他妻子。[6]但是对于择偶市场上的其他男性来说，如果年老女性再次进入择偶市场，她作为潜在配偶的价值是很低的，这不仅仅是因为她的直接繁殖价值已经降低，还因为她的精力已经全部用在照顾子女或孙辈上。

❖ 性欲的变化

随着时间流逝，性生活的改变可以被列为婚姻中最显著的变化之一。对新婚夫妇的研究表明，丈夫对妻子性抑制的抱怨一年多过一年。虽然只有14%的男性抱怨他们的新娘在结婚第一年拒绝发生性行为，可是四年后有43%即三倍于之前的男性，表达了同样的感受。而女性中抱怨丈夫拒绝性生活的，在结婚第一年是4%，到第五年是18%。无论男性还是女性，都对伴侣的性抑制越来越不满，尽管有此抱怨的男性是女性的两倍还多。[7]

夫妻性卷入（sexual involvement）程度降低的一个迹象，就是性交频率的下降。如果妻子不到19岁，平均每月大约会有11次到12次性交。[8]到30岁时，这个数字下降到每月9次，到42岁时是每月6次，可以说当已婚女性年龄翻一番时，她们的性交频率会减少一半。在50岁之后，夫妇间的性交频率下降到平均每周一次。这个结果反映出的性需求下降，可能来自女性也可能来自男性，但最有可能的是双方都在下降。

来自盖洛普的一项民意调查测量了夫妻双方的性满意程度和性交频率随时间的变化，其结果也很好地证明了夫妻的性卷入程度随着年龄增长而降低。[9]在30岁时，每周至少有一次性交的夫妇约占80%，而这个数字到他们60岁时下降到约40%。性满意度也呈同样的下滑态势。在30岁时，约有40%的夫妇报告说对他们的性生活"非常满意"，但到60岁时，只有20%的人这样评价他们的性生活。

孩子的降生严重影响了性交的频率。在一项研究中，21对夫妇从结婚那天起，三年以来每天都记录他们的性交情况。[10]婚后一年的性交频率，只是他们婚后第一个月的一半。孩子的降生让性生活频率继续下降，只有婚后第一个月的三分之一。尽管这个结果需要更大规模、更长时间的研究来证实，它仍然告诉我们，孩子的出生会给婚姻性生活带来长期的影响，因为此时双方的精力都转向对孩子的培养。

婚姻时间长短对夫妻性生活的影响，取决于女性的外表。根据一项超过1 500名已婚人士参加的研究，两性对衰老给外表所带来的正常变化有不同的反应。[11]当女性年龄增加时，丈夫对她们的性兴趣在减少，从性生活中感受到的快乐也在减少。而丈夫认为妻子非常有魅力时，会保持高频率的性生活，对性生活的满意度也比较高。另一项研究证明，结婚几年后，丈夫比妻子更容易对配偶失去性兴趣。[12]男性比女性性欲更强，这种说法有点陈词滥调，随着时间变化，这种性别差异也可能反转。这些变化可能源于婚姻的长短，而非年龄本身。而更换新的配偶总会带来性欲的复燃。

❖ 承诺的改变

两性都会因为伴侣没能表达爱意和关注而闷闷不乐，因为这表明他们对感情的承诺正在减少。女性会比男性更介意爱意的逐渐减少。在新婚时，只有8%的女性会抱怨配偶没能表达爱意，而当她们结婚四年时，有18%的女性会这样抱怨。[13]相比之下，只有4%的新婚丈夫会因为妻子没有表达爱意而闷闷不乐，而在四年后这个数字上升至两倍，即8%。有64%的新婚妻子会抱怨丈夫在她们说话时心不在焉，而在婚后第四年或第五年，受此困扰的妻子达到80%。丈夫们较少因为妻子疏忽自己就变得很郁闷，但是像他们的妻子一样，这种抱怨也在逐年增长，在婚后头四年，这个数字从18%涨到34%。

承诺缩水的另一个迹象就是忽略配偶的感受。在新婚妻子中，有35%的人会因为受到忽视而苦恼，而在结婚四年后，这个数字跃升至57%。这个数字反映在男性身上，是从新婚时的12%上升到婚后第四年的32%。这些变化都说明，对配偶的承诺会随着时间流逝而逐渐减少，对两性来说都是如此，只不过这种困扰对女性来说更明显。

男性总是不能通过表达爱意和关注来展示承诺，会让女性越来越心烦。而女性不断提高的承诺需求，也让男人很苦恼。有22％的新婚男性抱怨妻子要求他们付出的时间太多，而在婚后第四年，有36％的男性这么抱怨。相对应的女性统计数字只有2％和7％。同样，16％的新婚男性抱怨妻子要求过多的关注，而婚后第四年这个数字上升到29％。相对应的女性统计数字是3％和8％。这样看来，虽然两性都会抱怨伴侣苛求承诺，但男性显然更受此事困扰。

与这些变化相伴随的是男性守护配偶方式的转变，这是测量情感承诺的另一个指数。从进化角度来讲，当配偶最年轻、繁殖价值最高的时候，男性会投入最多的精力去守卫配偶，因为没能在女性繁殖价值最高时留住她，将会遭受最严重的繁殖惩罚。不过，女性为留住配偶所付出的努力强度，不一定会随着男性的衰老而变化。从20岁到40岁，男性的配偶价值不一定会像女性那样下降，因为他获取资源的能力很可能随着年龄增长而增加。所以，与年龄相比，男性能否提供女性所需的宝贵资源，会更大程度地影响女性为留住他所付出的努力程度。

我的实验室的一项研究可以很好地证实两性的这些行为差异，研究内容是夫妻留住伴侣的方式。[14] 参与者是一组新婚夫妇，年龄从20岁到40岁。我们考察了19种手段的使用频率，从积极手段，如赠送礼物和给予关注，到消极手段，如威胁和使用暴力。我们把各种手段的使用频率和一些因素做相关分析，如使用者的年龄、配偶的年龄以及婚姻的长短。结果发现，妻子的年龄对丈夫努力的频率和强度有直接影响。丈夫对35岁到40岁妻子的守卫强度，明显低于20岁到25岁的妻子。年轻妻子的丈夫，尤其容易摆出架势提醒其他男性站远点。娶了年轻妻子的男性，可能会直接告诉其他男性，他老婆已经名花有主了；可能在其他男性面前表现出身体亲密；可能让她戴上戒指或其他饰物，表明她已经和别人许下承诺。年轻女性的丈夫比年老女性的丈夫更有可能仇视那些关注自己妻子的男性，有时甚至用身体伤害要挟他们。相反，女性用于留住年老配偶的精力和用于留住年轻配偶的一样。不管丈夫的年龄多大，女性都同样警惕，独占他们的时间，或是使用改善外表的手段。女性守卫配偶的努力强度和男性的年龄无关，这和男性根据女性年龄来调整守卫强度的做法截然相反。

对这种两性差异的貌似最可信的解释，就是随着年龄增长，女性繁殖能力降低。如果配偶放松守卫只是因为人们年纪大了，所有功能器官都在衰老，所以厌倦了这种做法或者变得自满，那么配偶守卫的强度就应该和守卫者的年龄直接相关。但是有关留住配偶的研究显示，男性和女性的年龄都不能有效地影响他们留住配偶的努力程度。此外，如果男性守卫的热情和婚姻的长短相关，那么守卫就应该随着婚姻变长而减少。但研究显示，婚姻的长短也与守护的努力程度无关。总而言之，关于女性年龄对男性守卫她的努力程度的影响，最可信的解释是不同年龄段的女性赞许性也不同，所以男性会对年老配偶投入较少的精力。

特立尼达岛上的居民就表现出这种行为模式。[15]人类学家马克·弗林（Mark Flinn）对480名居民进行了定期观察，发现如果妻子的生殖力旺盛（年轻且当时没有怀孕），丈夫和妻子在一起的时间会更长，和竞争对手的争斗也更多。相反，如果妻子生殖力较低（年老，怀孕或刚刚生完孩子），丈夫和妻子在一起的时间会减少，和其他男性相处得也更好。弗林总结说，配偶的繁殖潜力是决定男性守卫配偶强度的关键因素。

中东社会推崇隔绝（sequester）女性的习俗，青春期后的女性要佩戴面纱，她们越年轻就包裹得越严实，这个习俗的实行随着女性年龄增长会越来越宽松。[16]在全世界范围内，如果丈夫有个年轻的妻子，那么不论他的年龄多大，他因为真实的或是可能的不忠而杀人的可能性都更大。妻子小于20岁时，由于丈夫嫉妒而被杀害的可能性，是那些20岁以上的女人的两倍还多。[17]这只是男人所使用的极端策略中的几种，用来阻挡其他男性与自己年轻妻子的性接触。随着妻子老去，男性守卫配偶的努力程度也会降低。

❖ 婚外情发生频率的改变

由于男性放松了对配偶的严密守卫，女性与其他男性的性行为也不再受丈夫那么多的约束。有人曾打趣说道："西方传统的一夫一妻制就是，有一个妻子并几乎没有情妇。"[18]要收集可靠的婚外情信息是很困难的。与其他问题相比，这类问题会让更多的人不愿参加阿尔弗雷德·金赛的性研究，而即便参加了研究，拒绝回答这类问题的人也很多。所以尽管关于婚外性行为的研究很多，它仍然蒙着神秘的面纱。

因为对于婚外情人们会少报，所以婚外性行为发生率的数据一定是较为保守的。金赛的报告指出，婚外情的实际发生率可能至少比上报的高10%。[19]另外一项有750对配偶参加的研究发现，实际发生率可能会更高。只有30%的参与者一开始就承认婚外情，但在随后的密集调查攻势下，又有30%表示他们有过婚外情，这就把总数提升至约60%。[20]

女性婚外性行为的发生率有很明显的年龄变化趋势。年轻妻子很少有这种行为，16岁到20岁的妻子只有6%，21岁到25岁的有9%。而到26岁至30岁时，婚外情的发生率上升至14%，在31岁到40岁时达到顶峰17%。40岁后，女性的婚外性行为会稳步下降，在51岁到55岁时有6%，而在56岁至60岁时只有4%。可见，在年龄和女性婚外情之间，存在着曲线关系：当女性繁殖价值最高和最低时，婚外情发生得最少，当繁殖年龄接近尾声时发生率最高。

女性性高潮随年龄的变化趋势，也呈现类似的曲线。金赛列表记录了可以导致女性性高潮的性行为占所有性行为的百分比，包括婚内性行为、自慰和婚外情。对女性来说，婚外情带来的性高潮也随年龄呈曲线变化。21岁到25岁女性的婚外情性高潮，只占所有性高潮的3%，到她们繁殖年龄即将结束时，即36岁到45岁时，这个比例上升到11%，而在女性停经后，即56岁到60岁时，这个比例又下降到4%。

女性在繁殖年龄即将结束时，其婚外情和性高潮会达到峰值，这是很多原因导致的。丈夫对处于这段时期的女性看管得没有那么严格，所以她们会比年轻女性更有可能利用现有的性机会。同样，年老女性从醋意大发的丈夫那里遭受的惩罚比较少，这很难震慑住想要尝试诱人的婚外情的女性。[21]因为被捉奸在床的惩罚减小了，所以年老女性会更加随性去满足婚外的欲求。她们还有可能尝试在生育力降为零之前再生最后一个孩子——这种现象被进化心理学家朱迪丝·伊斯顿（Judith Easton）称为繁殖加速（reproduction expediting）。[22]还有一个事实也支持繁殖加速的解释：女性在

30岁后会经历一个性幻想和性冲动的高峰,众所周知的生物钟会警铃大作。

婚外情也反映出女性在自己繁殖价值直线下降之前,为更换配偶所做的努力。一项由205名有过婚外情的已婚人士参加的研究支持了这一观点。有整整72%的女性和仅仅51%的男性表示,他们的婚外情是出自情感承诺和长期爱情,而不是性欲求的冲动。[23]另一项研究发现,有两倍于女性的男性认为,婚外情只有性,没有情感联结。[24]还有一项研究发现,有过婚外情的女性中只有33%认为她们的婚姻是幸福的,而有过婚外情的男性中有56%认为他们的婚姻幸福。[25]婚姻幸福的男性比婚姻幸福的女性更容易发生没有情感联结的婚外情,而且也不会觉得他们的婚姻不尽如人意。女性有婚外情多数是因为婚姻不幸福,她们也更愿意为婚外情投入感情,这说明她们可能用婚外情来达到更换配偶的目的。

男性婚外性行为的方式和女性不一样。男性一生中发生的婚外性行为,比女性更频繁也更持久。我们可以看出,在已婚人士中男性对婚外性生活的欲望更大。在一项研究中,48%的美国男性表明他们想要婚外性行为,而相对应的女性统计数字只有5%。[26]另外一项关于婚姻幸福的研究,调查了769名美国男性和770名美国女性。在该研究中,72%的男性和仅仅27%的女性承认,他们有时会想要婚外性行为。[27]一项对德国工人阶级的研究也显示出同样的趋势:46%的已婚男性和仅仅6%的已婚女性承认,如果可以的话,他们愿意和有魅力的异性发生随意性关系。[28]

这些欲求经常会转化为真实的婚外情。金赛的报告统计了从16岁到60岁的人所发生的婚外性行为,在每个年龄段,丈夫的婚外情都要多于妻子。[29]在最年轻的年龄段——16岁到20岁,有37%的男性报告曾有过至少一次婚外情;而在同样的年龄段,有过婚外情的妻子只有6%。丈夫婚外情的次数在几年中都相对稳定,只是在最后几年有轻度下降。

婚外性行为并不是由于男性偶尔"一时性起"。相反,在男性一生中的每个年龄段,婚外情都是很重要的性发泄方式。从16岁到35岁,婚外性行为占男性性发泄方式的五分之一。从36岁到40岁,这个数字稳步上升至26%,41岁到45岁时是30%,而到46岁至50岁时是35%。[30]与朋友或妓女发生婚外性行为的男性，会把这种形式的性行为看得越来越重要，而且会逐渐取代和妻子的性行为，这会让夫妻性生活所占的比例越来越小。考虑到我们已了解的男性性心理，这些男性之所以会把婚外性行为看得越来越重要，可能是因为他们厌倦了反复同一个配偶发生性行为，或者是逐渐衰老的妻子对丈夫的吸引力逐渐减少。

男性和女性一生中发生婚外情的比例是由择偶体系的性质决定的。在一夫多妻的择偶体系中，很多男性没有配偶，而大多数有生殖力的女性都结婚了，这样一来，两性发生婚外情的比例必然和一夫一妻制社会中的不同。单身汉只能和已婚女性发生性行为。不仅如此，在历史上和各种文化中，一小部分地位高的男性给大批地位低的男性戴绿帽子的现象是很普遍的，比如法律允许古罗马独裁者尤利乌斯·恺撒和其他男性的妻子发生性行为。[31]在这种情况下，女性发生婚外情的比例必然高于男性。

我们进化出的性策略的要点是，男性并不一定会发生更多婚外情，不忠也不是只有男性才有的行为。相反，男性的性心理决定他们会寻求性多样化。当代价和风险都很低的时候，男性就会寻求婚外性行为。女性也会寻求短期性行为，包括婚外性行为，这些婚外情可能源于繁殖加速机制或配偶更换机制。但她们对这种性行为的欲求、幻想以及动机都不像男性那么强烈。马克·吐温观察到："大部分男性是色鬼，他们有机会通奸时都不能自持；但当女性缺乏吸引力时，很多男性的秉性会让他们把持住，而宁愿让机会溜走。"[32]尽管男人们一再狡辩称出轨的欲望不能等同于不忠，但相比于女性，婚外性行为在男性一生的欲望中占有更大的比例。

❖ 更年期——生物钟的终极警告

女性的繁殖能力在更年期结束时会下降至零。女性的所有生命变化中最让人捉摸不透的一个事实就是，更年期会在生命结束前很早就到来。多数女性在50岁时就完全停止繁殖了，不过也有些女性会在七八十岁甚至90多岁的时候还保持着活力。这种情况和其他任何灵长类动物都形成了鲜明的对比。即使是寿命长的哺乳动物，后繁殖阶段在它们的整个生命历程中所占的比例也只有10%或者更少。比如，只有5%的大象能活到55岁，但此时雌性的生育力依然是它们最大生育力时期的50%。[33]

雌性的其他机能也会随年龄增长而逐渐变得衰弱。比如心肺功能，在20岁出头它们的能量接近100%，但在50岁时会下降到只有80%。[34] 相比之下，女性的生育力在25岁左右时达到顶峰，而在接近50岁时会下降至零。相比于所有的其他身体机能，女性生育力的急速下降的确需要一个合理的解释。

历史上有一种观点认为，女性应该为更年期停经负责，因为"过量透支多是由于奢侈，以及不稳定的情绪导致的"。[35] 今天大多数人认为这种说法是性别歧视和陈词滥调。现在，一种理论认为，导致这种奇特现象的原因是：营养和健康护理的改善，让女性的后繁殖阶段被人为地延长了。根据这一理论，就算我们的人类祖先能活到更年期，他们在更年期之后活的时间也不会很长。不过这种解释听起来很不可靠，因为人类平均寿命的延长，主要是因为婴儿死亡率的下降。一个20岁古代人所能享受的最长寿命和我们几乎是一样的，即七八十岁。实际上，没有证据能证明医疗技术改变了人类的最长寿命。[36] 此外，更年期是寿命延长的意外副产品，这种说法并不能解释女性繁殖机能的急速下降，因为如果所有机能都是为了适应延长的寿命，那为什么其他所有的生命机能都只是缓慢地衰老？如果人类祖先无法活过50岁，那么优胜劣汰是不会让身体机能一直活跃到五六十岁的。更何况，寿命延长的观点也不能解释这其中的两性差异，因为男性的生育力下降缓慢，而女性的却是直线下降。[37]

女性拥有很长的后繁殖时期，对此最有可能的解释是：更年期是女性的一种适应机制，这可以帮助她们从择偶和直接繁殖，转变为履行母亲角色、祖母角色以及进行其他形式的亲本投资。这种解释被称为祖母假设（grandmother hypothesis），认为持续繁殖会影响女性祖先的繁殖成功，因为这会阻碍她对已有的子女、孙辈和其他血亲的投资。它还假设年长女性对她们的子女和孙辈有特殊的价值。例如，在健康之道、亲属关系和压力应对方面，年长女性比年轻女性有更丰富的经验和知识。她们也能更好地掌管资源和影响他人。这些增长的权力和技能都能传授给子女和孙辈，以及这名女性的整个扩展的亲属网络。[38]

早先在巴拉圭阿赫族中对祖母假设的检验表明，在这个群体中，从直接繁殖到教养孙辈的转变所带来的繁殖收益，不足以弥补女性不能生育所带来的损失。[39] 更多近期的研究为祖母假设提供了更可靠的支持。一项对传统冈比亚人的研究发现，相比于祖母，外祖母的存在能够提升孙辈在出生前两年里的存活率。[40] 一项针对18、19世纪芬兰人的研究发现，女性生命中的后繁殖时期越长，她的孙辈的存活率越高。[41]

另外一种假设认为，女性更年期是以下两种情况的折中，即在生命相对较早时期迅速繁殖和在整个生命周期完成长期繁殖。过早地生育多个健全子女，可能会损坏女性的繁殖机能，所以更年期本身不是适应机制，而是过早和过快生育的意外副产品。[42] 这样看来，找出导致女性祖先过早、过快繁殖的环境就变得十分重要。

过早繁殖、在短期内多次生育，或是平均三四年就生育一次，这些情况都可能发生在女性祖先的身上，因为她们要依靠配偶的投资来获得食物和保护。男性会向子女和配偶提供大量的抚育资源，这就为过早和过快繁殖提供了有利的环境。相反，雌性黑猩猩和大猩猩只能自己觅食，所以它们不能如此频繁地生育。在这些物种中，雌性的整个成年阶段都会用于繁殖，即每五到六年生育一个后代。人类女性生命中的变化导致她们停止直接繁殖，转而投资血缘亲属，这可能会直接导致男性付出高水平的抚育投资。这种对男性投资的需求可以追溯到最初的择偶阶段，女性有意选择有能力和意愿来进行投资的男性作为伴侣。可以说，女性生命过程中发生的繁殖变化和两性的择偶决定密不可分。

❖ 男性配偶价值的变化

女性作为配偶的赞许性会随着年龄下降可以预知，不过同样的情况不会发生在男性身上。原因在于，很多影响男性价值的关键品质与年龄之间的关系并不紧密，也不可预知。这些品质包括男性的才智、协作能力、父性、政治联盟、亲属网络、同盟伙伴，还有也是最重要的，就是向女性及其子女提供资源的能力和意愿。

男性在提供资源方面的价值，可以由收入和社会地位等线索来指示。而且，与女性的繁殖价值相比，男性的价值在年龄分布上的差异很大。比较重要的两性差异有两方面：在整个生命过程中，男性资源和社会地位通常会比女性的繁殖价值更晚达到顶峰；另外，男性所获得的资源和社会地位，更能帮他们和竞争对手区分开来。男性的资源和地位有时会急速下跌，有时会保持不变，有时会随着年龄扶摇直上，而女性的繁殖价值会随着年龄持续、无情地下滑。

对于男性来说，要理解他们在一生之中作为配偶的价值，就必须区分社会地位和资源的增长。在古代的狩猎者-采集者社会中，有限的狩猎技能和被杀猎物的短暂储存期，都会限制男性能够积累的肉食总量。此外，在当今犹存的狩猎者-采集者社会中，男性拥有的土地和储存的肉食总量差异不大。[43]事实上，尽管男性的狩猎技术不同，但某些群体，比如巴拉圭的阿赫族，他们会共享肉食，因此男性并不会在狩猎获得的资源上有明显的区别。

不过，在肉食共享的社会中，熟练猎手仍然会比蹩脚猎手获得更大的繁殖成功。这么说是因为两个理由。对女性而言，好猎手会比差猎手更有魅力，好猎手会得到更多婚外情的机会，因为女性愿意和好猎手发生性关系。同样，好猎手的子女也会得到族人更好的照顾。尽管阿赫族的男性所拥有的肉量没有明显差别，但狩猎给他们带来的社会地位是不同的，这给了他们接近迷人配偶的机会而且能更好地照顾子女。[44]因此，地位和资源占有量是两项不同的指标。

约1万到1.5万年前，农业的出现和货币经济的发明，让资源储备远远超出了狩猎者-采集者祖先们的所能。Facebook创始人马克·扎克伯格与乞丐在有形资产上的差异，要远远超过阿赫部落中地位最高的首领和地位最低的、不能狩猎的老人之间的差异。但在社会地位方面，类似的情况就不会发生。尽管货币经济丰富了男性的资源，但当代男性之间的地位差异并不一定超过我们祖先的地位差异。

尽管社会地位比收入更难测量,但当代的狩猎者-采集者社会还是为社会地位的年龄分布提供了线索。没有任何社会让十几岁的男孩享有最高的社会地位。在提维部落中,男性至少要到 30 岁或者中年,才能拥有足够的社会地位以娶一到两位妻子。[45]年轻的提维男性缺少政治同盟来获得这样的地位。

在昆族,男性在二十几岁时要磨炼技能,并且获取有关狩猎的知识和经验。[46]昆族男子在 30 岁之前,不会在部落的大型狩猎活动中受到重用。在巴拉圭的阿赫部落,男性的声望也和狩猎能力相关,而狩猎能力一般要到 30 岁左右才能达到顶峰,持续到近 50 岁。[47]在昆族和阿赫部落,超过 60 岁的男性一般就无法成功狩猎了,他们不会再带弓和箭,而且他们的政治地位和吸引妻子的能力会有明显的下降。阿赫男性的地位在 25 岁到 50 岁的某一时期会达到顶峰,这与他们的狩猎技能息息相关。[48]在阿赫、雅诺马马和提维部落,年长男性获得尊重、地位和年轻男性的敬畏,因为他们能从无数次部落战争的长矛对决和石斧较量中幸存下来。如果一名男性能一直从他人的猛烈攻击中存活下来,那他的地位可以一直维持至中年。

在当代西方社会,我们也能观察到同样的随年龄变化的趋势。当代西方社会中,实际的金钱收入预示了男性一生的资源。不幸的是,没有一份世界范围内的统计资料,能够体现男性和女性的资源与年龄之间的函数变化。不过,最近几年在美国出现了一种特殊的随年龄变化的收入分布。例如,用年龄变量来分析美国男性的平均收入分布,发现十几岁和 20 岁出头的男性收入非常低。在 25 岁到 34 岁的 10 年间,男性的收入只达到他们一生中最高收入的三分之二。直到 35 岁到 54 岁的 20 年间,美国男性的收入才会达到顶峰。从 55 岁开始,男性收入开始下降,这无疑是因为有些男性已经退休、失去工作能力或是已经没有能力再维持以前的工资水平。[49]这种收入变化的平均趋势,隐藏着很大的变数,因为有些男性在年老后仍然能够增加收入,而有些男性一辈子都很贫穷。

因为年老男性一般比年轻男性拥有更高的地位和更多的资源,所以同年龄的男性和女性平均来说在配偶价值上有所差异。在 16 岁到 25 岁的 10

年间，女性的生育力和繁殖价值都达到顶峰，男性的收入和地位却处于他们成年生命中的最低阶段。大多数 35 岁到 44 岁的女性很快接近她们繁殖年龄的尾声，而相同年龄段的男性才刚刚开始达到他们赚钱能力的顶峰。因为女性赞许性的中心元素是繁殖价值，而男性赞许性的中心元素是取得资源的能力，所以年龄相当的男性和女性并不一定具有相当的赞许性。

男性和女性在不同年龄段的配偶价值具有的另一个重要差异，就是男性价值具有更大的不确定性，这也减少了年龄对男性择偶的影响力。在西方社会中，男性的职业地位划分，是从门卫和加油站服务人员到公司总裁和成功企业家。相同年龄男性的收入差异，从乞丐讨到的几个铜子，到比尔·盖茨、马克·扎克伯格或者沃伦·巴菲特拥有的亿万存款。在 20 岁到 40 岁之间，男性获取资源的能力会发生翻天覆地的变化。

尽管如此，这些趋势还是不能充分展现女性做出选择时面临的瞬息万变的个体状况。从女性角度来看，分量最重的不是平均趋势，而是特殊情形。很多中年女性偏好年老的男性，不是因为他们的资源，而是因为女性相信年老男性会比同龄男性更珍惜她们。比如在非洲的阿卡族，在人生中取得很高地位和很多资源的男性，在婚后对子女的直接照顾都很少。相反，没能为妻子和孩子取得较高地位和较多资源的男性，会花更多时间直接照顾孩子以作为补偿。[50] 父亲的投资的一个重要指标，就是一天当中怀抱婴儿的时间，这是一个代价高昂的行为，因为这要耗掉很多能量而且还要放弃其他活动。怀抱可以使婴儿避免受到周围的危险、气温变化、事故的伤害，以及避免遭到他人的攻击。能够在群体中保持地位的阿卡男性，一天中怀抱婴儿的时间平均只有 30 分钟。而失去地位的男性，一天可以怀抱婴儿超过 70 分钟。尽管女性一般会偏好有地位和资源的男性，但男性的哺育意愿也是一个很重要的资源，有时可以弥补其他品质的缺失。

有些女性，因为她们自身就掌握着大量经济资源，在选择时可能不需要考虑对方获取的外在资源。男性的赞许性必须经由女性的心理机制来评价，而且这些机制对环境十分敏感。这并不是要否定平均趋势的重要性；事实上，这些趋势正是人类进化历史千百年来选择的结果。我们进化出的心理机制，不仅会按照两性各自的典型需求来促成择偶机会，也会适当地剪裁择偶机会，使我们的选择更加适应个体状况。

❖ 男性的早亡

人类的择偶机制告诉我们一个奇怪的现象，在所有的社会文化环境中，男性都比女性更快、更早地死亡。这样看来，对男性的自然选择要比女性更难。男性比女性的寿命短，而且在生命周期的每个阶段都会因为更多的原因而更大数量地死亡。比如在美国，男性平均比女性早亡 4 年到 6 年。男性比女性更容易感染疾病，而且致死的疾病种类也更多。男性比女性发生的事故多，包括跌落、意外中毒、溺水、中弹、撞车、火灾以及爆炸。男性在生命的前四年中，意外死亡率比女性高 30%，而到成年时，意外死亡率比女性高 400%。[51] 男性被谋杀的概率是女性的 3 倍。男性因为冒险而亡的概率更高，而且自杀率也大约是女性的 3 倍。从 16 岁到 28 岁，同性之间的竞争会变得十分激烈，而这种情况对男性来说更严重。在这个年龄段，男性的死亡率是女性的 200%。

男性高死亡率的原因，同时也是所有哺乳动物雄性高死亡率的原因，可以直接追溯到男性的性心理，尤其是他们对配偶的竞争。随着竞争带来的繁殖结果的差异越来越明显，竞争中所使用的冒险手段也越来越多。有些雄性占有不止一个雌性，那么作为成功者，他所获得的繁殖收益是非常巨大的，而失败者要承担的繁殖惩罚也是非常巨大的。红鹿就是一个很好的例子。体型和鹿角都比较大的雄鹿，一般会在择偶时更胜一筹。它们可以在头抵头的较量中战胜竞争对手。但是成功也会给它们的生存带来威胁。同样的特征给它们带来了择偶的成功，也带来了更多丧命的可能。比如在资源匮乏的寒冷冬季，雄性常常因为没有足够食物供给它们较为庞大的身躯而丧命。大块头还容易被捕食者盯上，而且不能灵活地逃走。由同性竞争而直接导致的死亡也要算在这些可能之中。所有这些冒险行为都是由红鹿的性策略导致的，这会使它们在争夺配偶的竞争中获益，也会导致它们比雌性更短命。

作为在动物王国通行的一种规则，择偶体系越是遵行一夫多妻制，两性死亡率的差异就越大。[52] 在一夫多妻制的择偶中，敢于冒险的雄性会得到选择——冒险与其他雄性竞争，冒险获取雌性需要的资源，冒险在追求雌性和求偶的过程中暴露自己。即使是在人类这样隐性的一夫多妻择偶体系中，有些男性也会通过一系列的婚姻和婚外情获得诸多配偶，而其他男性只能打光棍。男性之间的竞争，以及女性对较高地位和较多资源的男性的挑选，最终使男性进化出冒险的品质，来帮助他们成功择偶，只是这要以短命为代价。

因为男性所下的繁殖赌注要高于女性，所以男性比女性有更大的风险会被踢出择偶竞赛。在任何社会当中，终生没有配偶的单身汉比老处女的数量都要多。比如在2015年的美国，有67％的男性和仅仅54％的女性，在25岁到29岁这个年龄段没有结过婚。[53] 在30岁到34岁这个年龄段，有41％的男性和仅仅31％的女性从没有结过婚。这样的两性差异在高度崇尚一夫多妻的社会中发展到极致，例如在提维部落，实际上每一个女性都结婚了，少数男性甚至有29个妻子，致使很多男性只能打光棍。[54]

适应逻辑告诉我们，冒险越大，死亡率也就越高。这种情形适用于处在择偶人群底层的男性，他们有被完全踢出局的风险。从赌博到决斗，从事这种冒险活动的绝大多数人是没有工作、没有结婚的年轻男性。[55] 例如，在1972年底特律的杀人犯中，41％的成年男性罪犯是没有工作的，而整座城市的失业率是11％。69％的男性受害者和73％的男性施害者没有结婚，而整座城市的未婚率是43％。这些杀人犯的年龄也高度集中于16岁到30岁之间。总之，赞许性低的男性，具有没有工作、没有结婚且年轻的特征，他们似乎有很强的冒险倾向，有时他们会因为不小心玩过了火而丢掉性命。关键不是谋杀本身是一种适应机制，而是男性进化出的性心理会让他们通过增加冒险来应对某些特殊环境。

在古代，敢于冒险的男性会获得巨大的繁殖收益，而谨慎的男性会丧失繁殖机会。这些都选择出男性祖先在竞争中获胜的品质，哪怕这要以短命为代价。当涉及纯粹的生存问题时，通过同性竞争而进行自然选择是非常严酷的。

❖ 择偶危机——尤其针对受教育的女性

男性的早亡是择偶市场上男女比例严重失衡的主要原因之一，而且这种失衡会随着时间流逝而愈演愈烈。这种现象被称为"婚姻排挤"（the marriage squeeze），不过实际上无论是否结婚，这种现象都会出现。很多因素会影响到这个比例。婴儿期、童年期、青少年期、成年期的死亡率是不一样的，而且在这个生命历程中，男性都保持着更高的死亡率。男性比女性更频繁地移民和迁徙，进一步造成了性别比的失衡。婴儿潮也会造成性别比的失衡，婴儿潮中出生的众多女性可选择的对象很少，因为她们要选择比自己年长的男性，即那些出生在婴儿潮之前的、数量较少的一辈人。从男性的角度来看，那些出生在婴儿潮之前的男性，有相对较大的女性群体可供选择，因为他们一般会选择年轻女性，也就是婴儿潮时期出生的女性。此外，进入监狱的男性人数远远超过女性，这进一步加剧了择偶市场上两性比例的失衡。男性被战争夺走生命的概率也远高于女性，这造成战后择偶市场上出现大批剩余的女性。

生命中的离婚和再婚模式，也是造成婚姻排挤的一个重要原因。男性离婚后再婚，会选择比自己年轻的女性。例如，2013年的一项研究发现，初婚男性中，只有10%会和比自己小10岁甚至更多的女性结婚，5%会和比自己小6岁到9岁的女性结婚。[56]而再婚群体中，这个数字会跃升至20%和18%，所以有整整38%的男性在再婚时会选择比自己小6岁甚至更多的新娘。俗话总说，男人年纪越大，再婚时娶的老婆就越年轻。现在看来，这种刻板印象被数据验证了。

这些再婚的事例并不是北美洲国家特有的现象，而是在各种社会中都普遍出现的，有足够的资料可以证明这一点。一项对47个国家或地区的调查发现，年龄对女性再婚行为的影响都超过了男性。[57]从25岁到29岁，再婚的两性差异并不明显，因为年轻女性对于潜在伴侣来说仍具有较高赞许性。但到了50岁到54岁，再婚率的两性差异就十分显著了。在埃及，这个年龄段中，再婚男性的数量是女性的4倍；在厄瓜多尔，再婚男性的数量是女性的 9 倍；在突尼斯，这个数字是 19 倍。

这样的择偶危机在受教育女性中尤为显著。每年接受大学教育的女性远多于男性。这种差异遍及北美至欧洲，而且这种趋势开始在世界范围内盛行。我所任教的得克萨斯大学奥斯汀分校，2016 年的学生总数中，有 54% 的女性和 46% 的男性。乍一看，这种失衡并不大。但你如果仔细计算，会发现这代表了当地择偶市场上，多出的女性有 17% 之多。受教育女性的择偶危机的关键诱因在于，女性在忠诚的配偶身上寻求某些品质。大多数女性不愿意屈就低教育程度、低智商、不如自己事业成功的男性。而男性恰恰不那么在意这些方面，不论好坏，他们优先考虑的都是其他进化标准，比如年轻和外表。这种性别失衡起于大学受教育群体，而对于高成就的女性来说，它会变得更严重。她们只能被迫在有限的受教育男性的池子里挑选，不仅要和众多受教育的对手竞争，还要和那些没受过什么教育但是男人们觉得很有魅力的女人竞争。好在受教育的女性和男性结婚后，会拥有更幸福、稳定、富足的生活。

随着女性衰老而产生的性别比例失衡，在很大程度上可以说是两性的性心理的结果。排挤的中心问题是女性繁殖价值随年龄急速下降，这促使自然选择引导男性祖先偏好年轻女性作为伴侣，而引导女性祖先偏好有资源的年长男性作为伴侣。在现代社会，才智和受教育程度预示了向上流动的可能。年轻、健康、漂亮的女性，根据她们的欲望选择年长、资源丰富的男性，霸占着那些原本会成为年长女性伴侣的男性。有地位和资源的男性会尽量满足自己对年轻、健康、漂亮女性的偏好。因为女性祖先偏好有资源的男性，这让男性承担着要更具竞争力和冒险精神的自然选择压力，导致男性死亡率比女性高，而这会进一步增加男性的稀缺性。

在一生之中，男女比例的变化导致了可预期的两性的性策略变化。首先要改变的是挑剔程度。当男性数量较多时，较少男性会挑剔异性，他们不得不将就于那些不太迷人的配偶。而如果男女比例较为平衡，他们就能找到更好的配偶。相反，男性比例的降低会限制女性的选择，因为可供她们挑选的男性变少了。因此，这些比例会让两性认识不到自己的理想偏好是什么。

男性的低比例也会导致婚姻的不稳定。男性可获得的女性相对过剩，就意味着很多女性不能确保男性的有效承诺。能接近很多女性的男性，会迅速而泰然自若地追求随意的性关系。最近在大学校园兴起的"勾搭"文化，一定程度上也是由女性的过剩导致的。美国历史上男女比例的变化印证了这一点，因为1970年到1980年的离婚率上升时期，也是择偶市场上女性过剩的时期。[58]

相反，在20世纪80年代末期，新婚离婚率比上个十年要低，而同时期男性的比例在上升。[59]这段时期内，美国女性的婚姻幸福感也比她们的丈夫高，而在之前的15年中，即在男性的短缺时期，她们的婚姻幸福感一直低于丈夫。[60]从1973年到20世纪80年代末期，从事商业的男性人数翻了一番，同期男性的比例也在上升，这表明男性更加关注他们的经济成功了。尽管缺乏相关资料，但这个时期的男性对孩子投入的直接关爱也在上升。当可接近的女性相对较少时，男性会尽力表现得更和善、更温柔，来满足女性的择偶偏好。

缺乏可接近的男性，也会让女性分担更多提供资源的责任。原因之一就是女性不能依靠男性获得资源。不仅如此，不断增加的经济资产可能也是女性增加赞许性的策略，就像传统社会中的嫁妆竞赛。纵观历史，在男性相对比例较低的时期，有更多女性从事有偿工作。在20世纪20年代，因为移民法的变化，美国社会中外籍女性多于外籍男性，此时作为劳动力的外籍女性数量骤然上升。[61]由于能够投资的男性较少，所以女性承担着更多责任来储备自己的资源。

择偶环境中男性数量较少也会加剧女性内部的竞争，她们会改善外表、增加健身活动，甚至提供性资源来吸引男性。比如发生于美国20世纪60年代末和70年代的性解放运动，使得很多女性开始抛弃性保守的观念，在性关系中不要求男性做出郑重的承诺。性道德发生转变，而同一时期年长男性的数量也少于婴儿潮时期出生的女性。女性改善外表的竞争越来越激烈，表现为这样一些趋势，如节食产业的崛起、女性化妆和美容产业的迅速扩张、整容外科手术的增长——包括收腹、抽脂、隆胸、面部祛皱手术。而同一时期的男性数量也相对较少。

当较多男性竞争较少女性的时候，制衡的权力就转移到女性手中。女性能更轻易地从男性那里索取她们想要的东西，结果男性之间会为了吸引和留住有魅力的女性而进行更激烈的竞争。婚姻和其他长久坚实的恋情会更稳定，因为男性会更愿意做出承诺，而且不愿离开。男性能找到的替代伴侣变少，所以当女性稀缺时，他们就不能轻易寻求随意性关系。因此，男性会更努力竞争去满足女性追求长期配偶的愿望，最主要的方式是努力获得资源，并且表现得愿意做出亲本投资。

不过，在男性相对比例较高的时期所发生的转变，并非都对女性有利。一个重要的不利就是他们对女性的暴力倾向可能会增加。在男性过剩的时期，很多男性会被排斥在择偶市场之外，因为没有足够的女性分配给他们。不仅如此，能够在这种情况下吸引到女性的男性，会小心翼翼地守卫女性，不让竞争者接近。已婚女性这时会有更多的替代伴侣，所以她们有可能离开的威胁会增加丈夫的可靠性。这样的环境会激发丈夫们的性嫉妒，也会促使他们用威胁和暴力来控制妻子，更会对那些想要勾引伴侣的男性暴力相向。[62]

因为存在大量无法吸引到伴侣的男性，所以性侵犯和强奸事件会增加。对于没有资源来实现愿望的人来说，暴力就是他们唯一的资产。[63]强奸犯大部分是那些没有地位和资源的边缘男性，而女性从长期配偶那里追求的正是地位和资源。[64]不仅如此，在男性相对比例较高的社会，更有可能爆发战争，这也印证了那种说法，即在男性过剩的时代，男性之间的竞争也会变得激烈。[65]

在一生之中，男女比例的变化也会导致择偶策略的变化。在年轻男性的世界里，可接触的女性很少，因为女性喜欢有地位、有资源的成熟男性。年轻男性的策略也能够反映女性稀缺的状况，因为他们会采取很冒险的竞争策略，成为性强暴、抢劫、殴打和谋杀的主要犯罪人群。[66]例如，一项研究发现，因为强奸被捕的男性中有71%年龄在15岁到29岁之间。[67]男性的这些暴力犯罪行为都是针对女性的，因为他们无法通过积极手段吸引和控制女性。

当男性到三四十岁变得成熟时，只要他们能从冒险中存活下来，而且获得了合理的地位，性别比例就会倾向于对他们有利。他们拥有更多的潜在伴侣可供选择，而且他们在择偶市场上的价值会比年轻时更高。他们更有可能吸引到多个伴侣，不论是通过随意性关系、婚外情、多次结婚还是一夫多妻制度。不过，赞许性低的男性，无论在哪个年龄段都不能享受这些好处，而且有些男性会被永远排除在择偶市场之外。随着女性年龄增大，她们所体验到的性别比例会越来越倾斜，所以她们不得不通过降低标准、增加同性竞争、自力更生获取更多资源或者干脆决定退出择偶市场来妥协性地调整她们的择偶策略。所有这些伴随时间而来的变化，都源于我们进化出的择偶策略。

❖ 终生择偶的预期

从青春期的内心萌动，到把遗产留给尚在人间的配偶，人类一生当中的择偶行为会发生很多改变。两性都进化出心理机制来解决这些变化带来的问题——这些机制对繁殖价值的变化、地位和资源的变化以及择偶机会的变化都很敏感。这些变化对两性的影响是不同的，而且有些变化并不令人愉快。女性的青春期比男性早两年开始，但是她们却比男人早二三十年失去繁殖能力。在她们即将失去繁殖能力的几年中，仍然没有子女的女性会很着急——就像生命时钟正敲起越来越响的警报——这不是由某些特定文化中的专制习俗导致的，而是与繁殖现实协调一致的心理机制的反映。

女性一生当中繁殖价值的变化，不仅会影响自身的性策略，而且会影响她社交圈中的男性的性策略，包括她的现任配偶和其他潜在配偶。当女性年轻时，丈夫会严密地守卫她们，紧紧抓住他们成功获得的珍贵繁殖资源。这样严密的守卫会让女性失去外遇的机会，而且女性一般会把这视为男性负责任或对现状缺乏安全感的表现。很多夫妻的性生活在开始时会很来电，而且当有意介入的竞争者出现时，夫妻性生活会更加频繁。但随着岁月的流逝，随着女性繁殖价值的下降，夫妻性生活的频率也在下降。醋意十足的严密守卫阶段已经过去。男人变得越来越不满足，他们开始对妻子失去兴趣。女性哀叹说配偶对她们的关注减少，不断抱怨自己被忽视。

同时，对于妻子所要求的时间和关注，男性会变得越来越不耐烦。

随着女性的衰老，男性严密守卫的手逐渐放开，越来越多的女性开始发生婚外情，并在她们的繁殖价值即将降为零时达到顶峰。对于男性来说，婚外情的主要诱因是追求性生活的多样化；而对于女性来说，婚外情更多是由情感目标导致的，她们想在自己还具有繁殖能力的时候更换伴侣。女性似乎知道，她们越早离开丈夫，在择偶市场上的赞许性就越高。在更年期之后，女性把精力从为人母转向为人祖母，帮助子女生存和繁殖，而不是继续直接繁殖。女性要为她们过早、过快生育的繁殖策略付出代价——生育期的缩短。

就像那些雄性大猩猩一样，在涉及择偶成功问题时，男性在一生当中的变化更不稳定。男性可以通过提高地位和声望来让自己的赞许性经年不衰。无法获得资源和地位的男性会在择偶市场中被越来越边缘化。大约有一半的已婚男性会发生婚外情，而对于有婚外情的男性来说，私通就意味着牺牲和妻子的性生活。不仅如此，很多男性一生都在为获得新的伴侣而竞争，和年老的妻子离婚，然后迎娶更年轻的女性。男性年纪越大，就越努力迎娶年轻的女性。传统的科学家一直认为，导致这种现象的原因是脆弱的男性自尊、性心理的不成熟、"男性更年期"或是崇尚年轻的文化，但也许这一现象只是反映了男性在经历长期进化历史后形成的普遍欲求。

两性择偶策略差异的一个惊人结果，就是男性比女性早亡。为了择偶成功，男性在追逐地位和资源的过程中，会比女性更冒险，同性竞争也更激烈，这样早亡就成了可预见的结果。择偶市场中的竞争，会逐渐榨干男性身上的油水，性别比例会越来越倾斜，进而造成女性数量过剩，尤其是受过高等教育的女性。对于重新进入择偶市场的女性来说，婚姻排挤会随着岁月的流逝而变得越来越严重。两性都进化出心理机制，以便根据性别比的变化而改变策略。

看看所有这些将要降临在两性身上的生命变迁，仍有 50% 的夫妻在风风雨雨中相濡以沫，这样的事实格外引人注目。两个没有共同基因的个体，为着共同的利益相守一生，这是人类进化史上最伟大的壮举。就像我们进化出的机制会让我们陷入冲突一样，有些机制同样可以帮我们同异性和平共处。比如，我的实验室在众多跨文化的研究中发现，当两性走向衰老时，他们都不再把配偶的外表看得那么重了，他们更重视的是那些持久的品质，比如可靠或是性格讨人喜欢，这些品质对长期择偶成功非常重要。那些促进两性策略和谐共存的机制，就像那些产生冲突的机制一样，来自人类择偶的适应逻辑。

第十章
两性和谐

> 在整个人类历史以及有史料记载之前,每个个体所做的每一件事都只触及了我们可能做到的最低限度。而最高限度,即使存在,对我们来说也是完全未知的。
>
> ——杰罗姆·巴尔科(Jerome Barkow)等
> 《适应的心智》(*The Adapted Mind*)

要了解人类的择偶,就要承认我们的策略是多样的、灵活的且随机应变的。我们复杂的心理机制由漫长的进化历史所塑造,给了我们无所不能的行为百科全书来解决择偶的适应问题。有了这本百科全书,我们就可以勇往直前,根据自身和社会的状况去调整我们的择偶决定来满足自己的欲求,甚至,某些特殊人群的欲求。因此,在两性的战场上,没有什么行为是必然的或是天生注定的——无论是不忠还是一夫一妻制,无论是性暴力还是性冷淡,无论是因嫉妒而守卫还是对配偶漠不关心。男性并不是因为对性多样化贪得无厌而注定发生婚外情。女性也不一定会抛弃失去地位与荣誉的男性。我们更不是在进化的命令下扮演性别角色的奴隶。只要了解我们包罗万象的欲求以及不同策略的代价与收益,我们就可以从丰富的择偶菜单中做出选择。

了解性策略诞生和它们能够解决的适应问题,是行为调整的关键所在。例如,皮肤在经过反复摩擦后会长出茧,但人类进化出这样的生理机制并不表示人类长茧是不可避免的。我们可以而且已经制造出无摩擦的环境。同样,我们已经知道嫉妒可以帮助男人确保父权,也可以帮助女人留住配偶的承诺,所以两性都会关注那些最能激发对方嫉妒的情境,比如性不忠和情感不忠。从理论上讲,我们可以营造一段恋情来尽量减少嫉妒,就像我们可以创造出一个尽量减少摩擦的环境一样。那些尝试一夫多妻制的人都致力于此,而有时,他们确实成功了。不过如果你认为能把这么强烈的情感回路叫停是一件轻而易举的事,你就太天真了。

在整本书当中,我都使用人类择偶行为的经验研究作为建造人类择偶心理理论的基石。尽管我从没有一刻停止过思考,但之前的讨论都还只是停留在经验资料上。现在我将要超越这些研究发现来描述我的所见,进行更广泛的推论。这些推论广义上是针对社会互动的,狭义上是针对两性关系的。

❖ 两性差异

只有穿透两性相似和两性差异的迷雾,才能真正了解男性和女性之间的关系。因为两性在进化历史中要面对很多相同的问题,所以他们可以共享很多适应策略。两性都会通过流汗和颤抖来调节体温,两性都认为才智和可靠性是长期配偶的重要品质,他们也都会追求协作、可靠、忠诚的配偶,而且他们都希望配偶不要让自己付出灾难性的代价。我们属于同一个星球同一个物种。能够认识到我们共享同样的心理和生理机制,有助于两性之间的和谐。

与以上提及的共享适应(shared adaptions)的背景相悖,两性差异显得格外引人注目,而且需要进一步的解释。只有两性在漫长的进化历程中反复面对的适应问题不同时,他们的择偶心理才会不同。因为女性祖先承担了哺育子女的主要任务,所以只有女性的乳房有分泌乳汁的功能。因为受精过程是在女性体内完成的,所以男性祖先要面对父权不确定的繁殖问题。因此,男性进化出的择偶偏好尤其注重性忠诚,嫉妒心理也围绕着性不忠而产生。在妻子出轨后,他们倾向于收回承诺,这和女性的适应机制不同。[1]

有些两性差异让人很不愉快。女性不喜欢被当作性对象,也不喜欢用年轻、美貌这些远远超出她们掌控的指标来衡量自身的价值，当然，有些人也会为了自己的目的利用这些欲求。很多男性不想在竞争过程中用钱包大小和地位高低来评价自己，但同样，他们有时也会利用这些欲求达到自己的目的。要是一个男人为了追求性多样化而出轨，那他的妻子会很痛苦。要是一个女人为了追求情感亲密而和另一个男人亲近，那她的丈夫也会很痛苦。仅仅因为不具备异性所偏好的配偶品质，就被视作不受欢迎，这会让两性都很郁闷。

曾经，传统社会科学一般会假设男性和女性在心理上是相同的，现在某些过时的科学圈子也依然这样认为，但这违背了我们已知的性心理机制。在性选择的力量下，两性都要为接近迷人的异性配偶而竞争。如果发现男性和女性在择偶方面的心理机制是相同的，这个结果就是违背科学逻辑的，因为几百万年来两性面对的很多繁殖问题是不同的。进化史走到今天，我们可以毫不犹豫地说，男性和女性在配偶偏好上是不同的：男性偏好年轻貌美的异性，而女性偏好有地位、成熟、成功、能保护自己和有经济资源的异性。两性还有很多不同，如面对不带情感联结的随意性关系的态度、对性多样化的欲求，以及性幻想的性质。

交友网站是我们在当代进化出的性心理的表现形式。Tinder 中充斥着的寻求随意性关系的男性多过女性。AshleyMadison.com 吸引的主要是寻求性多样化的男人。SeekingArrangement.com 迎合了那些有地位、资源的男性和年轻、漂亮的女性，让他们能够充分利用自己的资质。

对两性偏好的性行为进行干扰的方式是不同的，而且能够激发他们的强烈情感——如生气和嫉妒的事件也是不同的。男性和女性吸引配偶的策略不同，留住配偶、抛弃配偶和更换配偶的策略也不同。这些两性差异是我们进化后共有的特质。它掌控着两性之间的社会交往和基本关系。

有些人会抱怨这些差异，或者无视科学证据否认它们的存在或是希望它们能够消失。但是希望和否认都不会让两性的心理差异消失，就像我们无法让胡须不再生长，也不能让乳房停止发育一样。只有当我们不再否认并且直面两性不同的欲求之时，男性和女性之间的和谐才能实现。

❖ 父权制的进化起源

性别差异的进化不可避免带有女权主义意味，正如女权主义进化论者帕特里夏·高瓦蒂（Patricia Gowaty）、玛丽安·费希尔-麦克唐奈（Maryanne Fisher-MacDonnell）、简·兰开斯特（Jane Lancaster）、芭芭拉·斯马茨和格里耶·万德马森（Griet Vandermassen）所指出的那样。根据很多女权主义者的信条，父权制——粗略地界定为男性控制资源，而女性在身体、心理和性方面处于从属地位——是两性战争的主要诱因。压迫和对资源的控制，被说成是由男性控制女性的性行为和繁殖资源的欲望所推动的。人类性策略证实了这一女权主义观点的主要成分。男性的确想控制全世界的资源，尽管这一点在很多追求经济平等的文化中有所改变。男性压迫女性的方式并不仅仅只有控制资源，有时还包括性强制和性暴力。男性控制女性所付出的努力，主要以她们的性和繁殖价值为目标。而女性和男性一样，经常会参与维持这种压迫。[2]

性策略的进化观点为我们提供了珍贵的机会，来了解男性控制资源和他们试图控制女性性行为的起源，以及维持控制的手段。性策略的一个惊人结果是，男性在控制资源方面的优势地位，恰恰在一定程度上和女性的择偶偏好相吻合。[3]这些偏好在千百代间重复运转，引导女性去选择有地位和资源的男性，而抛弃那些不具备这些资质的男性。不能获得此类资源的男性祖先都没能成功吸引到女性祖先作为配偶。

因此，女性的偏好为男性之间的竞争建立了一组至关重要的基础规则。现代男性从他们的祖先那里继承了一些心理机制，使他们不但对资源和地位情有独钟，更会为了获得资源和地位肝脑涂地。不能对这些目标给予高度重视的男性都无法成功吸引到配偶。

男性的一项重要策略就是和其他男性结成同盟。这些经过精心策划的联盟，可以帮助男性在追逐资源和获取性接触的过程中战胜其他男性。在动物世界中，狒狒、黑猩猩和海豚的族群中都会形成强大的联盟。[4]例如，雄性宽吻海豚会联合起来把雌性聚在一起，这样会比单独行动获得更多的性接触。⁵雄性黑猩猩——与人类亲缘关系最近的灵长类亲属——在和其他黑猩猩肉搏时，同盟联合可以增加它们的胜算，也可以帮它们取得族群中的地位，以及与雌性的性接触。很少有雄性黑猩猩可以在缺乏雄性同盟帮助的情况下，取得族群中的领导地位。落单的、没有同盟的雄性，处境十分危险，它们会遭受来自其他族群的雄性的猛烈攻击甚至杀戮。⁶

人类男性也会结成同盟以获取资源，如获得大型的猎物、拓展群体网络内部的权力，防卫其他男性联盟的攻击，以及获得与女性的性接触。⁷这种联盟行动会带来生存和繁殖的收益，这给人类进化史上的男性造成了巨大的选择压力，迫使他们和其他男性结成同盟。因为女性祖先不参与大型狩猎，也不会对其他部落宣战，更不会试图从相邻部落中强行俘虏男性，所以她们并不会在联盟中承受同等的选择压力。⁸尽管女性之间也会结成同盟来照顾子女或共同抵御意图不轨的男性，可是当她们离开亲属群体，和丈夫及其宗族生活在一起时，这种同盟就会减弱。根据芭芭拉·斯马茨的研究，正是由于男性之间强大的联盟和女性之间相对脆弱的联合，才在历史上造成了男性相对于女性的统治地位。⁹女性对成功、有野心、有资源的配偶的偏好，与男性富有竞争性的择偶策略是一同发展起来的。男性的竞争策略包括铤而走险、夺取地位、消灭对手、结成同盟以及一系列的个人努力，这都是为了使自己在女性关注的领域胜过其他男性。这些两性共同发展的机制交织在一起，创造了男性在资源领域的支配地位。

男性控制资源的由来，绝不仅仅是历史为了某些一闪而过的奇异事件所做的偶然性脚注。相反，这个问题对今天依然有着深远的影响，因为它向我们展现了男性持续控制资源的早期原因。女性今天依然偏好有资源的男性，拒绝那些缺少资源的男性。这种偏好反复不变地出现在由世界各地成千上万的个体参与的数十个研究中。而在日常生活中，它们也无数次地出现。在任何一年里，在相同年龄的男性中，女性愿意嫁的男性都比那些她们不愿意嫁的男性要赚得多。即便是那些事业成功的女性，她们实际上并不需要从男性身上获得资源，也不甘愿嫁给不如她们成功的男性。赚得比丈夫多的女性的离婚率更高，不过，这种趋势至少在美国有所改变。不仅如此，男性会不断与其他男性联合或竞争，来获取地位和资源，好让自己在女性面前变得迷人。两性资源不平等的原始推动力——女性的配偶偏好和男性的竞争策略——也是今天资源掌控不平等的推动力。[10]

女权主义者和进化论者的结论，都暗含着这样的推断：男性控制女性的努力的核心是控制女性的性行为。我们进化出来的性策略解释了这种现象为什么会出现，也解释了为什么男性如此重视对女性的性行为的控制。[11]在人类进化历程中，不能成功控制女性性行为的男性——比如，不能吸引配偶、不能阻止通奸或是不能留住配偶——都会比那些成功控制女性性行为的男性享受更少的繁殖成功。我们都来自一条漫长的、从未间断过的进化谱系，开启并延续这谱系的父系祖先都成功地获得了配偶、阻止了通奸而且提供了充足的资源来防止她们离开。而开启并延续这一漫长谱系的母系祖先，都把性接触机会留给了能提供有利资源的男性。

女权主义者的理论有时会描绘说，所有男性会为了达到压迫女性这一共同目的而联合起来。[12]但是人类择偶策略的进化告诉我们这种描绘不会是真的，因为两性的首要竞争对手是同性成员。男性努力控制资源，主要会造成其他男性的损失。他们从其他男性那里抢夺资源，将其他男性排挤出位高权重的位置，而且为了让其他男性在女性面前失去魅力而贬损他们。的确，将近70%的杀人事件是男性对男性的，这一事实仅仅显露了男性为竞争所付出的代价的冰山一角。[13]在每一种文化背景下，男性都比女性平均早亡数年，这一事实进一步证明了男性为彼此间的争斗所遭受的惩罚。

女性也无法逃脱同性成员带来的伤害。[14]女性之间的竞争是为了接近地位高的男性，为了和其他女性的丈夫发生性行为，或是为了勾引男性离开他们的妻子。窃取配偶性策略在我们的族群中屡见不鲜。女性诽谤和诋毁她们的对手，尤其是那些使用短期性策略的女性。男性和女性都是他们自身性策略的牺牲者，所以很难说他们会和同性因为某些共同的目的联合起来。

不仅如此，两性都可以从异性的策略中获益。男性把资源慷慨地提供给某个特定女性，包括他们的妻子、姐妹、女儿或是情妇。一名女性在选择了有地位和资源的配偶之后，她的父亲、兄弟和儿子都可以从中受益。

与其说男性或女性会联合同性的所有成员共同压制异性，不如说每一个个体都会和两性中的特定成员分享一些重要的利益，而和两性中的其他成员形成冲突。同性共谋（same-sex conspiracy）这种观点是没有任何事实根据的。

尽管今天的男性性策略有助于他们控制资源，但这些策略的起源是无法同女性的欲望分开的。这些分析并不是要暗示我们把男性控制资源的事实归咎到女性身上，也不是要苛责男性在追逐资源时的冷酷无情。相反，如果要达到和谐与平等，男性和女性必须都要意识到，在螺旋交错的协同进化过程中，他们是联系在一起的。这一过程在很久以前就伴随着欲望的演化开始了，而在今天它会通过我们择偶策略的发展继续运转下去。

❖ 择偶策略的多样性

两性欲望的差异是人类多样性的一个重要方面，不过每种性别自身也有巨大的可变性。尽管追求纯粹的随意性关系的男性多于女性，仍然有些男性会一生都恪守一夫一妻，而有些女性也会发现多角恋、随意性关系抑或是多元化的择偶策略比一夫一妻的生活更诱人。有些男性是为了女性的经济资源而追求她们，而有些女性是为了男性的外表而追求他们，尽管这与整体趋势正好相反。尽管大多数男性和女性会被异性所吸引，但有时他们也会对同性感兴趣，有时会对同性和异性都感兴趣，或都不感兴趣。这些性别内的差异不能被当作统计上的意外而加以排除，它们对于了解人类择偶策略的丰富语库具有十分重要的作用。

性多样化会因为个体环境的改变而改变，这些环境可以帮助每个人从他们的剧目中选择一种策略而放弃另一种——这种选择可能并不能被有意识地清晰表达出来。例如，阿卡男性在缺乏经济资源的情况下，会采取高亲本投资的择偶策略。[15]昆族女性如果足够迷人，可以一直吸引愿意投资的男性，她们会选择持续择偶的策略。[16]我们的配偶价值，即我们在择偶市场上有多少魅力，决定了在多大程度上，我们可以把我们的欲望修成正果。

尽管择偶策略深深地根植于我们的进化心理之中，但是没有一项策略的实施可以不考虑社会背景或配偶价值。了解促进两性性策略的关键社会背景，可以帮助我们了解性别内部和两性之间的择偶行为差异。

关于这些多样性的知识可以帮助我们仔细地审视那些由自私利益引发的价值判断。在西方社会，终生的一夫一妻常被标榜为典范。任何人如果不能遵从这些惯习，就会被当作是不正常、不成熟、不道德或是失败的。这样的评价正表明了支持这一观点的人心中暗藏的性策略。例如，通常情况下，最能满足女性利益的就是说服他人相信终生相爱的理想可以实现。乱交的女性会对专一的女性形成威胁，分散她们丈夫的资源、关注和承诺。最能满足男性利益的就是说服他人采纳一夫一妻的策略，尽管有时候他自己也不能遵守。乱交的男性侵占了单身男性的择偶机会，并且使已婚男性有被戴绿帽子的危险。我们所赞成的性价值，简而言之，通常是我们已经发展出的择偶策略的表现。

两性的随意性策略深深地根植于人类的进化历史当中。进化视角的描述会强调男性的性乱交和女性的性羞涩，这会夸大事实。就像男性做出承诺的能力是他们全部策略的一部分一样，女性也有发生随意性关系的能力，而事实上，当她们觉得有好处时，她们就会发生随意性关系。

在达尔文提出性选择理论的一个世纪之后，这一理论遭到男性科学家的强烈反对，部分是因为他们假定女性在择偶过程中是被动的。女性积极地选择配偶，而且她们的选择形成了一股强有力的进化动力，这样的假设被认为是科学幻想而绝非科学事实。在20世纪70年代，科学家逐渐开始承认在动物和昆虫世界中雌性选择的重要性。在20世纪80年代和90年代，科学家开始在人类物种中证实女性选择和竞争配偶的积极策略。但在21世纪初，很多顽固的反对者再度坚持女性有且只有一项择偶策略——寻求长期配偶。

科学证据给了我们不同的解释。反对忠诚择偶而转向随意性行为的女性，改变她们的择偶欲求，去迎合男性挥霍无度的生活方式、他们外表的吸引力、他们阳刚的身体，甚至他们冒险自大的"坏男孩"特质。所有这些都告诉我们，女性有专门为短期择偶设计的心理机制。有婚外情的女性会选择比自己丈夫地位高的男性，并且她们很有可能会爱上出轨对象，说明女性有更换配偶的适应机制。如果缺乏有能力的男性为她们投资，或是男女比例不利于女性，在预见到这些情况时女性就会将策略转向短期私通，这也说明女性有专门的适应机制帮助她们从长期择偶转换为短期择偶。

人们总是会责难频繁更换配偶和乱交行为。但是，通常对他们最有好处的，就是在他人心中培养这种道德观点。我们的性道德植根于我们的进化出的性策略之中。不过，从科学的角度来看，纵观人类进化的历史，给所有人类策略中的单独一条增加权重，并没有合乎道德的正当理由。我们人类的本质就存在于我们性策略的多样性之中。认识到人类择偶策略的丰富性，可以帮我们向和谐迈进一步。

❖ 择偶行为的文化差异

文化差异代表着人类多样性中最迷人、最神秘的一面。不同社会的成员在某些品质上有巨大的差异，比方说他们对结婚伴侣的贞洁的欲求。比如，在 20 世纪 80 年代的中国，几乎每一个个体，不管男性还是女性，都认为贞洁是配偶不可缺少的品质。那时，中国人在失去贞洁后，几乎是不能结婚的。不过，中国的这种文化在过去 30 年中已经改变。我的实验室的研究发现，尽管贞洁依然被看重，但它在配偶偏好中的重要性已经逐渐降低。[17] 斯堪的纳维亚半岛上的国家，如瑞典和挪威，在挑选配偶时并不重视贞洁。这种文化差异给所有人类择偶理论都出了个难题。

进化心理学关注早期经验、教养方式和其他当下的社会生态因素，用它们来解释择偶策略的差异。心理学家杰伊·贝尔斯基（Jay Belsky）和他的同事认为，严苛、拒绝、前后矛盾的儿童教养方式，不规律的资源提供，以及婚姻不和谐，都会导致孩子形成过早繁殖和过快更换配偶的择偶策略。[18] 相反，敏感的、支持性的和有回应的儿童教养方式，配合可靠的资源以及父母和睦，则会使孩子形成有承诺的配偶策略，表现为较晚繁殖而且婚姻纽带稳固。简单来说，在不稳定、不可预测的环境下长大的孩子，学习到的是他们不可以信赖任何一个配偶。因此，他们会选择较早开始性生活，而且倾向于频繁更换配偶。相反，生活在稳定家庭的孩子，父母的投入是可以预期的，他们会选择长期配偶策略，因为他们期望能够吸引一个稳定的、高投入的配偶。离异家庭子女的资料可以证明这个理论。这样的孩子会较早进入青春期，性生活开始得也比较早，会比来自完整家庭的同龄人拥有更多的性伴侣。

择偶策略对早期经验的敏感性，可以帮助解释不同文化对贞洁的重视程度的差异。例如在传统的中国，婚姻历来是长久的，离婚很少见，父母会在很长的一段时间里为子女投入很多。在瑞典，很多孩子是私生子，离婚很普遍，而且很少有父亲会长时间对子女投入。因为这些早期的发展经验，中国人和瑞典人可能从人类拥有的全部库存中挑选出不同的策略。尽管早期经验的重要性还需要进一步的证实，但现有资料还是支持了这样的观点：在两性的性策略语库中，既有随意择偶，也有长期承诺，有窃取配偶，也有更换配偶。他们从菜单中挑选的特定策略，只部分取决于他们的早期经验，这在不同的文化中会有不同的体现。

乱交的阿赫人和相对专一的希维人之间的不同，也可以说明人类性策略的文化差异。这两个部落的男女比例差异，可能是导致他们性策略差异的关键原因。在阿赫部落，每一个男性对大约1.5个女性。在希维部落，尽管无法得到确切数字，但可以肯定男性比女性数量多。有很多可接近的阿赫女性，就给阿赫男性创造了希维男性无法得到的性机会。阿赫男性抓住了这些机会，十分频繁地更换配偶和随意的婚外情就可以证明这一点。在采取短期性策略时，阿赫男性会比希维男性更成功。希维女性比阿赫女性更有可能留住男性的高投资，因为希维男性必须要提供资源来吸引和留住配偶。[19]今天我们有目共睹的文化变迁，诸如大学校园和大都市里盛行的"勾搭"文化，以及像Tinder这种随意性行为和网络约会应用软件的兴起，所反映出的择偶策略的变化，也许是由感知的或真实存在的性别比例失衡所导致的。

一个关键的文化变量就是预设的择偶体系，特别是一夫一妻制和一夫多妻制。一些伊斯兰国家允许男性最多娶四名妻子。在美国犹他州和得克萨斯州的部分地区，一些摩门教团体对于男性可以迎娶的妻子数量没有明确的限制，有一些甚至可以娶十几个妻子。即使是预设为一夫一妻制的文化很多实际上也是一夫多妻的，因为很多男人会通过多次结婚或者外遇而拥有很多伴侣。一种文化越鼓励一夫多妻，其中的男人就越有可能铤而走险去获得地位、资源和配偶，而这种追求不止局限于今世，还有对来生的渴望。从麋鹿到海象，正如在非人类生物族群中择偶都是暴力的关键诱因一样，在我们自己的族群中，择偶和暴力也密切相关。进化出的择偶策略受到这些至关重要的文化背景的影响，并被应用于其中。

在了解不同文化中的性策略差异时，我们发展出的择偶机制起着关键的作用。不同文化中可获得的性机会不同，它们的生态环境所提供的资源、男女比例以及它们鼓励长期择偶还是短期择偶的程度都不相同。我们发展出来的心理机制是受这些文化因素调节的。因此，择偶行为的文化差异可以反映出人类从所有可能的性策略中做出选择的差异，因为它们在某种程度上也以所属文化作为基础。每一个活着的人都从我们成功的祖先那里继承了这一套完整的策略语库。

❖ 择偶战场上的竞争和冲突

人类择偶过程中有一个不太令人愉快的现实，就是迷人配偶的数量总是少于对他们有欲求的人。有些男性会显露出超人一等的获得资源的能力，拥有极具吸引力的身形，或者平步青云的本领炉火纯青；女性一般会欲求这样的男性，所以她们会彼此竞争去吸引这些男性。不过，只有具备高赞许性的女性才会胜出。美貌惊人的女性是很多男性欲求的对象，但只有很少的男性能够成功吸引她们。和善、睿智、可靠、爱运动、帅气和良好的经济前景——能综合所有这些品质于一身的人少之又少。我们大部分人只能将就于那些并不具备所有这些迷人特征的人。

这些严苛的事实造就了两性内部的竞争和冲突，这些冲突只有完全退出择偶游戏才能避免。不过，择偶的基本欲望并不能被轻易消除。想要满足这些欲求的愿望，猛然把人们推向了与同性成员竞争的战场。竞争的外在表现变化多端,人们不一定总能辨别出来。一名男性或是女性在购买最新款的面霜时,恐怕不会把这种对皮肤的关注解读为竞争。一名女性或男性兴致高昂地使用最新型的健身器来锻炼时,或是熬夜工作时,也不会把这种行为解释为竞争。但是只要人们有择偶欲求,只要人们在异性所欲求的品质上有所差异,同性成员之间的竞争就会是人类择偶过程中不可避免的方面。

两性之间的矛盾好像不会被轻易消除。有些男性对女性的性心理表现得迟钝而且不敏感。有时男性对性关系的寻求会比女性更快、更频繁、更坚持不懈,也更积极。对性骚扰和性强制的指控,几乎无一例外是由女性指向男性的,这是两性择偶策略的本质差异所导致的。男性的策略与女性的欲求发生冲突,会导致女性的愤怒和抑郁。同样,女性蔑视缺乏迷人特质的男性,也会让被拒绝的男性感受到挫折和怨恨。因此,女性会和男性一样频繁干涉对方的性策略,不过她们的干涉方式不会那么野蛮和强制。

配偶双方的矛盾也不可能被完全消除。尽管有些配偶和谐而幸福地生活在一起,但没有配偶可以完全没有冲突。引发冲突的情况总是难以避免。一名男性因为他所不能控制的原因而被炒了鱿鱼后,也许会发现他的妻子要和他离婚,因为他已经不能提供资源了,而这种资源正是她选择他的理由。一名女性的脸上渐渐生出了皱纹,尽管不是她自己的错,她也会发现事业成功的丈夫喜欢年轻的女性。两性之间的有些矛盾是无法消除的,因为有些酿成矛盾的情况是无法避免的。

两性冲突源自我们进化出来的择偶心理,这样的事实让很多人忧虑,部分是因为它违背了人们普遍持有的信念。我们当中很多人接受传统的观点,认为这些冲突是由某种特定的文化扰乱了人性的自然和谐导致的。但是女性遭受性强制时感到气愤,男性被戴上绿帽子时感到暴怒,都是由我们进化出的择偶策略激发的,而不是来自资本主义、文化或是社会主义。无论这一过程中诞生的策略有多么让人讨厌,也无论这些策略的结果有多么让人厌恶,进化都要受到繁殖成功这一残酷标准的操纵。

同性成员之间冲突的一个特别致命的表现就是战争,这是人类历史上反复出现的情节。男性为了取得择偶成功所必需的资源，就会去冒险，所以说战争几乎是男性特有的活动，这一点都不令人惊奇。在雅诺马马部落，促使男性向另一个部落宣战的主要动机有两种——掠夺他人妻子或是夺回在上次袭击中失去的妻子。当美国人类学家拿破仑·夏侬向他的雅诺马马信息提供人解释说，美国宣战是为了自由和民主这样的理想，他们都很惊奇。他们觉得冒着生命危险去俘获或者重新俘获除了女人以外的东西很荒谬。[20]

在人类有文字记载的历史中，在战争时期总会频繁发生强奸事件，这表明雅诺马马男性的性动机既不奇怪也不反常。[21] 全世界的男性都有同样的进化心理。在历史上，从来没有女性结为战争党派去抢劫邻村并掠夺丈夫的案例，这一事实告诉我们有关两性差异内涵的重要信息——男性的择偶策略通常比女性的策略更野蛮。[22] 隐藏于暴力背后的性动机，也揭示了两性**内部**的冲突和两性**之间**的冲突的紧密联系。男人发动战争去杀死其他男人，而女人则成为性牺牲品。

在当代社会的日常生活中，两性之间的战争发生在男性和女性个体彼此的社会交往过程中——在工作场所、在聚会中、在线交友网站上或是在家里。比如，对配偶的挑剔并不会影响到所有人，而只会影响到那些缺乏迷人品质的人。性嫉妒并不会让所有男性对所有女性施加伤害，而只会来自某些特定的男性，比如赞许性比配偶低的男性；只在某些特定的情况下产生，比如在不忠事件发生之后；只针对某些特定的女性，比如配偶而非随意性伴侣。再比如，只有部分男性会实施性强制，特别是那些具有低共情、高敌意、大男子主义和剥削倾向等反社会特征的人。大多数男性不是强奸犯，而且大多数男性即使在不会被捕的情况下，也不会实施强奸。[23]

并不是所有女性或是所有男性都能团结一致，这就导致了两性冲突。相反，同性成员一般会采取一套共同的策略，这和异性成员的典型策略不同。谈论两性冲突是可能的，因为两性通常的冲突方式都来源于他们和同性共享的策略。同样，没有哪个男人或女人是天生和他或她的同性成员联合在一起的，也没有哪个人是天生和异性成员相对立的。

我们现在被赋予了权利去打造我们的未来，这种权利可能比以往人类进化史上的任何一个时代都多。欺骗、强迫和虐待源自我们的择偶策略，这一事实并不能使它们的存在名正言顺。使用对个人得失敏感的进化机制，如害怕被放逐或是担心声誉受损，可以减少我们使用人类策略库中的那些比较野蛮的部分。

❖ 两性合作

男性和女性都要依靠对方来把他们的基因传递给下一代。婚姻结合被描绘为一个复杂的长期信任和互惠的网络，这是其他物种所不具备的。从这种意义上讲，两性之间的合作达到了人类的巅峰。我们在择偶方面合作的策略，就像我们进化出的对语言和文化的接受能力一样，能够定义人类的本质。

性策略为我们提供了一些条件，帮助我们获得终生的爱情。孩子是两性共享的媒介，通过他们，基因可以在通往未来一代的旅途上幸存下来。他们把男性和女性的利益连在一起，而且促进了婚姻纽带的长久存在。父母可以共享孕育新生命的愉快，共同把他们的孩子养育成人。他们会一起惊奇地发现，他们爱情的结晶正一同分享着人生的繁殖循环。但是孩子也会创造新的冲突，从争论如何分配白天照顾孩子的时间，到晚上减少促进性和谐的机会。没有什么幸福是绝对纯粹的。

性忠诚也会促进婚姻的和谐。任何一点不忠的可能性，都会打开一道利益冲突的裂缝。不忠会中断婚姻的纽带，导致离婚。一夫一妻有利于延长男性和女性之间的信任。如果一名女性不忠，她也许会受益于婚外情，可以从中获得资源，把更好的基因传递给孩子，或是在择偶市场上获得更好的机会。但是不忠所能带给她的收益，是以她丈夫的损失为代价的，这包括父权确定性的降低、信任的破坏以及可能失去长期配偶。男性的不忠可以满足他们对性多样化的需求，或让他们得到短暂的陶醉，就好像他们是奉行一夫多妻制的男人。但是这些收益的代价，就是他们的妻子必须承受丈夫的爱和投入分给了其他女性。终生的性忠诚可以促进两性之间的和谐，但是两性都要为此付出放弃机会的代价。

满足彼此的进化欲求是两性和谐的关键。在男性给家庭带来更多经济资源时，或是他们表现出和善、关爱和承诺时，女性的幸福感就会增加。当女性的外表比男性更漂亮时，或是当她们表现出和善、关爱和承诺时，男性的幸福感就会增加。[24]那些能够满足彼此欲望的人，会拥有更加美满的关系，尤其是择偶市场上没有人更能满足他们的需求时。简单地说，我们进化出来的欲望，在解决两性和谐这一谜题方面有至关重要的作用。

我们欲望的多样性可能是促进和谐的最有力的工具。两个没有关系的个体，能够把他们所有的资源都汇集到一个以爱命名的结合之中，这是人类最伟大的成就。这一切发生的原因在于，每一方都为这段感情付出了很多资源，而他们的结合也会带来巨大的收益。另外，我们复杂的心理机制也会促使我们与他人形成有益的结合。这其中有些资源是和一个人的性别相连的，比如女性的繁殖活力以及男性的供养能力。但是择偶资源超越了这些繁殖要素，包含更多的能力，如防御危险、抵御敌人、结成同盟、养育孩子、困苦时保持忠诚、疾病时陪伴照料。这些资源中的每一种都可以满足我们人类的其中一种特殊欲望。

之所以对异性有如此深厚的关注，是因为我们知道，我们总是依靠彼此来获取生存和繁殖所需的资源。同样，我们也总是依靠对方来满足我们的欲望。这些事实也许能够解释，为什么人深陷令人心醉的爱情而不能自拔时，会体验到一种独特的满足感。持续终生的爱情结合，是人类择偶策略的胜利果实。

今天我们所面对的新的性环境，是我们任何一个祖先都不曾遇到过的，包括可靠的避孕手段、生殖药物、人工授精、网络性爱、在线约会应用软件、隆胸和缩腹手术、精子银行的出现，以及通过基因工程"设计婴儿"（designer babies）。我们控制择偶行为后果的能力，已经达到人类进化史上空前的水平，而且地球上没有其他任何一个物种可以达到。但是我们在面对这些当代的新问题时，用的还是那套原始的择偶策略，它们曾经发生作用的远古时空都无法再恢复。我们的择偶机制就像活化石那样告诉我们"我们是谁""我们来自哪里"。

在已知的地球上有生命出现以来的35亿年历史中，我们是第一个有能力控制自身命运的物种。基于对我们进化史的了解，可以知道我们设计自身命运的前景依然美好。只有不断探索复杂的人类性策略库，我们才能了解我们从哪里来；只有深入了解为什么这些人类策略能够进化出来，我们才能把握我们将往哪里去。

致　谢

唐纳德·西蒙斯（Donald Symons）是 20 世纪人类性进化领域最重要的论著的作者，他的写作、友谊以及对每一章富有见地的评论，引导了这本书的进展。我第一次遇见勒达·科斯米德斯（Leda Cosmides）和约翰·图比（John Tooby）时，他们还在哈佛大学念研究生。那是 1981 年，彼时他们已经在发展一套关于进化心理学的宏大理论，这套理论深刻地影响了我自己关于人类择偶策略的思考。马丁·戴利（Martin Daly）和马戈·威尔逊（Margo Wilson）在性和暴力演化方面所做的工作具有开创性的影响。我非常幸运能够与马丁、马戈、勒达和约翰在加利福尼亚帕洛阿托的行为科学高级研究中心（Center for Advanced Study in the Behavioral Sciences）共事，致力于一项名为"进化心理学基础"（Foundations of Evolutionary Psychology）的特殊研究项目。这项研究是本书的根基。

我主要感谢我的高级研究合作者：阿洛伊斯·安格莱特纳（Alois Angleitner）、阿尔门·阿舍里安（Armen Asherian）、迈克·巴恩斯（Mike Barnes）、迈克·波特温（Mike Botwin）、迈克尔·陈（Michael Chen）、莉莎·基奥多（Lisa Chiodo）、肯·克雷克（Ken Craik）、莉莎·德登（Lisa Dedden）、托德·戴考伊（Todd DeKay）、杰克·德马雷斯特（Jack Demarest）、布鲁斯·埃利斯（Bruce Ellis）、玛丽·戈麦斯（Mary Gomes）、阿莱特·格雷尔（Arlette Greer）、海蒂·格雷林（Heidi Greiling）、多利·希金斯（Dolly Higgins）、蒂姆·科特拉尔（Tim Ketelaar）、

卡伦·克兰恩史密斯（Karen Kleinsmith）、利萨·凯尔赫库（Liisa Kyl-Heku）、兰迪·拉森（Randy Larsen）、卡伦·劳特巴赫（Karen Lauterbach）、安妮·麦奎尔（Anne McGuire）、戴维·施密特（David Schmitt）、詹妮弗·塞梅尔罗特（Jennifer Semmelroth）、托德·沙克尔福德（Todd Shackelford），以及德鲁·韦斯滕（Drew Westen）。

我要向以下来自世界各国或地区的国际研究合作者致以特别的感谢：阿博特（M. Abbott）、安格莱特纳、阿舍里安、比亚乔（A. Biaggio）、布兰科-比利亚塞尼奥尔（A. Blanco-VillaSeñor）、布吕雄-施韦策（M. Bruchon-Schweitzer）、瞿海源（Hai-yuan Ch'u）、恰宾斯基（J. Czapinski）、德莱德（B. DeRaad）、埃克哈马尔（B. Ekehammar）、菲奥拉文蒂（M. Fioravanti）、杰奥尔加斯（J. Georgas）、耶德（P. Gjerde）、古特曼（R. Guttman）、哈赞（F. Hazan）、岩胁（S. Iwawaki）、亚纳基拉迈尔（N. Janakiramaiah）、科斯罗沙尼（F. Khosroshani）、克莱特勒（S. Kreitler）、拉舍尼奇（L. Laehenicht）、李（M. Lee）、利克（K. Liik）、利特尔（B. Little）、洛哈米（N. Lohamy）、马金（S. Makim）、米卡（S. Mika）、穆阿德尔-沙希德（M. Moadel-Shahid）、莫阿尼（G. Moane）、蒙特洛（M. Montero）、蒙迪-卡斯特（A. C. Mundy-Castle）、尼特（T. Niit）、恩森杜吕卡（E. Nsenduluka）、佩尔策（K. Peltzer）、皮耶诺夫斯基（R. Pienkowski）、皮尔蒂莱-贝克曼（A. Pirtilla-Backman）、庞塞·德龙（J. Ponce De Leon）、鲁索（J. Rousseau）、伦科（M. A. Runco）、萨菲尔（M. P. Safir）、塞缪尔斯（C. Samuels）、桑蒂奥索（R. Santioso）、瑟贝尔（R. Serpell）、斯米德（N. Smid）、斯宾塞（C. Spencer）、塔迪奈克（M. Tadinac）、托多罗瓦（E. N. Todorova）、特罗兰（K. Troland）、范登布莱德（L. Van den Brande）、范赫克（G. Van Heck）、范兰根霍夫（L. Van Langenhove），以及杨国枢（Kuo-Shu Yang）。

许多朋友和同事阅读了这本书的草稿并且提供了建议。杰弗里·米勒（Geoffrey Miller）对于1994年出版的整本书给出了创造性的评论。约翰·阿尔柯克（John Alcock）、迪克·亚历山大（Dick Alexander）、劳拉·贝齐格（Laura Betzig）、勒达·科斯米德斯、马丁·戴利、比尔·德拉姆（Bill Durham）、史蒂夫·甘杰斯塔德（Steve Gangestad）、伊丽莎白·希尔（Elizabeth Hill）、金·希尔（Kim Hill）、道格·琼斯（Doug Jones）、道格·肯里克（Doug Kenrick）、博比·洛（Bobbi Low）、尼尔·马拉穆特（Neil Malamuth）、凯瑟琳·马奇（Kathleen Much）、丹·奥泽（Dan Ozer）、科琳·塞弗特（Colleen Seifert）、詹妮弗·塞梅尔罗特、芭芭拉·斯马茨（Barbara Smuts）、瓦莱丽·斯通（Valerie Stone）、弗兰克·萨洛韦（Frank Sulloway）、南希·桑希尔（Nancy Thornhill）、兰迪·桑希尔（Randy Thornhill）、彼得·托德（Peter Todd）、约翰·图比、保罗·蒂尔克（Paul Turke），以及马戈·威尔逊对于特定章节提供了突出的帮助。

我的第一任编辑苏珊·阿雷拉诺（Susan Arellano）在早期阶段给予我鼓励和编辑方面的建议。乔·安·米勒（Jo Ann Miller）的敏锐评价以及她在编辑方面的沉着冷静，使这本书得以修改并且完成。任何一位写作者都将非常幸运地获益于弗吉尼亚·拉普兰特（Virginia LaPlante）的才智和编辑能力，她帮助我把缺乏组织的草稿变成具有可读性的散文，把混杂的章节组合成连贯的书。

我有幸得到一些机构的基金支持。哈佛大学给予我时间和资源来开展国际研究。密歇根大学也对我给予了支持，感谢来自心理学系的阿尔·凯恩（Al Cain）和帕特·古林（Pat Gurin），来自进化和人类行为项目组的迪克·亚历山大、劳拉·贝齐格、金·希尔、沃伦·霍姆斯（Warren Holmes）、博比·洛（Bobbi Low）、约翰·米塔尼（John Mitani）、兰迪·内瑟（Randy Nesse）、芭芭拉·斯马茨、南希·桑希尔和理查德·兰厄姆（Richard Wrangham），以及来自社会研究院群体动力研究中心的尤金·伯恩斯坦（Eugene Burnstein）、南希·坎托（Nancy Cantor）、菲比·埃尔斯沃思（Phoebe Ellsworth）、詹姆斯·希尔顿（James Hilton）、詹姆斯·杰克逊（James Jackson）、尼尔·马拉穆特、黑兹尔·马尔库斯（Hazel Markus）、迪克·尼斯比特（Dick Nisbett），以及鲍勃·扎伊翁茨（Bob Zajonc）。来自美国国立精神卫生研究所（MH-41593 和 MH-44206）的资金对这项研究给予了极大的帮助。行为科学高级研究中心的奖学金，包括戈登·格蒂基金会（Gordon P. Getty Trust）的资助和国家科学基金会的资助（BNS98-00864），给予我必需的时间和学术氛围以完成这本书的初稿。我现在任教的得克萨斯大学奥斯汀分校一如既往地为我提供了机构支持。

为了2003年的版本，海蒂·格雷林与我合作进行了大量关于女性性行为中不为人知一面的研究；与马尔蒂耶·哈兹尔顿（Martie Haselton）进行的研究让我们发现了男性和女性在推断彼此择偶心智时存在的认知偏误；与阿普丽尔·布莱斯克（April Bleske）的合作让我们在男性和女性能否"只做朋友"的问题上有了新的有趣发现；与戴维·施密特的合作是对人类窃偶行为的第一次系统性研究；而与托德·沙克尔福德、凯文·班尼特（Kevin Bennett）、布拉姆·布恩克（Bram Buunk）、崔载（Jae Choe）、长谷川真理子（Mariko Hasegawa）、长谷川俊（Toshi Hasegawa）、李·柯克帕特里克（Lee Kirkpatrick）以及兰迪·拉森（Randy Larsen）的合作则让我们发现了性背叛的防御机制。

除了在初版中已经致以感谢的人，还有很多朋友和同事帮助我完成了这一版的资料更新：罗莎琳德·阿登（Rosalind Arden）、迈克·贝利（Mike Bailey）、阿普丽尔·布莱斯克-雷奇克（April Bleske-Rechek）、露丝·巴斯（Ruth Buss）、格雷格·柯克伦（Greg Cochran）、乔希·邓特利（Josh Duntley）、崔西·埃利斯（Trish Ellis）、保罗·艾沃尔德（Paul Ewald）、史蒂夫·甘杰斯塔德、约翰·戈特沙尔（John Gottschall）、海蒂·格雷林、马尔蒂耶·哈兹尔顿、金·希尔、欧文·琼斯（Owen Jones）、克雷格·帕尔默（Craig Palmer）、戴维·施密特、托德·沙克尔福德，以及兰迪·桑希尔。特别感谢史蒂芬·平克（Steven Pinker）和唐纳德·西蒙斯为补充材料所做的全面而精彩的反馈。

最后，我要郑重感谢我近期的研究合作者以及现在和以往的研究生，在修订和更新版本中展示的发现有一部分归功于他们。特别感谢莱斯·艾尔-沙沃夫（Laith Al-Shawaf）、凯丽·浅尾（Kelly Asao）、蒙斯·本迪克森（Mons Bendixen）、凯文·班尼特、阿普丽尔·布莱斯克-雷奇克、雅伊梅·克劳德（Jaime Cloud）、肖恩·科兰（Sean Conlan）、阿德利亚·

德·米格尔（Adelia de Miguel）、乔希·邓特利、朱迪丝·伊斯顿（Judith Easton）、戴安娜·桑托斯·弗莱施曼（Diana Santos Fleischman）、戴维·弗雷德里克（David Frederick）、安德鲁·加尔佩林（Andrew Galperin）、史蒂夫·甘杰斯塔德、亚伦·格茨（Aaron Goetz）、卡里·格茨（Cari Goetz）、长谷川真理子、长谷川俊、马尔蒂耶·哈兹尔顿、帕特丽夏·霍利（Patricia Hawley）、莎拉·希尔（Sarah Hill）、全钟焕（Joonghwan Jeon）、彼得·乔纳森（Peter Jonason）、法尔纳兹·凯格霍巴蒂（Farnaz Kaighobadi）、沙姆克·坎布尔（Shanmukh Kamble）、利夫·肯奈尔（Leif Kennair）、李·柯克帕特里克、巴里·库勒（Barry X. Kuhle）、兰迪·拉森、戴维·刘易斯（David Lewis）、威廉·麦金本（William McKibben）、辛迪·梅斯顿（Cindy Meston）、凯瑟琳·默斯图（Catherine Moestue）、卡琳·佩里厄（Carin Perilloux）、伊丽莎白·皮尔斯沃思（Elizabeth Pillsworth）、史蒂芬·平克、乔希·波尔（Josh Poore）、阿尼亚·拉贾（Ania Raja）、克恩·里夫（Kern Reeve）、戴维·施密特、安娜·赛德莱西克（Anna Sedlecek）、托德·沙克尔福德、埃米莉·斯通（Emily Stone）、比尔·图克（Bill Tooke）、比尔·冯·希佩尔（Bill von Hippel）、马丁·沃拉西克（Martin Voracek）、维维安娜·韦克斯-沙克尔福德（Viviana Weekes-Shackelford）、德鲁·韦斯滕和乔伊·威科夫（Joy Wyckoff）。加利福尼亚大学圣塔芭芭拉分校教授丹·康罗伊-比姆（Dan Conroy-Beam）给出的明智意见贯穿全书，在许多章节都有详细的建议。我卓越的新编辑（来自 Basic Books）布莱恩·迪斯特尔伯格（Brian Distelberg）、辛西娅·布克（Cynthia Buck）、梅丽莎·维罗尼西（Melissa Veronesi）帮助我改进了通篇的清晰度、过渡和语气。与克里斯蒂纳·勒加雷（Cristine Legare）的诸多交流加深了我对人类择偶心理的感悟。

注 释

第一章 择偶行为的起源

1. Jankowiak and Fisher 1992.

2. Beach and Tesser 1988；Sternberg 1988.

3. Darwin 1859，1871.

4. 进化心理学的主要拥护者包括 Cosmides and Tooby 1987；Daly and Wilson 1988；Pinker 1997；Thornhill and Thornhill 1990a；Symons 1979；Buss 1989a，1991a。

5. Rozin 1976.

6. Collias and Collias 1970.

7. Le Boeuf 1974.

8. Vandenberg 1972.

9. Smuts 1987；Lindburg 1971；Seyfarth 1976.

10. Thornhill and Alcock 1983.

11. Daly，Wilson，and Weghorst 1982；Symons 1979；Buss et al. 1992.

12. Erickson and Zenone 1976.

13. Betzig 1989.

14. Thornhill 1980a.

15. Buss and Schmitt 1993.

16. Bailey et al. 1994.

17. Bobrow and Bailey 2001.

18. 对此的总结参见 Rahman and Wilson 2003。尽管大部分研究指出轻度遗传的概率约有 50%，但一些研究发现只有 20%～30% 的同卵双生子呈现同性恋倾向，这表明遗传因素的影响实际上更轻微。

19. 相关总结参见 Bobrow and Bailey 2001；Muscarella 2000；McKnight 1997.

20. Symons 1987.

21. Low 1989.

22. Guttentag and Secord 1983；Kim Hill, personal communication, May 17, 1991.

23. 参见 Quote Investigator, "Exploring the Origins of Quotations," February 9, 2011（updated August 17, 2014），http://quoteinvestigator.com/2011/02/09/darwinism-hope-pray/。应当指出，该引述可能是杜撰的。

24. Daly and Wilson 1988.

25. Chagnon 1988.

第二章　女性之所求

1. Trivers 1972；Williams 1975.

2. Trivers 1985.

3. Trivers 1972.

4. Yosef 1991.

5. Draper and Harpending 1982；Belsky, Steinberg, and Draper 1991.

6. Smuts 1995.

7. Hudson and Henze 1969；McGinnis 1958；Hill 1945.

8. Buss 1989a.

9. Buss et al. 2001；Schmitt 2016.

10. Kenrick et al. 1990.

11. Wiederman 1993.

12. Buss 1989a.

13. Conroy-Beam, Buss, et al. 2015.

14. Betzig 1986；Brown and Chai-yun, n. d.

15. Betzig 1986.

16. Hill 1945；Langhorne and Secord 1955；McGinnis 1958；Hudson and Henze 1969；Buss and Barnes 1986.

17. Buss et al. 2001.

18. Langhorne and Secord 1955.

19. Buss and Schmitt 1993.

20. Buss 1989a.

21. Li et al. 2002.

22. Buss 1989a.

23. Jencks 1979.

24. Hart and Pilling 1960.

25. Gurven and Kaplan 2006; Kim Hill, personal communication, May 17, 1991; Don Symons, personal communication, July 10, 1990.

26. McCrae and Costa 1990; Gough 1980.

27. Jankowiak, Hill, and Donovan 1992.

28. Martin Whyte, personal communication, 1990.

29. Townsend 1989; Townsend and Levy 1990; Wiederman and Allgeier 1992; Buss 1989a.

30. Lund et al. 2007.

31. Buss 1989a; Willerman 1979; Kyl-Heku and Buss 1996; Jencks 1979.

32. Langhorne and Secord 1955.

33. Buss and Schmitt 1993; Betzig 1989.

34. Buss 1991b.

35. Jencks 1979.

36. Hermstein 1989; Brown 1991; Brown and Chai-yun, n. d.

37. Barkow 1989.

38. Miller 2000.

39. Hill, Rubin, and Peplau 1976.

40. Buss 1984, 1985, n. d.

41. Buss 1987b; Buss et al. 1990.

42. Buss and Barnes 1986; Kenrick et al. 1993; Thibeau and Kelley 1986.

43. Frank 1988.

44. 参见 Conroy-Beam, Goetz, and Buss (in press)。他们发现，配偶价值差异预示着不良的夫妻关系。

45. Trivers 1985.

46. Buss and Schmitt 1993.

47. Jackson 1992.

48. Hughes and Gallup 2003.

49. Brown and Chai-yun, n. d.

50. Ellis 1992, 279–281.

51. Gregor 1985, 35, 96.

52. Buss et al. 1990.

53. Ford and Beach 1951.

54. Hamilton and Zuk 1982.

55. Thornhill and Gangestad 2008.

56. Farrell 1986, 50.

57. Jankowiak and Fisher 1992; Sprecher et al. 1992.

58. Buss 1988c.

59. Sprecher et al. 1992.

60. Thiessen, Young, and Burroughs 1993.

61. Harrison and Saeed 1977.

62. Wiederman 1993.

63. Lukaszewski and Roney 2010.

64. Buss 1991b.

65. Ibid.

66. Lieberman, Tooby, and Cosmides. 2003.

67. Burkett and Kirkpatrick 2006.

68. Buss and Barnes 1986.

69. Secord 1982; Ardener, Ardener, and Warmington 1960.

70. Wiederman and Allgeier 1992; Townsend 1989.

71. Buss 1989a.

72. Gil-Burmann, Peláez, and Sánchez 2002.

73. Khallad 2005; Todosijević, Ljubinković, and Arančić 2003; Moore et al. 2006.

74. Lippa 2007.

75. Singh et al. 1999.

76. Pawlowski and Koziel 2002.

77. Pollet and Nettle 2008.

78. Borgerhoff Mulder 1990.

79. Buss 1989a; Conroy-Beam and Buss, under review.

80. Conroy-Beam, Buss, et al. 2015.

第三章　男性别有所求

1. Hill and Hurtado 1996.
2. Apostolou 2014.
3. Symons 1979，271.
4. Symons 1979；Williams 1975；另见 Buss 2015；Buss et al. 2001。
5. Hill 1945；McGinnis 1958；Hudson and Henze 1969；Buss 1989a.
6. Symons 1989，34–35.
7. Hart and Pilling 1960；另见 Buss 1989a。
8. Rudder 2014.
9. Kenrick and Keefe 1992.
10. Kenrick et al. 1996.
11. Guttentag and Secord 1983；Low 1991.
12. Buss 1989a.
13. Hart and Pilling 1960.
14. Orions and Heerwagen 1992；Symons 1979.
15. Ford and Beach 1951.
16. Malinowski 1929，244.
17. Jackson 1992.
18. Berscheid and Walster 1974；Langlois et al. 1987.
19. Langlois，Roggman，and Reiser-Danner 1990；Cross and Cross 1971.
20. Cunningham et al. 1989.
21. Thakerar and Iwawaki 1979；Morse et al. 1974；Cross and Cross 1971；Jackson 1992.
22. Langlois and Roggman 1990.
23. Gangestad，Thornhill，and Yeo 1994.
24. Ford and Beach 1951.
25. Rosenblatt 1974.
26. Symons 1979.
27. Rozin and Fallon 1988.
28. Singh 1993a，1993b，1994.
29. Langhorne and Secord 1955.
30. Hill 1945；McGinnis 1958；Hudson and Henze 1969；Buss 1985，1989a；Buss

and Barnes 1986; Buss et al. 2001.

31. Buss 1987a.

32. Buss, in preparation, a.

33. Lei et al. 2011; Kamble et al. 2014; Souza et al. 2016.

34. Marlow 2004.

35. Low 1979.

36. Buss 1987a.

37. Buss, in preparation, b.

38. Symons 1979.

39. Posner 1992.

40. Wilson 1975, 1978.

41. Jankowiak et al. 1992.

42. Deaux and Hanna 1984.

43. Tripp 1975; Hoffman 1977; Symons 1979, 295.

44. Blumstein and Schwartz 1983.

45. Voland and Engel 1990; Borgerhoff Mulder 1988; Røskraft, Wara, and Viken 1992.

46. Betzig 1992.

47. Elder 1969; Taylor and Glenn 1976; Udry and Eckland 1984.

48. Grammer 1992.

49. Wolf 1991.

50. Kenrick et al. 1994.

51. Kenrick, Gutierres, and Goldberg 1989.

52. Alexander and Noonan 1979; Daniels 1983; Strassman 1981.

53. Alexander and Noonan 1979.

54. Hill 1945; McGinnis 1958; Hudson and Henze 1969; Buss, in preparation, a.

55. Dickemann 1981.

56. Posner 1992.

57. Buss 1989a.

58. Tooby and Cosmides 1989a, 39.

59. Thompson 1983; Weiss and Slosnerick 1981.

60. Buss and Schmitt 1993.

61. Buss 1989b.

62. Greeff et al. 2012；Wolf et al. 2012.
63. Symons 1987.

第四章　随意性关系

1. Clark and Hatfield 1989.
2. Guéguen 2011.
3. Baranowski and Hecht 2015.
4. Smith 1984.
5. Ibid.
6. Ibid.；Short 1979.
7. Baker and Bellis 1994.
8. Ibid.
9. Ibid.
10. Ibid.
11. Symons 1979，207.
12. Buss and Schmitt 1993.
13. Schmitt 2003.
14. Kennair et al. 2009.
15. Eagly and Wood 1999.
16. Lippa 2009.
17. Schmitt 2003.
18. Kuhle et al. 2016.
19. Buss and Schmitt 1993.
20. Bermant 1976.
21. Symons 1979.
22. James 1981；Kinsey，Pomeroy，and Martin 1953；引自 Symons 1979，208。
23. Kinsey，Pomeroy，and Martin 1948，1953.
24. Hite 2004.
25. Athanasiou，Shaver，and Tavris 1970；Hite 1987；Hunt 1974.
26. Thompson 1983；Lawson 1988.
27. Symons 1979.
28. Elwin 1968，47.
29. Schapera 1940，193.

30. Gregor 1985, 84, 72.
31. Flaubert 1950, 203.
32. O'Donohue and Plaud 1991.
33. Kinsey et al. 1948, 589.
34. Ellis and Symons 1990.
35. Hunt 1974.
36. Wilson 1987, 126.
37. Barclay 1973, 209.
38. Ellis and Symons 1990, 544.
39. Barclay 1973, 211.
40. Ellis and Symons 1990.
41. Galperin et al. 2013.
42. Campbell 2008.
43. Gladue and Delaney 1990; Nida and Koon 1983; Pennybaker et al. 1979.
44. Haselton and Buss 2001.
45. Symons 1979.
46. Saghir and Robins 1973.
47. Ruse 1988.
48. Symons 1979, 300.
49. Burley and Symanski 1981; Smith 1984; Symons 1979.
50. Kinsey et al. 1948, 1953.
51. Buss and Schmitt 1993; Small 1992; Smith 1984; Smuts 1985; Barkow 1989; Thornhill 1992; Wilson and Daly 1992.
52. Malinowski 1929, 269.
53. Buss and Schmitt 1993.
54. Burley and Symanski 1981.
55. Janus and Janus 1993.
56. Buss and Schmitt 1993.
57. Ibid.
58. Smuts 1992.
59. Biocca 1970.
60. Smuts 1985.
61. Smith 1984, 614.

62. Colwell and Oring 1989.

63. Glass and Wright 1985.

64. Greiling 1993；Greiling and Buss 2000；另见 Spanier and Margolis 1983；Terman 1938。

65. Symons 1979；Baker and Bellis 1994；另见 Gangestad 1989；Gangestad and Simpson 1990。

66. Fisher 1958.

67. Buss and Schmitt 1993；Kenrick et al. 1993.

68. Gildersleeve，Haselton，and Fales 2014.

69. Buss and Shackelford 2008.

70. Symons 1979.

71. Daly and Wilson 1988.

72. Kim Hill, personal communication, May 17, 1991.

73. Muehlenhard and Linton 1987.

74. Hill and Hurtado 1996.

75. Daly and Wilson 1988.

76. Wilson and Daly 1992.

77. Holmes and Sherman 1982.

78. Waynforth, Hurtado, and Hill 1998.

79. Ellis et al. 1999；Surbey and Conohan, 2000.

80. Frayser 1985；Gregor 1985.

81. Guttentag and Secord 1983；Pedersen 1991.

82. Gaulin and Schlegel 1980.

83. Hill and Kaplan 1988；Kim Hill, personal communication, May 17, 1991.

84. Posner 1992.

85. Betzig 1992.

第五章　吸引伴侣

1. Kevles 1986.

2. Buss 1988a；Schmitt and Buss 1996.

3. Buss and Dedden 1990.

4. Cloyd 1976.

5. Iredale, Van Vugt, and Dunbar 2008.

6. Buss and Schmitt 1993.

7. Hill, Nocks, and Gardner 1987.

8. Townsend and Levy 1990.

9. Holmberg 1950, 58.

10. Ovid 1982, 199.

11. La Cerra, Cosmides, and Tooby 1993.

12. Schmitt and Buss 1996.

13. Tooke and Camire 1991.

14. Buss, in preparation, d.

15. Nancy Jo Sales, "Tinder and the Dawning of the 'Dating Apocalypse,'" *Vanity Fair*, August 6, 2015, http://www.vanityfair.com/culture/2015/08/tinder-hook-up-culture-end-of-dating.

16. Margulis and Sagan 1991, 103; Trivers 1985, 395; Thornhill and Alcock 1983.

17. Allon and Fishel 1979, 150.

18. Chagnon 1988.

19. Barkow 1989.

20. Cloyd 1976, 300.

21. Kiesler and Baral 1970; Stroebe 1977.

22. Cloyd 1976; Nesse 1990. 引自酒吧里的一个男人在1994年对巴斯说的话。

23. Howard 1981.

24. Schmitt and Buss 1996.

25. Ibid.

26. Dawkins 1976; Symons 1979; Buss and Chiodo 1991.

27. Allon and Fishel 1979, 152.

28. Buss, in preparation, b.

29. Graziano et al. 1993.

30. Wolf 1991, 11.

31. Buss and Dedden 1990.

32. Barth 1987.

33. Buss 1988a; Schmitt and Buss 1996.

34. Hatfield and Rapson 1993.

35. Hatfield et al. 1973.

36. Kim Hill, personal communication, May 17, 1991.
37. Wade and Slemp 2015.
38. Brak-Lamy 2015.
39. Hill et al. 1987.
40. Allon and Fishel 1979, 137, 139.
41. Abbey 1982.
42. Givins 1978.
43. Goetz et al. 2012.
44. Goetz, Easton, and Buss 2014; Goetz, Easton, and Meston 2014.
45. Buss and Barnes 1986; Buss 1988a.
46. Bressler, Martin, and Balshine 2006.
47. Li et al. 2009.
48. Miller 2000.
49. Zahavi 1975.
50. Pinker 1997, 523.
51. Ibid., 534.
52. Buss 2016; Daly and Wilson 1988; Guttentag and Secord 1983; Pedersen 1991.

第六章　长相厮守

1. Thornhill and Alcock 1983.
2. Alcock 1981.
3. Alexander 1962.
4. Thornhill and Alcock 1983.
5. Abele and Gilchrist 1977; Parker 1970.
6. Buss 1988b; Buss and Barnes 1986; Kenrick et al. 1993.
7. Buss and Shackelford 1997.
8. Schmitt and Buss 2001.
9. Schmitt 2001.
10. Arnocky, Sunderani, and Vaillancourt 2013.
11. Ein-Dor et al. 2015.
12. Alexander and Noonan 1979; Daly et al. 1982.
13. Shettel-Neuber, Bryson, and Young 1978; Buss, in preparation, c.
14. Daly and Wilson 1988, 182.

15. Safilios-Rothschild 1969, 78–79.
16. White 1981.
17. Buunk and Hupka 1987.
18. Teisman and Mosher 1978.
19. Francis 1977.
20. Buss et al. 1992.
21. Baschnagel and Edlund 2016.
22. Gottschalk 1936.
23. Buunk and Hupka 1987.
24. DeSteno and Salovey 1996.
25. Buss et al. 1999.
26. Scelza 2014.
27. Kuhle 2011.
28. Buss 2013; Sagarin et al. 2012.
29. Bendixen et al. 2015.
30. Takahashi et al. 2006.
31. Ibid., 1299.
32. Buss et al. 2000; Fussell and Stollery 2012.
33. Fussell and Stollery 2012, 155.
34. Ibid., 156–157.
35. Easton, Schipper, and Shackelford 2007.
36. Andrews et al. 2008; Goetz and Causey 2009.
37. Miller and Maner 2009.
38. Buss 1988b.
39. Buss and Shackelford 1997.
40. Lopes et al. 2016.
41. Shettel-Neuber et al. 1978.
42. White 1980.
43. Schmitt and Buss 2001.
44. Dickemann 1981.
45. Betzig, in preparation, 17.
46. Dass 1970, 78.
47. Saletore 1978, 64; Saletore 1974, 61.

48. Van Gulik 1974，17.

49. Cienza de Leon 1959，41.

50. Smuts and Smuts 1993.

51. Miner, Starratt, and Shackelford 2009.

52. Daly and Wilson 1988; Russell 1990; Wilson 1989; Margo Wilson, personal communication，June 1993.

53. Buss and Duntley 2011.

54. Daly et al. 1982.

55. Miller 1980.

56. Hosken 1979.

57. Daly et al. 1982; Hosken 1979，2.

58. Handy 1923，cited in Daly and Wilson 1988，204.

59. Rasmussen 1931.

60. Wilson and Daly 1992，311.

61. Chimbos 1978，54.

62. Daly and Wilson 1988，196.

63. Miller 1980.

64. Daly et al. 1982.

65. Ibid.

66. Lobban 1972; Tanner 1970; Bohannan 1960.

67. Lobban 1972.

68. Daly et al. 1982.

69. Daly and Wilson 1988.

70. Buss and Shackelford 1997.

第七章　两性冲突

1. Buss 1989b.

2. Byers and Lewis 1988.

3. Haselton and Buss 2000.

4. Saal, Johnson, and Weber 1989；类似的结果参见 Abbey 1982。

5. Abbey and Melby 1986.

6. Haselton 2003.

7. Perilloux, Easton, and Buss 2012.

8. Ibid.；Buss and Shackelford 2008.

9. Semmelroth and Buss，unpublished data.

10. Goetz, Easton, and Meston 2014.

11. Ellis and Symons 1990；Hazan 1983.

12. Thornhill and Thornhill 1990a，1990b.

13. Buss 1989b.

14. 来自巴斯对 107 对已婚夫妇的纵向研究的未发表数据。

15. Semmelroth and Buss，unpublished data.

16. 来自巴斯对 107 对已婚夫妇的纵向研究的未发表数据。

17. Zahavi 1977.

18. 来自巴斯对 107 对已婚夫妇的纵向研究的未发表数据。

19. Ibid.

20. Ibid.

21. Ibid.

22. Blumstein and Schwartz 1983.

23. Conroy-Beam，Goetz, and Buss 2015.

24. 来自巴斯对 107 对已婚夫妇的纵向研究的未发表数据。

25. Trivers 1985.

26. Semmelroth and Buss，unpublished data.

27. Cassell 1984，155.

28. Semmelroth and Buss，unpublished data.

29. Ibid.

30.《欲望号街车》(1951 年，华纳兄弟出品)，伊利亚·卡赞导演，田纳西·威廉斯和奥斯卡·索尔编剧。

31. Daly and Wilson 1988.

32. Wilson 1989；Margo Wilson, personal communication，June 1993.

33. "男人说教"（mansplaining）一词由丽贝卡·索尔尼特（Rebecca Solnit）于 2012 年创造，指的是男性向女性解释某事时表现出的居高人下的态度；参见 Rebecca Solnit, "Men Still Explain Things to Me," *The Nation*，August 20, 2012, https://www.thenation.com/article/men-still-explain-things-me/.

34. Whitehurst 1971.

35. Rounsaville 1978.

36. Hilberman and Munson 1978.

37. Daly and Wilson 1988；Russell 1990.

38. Chagnon 1983.

39. 来自巴斯对 107 对已婚夫妇的纵向研究的未发表数据。

40. Studd and Gattiker 1991，251.

41. Terpstra and Cook 1985.

42. Studd and Gattiker 1991.

43. Ibid.

44. Ibid.

45. Terpstra and Cook 1985.

46. Ibid.

47. Gutek 1985.

48. Semmelroth and Buss，unpublished data.

49. Studd and Gattiker，in preparation.

50. Semmelroth and Buss，unpublished data.

51. Koss and Oros 1982.

52. Muehlenhard and Linton 1987.

53. Impett and Peplau 2002.

54. Gavey 1991.

55. Russell 1990.

56. Malamuth，Heavey, and Linz 1993；Thornhill and Thornhill 1992.

57. Thornhill 1980a，1980b.

58. Thornhill and Palmer 2000.

59. Malamuth 1992；Thornhill and Thornhill 1992.

60. Mazur 1992.

61. Thornhill and Thornhill 1983.

62. Freemont 1975，244–246.

63. Lalumiere et al. 1996.

64. Thornhill and Palmer 2000.

65. Thornhill and Thornhill 1983.

66. Gottschall and Gottschall 2003. 大多数对比强奸-怀孕率和两相情愿之性交的怀孕率的研究在很多方面非常混乱。有些将所有类型的强奸混淆在一起，比如强迫口交、肛交、阴茎-阴道强奸。大部分没能考虑的因素是被强奸受害者广泛使用的紧急避孕措施，如"事后丸"（morning after pill）。戈特沙尔夫妇的研究第一次对这些变量进行了系统的控制。

67. 参见 Jones 1999。他为强奸适应假设的这条异议做出了说明。

68. Malamuth 1981.

69. Young and Thiessen 1992.

70. Malamuth 1986；Malamuth et al. 1991. 另见 Lalumiere 2005。

71. Russell 1990.

72. Symons 1979，284.

73. Griffin 1971.

74. Buss 1989b.

75. Hartung, n. d.

76. Gilmore 1990.

77. Gregor 1985.

78. Brownmiller 1975.

79. Colin Falconer, "Genghis Khan but You Can't," September 12, 2013, http://colinfalconer.org/genghis-khan-but-you-cant-2/；所引用的格式略微区别于 Royle 1989。

80. Smuts 1992，1.

81. Rogel 1976. 这一发现似乎与戈特沙尔夫妇的研究相矛盾，因为后者发现的强奸-怀孕率出人意料地高；未来的研究一定会解决两项发现的矛盾。

82. Morgan 1981.

83. Chavanne and Gallup 1998.

84. Ibid.

85. Morris and Udry 1970.

86. 研究资料引自 Hickman and Muehlenhard 1997。

87. Ibid.

88. Ibid.

89. Pawson and Banks 1993.

90. Hickman and Muehlenhard 1997.

91. Wilson and Mesnick 1997.

92. Ibid.，507.

93. Ryder et al. 2016.

94. Thornhill and Palmer 2000.

第八章 分手

1. Battaglia et al. 1998.
2. Howell 1979.
3. Kim Hill, personal communication, 1991.
4. Daly and Wilson 1988; Trinkaus and Zimmerman 1982.
5. Hill and Hurtado 1996.
6. Chagnon 1983.
7. Tooby and DeVore 1987.
8. Conroy-Beam et al., in press.
9. Betzig 1989.
10. Daly and Wilson 1988.
11. Kinsey et al. 1948, 1953.
12. 比如，参见 Buss 2000; Blow and Hartnett 2005。
13. Conlan 2007.
14. Gladwin and Sarason 1953, 128.
15. Erickson and Zenone 1976.
16. Fisher 1992.
17. Radcliffe-Brown 1922.
18. Beardsley, Hall, and Ward 1959.
19. Chagnon 1983; Hart and Pilling 1960; Buss 1989a.
20. Fisher 1992.
21. Ibid.
22. Buss, unpublished studies.
23. Ibid.
24. Betzig 1989; Fisher 1992.
25. Weiss 1975, 19.
26. Cherlin 1981; Fisher 1992; Whyte 1990.
27. Bowe 1992, 200.
28. Brown 1991; Hartung et al. 1982; Symons 1979.
29. Seiler 1976.
30. Cuber and Harroff 1965.
31. Borgerhoff Mulder 1985, 1988.

32. Stern 1933，35.
33. Murdock and Wilson 1972.
34. Ames 1953.
35. Betzig 1989.
36. Bowe 1992.
37. Elwin 1949，70.
38. Bunzel 1952，132.
39. Daly and Wilson 1988.
40. McCrae and Costa 1990.
41. Buss 1991b.
42. Bunzel 1952，132.
43. Boutwell，Barnes，and Beaver 2015；Conlan 2007.
44. Duntley and Buss 2012；Perilloux and Buss 2008.
45. Perilloux and Buss 2008.
46. Meston and Buss 2009.
47. Perilloux and Buss 2008.
48. Duntley and Buss 2012.
49. Buss et al. 2017.

第九章　时过境迁

1. De Waal 1982.
2. Borgerhoff Mulder 1988.
3. Schneider 1964，53.
4. Goldschmidt 1974.
5. Henss 1992.
6. Hart and Pilling 1960.
7. 来自巴斯对107对已婚夫妇的纵向研究的未发表数据。
8. Udry 1980.
9. Greeley 1991.
10. James 1981.
11. Margolin and White 1987.
12. Pfeiffer and Davis 1972.
13. 来自巴斯对107对已婚夫妇的纵向研究的未发表数据。

14. Buss and Shackelford 1997.

15. Flinn 1988.

16. Dickemann 1979.

17. Daly and Wilson 1988.

18. H. H. Munro (Saki), http：//www.quotationspage.com/quote/21852.html；另见 Byrne 1988。

19. Kinsey et al. 1948，1953.

20. Green，Lee，and Lustig 1974.

21. Daly and Wilson 1988.

22. Easton et al. 2010.

23. Spanier and Margolis 1983.

24. Thompson 1984.

25. Glass and Wright 1985.

26. Johnson 1970.

27. Terman 1938.

28. Sigusch and Schmidt 1971.

29. Kinsey et al. 1948，1953.

30. 来自巴斯对 107 对已婚夫妇的纵向研究的未发表数据。

31. Betzig 1992.

32. Quoted in Symons 1979，166.

33. Hill and Hurtado 1991；Jones 1975；Croze, Hillman, and Lang 1981.

34. Hill and Hurtado 1991.

35. Utian 1980，cited in Pavelka and Fedigan 1991.

36. Alexander 1990.

37. Hill and Hurtado 1991.

38. Alexander 1990；Dawkins 1976；Hill and Hurtado 1991；Williams 1957.

39. Hill and Hurtado 1991.

40. Shanley et al. 2007.

41. Lahdenperä et al. 2004.

42. Hill and Hurtado 1991.

43. Hill and Hurtado 1996.

44. Kaplan and Hill 1985；Kaplan, Hill, and Hurtado 1984；Hill and Hurtado 1989；Hill and Kaplan 1988.

45. Hart and Pilling 1960.

46. Shostak 1981.

47. Kim Hill，personal communication，1991.

48. Hill and Hurtado 1996.

49. Jencks 1979.

50. Hewlett 1991.

51. Trivers 1985.

52. Daly and Wilson 1988；Trivers 1985.

53. U. S. Census Bureau, "America's Families and Living Arrangements：2015：Adults," http：//www.census.gov/hhes/families/data/cps 2015A.html.

54. Hart and Pilling 1960.

55. Wilson and Daly 1985.

56. Livingston 2014.

57. Chamie and Nsuly 1981.

58. Pedersen 1991.

59. Ibid.

60. Markman，Stanley，and Storaasili 1991.

61. Gaulin and Boster 1990；Pedersen 1991.

62. Flinn 1988.

63. Wilson 1989，53.

64. Thornhill and Thornhill 1983.

65. Divale and Harris 1976.

66. Daly and Wilson 1988.

67. Thornhill and Thornhill 1983.

第十章　两性和谐

1. Baker and Bellis 1994；Buss and Schmitt 1993；Betzig 1989.

2. Gowaty 1992；MacKinnon 1987；Smuts 1995；Ortner 1974；Ortner and Whitehead 1981；Daly and Wilson 1988.

3. Buss 1989a.

4. Hall and DeVore 1965；de Waal 1982.

5. Connor，Smolker，and Richards 1992.

6. Goodall 1986.

7. Alexander 1987；Chagnon 1983.

8. Tooby and Cosmides 1989b.

9. Smuts 1995.

10. 当然，此处关于资源不平等的分析并不是要否定其他可能的原因，例如两性同工不同酬的男性至上主义惯习。

11. Smuts 1995.

12. Brownmiller 1975.

13. Daly and Wilson 1988；Smuts 1992.

14. Buss and Dedden 1990；Hrdy 1981.

15. Hewlett 1991.

16. Shostak 1981.

17. Lei et al. 2011.

18. Belsky et al. 1991.

19. Kim Hill，personal communication，1991.

20. Chagnon 1983；Chagnon，personal communication，1991.

21. Brownmiller 1975.

22. Tooby and Cosmides 1989a.

23. Malamuth 1981；Young and Thiessen 1992.

24. Weisfeld et al. 1992.

参考文献

Abbey, A. (1982). Sex differences in attributions for friendly behavior: Do males misperceive females' friendliness? *Journal of Personality and Social Psychology, 32,* 830–838.

Abbey, A., & Melby, C. (1986). The effects of nonverbal cues on gender differences in perceptions of sexual intent. *Sex Roles, 15,* 283–298.

Abele, L., & Gilchrist, S. (1977). Homosexual rape and sexual selection in acanthocephalan worms. *Science, 197,* 81–83.

Alcock, J. (1981). Seduction on the wing. *Natural History, 90,* 36–41.

Alexander, R. D. (1962). Evolutionary change in cricket acoustical communication. *Evolution, 16,* 443–467.

———. (1987). *The biology of moral systems.* New York: Aldine de Gruyter.

———. (1990). *How did humans evolve? Reflections on the uniquely unique species.* Special Publication 13. Ann Arbor: University of Michigan, Museum of Zoology.

Alexander, R. D., & Noonan, K. M. (1979). Concealment of ovulation, parental care, and human social evolution. In N. A. Chagnon & W. Irons (Eds.), *Evolutionary biology and human social* behavior: An anthropological perspective, 402–435. North Scituate, MA: Duxbury Press.

Allon, N., & Fishel, D. (1979). Singles bars. In N. Allon (Ed.), *Urban life styles,* 128–179. Dubuque, IA: William C. Brown.

Ames, D. (1953). Plural marriage among the Wolof in Gambia. PhD diss., Northwestern University, Evanston, Illinois.

Andrews, P. W., Gangestad, S. W., Miller, G. F., Haselton, M. G., Thornhill, R., & Neale, M. C. (2008). Sex differences in detecting sexual infidelity. *Human Nature, 19*(4), 347–373.

Apostolou, M. (2014). Parental choice: Exploring in-law preferences and their contingencies in the Greek-Cypriot culture. *Evolutionary Psychology, 12,* 588–620.

Ardener, E. W., Ardener, S. G., & Warmington, W. A. (1960). *Plantation and village in the Cameroons.* London: Oxford University Press.

Arnocky, S., Sunderani, S., & Vaillancourt, T. (2013). Mate-poaching and mating success in humans. *Journal of Evolutionary Psychology, 11*(2), 65–83.

Athanasiou, R., Shaver, P., & Tavris, C. (1970). Sex. *Psychology Today,* July, 37–52.

Bailey, J. M., Gaulin, S., Agyei, Y., & Gladue, B. A. (1994). Effects of gender and sexual orientation on evolutionarily relevant aspects of human mating psychology. *Journal of Personality and Social Psychology, 66*(6), 1081–1093.

Baker, R. R., & Bellis, M. (1994). *Human sperm competition: Copulation, masturbation, and infidelity.* New York: Springer.

Baranowski, A. M., & Hecht, H. (2015). Gender differences and similarities in receptivity to sexual invitations: Effects of location and risk perception. *Archives of Sexual Behavior, 44*(8), 2257–2265.

Barclay, A. M. (1973). Sexual fantasies in men and women. *Medical Aspects of Human Sexuality, 7,* 205–216.

Barkow, J. (1989). *Darwin, sex, and status.* Toronto: University of Toronto Press.

Barkow, J., Cosmides, L., & Tooby, J. (Eds.). (1992). *The adapted mind: Evolutionary psychology and the generation of culture.* New York: Oxford University Press.

Barth, J. (1987). *The sot-weed factor*. Garden City, NY: Anchor Books.

Baschnagel, J. S., & Edlund, J. E. (2016). Affective modification of the startle eyeblink response during sexual and emotional infidelity scripts. *Evolutionary Psychological Science, 2*, 114–122.

Battaglia, D. M., Richard, F. D., Datteri, D. L., & Lord, C. G. (1998). Breaking up is (relatively) easy to do: A script for the dissolution of close relationships. *Journal of Social and Personal Relationships, 15,* 829–845.

Beach, S. T., & Tesser, A. (1988). Love in marriage: A cognitive account. In R. J. Sternberg & M. L. Barnes (Eds.), *The psychology of love,* 330–358. New Haven, CT: Yale University Press.

Beardsley, R. K., Hall, J. W., & Ward, R. E. (1959). *Village Japan*. Chicago: University of Chicago Press.

Belsky, J., Steinberg, L., & Draper, P. (1991). Childhood experience, interpersonal development, and reproductive strategy: An evolutionary theory of socialization. *Child Development, 62,* 647–670.

Bendixen, M., Kennair, L. E. O., Ringheim, H. K., Isaksen, L., Pedersen, L., Svangtun, S., & Hagen, K. (2015). In search of moderators of sex differences in forced-choice jealousy responses: Effects of 2D:4D digit ratio and relationship infidelity experiences. *Nordic Psychology, 67*(4), 272–284.

Bermant, G. (1976). Sexual behavior: Hard times with the Coolidge effect. In M. H. Siegel & H. P. Ziegler (Eds.), *Psychological research: The inside story,* 76–103. New York: Harper & Row.

Berscheid, E., & Walster, E. (1974). Physical attractiveness. In L. Berkowitz (Ed.), *Advances in experimental social psychology,* 157–215. New York: Academic Press.

Betzig, L. (1986). *Despotism and differential reproduction: A Darwinian view of history*. Hawthorne, NY: Aldine de Gruyter.

———. (1989). Causes of conjugal dissolution: A cross-cultural study. *Current Anthropology, 30,* 654–676.

———. (1992). Roman polygyny. *Ethology and Sociobiology, 13,* 309–349.

———. (in preparation). Why monogamy? *Behavioral and Brain Sciences*.

Biocca, E. (1970). *Yanoáma: The narrative of a white girl kidnapped by Amazonian Indians.* New York: E. P. Dutton.

Blow, A. J., & Hartnett, K. (2005). Infidelity in committed relationships II: A substantive review. *Journal of Marital and Family Therapy, 31*(2), 217–233.

Blumstein, P., & Schwartz, P. (1983). *American couples.* New York: Morrow.

Bobrow, D., & Bailey, J. M. (2001). Is male homosexuality maintained via kin selection? *Evolution and Human Behavior, 22,* 361–368.

Bohannan, P. (1960). *African homicide and suicide.* Princeton, NJ: Princeton University Press.

Borgerhoff Mulder, M. (1985). Polygyny threshold: A Kipsigis case study. *National Geographic Research Reports, 21,* 33–39.

———. (1988). Kipsigis bridewealth payments. In L. L. Betzig, M. Borgerhoff Mulder, & P. Turke (Eds.), *Human reproductive behavior,* 65–82. New York: Cambridge University Press.

———. (1990). Kipsigis women's preferences for wealthy men: Evidence for female choice in mammals? *Behavioral Ecology and Sociobiology, 27*(4), 255–264.

Boutwell, B. B., Barnes, J. C., & Beaver, K. M. (2015). When love dies: Further elucidating the existence of a mate ejection module. *Review of General Psychology, 19*(1), 30.

Bowe, C. (1992). Everything we think, feel, and do about divorce. *Cosmopolitan, 212*(2), 199–207.

Brak-Lamy, G. (2015). Heterosexual seduction in the urban night context: Behaviors and meanings. *Journal of Sex Research, 52*(6), 690–699.

Bressler, E. R., Martin, R. A., & Balshine, S. (2006). Production and appreciation of humor as sexually selected traits. *Evolution and Human Behavior, 27*(2), 121–130.

Brown, D. E. (1991). *Human universals.* Philadelphia: Temple University Press.

Brown, D. E., & Chai-yun, Y. (n.d.). "Big Man": Its distribution, meaning and origin. Unpublished paper, Department of Anthropology, University of California, Santa Barbara.

Brownmiller, S. (1975). *Against our will: Men, women, and rape.* New York: Bantam Books.

Bunzel, R. (1952). *Chichicastenango.* New York: J. J. Augustin.

Burkett, B., & Kirkpatrick, L. (2006). What are deal breakers in a mate? Paper presented at the annual meeting of the Human Behavior and Evolution Society, University of Pennsylvania, Philadelphia.

Burley, N., & Symanski, R. (1981). Women without: An evolutionary and cross-cultural perspective on prostitution. In R. Symanski, *The immoral landscape: Female prostitution in Western societies,* 239–274. Toronto: Butterworths.

Buss, D. M. (1984). Toward a psychology of person-environment (PE) correlation: The role of spouse selection. *Journal of Personality and Social Psychology, 47,* 361–377.

———. (1985). Human mate selection. *American Scientist, 73,* 47–51.

———. (1987a). Sex differences in human mate selection criteria: An evolutionary perspective. In C. Crawford, D. Krebs, & M. Smith (Eds.), *Sociobiology and psychology: Ideas, issues, and applications,* 335–352. Hillsdale, NJ: Erlbaum.

———. (1987b). Selection, evocation, and manipulation. *Journal of Personality and Social Psychology, 53,* 1214–1221.

———. (1988a). The evolution of human intrasexual competition. *Journal of Personality and Social Psychology, 54,* 616–628.

———. (1988b). From vigilance to violence: Mate guarding tactics. *Ethology and Sociobiology, 9,* 291–317.

———. (1988c). Love acts: The evolutionary biology of love. In R. J. Sternberg & M. L. Barnes (Eds.), *The psychology of love,* 100–118. New Haven, CT: Yale University Press.

———. (1989a). Sex differences in human mate preferences: Evolutionary hypotheses tested in 37 cultures. *Behavioral and Brain Sciences, 12,* 1–49.

———. (1989b). Conflict between the sexes: Strategic interference and the evocation of anger and upset. *Journal of Personality and Social Psychology, 56,* 735–747.

———. (1991a). Evolutionary personality psychology. *Annual Review of Psychology, 42*, 459–491.

———. (1991b). Conflict in married couples: Personality predictors of anger and upset. *Journal of Personality, 59*, 663–688.

———. (2000). *The dangerous passion*. New York: Free Press.

———. (2013). Sexual jealousy. *Psihologijske teme, 22*(2), 155–182.

———. (2015). *Evolutionary psychology: The new science of the mind*. 5th ed. Philadelphia: Taylor & Francis.

———. (2016). The mating crisis among educated women. *Edge*. http://edge.org/response-detail/26747.

———. (in preparation, a). Cross-generational preferences in mate selection. Department of Psychology, University of Michigan, Ann Arbor.

———. (in preparation, b). Human prestige criteria. Department of Psychology, University of Michigan, Ann Arbor.

———. (in preparation, c). Humiliation, anger, sadness, and abandonment: Emotional reactions to sexual infidelity. Department of Psychology, University of Michigan, Ann Arbor.

———. (in preparation, d). Attraction tactics in single bars. University of Texas, Austin.

———. (n.d.). Contemporary worldviews: Spousal assortment or convergence? Unpublished paper, Department of Psychology, University of Michigan, Ann Arbor.

Buss, D. M., Abbott, M., Angleitner, A., Asherian, A., Biaggio, A., Blanco-VillaSeñor, A., Bruchon-Schweitzer, M., Ch'u, Hai-yuan, Czapinski, J., DeRaad, B., Ekehammar, B., Fioravanti, M., Georgas, J., Gjerde, P., Guttman, R., Hazan, F., Iwawaki, S., Janakiramaiah, N., Khosroshani, F., Kreitler, S., Lachenicht, L., Lee, M., Liik, K., Little, B., Lohamy, N., Makim, S., Mika, S., Moadel-Shahid, M., Moane, G., Montero, M., Mundy-Castle, A. C., Little, B., Niit, T., Nsenduluka, E., Peltzer, K., Pienkowski, R., Pirttila-Backman, A., Ponce De Leon, J., Rousseau, J., Runco, M. A., Safir, M. P., Samuels, C., Sani-tioso, R., Schweitzer, B., Serpell, R., Smid, N., Spencer, C., Tadinac, M., Todorova, E. N., Troland, K., Van den Brande, L., Van Heck, G., Van

Langen-hove, L., & Yang, Kuo-Shu. (1990). International preferences in selecting mates: A study of 37 cultures. *Journal of Cross-Cultural Psychology, 21,* 5–47.

Buss, D. M., & Barnes, M. F. (1986). Preferences in human mate selection. *Journal of Personality and Social Psychology, 50,* 559–570.

Buss, D. M., & Chiodo, L. A. (1991). Narcissistic acts in everyday life. *Journal of Personality, 59,* 179–216.

Buss, D. M., & Dedden, L. A. (1990). Derogation of competitors. *Journal of Social and Personal Relationships, 7,* 395–422.

Buss, D. M., & Duntley, J. D. (2011). The evolution of intimate partner violence. *Aggression and Violent Behavior, 16*(5), 411–419.

Buss, D. M., Goetz, C., Duntley, J. D., Asao, K., & Conroy-Beam, D. (2017). The mate switching hypothesis. *Personality and Individual Differences, 104,* 143–149.

Buss, D. M., Larsen, R. J., Westen, D., & Semmelroth, J. (1992). Sex differences in jealousy: Evolution, physiology, and psychology. *Psychological Science, 3,* 251–255.

Buss, D. M., & Schmitt, D. P. (1993). Sexual strategies theory: An evolutionary perspective on human mating. *Psychological Review, 100,* 204–232.

Buss, D. M., & Shackelford, T. K. (1997). From vigilance to violence: Mate retention tactics in married couples. *Journal of Personality and Social Psychology, 72*(2), 346–361.

———. (2008). Attractive women want it all: Good genes, economic investment, parenting proclivities, and emotional commitment. *Evolutionary Psychology, 6*(1), 134–146.

Buss, D. M., Shackelford, T. K., Choe, J., Buunk, B., & Dijkstra, P. (2000). Distress about rivals: Reactions to intrasexual competitors in Korea, the Netherlands, and America. *Personal Relationships, 7*(3), 235–243.

Buss, D. M., Shackelford, T. K., Kirkpatrick, L. A., Choe, J. C., Lim, H. K., Hasegawa, M., Hasegawa, T., & Bennett, K. (1999). Jealousy and the nature of beliefs about infidelity: Tests of competing hypotheses about sex differences in the United States, Korea, and Japan. *Personal Relationships, 6*(1), 125–150.

Buss, D. M., Shackelford, T. K., Kirkpatrick, L. A., & Larsen, R. J. (2001). A half century of mate preferences: The cultural evolution of values. *Journal of Marriage and Family, 63*(2), 491–503.

Buunk, B., & Hupka, R. B. (1987). Cross-cultural differences in the elicitation of sexual jealousy. *Journal of Sex Research, 23*, 12–22.

Byers, E. S., & Lewis, K. (1988). Dating couples' disagreements over desired level of sexual intimacy. *Journal of Sex Research, 24*, 15–29.

Byrne, R. (1988). *1,911 best things anybody ever said.* New York: Fawcett Columbine.

Campbell, A. (2008). The morning after the night before. *Human Nature, 19*(2), 157–173.

Cassell, C. (1984). *Swept away: Why women confuse love and sex.* New York: Simon & Schuster.

Chagnon, N. (1983). *Yanomamö: The fierce people.* 3rd ed. New York: Holt, Rinehart & Winston.

———. (1988). Life histories, blood revenge, and warfare in a tribal population. *Science, 239*, 985–992.

Chamie, J., & Nsuly, S. (1981). Sex differences in remarriage and spouse selection. *Demography, 18*, 335–348.

Chavanne, T. J., & Gallup, G. G., Jr. (1998). Variation in risk taking behavior among female college students as a function of the menstrual cycle. *Evolution and Human Behavior, 19*, 27–32.

Cherlin, A. J. (1981). *Marriage, divorce, remarriage.* Cambridge, MA: Harvard University Press.

Chimbos, P. D. (1978). *Marital violence: A study of interspouse homicide.* San Francisco: R&E Research Associates.

Cienza de Leon, P. (1959). *The Incas.* Norman: University of Oklahoma Press.

Clark, R. D., & Hatfield, E. (1989). Gender differences in receptivity to sexual offers. *Journal of Psychology and Human Sexuality, 2*, 39–55.

Cloyd, J. W. (1976). The market-place bar: The interrelation between sex, situation, and strategies in the pairing ritual of *Homo Ludens*. *Urban Life, 5*, 293–312.

Collias, N. E., & Collias, E. C. (1970). The behavior of the West African village weaverbird. *Ibis, 112,* 457–480.

Colwell, M. A., & Oring, L. W. (1989). Extra-pair mating in the spotted sandpiper: A female mate acquisition tactic. *Animal Behavior, 38,* 675–684.

Conlan, S. K. (2007). Romantic relationship termination. PhD diss., Department of Psychology, University of Texas, Austin.

Connor, R. C., Smolker, R. A., & Richards, A. F. (1992). Two levels of alliance formation among male bottlenose dolphins (*Tursiops sp.*). *Proceedings of the National Academy of Sciences, 89,* 987–990.

Conroy-Beam, D., & Buss, D. M. (under review). The importance of age in human mating: Evolved desires and their influence on actual mating behavior. *Evolutionary Behavioral Sciences.*

Conroy-Beam, D., Buss, D. M., Pham, M. N., & Shackelford, T. K. (2015). How sexually dimorphic are human mate preferences? *Personality and Social Psychology Bulletin, 41,* 1082–1093.

Conroy-Beam, D., Goetz, C. D., & Buss, D. M. (2015). Why do humans form long-term mateships? An evolutionary game-theoretic model. *Advances in Experimental Social Psychology, 51,* 1–39.

———. (in press). What predicts romantic relationship satisfaction and mate retention intensity—mate preference fulfillment or mate value discrepancies? *Evolution and Human Behavior.*

Cosmides, L., & Tooby, J. (1987). From evolution to behavior: Evolutionary psychology as the missing link. In J. Dupre (Ed.), *The latest on the best: Essays on evolution and optimality,* 277–306. Cambridge, MA: MIT Press.

Cronin, H. (1993). *The ant and the peacock: Altruism and sexual selection from Darwin to today.* Cambridge: Cambridge University Press.

Cross, J. F., & Cross, J. (1971). Age, sex, race, and the perception of facial beauty. *Developmental Psychology, 5,* 433–439.

Croze, H. A., Hillman, A. K., & Lang, E. M. (1981). Elephants and their habitats: How do they tolerate each other? In C. W. Fowler & T. D. Smith (Eds.), *Dynamics of large mammal populations,* 297–316. New York: Wiley.

Cuber, J. F., & Harroff, P. B. (1965). *Sex and the significant Americans: A study of sexual behavior among the affluent*. New York: Penguin Books.

Cunningham, M. R., Roberts, T., Richards, T., & Wu, C. (1989). The facial-metric prediction of physical attractiveness across races, ethnic groups, and cultures. Unpublished paper, Department of Psychology, University of Louisville, KY.

Daly, M., & Wilson, M. (1988). *Homicide*. Hawthorne, NY: Aldine de Gruyter.

Daly, M., Wilson, M., & Weghorst, S. J. (1982). Male sexual jealousy. *Ethology and Sociobiology, 3*, 11–27.

Daniels, D. (1983). The evolution of concealed ovulation and self-deception. *Ethology and Sociobiology, 4*, 69–87.

Darwin, C. (1859). *On the origin of the species by means of natural selection, or preservation of favoured races in the struggle for life*. London: Murray.

———. (1871). *The descent of man and selection in relation to sex*. London: Murray.

Dass, D. J. (1970). *Maharaja*. Delhi: Hind Pocket Books.

Dawkins, R. (1976). *The selfish gene*. Oxford: Oxford University Press.

Deaux, K., & Hanna, R. (1984). Courtship in the personals column: The influence of gender and sexual orientation. *Sex Roles, 11*, 363–375.

DeSteno, D. A., & Salovey, P. (1996). Evolutionary origins of sex differences in jealousy? Questioning the "fitness" of the model. *Psychological Science, 7*(6), 367–372.

De Waal, F. (1982). *Chimpanzee politics: Power and sex among apes*. Baltimore: John Hopkins University Press.

Dickemann, M. (1979). The ecology of mating systems in hypergynous dowry societies. *Social Science Information, 18*, 163–195.

———. (1981). Paternal confidence and dowry competition: A biocultural analysis of purdah. In R. D. Alexander & D. W. Tinkle (Eds.), *Natural selection and social behavior: Recent research and new theory*, 417–438. New York: Chiron Press.

Divale, W., & Harris, M. (1976). Population, warfare, and the male supremacist complex. *American Anthropologist, 78*, 521–538.

Draper, P., & Harpending, H. (1982). Father absence and reproductive strategy: An evolutionary perspective. *Journal of Anthropological Research, 38,* 255–273.

Duntley, J. D., & Buss, D. M. (2012). The evolution of stalking. *Sex Roles, 66*(5–6), 311–327.

Eagly, A. H., and Wood, W. (1999). The origins of sex differences in human behavior: Evolved dispositions versus social roles. *American Psychologist, 54*(6), 408–423.

Easton, J. A., Confer, J. C., Goetz, C. D., & Buss, D. M. (2010). Reproduction expediting: Sexual motivations, fantasies, and the ticking biological clock. *Personality and Individual Differences, 49,* 516–520.

Easton, J. A., Schipper, L. D., and Shackelford, T. K. (2007). Morbid jealousy from an evolutionary psychological perspective. *Evolution and Human Behavior, 28*(6), 399–402.

Ein-Dor, T., Perry-Paldi, A., Hirschberger, G., Birnbaum, G. E., & Deutsch, D. (2015). Coping with mate poaching: Gender differences in detection of infidelity-related threats. *Evolution and Human Behavior, 36,* 17–24.

Elder, G. H., Jr. (1969). Appearance and education in marriage mobility. *American Sociological Review, 34,* 519–533.

Ellis, B. J. (1992). The evolution of sexual attraction: Evaluative mechanisms in women. In J. Barkow, L. Cosmides, & J. Tooby (Eds.), *The adapted mind: Evolutionary psychology and the generation of culture,* 267–288. New York: Oxford University Press.

Ellis, B. J., McFadyen-Ketchum, S., Dodge, K. A., Pettit, G. S., & Bates, J. E. (1999). Quality of early family relationships and individual differences in the timing of pubertal maturation in girls: A longitudinal test of an evolutionary model. *Journal of Personality and Social Psychology, 77*(2), 387.

Ellis, B. J., & Symons, D. (1990). Sex differences in sexual fantasy: An evolutionary psychological approach. *Journal of Sex Research, 27,* 527–556.

Elwin, V. (1949). *The Muria and their Ghotul.* Bombay: Oxford University Press.

———. (1968). *The kingdom of the young.* London: Oxford University Press.

Erickson, C. J., & Zenone, P. G. (1976). Courtship differences in male ring doves: Avoidance of cuckoldry? *Science, 192,* 1353–1354.

Farrell, W. (1986). *Why men are the way they are.* New York: Berkley Books.

Fisher, H. (1992). *Anatomy of love.* New York: Norton.

Fisher, R. A. (1958). *The genetical theory of natural selection.* 2nd ed. New York: Dover.

Flaubert, G. (1950). *Madam Bovary.* Translated by A. Russell. New York: Penguin.

Flinn, M. (1988). Mate guarding in a Caribbean village. *Ethology and Sociobiology, 9,* 1–28.

Ford, C. S., & Beach, F. A. (1951). *Patterns of sexual behavior.* New York: Harper & Row.

Francis, J. L. (1977). Toward the management of heterosexual jealousy. *Journal of Marriage and the Family, 10,* 61–69.

Frank, R. H. (1988). *Passions within reason: The strategic role of the emotions.* New York: W. W. Norton & Co.

Frayser, S. (1985). *Varieties of sexual experience: An anthropological perspective.* New Haven, CT: HRAF Press.

Freemont, J. (1975). Rapists speak for themselves. In D. E. H. Russell, *The politics of rape: The victim's perspective,* 241–256. New York: Stein and Day.

Fussell, N. J., & Stollery, B. T. (2012). Between-sex differences in romantic jealousy: Substance or spin? A qualitative analysis. *Evolutionary Psychology, 10*(1), 136–172.

Galperin, A., Haselton, M. G., Frederick, D. A., Poore, J., von Hippel, W., Buss, D. M., & Gonzaga, G. C. (2013). Sexual regret: Evidence for evolved sex differences. *Archives of Sexual Behavior, 42*(7), 1145–1161.

Gangestad, S. W. (1989). The evolutionary history of genetic variation: An emerging issue in the behavioral genetic study of personality. In D. M. Buss & N. Cantor (Eds.), *Personality: Recent trends and emerging directions.* New York: Springer.

Gangestad, S. W., & Simpson, J. A. (1990). Toward an evolutionary history of female sociosexual variation. *Journal of Personality, 58,* 69–96.

Gangestad, S. W., Thornhill, R., & Yeo, R. A. (1994). Facial attractiveness, developmental stability, and fluctuating asymmetry. *Ethology and Sociobiology, 15*(2), 73–85.

Gaulin, S. J. C., & Boster, J. S. (1990). Dowry as female competition. *American Anthropologist, 92,* 994–1005.

Gaulin, S. J. C., & Schlegel, A. (1980). Paternal confidence and paternal investment: A cross-cultural test of a sociobiological hypothesis. *Ethology and Sociobiology, 1,* 301–309.

Gavey, N. (1991). Sexual victimization prevalence among New Zealand university students. *Journal of Consulting and Clinical Psychology, 59,* 464–466.

Gil-Burmann, C., Peláez, F., & Sánchez, S. (2002). Mate choice differences according to sex and age. *Human Nature, 13*(4), 493–508.

Gildersleeve, K., Haselton, M. G., & Fales, M. R. (2014). Do women's mate preferences change across the ovulatory cycle? A meta-analytic review. *Psychological Bulletin, 140*(5), 1205.

Gilmore, D. D. (1990). *Manhood in the making: Cultural concepts of masculinity.* New Haven, CT: Yale University Press.

Givins, D. B. (1978). The nonverbal basis of attraction: Flirtation, courtship, and seduction. *Psychiatry, 41,* 336–359.

Gladue, B. A., & Delaney, J. J. (1990). Gender differences in perception of attractiveness of men and women in bars. *Personality and Social Psychology Bulletin, 16,* 378–391.

Gladwin, T., & Sarason, S. B. (1953). *Truk: Man in paradise.* New York: Wenner-Gren Foundation for Anthropology Research.

Glass, D. P., & Wright, T. L. (1985). Sex differences in type of extramarital involvement and marital dissatisfaction. *Sex Roles, 12,* 1101–1120.

Goetz, A. T., & Causey, K. (2009). Sex differences in perceptions of infidelity: Men often assume the worst. *Evolutionary Psychology, 7*(2), 253–263.

Goetz, C. D., Easton, J. A., & Buss, D. M. (2014). Women's perceptions of sexual exploitability cues and their link to sexual attractiveness. *Archives of Sexual Behavior, 43*(5), 999–1008.

Goetz, C. D., Easton, J. A., Lewis, D. M., & Buss, D. M. (2012). Sexual exploitability: Observable cues and their link to sexual attraction. *Evolution and Human Behavior, 33*(4), 417–426.

Goetz, C. D., Easton, J. A., & Meston, C. M. (2014). The allure of vulnerability: Advertising cues to exploitability as a signal of sexual accessibility. *Personality and Individual Differences, 64,* 121–125.

Goldschmidt, W. (1974). The economics of bridewealth among the Sebei in East Africa. *Ethnology, 13,* 311–333.

Goodall, J. (1986). *The chimpanzees of Gombe: Patterns of behavior.* Cambridge, MA: Harvard University Press.

Gottschalk, H. (1936). *Skinsygens problemer* (Problems of jealousy). Copenhagen: Fremad.

Gottschall, J., & Gottschall, T. (2003). Are per-incident rape-pregnancy rates higher than per-incident consensual pregnancy rates? *Human Nature, 14,* 1–20.

Gough, H. G. (1980). *Manual for the California Psychological Inventory.* Palo Alto, CA: Consulting Psychologists Press.

Gowaty, P. A. (1992). Evolutionary biology and feminism. *Human Nature, 3,* 217–249.

Grammer, K. (1992). Variations on a theme: Age dependent mate selection in humans. *Behavioral and Brain Sciences, 15,* 100–102.

Graziano, W. G., Jensen-Campbell, L. A., Shebilske, L. J., & Lundgren, S. R. (1993). Social influence, sex differences, and judgments of beauty: Putting the interpersonal back in interpersonal attraction. *Journal of Personality and Social Psychology, 65*(3), 522–531.

Greeff, J. M., Greeff, F. A., Greeff, A. S., Rinken, L., Welgemoed, D. J., & Harris, Y. (2012). Low nonpaternity rate in an old Afrikaner family. *Evolution and Human Behavior, 33*(4), 268–273.

Greeley, A. M. (1991). *Faithful attraction: Discovering intimacy, love, and fidelity in American marriage.* New York: Tom Doherty Associates.

Green, B. L., Lee, R. R., & Lustig, N. (1974). Conscious and unconscious factors in marital infidelity. *Medical Aspects of Human Sexuality,* September, 87–91, 97–98, 104–105.

Gregor, T. (1985). *Anxious pleasures: The sexual lives of an Amazonian people.* Chicago: University of Chicago Press.

Greiling, H. (1993). Women's short-term sexual strategies. Paper presented at the Conference on Evolution and the Human Sciences, London School of Economics, Centre for the Philosophy of the Natural and Social Sciences, London (June).

Greiling, H., & Buss, D. M. (2000). Women's sexual strategies: The hidden dimension of extra-pair mating. *Personality and Individual Differences, 28,* 929–963.

Griffin, S. (1971). Rape: The all-American crime. *Ramparts, 10,* 26–36.

Guéguen, N. (2011). Effects of solicitor sex and attractiveness on receptivity to sexual offers: A field study. *Archives of Sexual Behavior, 40*(5), 915–919.

Gurven, M., & Kaplan, H. (2006). Determinants of time allocation across the lifespan. *Human Nature, 17*(1), 1–49.

Gutek, B. A. (1985). *Sex and the workplace: The impact of sexual behavior and harassment on women, men, and the organization.* San Francisco: Jossey-Bass.

Guttentag, M., & Secord, P. (1983). *Too many women?* Beverly Hills, CA: Sage.

Hall, K., & DeVore, I. (1965). Baboon social behavior. In I. DeVore (Ed.), *Primate behavior,* 53–110. New York: Holt.

Hamilton, W. D., & Zuk, M. (1982). Heritable true fitness and bright birds: A role for parasites? *Science, 218,* 384–387.

Handy, E. S. C. (1923). *The native culture in the Marquesas.* Bulletin 9. Honolulu: Bernice A. Bishop Museum.

Harrison, A. A., & Saeed, L. (1977). Let's make a deal: An analysis of revelations and stipulations in lonely hearts' advertisements. *Journal of Personality and Social Psychology, 35,* 257–264.

Hart, C. W., & Pilling, A. R. (1960). *The Tiwi of North Australia.* New York: Holt, Rinehart & Winston.

Hartung, J. (n.d.). Rape: Biblical roots of the long leash on women. Unpublished manuscript.

Hartung, J., Dickemann, M., Melotti, U., Pospisil, L., Scott, E. C., Smith, J. M., & Wilder, W. D. (1982). Polygyny and inheritance of wealth [and comments and replies]. *Current Anthropology,* 1–12.

Haselton, M. G. (2003). The sexual overperception bias: Evidence of a systematic bias in men from a survey of naturally occurring events. *Journal of Research in Personality,* 37(1), 34–47.

Haselton, M. G., & Buss, D. M. (2000). Error management theory: A new perspective on biases in cross-sex mind reading. *Journal of Personality and Social Psychology,* 78(1), 81–91.

———. (2001). The affective shift hypothesis: The functions of emotional changes following sexual intercourse. *Personal Relationships,* 8(4), 357–369.

Hatfield, E., & Rapson, R. L. (1993). *Love, sex, and intimacy: Their psychology, biology, and history.* New York: HarperCollins.

Hatfield, E., Walster, G. W., Piliavin, J., & Schmidt, L. (1973). Playing hard-to-get: Understanding an elusive phenomenon. *Journal of Personality and Social Psychology,* 26, 113–121.

Hazan, H. (1983). *Endless rapture: Rape, romance, and the female imagination.* New York: Scribner's.

Henss, R. (1992). Perceiving age and attractiveness in facial photographs. Unpublished manuscript, Psychologisches Institüt, University of the Saarland, Germany.

Hermstein, R. (1989). IQ and falling birth rates. *Atlantic Monthly,* May, 73–79.

Hewlett, B. S. (1991). *Intimate fathers.* Ann Arbor: University of Michigan Press.

Hickman, S. E., & Muehlenhard, C. L. (1997). College women's fears and precautionary behaviors relating to acquaintance rape and stranger rape. *Psychology of Women Quarterly,* 21, 527–547.

Hilberman, E., & Munson, K. (1978). Sixty battered women. *Victimology,* 2, 460–470.

Hill, C. T., Rubin, Z., & Peplau, L. A. (1976). Breakups before marriage: The end of 103 affairs. *Journal of Social Issues,* 32, 147–168.

Hill, E. M., Nocks, E. S., & Gardner, L. (1987). Physical attractiveness: Manipulation by physique and status displays. *Ethology and Sociobiology,* 8, 143–154.

Hill, K., & Hurtado, A. M. (1989). Hunter-gatherers of the new world. *American Scientist, 77,* 437–443.

———. (1991). The evolution of premature reproductive senescence and menopause in human females. *Human Nature, 2,* 313–350.

———. (1996). *Demographic/life history of Ache foragers.* Hawthorne, NY: Aldine de Gruyter.

Hill, K., & Kaplan, H. (1988). Tradeoffs in male and female reproductive strategies among the Ache (parts 1 and 2). In L. Betzig, M. Borgerhoff Mulder, & P. Turke (Eds.), *Human reproductive behavior,* 277–306. New York: Cambridge University Press.

Hill, R. (1945). Campus values in mate selection. *Journal of Home Economics, 37,* 554–558.

Hite, S. (1987). *Women and love: A cultural revolution in progress.* New York: Knopf.

———. (2004). *The Hite report: A nationwide study of female sexuality.* New York: Seven Stories Press.

Hoffman, M. (1977). Homosexuality. In F. A. Beach (Ed.), *Human sexuality in four perspectives,* 164–169. Baltimore: Johns Hopkins University Press.

Holmberg, A. R. (1950). *Nomads of the long bow: The Siriono of Eastern Bolivia.* Washington, DC: US Government Printing Office.

Holmes, W. G., & Sherman, P. W. (1982). The ontogeny of kin recognition in two species of ground squirrels. *American Zoologist, 22,* 491–517.

Hosken, F. P. (1979). *The Hosken Report: Genital and sexual mutilation of females.* 2nd ed., rev. Lexington, MA: Women's International Network News.

Howard, R. D. (1981). Male age-size distribution and male mating success in bullfrogs. In R. D. Alexander & D. W. Tinkle (Eds.), *Natural selection and social behavior,* 61–77. New York: Chiron Press.

Howell, N. (1979). *Demography of the Dobe !Kung.* New York: Academic Press.

Hrdy, S. B. (1981). *The woman that never evolved.* Cambridge, MA: Harvard University Press.

Hudson, J. W., & Henze, L. F. (1969). Campus values in mate selection: A replication. *Journal of Marriage and the Family, 31*, 772–775.

Hughes, S. M., & Gallup, G. G. (2003). Sex differences in morphological predictors of sexual behavior: Shoulder to hip and waist to hip ratios. *Evolution and Human Behavior, 24*(3), 173–178.

Hunt, M. (1974). *Sexual behavior in the 70's.* Chicago: Playboy Press.

Impett, E. A., & Peplau, L. A. (2002). Why some women consent to unwanted sex with a dating partner: Insights from attachment theory. *Psychology of Women Quarterly, 26*, 360–370.

Iredale, W., Van Vugt, M., & Dunbar, R. (2008). Showing off in humans: Male generosity as a mating signal. *Evolutionary Psychology, 6*(3), 368–392.

Jackson, L. A. (1992). *Physical appearance and gender: Sociobiological and sociocultural perspectives.* Albany: State University of New York Press.

James, W. H. (1981). The honeymoon effect on marital coitus. *Journal of Sex Research, 17*, 114–123.

Jankowiak, W. R., & Fisher, E. F. (1992). A cross-cultural perspective on romantic love. *Ethnology, 31*, 149–155.

Jankowiak, W. R., Hill, E. M., & Donovan, J. M. (1992). The effects of sex and sexual orientation on attractiveness judgments: An evolutionary interpretation. *Ethology and Sociobiology, 13*, 73–85.

Janus, S. S., & Janus, C. L. (1993). *The Janus Report on sexual behavior.* New York: Wiley.

Jencks, C. (1979). *Who gets ahead? The determinants of economic success in America.* New York: Basic Books.

Johnson, R. E. (1970). Some correlates of extramarital coitus. *Journal of Marriage and the Family, 32*, 449–456.

Jones, E. C. (1975). The post-reproductive phase in mammals. In P. van Keep & C. Lauritzen (Eds.), *Frontiers of hormone research,* vol. 3, 1–20. Basel: Karger.

Jones, O. D. (1999). Sex, culture, and the biology of rape: Toward explanation and prevention. *California Law Review, 87*, 827–941.

Kamble, S., Shackelford, T. K., Pham, M., & Buss, D. M. (2014). Indian mate preferences: Continuity, sex differences, and cultural change across a quarter of a century. *Personality and Individual Differences, 70,* 150–155.

Kaplan, H., & Hill, K. (1985). Food sharing among Ache foragers: Tests of explanatory hypotheses. *Current Anthropology, 26,* 223–245.

Kaplan, H., Hill, K., & Hurtado, M. (1984). Food sharing among the Ache hunter-gatherers of eastern Paraguay. *Current Anthropology, 25,* 113–115.

Kennair, L. E. O., Schmitt, D., Fjeldavli, Y. L., & Harlem, S. K. (2009). Sex differences in sexual desires and attitudes in Norwegian samples. *Interpersona, 3,* 1–32.

Kenrick, D. T., Groth, G. E., Trost, M. R., & Sadalla, E. K. (1993). Integrating evolutionary and social exchange perspectives on relationships: Effects of gender, self-appraisal, and involvement level on mate selection. *Journal of Personality and Social Psychology, 64,* 951–969.

Kenrick, D. T., Gutierres, S. E., & Goldberg, L. (1989). Influence of erotica on ratings of strangers and mates. *Journal of Experimental Social Psychology, 25,* 159–167.

Kenrick, D. T., & Keefe, R. C. (1992). Age preferences in mates reflect sex differences in reproductive strategies. *Behavioral and Brain Sciences, 15,* 75–133.

Kenrick, D. T., Keefe, R. C., Gabrielidis, C., & Cornelius, J. S. (1996). Adolescents' age preferences for dating partners: Support for an evolutionary model of life-history strategies. *Child Development, 67,* 1499–1511.

Kenrick, D. T., Neuberg, S. L., Zierk, K. L., & Krones, J. M. (1994). Contrast effects as a function of sex, dominance, and physical attractiveness. *Personality and Social Psychology Bulletin, 20,* 210–217.

Kenrick, D. T., Sadalla, E. K., Groth, G., & Trost, M. R. (1990). Evolution, traits, and the stages of human courtship: Qualifying the parental investment model. *Journal of Personality, 58,* 97–116.

Kevles, B. (1986). *Females of the species.* Cambridge, MA: Harvard University Press.

Khallad, Y. (2005). Mate selection in Jordan: Effects of sex, socioeconomic status, and culture. *Journal of Social and Personal Relationships, 22*(2), 155–168.

Kiesler, S. B., & Baral, R. L. (1970). The search for a romantic partner: The effects of self-esteem and physical attractiveness on romantic behavior. In K. J. Gergen & D. Marlow (Eds.), *Personality and Social Behavior,* 155–165. Reading, MA: Addison-Wesley.

Kinsey, A. C., Pomeroy, W. B., & Martin, C. E. (1948). *Sexual behavior in the human male.* Philadelphia: Saunders.

———. (1953). *Sexual behavior in the human female.* Philadelphia: Saunders.

Koss, M. P., & Oros, C. J. (1982). Sexual experiences survey: A research instrument investigating sexual aggression and victimization. *Journal of Consulting and Clinical Psychology, 50,* 455–457.

Kuhle, B. X. (2011). Did you have sex with him? Do you love her? An in vivo test of sex differences in jealous interrogations. *Personality and Individual Differences, 51*(8), 1044–1047.

Kuhle, B. X., Beasley, D. O., Beck, W. C., Brezinski, S. M., Cnudde, D., et al. (2016). To swipe left or right: Sex differences in Tinder profiles. Paper presented at the annual meeting of the Human Behavior and Evolution Society, Vancouver, Canada.

Kyl-Heku, L. M., & Buss, D. M. (1996). Tactics as units of analysis in personality psychology: An illustration using tactics of hierarchy negotiation. *Personality and Individual Differences, 21*(4), 497–517.

La Cerra, P., Cosmides, L., and Tooby, J. (1993). Psychological adaptations in women for assessing a man's willingness to invest in offspring. Paper presented at the fifth annual meeting of the Human Behavior and Evolution Society, Binghamton, NY (August).

Lahdenperä, M., Lummaa, V., Helle, S., Tremblay, M., & Russell, A. F. (2004). Fitness benefits of prolonged post-reproductive lifespan in women. *Nature, 428*(6979), 178–181.

Lalumiere, M. L. (2005). *The causes of rape: Understanding individual differences in male propensity for sexual aggression.* Washington, DC: APA.

Lalumiere, M. L., Chalmers, L. J., Quinsey, V. L., & Seto, M. C. (1996). A test of the mate deprivation hypothesis of sexual coercion. *Ethology and Sociobiology, 17,* 299–318.

Langhorne, M. C., & Secord, P. F. (1955). Variations in marital needs with age, sex, marital status, and regional composition. *Journal of Social Psychology, 41,* 19–37.

Langlois, J. H., & Roggman, L. A. (1990). Attractive faces are only average. *Psychological Science, 1,* 115–121.

Langlois, J. H., Roggman, L. A., Casey, R. J., Ritter, J. M., Rieser-Danner, L. A., & Jenkins, V. Y. (1987). Infant preferences for attractive faces: Rudiments of a stereotype. *Developmental Psychology, 23,* 363–369.

Langlois, J. H., Roggman, L. A., & Reiser-Danner, L. A. (1990). Infants' differential social responses to attractive and unattractive faces. *Developmental Psychology, 26,* 153–159.

Lawson, A. (1988). *Adultery: An analysis of love and betrayal.* New York: Basic Books.

Le Boeuf, B. J. (1974). Male-male competition and reproductive success in elephant seals. *American Zoology, 14,* 163–176.

Lei, C., Wang, Y., Shackelford, T. K., & Buss, D. M. (2011). Chinese mate preferences: Cultural evolution and continuity across a quarter century. *Personality and Individual Differences, 50,* 678–683.

Li, N. P., Bailey, J. M., Kenrick, D. T., & Linsenmeier, J. A. (2002). The necessities and luxuries of mate preferences: Testing the tradeoffs. *Journal of Personality and Social Psychology, 82(6),* 947–955.

Li, N. P., Griskevicius, V., Durante, K. M., Jonason, P. K., Pasisz, D. J., & Aumer, K. (2009). An evolutionary perspective on humor: Sexual selection or interest indication? *Personality and Social Psychology Bulletin, 35,* 923–936.

Lieberman, D., Tooby, J., & Cosmides, L. (2003). Does morality have a biological basis? An empirical test of the factors governing moral sentiments relating to incest. *Proceedings of the Royal Society of London B: Biological Sciences, 270*(1517), 819–826.

Lindburg, D. G. (1971). The rhesus monkey in northern India: An ecological and behavioral study. In L. A. Rosenblum (Ed.), *Primate behavior,* vol. 2. New York: Academic Press.

Lippa, R. A. (2007). The preferred traits of mates in a cross-national study of heterosexual and homosexual men and women: An examination of biological and cultural influences. *Archives of Sexual Behavior, 36*(2), 193–208.

———. (2009). Sex differences in sex drive, sociosexuality, and height across 53 nations: Testing evolutionary and social structural theories. *Archives of Sexual Behavior, 38*(5), 631–651.

Livingston, Gretchen. (2014). Four-in-ten couples are saying "I do," again. Washington, DC: Pew Research Center (November 14).

Lobban, C. F. (1972). *Law and anthropology in the Sudan (an analysis of homicide cases in Sudan).* African Studies Seminar Series 13. Sudan Research Unit, University of Khartoum, Khartoum, Sudan.

Lopes, G. S., Shackelford, T. K., Santos, W. S., Farias, M. G., & Segundo, D. S. (2016). Mate Retention Inventory–Short Form (MRI-SF): Adaptation to the Brazilian context. *Personality and Individual Differences, 90,* 36–40.

Low, B. S. (1979). Sexual selection and human ornamentation. In N. A. Chagnon & W. Irons (Eds.), *Evolutionary biology and human social behavior.* Boston: Duxbury Press.

———. (1989). Cross-cultural patterns in the training of children: An evolutionary perspective. *Journal of Comparative Psychology, 103,* 313–319.

———. (1991). Reproductive life in nineteenth century Sweden: An evolutionary perspective on demographic phenomena. *Ethology and Sociobiology, 12,* 411–448.

Lukaszewski, A. W., & Roney, J. R. (2010). Kind toward whom? Mate preferences for personality traits are target specific. *Evolution and Human Behavior, 31*(1), 29–38.

Lund, O. C. H., Tamnes, C. K., Moestue, C., Buss, D. M., & Vollrath, M. (2007). Tactics of hierarchy negotiation. *Journal of Research in Personality, 41*(1), 25–44.

MacKinnon, C. (1987). *Feminism unmodified*. Cambridge, MA: Harvard University Press.

Malamuth, N. M. (1981). Rape proclivity among males. *Journal of Social Issues, 37*, 138–157.

———. (1986). Predictors of naturalistic sexual aggression. *Journal of Personality and Social Psychology, 50*, 953–962.

———. (1992). Evolution and laboratory research on men's sexual arousal: What do the data show and how can we explain them? *Behavioral and Brain Sciences, 15*, 394–396.

Malamuth, N. M., Heavey, C., & Linz, D. (1993). Predicting men's antisocial behavior against women: The "interaction model" of sexual aggression. In N. G. Hall & R. Hirshman (Eds.), *Sexual aggression: Issues in etiology, assessment, treatment, and policy*. New York: Hemisphere.

Malamuth, N. M., Sockloskie, R., Koss, M., & Tanaka, J. (1991). The characteristics of aggressors against women: Testing a model using a national sample of college women. *Journal of Consulting and Clinical Psychology, 59*, 670–681.

Malinowski, B. (1929). *The sexual life of savages in North-Western Melanesia*. London: Routledge.

Margolin, L., & White, L. (1987). The continuing role of physical attractiveness in marriage. *Journal of Marriage and the Family, 49*, 21–27.

Margulis, L., & Sagan, D. (1991). *Mystery dance: On the evolution of human sexuality*. New York: Summit Books.

Markman, H. S., Stanley, S., & Storaasili, R. (1991). Destructive fighting predicts divorce: Results from a 7-year follow-up. Unpublished manuscript, Department of Psychology, University of Denver.

Marlow, F. W. (2004). Is human ovulation concealed? Evidence from conception beliefs in a hunter-gatherer society. *Archives of Sexual Behavior, 33*, 427–432.

Mazur, A. (1992). The evolutionary psychology of rape and food robbery. *Behavioral and Brain Sciences, 15*, 397.

McCrae, R. R., & Costa, P. T., Jr. (1990). *Personality in adulthood*. New York: Guilford Press.

McGinnis, R. (1958). Campus values in mate selection. *Social Forces*, 35, 368–373.

McKnight, J. (1997). *Straight science: Homosexuality, evolution, and adaptation*. New York: Routledge.

Meston, C. M., & Buss, D. M. (2009). *Why women have sex: Understanding sexual motivations from adventure to revenge (and everything in between)*. New York: Macmillan.

Miller, D. J. (1980). Battered women: Perceptions of their problems and their perception of community response. Master's thesis, University of Windsor, Ontario.

Miller, E. M. (2000). Homosexuality, birth order, and evolution: Toward an equilibrium reproductive economics of homosexuality. *Archives of Sexual Behavior*, 29, 1–34.

Miller, G. (2000). *The mating mind: How sexual selection shaped the evolution of human nature*. New York: Doubleday.

Miller, S. L., & Maner, J. K. (2009). Sex differences in response to sexual versus emotional infidelity: The moderating role of individual differences. *Personality and Individual Differences*, 46(3), 287–291.

Miner, E. J., Starratt, V. G., & Shackelford, T. K. (2009). It's not all about her: Men's mate value and mate retention. *Personality and Individual Differences*, 47(3), 214–218.

Moore, F. R., Cassidy, C., Smith, M. J. L., & Perrett, D. I. (2006). The effects of female control of resources on sex-differentiated mate preferences. *Evolution and Human Behavior*, 27(3), 193–205.

Morgan, J. B. (1981). Relationship between rape and physical damage during rape and phase of sexual cycle during which rape occurred. PhD diss., University of Texas, Austin.

Morris, N. M., & Udry, J. R. (1970). Variations in pedometer activity during the menstrual cycle. *Obstetrics and Gynecology*, 35, 199–201.

Morse, S. J., Reis, H. T., Gruzen, J., & Wolff, E. (1974). The "eye of the beholder": Determinants of physical attractiveness judgments in the US and South Africa. *Journal of Personality*, 42, 528–542.

Muehlenhard, C. L., & Linton, M. A. (1987). Date rape and sexual aggression in dating situations: Incidence and risk factors. *Journal of Counseling Psychology, 2,* 186–196.

Murdock, G. P., & Wilson, S. F. (1972). Settlement patterns and community organization: Cross-cultural codes 3. *Ethnology, 11,* 254–297.

Muscarella, F. (2000). The evolution of homoerotic behavior in humans. *Journal of Homosexuality, 40,* 51–77.

Nesse, R. M. (1990). Evolutionary explanations of emotions. *Human Nature, 1,* 261–289.

Nida, S. A., & Koon, J. (1983). They get better looking at closing time around here, too. *Psychological Reports, 52,* 657–658.

O'Donohue, W., & Plaud, J. J. (1991). The long-term habituation of sexual arousal in the human male. *Journal of Behavior Therapy and Experimental Psychiatry, 22,* 87–96.

Ogas, O., & Gaddam, S. (2011). *A billion wicked thoughts: What the Internet tells us about sexual relationships.* New York: Penguin.

Orions, G. H., & Heerwagen, J. H. (1992). Evolved responses to landscapes. In J. Barkow, L. Cosmides, & J. Tooby (Eds.), *The adapted mind: Evolutionary psychology and the generation of culture,* 555–579. New York: Oxford University Press.

Ortner, S. B. (1974). Is female to male as nature is to culture? In M. Z. Rosaldo & L. Lamphere (Eds.), *Woman, culture, and society,* 67–88. Stanford, CA: Stanford University Press.

Ortner, S. B., & Whitehead, H. (1981). *Sexual meanings: The cultural construction of gender and sexuality.* New York: Cambridge University Press.

Ovid (1982). *The erotic poems.* Translated by P. Green. New York: Penguin Books.

Parker, G. A. (1970). Sperm competition and its evolutionary consequences in the insects. *Biological Reviews, 45,* 525–568.

Pavelka, M. S., & Fedigan, L. M. (1991). Menopause: A comparative life history perspective. *Yearbook of Physical Anthropology, 34,* 13–38.

Pawlowski, B., & Koziel, S. (2002). The impact of traits offered in personal advertisements on response rates. *Evolution and Human Behavior,* 23(2), 139–149.

Pawson, E., & Banks, G. (1993). Rape and fear in a New Zealand city. *Area,* 25, 55–63.

Pedersen, F. A. (1991). Secular trends in human sex ratios: Their influence on individual and family behavior. *Human Nature,* 3, 271–291.

Pennybaker, J. W., Dyer, M. A., Caulkins, R. S., Litowixz, D. L., Ackerman, P. L., & Anderson, D. B. (1979). Don't the girls get prettier at closing time: A country and western application to psychology. *Personality and Social Psychology Bulletin,* 5, 122–125.

Perilloux, C., & Buss, D. M. (2008). Breaking up romantic relationships: Costs experienced and coping strategies deployed. *Evolutionary Psychology,* 6, 164–181.

Perilloux, C., Easton, J. A., & Buss, D. M. (2012). The misperception of sexual interest. *Psychological Science,* 23, 146–151.

Pfeiffer, E., & Davis, G. C. (1972). Determinants of sexual behavior in middle and old age. *Journal of the American Geriatrics Society,* 20, 151–158.

Pinker, S. (1997). *How the mind works.* New York: Norton.

Pollet, T. V., & Nettle, D. (2008). Driving a hard bargain: Sex ratio and male marriage success in a historical US population. *Biology Letters,* 4(1), 31–33.

Posner, R. A. (1992). *Sex and reason.* Cambridge, MA: Harvard University Press.

Radcliffe-Brown, A. R. (1922). *The Andaman Islanders.* Cambridge: Cambridge University Press.

Rahman, Q., & Wilson, G. D. (2003). Born gay? The psychobiology of human sexual orientation. *Personality and Individual Differences,* 34, 1337–1382.

Rasmussen, K. (1931). *The Netsilik Eskimos: Social life and spiritual culture.* Copenhagen: Gyldendalske Boghandel, Nordisk Forlag.

Rogel, M. J. (1976). Biosocial aspects of rape. PhD diss., University of Chicago.

Rosenblatt, P. C. (1974). Cross-cultural perspective on attractiveness. In T. L. Huston (Ed.), *Foundations of interpersonal attraction,* 79–95. New York: Academic Press.

Røskaft, E., Wara, A., & Viken, A. (1992). Reproductive success in relation to resource-access and parental age in a small Norwegian farming parish during the period 1700–1900. *Ethology and Sociobiology, 13,* 443–461.

Rounsaville, B. J. (1978). Theories in marital violence: Evidence from a study of battered women. *Victimology, 3,* 11–31.

Royle, T. (1989). *A dictionary of military quotations.* New York: Simon & Schuster.

Rozin, P. (1976). Psychological and cultural determinants of food choice. In T. Silverstone (Ed.), *Appetite and food intake,* 286–312. Berlin: Dahlem Konferenzen.

Rozin, P., & Fallon, A. (1988). Body image, attitudes to weight, and misperceptions of figure preferences of the opposite sex: A comparison of men and women in two generations. *Journal of Abnormal Psychology, 97,* 342–345.

Rudder, C. (2014). *Dataclysm: Who we are (when we think no one's looking).* Toronto: Random House Canada.

Ruse, M. (1988). *Homosexuality: A philosophical inquiry.* Oxford: Basil Blackwell.

Russell, D. E. H. (1990). *Rape in marriage.* Bloomington: University of Indiana Press.

Ryder, H., Maltby, J., Rai, L., Jones, P., & Flowe, H. D. (2016). Women's fear of crime and preference for formidable mates: How specific are the underlying psychological mechanisms? *Evolution and Human Behavior, 37,* 293–302.

Saal, F. E., Johnson, C. B., & Weber, N. (1989). Friendly or sexy? It may depend on whom you ask. *Psychology of Women Quarterly, 13,* 263–276.

Safilios-Rothschild, C. (1969). Attitudes of Greek spouses toward marital infidelity. In G. Neubeck (Ed.), *Extramarital relations,* 78–79. Englewood Cliffs, NJ: Prentice Hall.

Sagarin, B. J., Martin, A. L., Coutinho, S. A., Edlund, J. E., Patel, L., Skowronski, J. J., & Zengel, B. (2012). Sex differences in jealousy: A meta-analytic examination. *Evolution and Human Behavior, 33*(6), 595–614.

Saghir, M., & Robins, E. (1973). *Male and female homosexuality.* Baltimore: Williams and Wilkins.

Saletore, R. N. (1974). *Sex life under Indian rulers.* Delhi: Hind Pocket Books.

———. (1978). *Sex in Indian harem life.* New Delhi: Orient Paperbacks.

Scelza, B. A. (2014). Jealousy in a small-scale, natural fertility population: The roles of paternity, investment, and love in jealous response. *Evolution and Human Behavior, 35*(2), 103–108.

Schapera, I. (1940). *Married life in an African tribe.* London: Faber & Faber.

Schmitt, D. P. (2001). Desire for sexual variety and mate poaching experiences across multiple languages and cultures. Paper presented at the annual meeting of the Human Behavior and Evolution Society, London (June).

———. (2003). Universal sex differences in the desire for sexual variety: Tests from 52 nations, 6 continents, and 13 islands. *Journal of Personality and Social Psychology, 85*(1), 85–104.

———. (2016). Fundamentals of human mating strategies. In D. M. Buss (Ed.), *The evolutionary psychology handbook,* 2nd ed., 294–316. New York: Wiley.

Schmitt, D. P., & Buss, D. M. (1996). Strategic self-promotion and competitor derogation: Sex and context effects on the perceived effectiveness of mate attraction tactics. *Journal of Personality and Social Psychology, 70*(6), 1185–1204.

———. (2001). Human mate poaching: Tactics and temptations for infiltrating existing mateships. *Journal of Personality and Social Psychology, 80,* 894–917.

Schneider, H. K. (1964). A model of African indigenous economy and society. *Comparative Studies in Society and History, 7,* 37–55.

Secord, P. F. (1982). The origin and maintenance of social roles: The case of sex roles. In W. Ickes & E. S. Knowles (Eds.), *Personality, roles, and social behavior,* 33–53. New York: Springer.

Seiler, M. (1976). Monogamy is "unnatural," man with 9 wives says. *Los Angeles Times,* February 9, pt. 2, p. 1.

Semmelroth, J., & Buss, D. M. (unpublished). Studies on conflict between the sexes. Unpublished data, Department of Psychology, University of Michigan, Ann Arbor, Michigan.

Seyfarth, R. M. (1976). Social relationships among adult female baboons. *Animal Behavior, 24,* 917–938.

Shanley, D. P., Sear, R., Mace, R., & Kirkwood, T. B. (2007). Testing evolutionary theories of menopause. *Proceedings of the Royal Society of London B: Biological Sciences, 274*(1628), 2943–2949.

Shettel-Neuber, J., Bryson, J. B., & Young, C. E. (1978). Physical attractiveness of the "other person" and jealousy. *Personality and Social Psychology Bulletin, 4,* 612–615.

Short, R. V. (1979). Sexual selection and its component parts, somatic and genital selection, as illustrated by man and great apes. *Advances in the Study of Behavior, 9,* 131–158.

Shostak, M. (1981). *Nisa: The life and words of a !Kung woman.* Cambridge, MA: Harvard University Press.

Sigusch, V., & Schmidt, G. (1971). Lower-class sexuality: Some emotional and social aspects in West German males and females. *Archives of Sexual Behavior, 1,* 29–44.

Singh, D. (1993a). Adaptive significance of waist-to-hip ratio and female physical attractiveness. *Journal of Personality and Social Psychology, 65,* 293–307.

———. (1993b). Body shape and female attractiveness: Critical role of waist-to-hip ratio. *Human Nature, 4,* 297–321.

———. (1994). Is thin really beautiful and good? Relationship between waist-to-hip ratio and female attractiveness. *Personality and Individual Differences, 16,* 123–132.

Singh, D., Vidaurri, M., Zambarano, R. J., & Dabbs, J. M. (1999). Lesbian erotic role identification: Behavioral, morphological, and hormonal correlates. *Journal of Personality and Social Psychology, 76*(6), 1035–1049.

Small, M. (1992). The evolution of female sexuality and mate selection in humans. *Human Nature, 3,* 133–156.

Smith, R. L. (1984). Human sperm competition. In R. L. Smith (Ed.), *Sperm competition and the evolution of mating systems,* 601–659. New York: Academic Press.

Smuts, B. B. (1985). *Sex and friendship in baboons.* New York: Aldine de Gruyter.

———. (1987). Sexual competition and mate choice. In B. B. Smuts, D. L. Cheney, R. M. Seyfarth, R. W. Wrangham, & T. T. Struhsaker (Eds.), *Primate societies,* 385–399. Chicago: University of Chicago Press.

———. (1992). Male aggression against women: An evolutionary perspective. *Human Nature, 3,* 1–44.

———. (1995). The origins of patriarchy: An evolutionary perspective. In A. Zagarell (Ed.), *Origins of gender inequality.* Kalamazoo, MI: New Issues Press.

Smuts, B. B., & Smuts, R. W. (1993). Male aggression against female primates: Evidence and theoretical implications. In P. J. B. Slater, J. S. Rosenblatt, M. Milinski, & C. T. Snowden (Eds.), *Advances in the study of behavior.* New York: Academic Press.

Souza, A. L., Conroy-Beam, D., & Buss, D. M. (2016). Mate preferences in Brazil: Evolved desires and cultural evolution over three decades. *Personality and Individual Differences, 95,* 45–49.

Spanier, G. B., & Margolis, R. L. (1983). Marital separation and extramarital sexual behavior. *Journal of Sex Research, 19,* 23–48.

Sprecher, S., Aron, A., Hatfield, E., Cortese, A., Potapova, E., & Levitskaya, A. (1992). Love: American style, Russian style, and Japanese style. Paper presented at the Sixth International Conference on Personal Relationships, Orono, Maine.

Stern, B. (1933). *The scented garden: Anthropology of the sex life in the levant.* New York: American Ethnological Press.

Sternberg, R. J. (1988). *The triangle of love.* New York: Basic Books.

Strassman, B. I. (1981). Sexual selection, parental care, and concealed ovulation in humans. *Ethology and Sociobiology, 2,* 31–40.

Stroebe, W. (1977). Self-esteem and interpersonal attraction. In S. W. Duck (Ed.), *Theory and practice in interpersonal attraction,* 79–104. London: Academic Press.

Studd, M. V., & Gattiker, U. E. (1991). The evolutionary psychology of sexual harassment in organizations. *Ethology and Sociobiology, 12,* 249–290.

———. (in preparation). Evolutionary psychology of sexual harassment: Effect of initiator profile and social context on response of recipients of sexual advances in the workplace. Faculty of Management, University of Lethbridge, Alberta.

Surbey, M. K., & Conohan, C. D. (2000). Willingness to engage in casual sex. *Human Nature, 11*(4), 367–386.

Symons, D. (1979). *The evolution of human sexuality.* New York: Oxford University Press.

———. (1987). If we're all Darwinians, what's the fuss about? In C. B. Crawford, M. F. Smith, and D. L. Krebs (Eds.), *Sociobiology and psychology: Ideas, issues, and applications,* 121–146. Hillsdale, NJ: Erlbaum.

———. (1989). The psychology of human mate preferences. *Behavioral and Brain Sciences, 12,* 34–35.

———. (1992). What do men want. *Behavioral and Brain Sciences, 15*(1), 113–114.

Takahashi, H., Matsuura, M., Yahata, N., Koeda, M., Suhara, T., & Okubo, Y. (2006). Men and women show distinct brain activations during imagery of sexual and emotional infidelity. *NeuroImage, 32*(3), 1299–1307.

Tanner, R. E. S. (1970). *Homicide in Uganda, 1964: Crime in East Africa.* Uppsala, Sweden: Scandinavian Institute of African Studies.

Taylor, P. A., & Glenn, N. D. (1976). The utility of education and attractiveness for females' status attainment through marriage. *American Sociological Review, 41,* 484–498.

Teisman, M. W., & Mosher, D. L. (1978). Jealous conflict in dating couples. *Psychological Reports, 42,* 1211–1216.

Terman, L. M. (1938). *Psychological factors in marital happiness.* New York: McGraw-Hill.

Terpstra, D. E., & Cook, S. E. (1985). Complainant characteristics and reported behaviors and consequences associated with formal sexual harassment charges. *Personnel Psychology, 38,* 559–574.

Thakerar, J. N., & Iwawaki, S. (1979). Cross-cultural comparisons of interpersonal attraction of females toward males. *Journal of Social Psychology, 108*, 121–122.

Thibeau, J. W., & Kelly, H. H. (1986). *The social psychology of groups*. 2nd ed. New Brunswick, NJ: Transaction Books.

Thiessen, D., Young, R. K., & Burroughs, R. (1993). Lonely hearts advertisements reflect sexually dimorphic mating strategies. *Ethology and Sociobiology, 14*, 209–229.

Thompson, A. P. (1983). Extramarital sex: A review of the research literature. *Journal of Sex Research, 19*, 1–22.

———. (1984). Emotional and sexual components of extramarital relations. *Journal of Marriage and the Family, 46*, 35–42.

Thornhill, N. W. (1992). Female short-term sexual strategies: The self-esteem hypothesis. Paper presented at the meeting of the Human Behavior and Evolution Society, Albuquerque, New Mexico (August).

Thornhill, N. W., & Thornhill, R. (1990a). An evolutionary analysis of psychological pain following rape: 1. The effects of victim's age and marital status. *Ethology and Sociobiology, 11*, 155–176.

———. (1990b). An evolutionary analysis of psychological pain following rape: 2. The effects of stranger, friend, and family-member offenders. *Ethology and Sociobiology, 11*, 177–193.

Thornhill, R. (1980a). Mate choice in *Hylobittacus apicalis* (Insecta: Mecoptera) and its relation to some models of female choice. *Evolution, 34*, 519–538.

———. (1980b). Rape in *Panorpa* scorpionflies and a general rape hypothesis. *Animal Behavior, 28*, 52–59.

Thornhill, R., & Alcock, J. (1983). *The evolution of insect mating systems*. Cambridge, MA: Harvard University Press.

Thornhill, R., & Gangestad, S. W. (2008). *The evolutionary biology of human female sexuality*. New York: Oxford University Press.

Thornhill, R., & Palmer, C. (2000). *A natural history of rape: Biological bases of sexual coercion*. Cambridge, MA: MIT Press.

Thornhill, R., & Thornhill, N. (1983). Human rape: An evolutionary analysis. *Ethology and Sociobiology, 4*, 63–99.

———. (1990a). An evolutionary analysis of psychological pain following rape: I. The effects of victim's age and marital status. *Ethology and Sociobiology, 11*(3), 155–176.

———. (1990b). An evolutionary analysis of psychological pain following rape: II. The effects of stranger, friend, and family-member offenders. *Ethology and Sociobiology, 11*(3), 177–193.

———. (1992). The evolutionary psychology of men's coercive sexuality. *Behavioral and Brain Sciences, 15,* 363–421.

Todosijević, B., Ljubinković, S., & Arančić, A. (2003). Mate selection criteria: A trait desirability assessment study of sex differences in Serbia. *Evolutionary Psychology, 1*(1), 116–126.

Tooby, J., & Cosmides, L. (1989a). The innate versus the manifest: How universal does universal have to be? *Behavioral and Brain Sciences, 12,* 36–37.

———. (1989b). Evolutionary psychology and the generation of culture: 1. Theoretical considerations. *Ethology and Sociobiology, 10,* 29–49.

Tooby, J., & DeVore, I. (1987). The reconstruction of hominid behavioral evolution through strategic modeling. In W. G. Kinzey (Ed.), *The evolution of human behavior: Primate models,* 183–237. New York: State University of New York Press.

Tooke, J., & Camire, L. (1991). Patterns of deception in intersexual and intrasexual mating strategies. *Ethology and Sociobiology, 12,* 345–364.

Townsend, J. M. (1989). Mate selection criteria: A pilot study. *Ethology and Sociobiology, 10,* 241–253.

Townsend, J. M., & Levy, G. D. (1990). Effects of potential partners' physical attractiveness and socioeconomic status on sexuality and partner selection. *Archives of Sexual Behavior, 371,* 149–164.

Trinkaus, E., & Zimmerman, M. R. (1982). Trauma among the Shanidar Neanderthals. *American Journal of Physical Anthropology, 57,* 61–76.

Tripp, C. A. (1975). *The homosexual matrix.* New York: Signet.

Trivers, R. (1972). Parental investment and sexual selection. In B. Campbell (Ed.), *Sexual selection and the descent of man,* 136–179. New York: Aldine de Gruyter.

———. (1985). *Social evolution*. Menlo Park, CA: Benjamin/Cummings.

Udry, J. R. (1980). Changes in the frequency of marital intercourse from panel data. *Archives of Sexual Behavior, 9,* 319–325.

Udry, J. R., & Eckland, B. K. (1984). Benefits of being attractive: Differential payoffs for men and women. *Psychological Reports, 54,* 47–56.

Utian, W. H. (1980). *Menopause in modern perspective: A guide to clinical practice*. New York: Appleton-Century-Crofts.

Vandenberg, S. (1972). Assortative mating, or who marries whom? *Behavior Genetics, 2,* 127–158.

Van Gulik, R. H. (1974). *Sexual life in ancient China*. London: E. J. Brill.

Voland, E., & Engel, C. (1990). Female choice in humans: A conditional mate selection strategy of the Krummerhörn women (Germany 1720–1874). *Ethology, 84,* 144–154.

Wade, T. J., & Slemp, J. (2015). How to flirt best: The perceived effectiveness of flirtation techniques. *Interpersona, 9*(1), 32–43.

Waynforth, D., Hurtado, A. M., & Hill, K. (1998). Environmentally contingent reproductive strategies in Mayan and Ache males. *Evolution and Human Behavior, 19*(6), 369–385.

Weisfeld, G. E., Russell, R. J. H., Weisfeld, C. C., & Wells, P. A. (1992). Correlates of satisfaction in British marriages. *Ethology and Sociobiology, 13,* 125–145.

Weiss, D. L., & Slosnerick, M. (1981). Attitudes toward sexual and nonsexual extramarital involvements among a sample of college students. *Journal of Marriage and the Family, 43,* 349–358.

Weiss, D. S. (1975). *Marital separation*. New York: Basic Books.

Welham, C. V. J. (1990). Incest: An evolutionary model. *Ethology and Sociobiology, 11,* 97–111.

White, G. L. (1980). Inducing jealousy: A power perspective. *Personality and Social Psychology Bulletin, 6,* 222–227.

———. (1981). Some correlates of romantic jealousy. *Journal of Personality, 49,* 129–147.

Whitehurst, R. N. (1971). Violence potential in extramarital sexual responses. *Journal of Marriage and the Family, 33,* 683–691.

Whyte, M. K. (1990). Changes in mate choice in Chengdu. In D. Davis & E. Vogel (Eds.), *China on the eve of Tiananmen*. Cambridge, MA: Harvard University Press.

Wiederman, M. W. (1993). Evolved gender differences in mate preferences: Evidence from personal advertisements. *Ethology and Sociobiology, 14*, 331–351.

Wiederman, M. W., & Allgeier, E. R. (1992). Gender differences in mate selection criteria: Sociobiological or socioeconomic explanation? *Ethology and Sociobiology, 13*, 115–124.

Willerman, L. (1979). *The psychology of individual and group differences*. San Francisco: Freeman.

Williams, G. C. (1957). Pleiotropy, natural selection, and the evolution of senescence. *Evolution, 11*, 398–411.

———. (1975). *Sex and evolution*. Princeton, NJ: Princeton University Press.

Wilson, E. O. (1975). *Sociobiology: The new synthesis*. Cambridge, MA: Harvard University Press.

———. (1978). *On human nature*. Cambridge, MA: Harvard University Press.

Wilson, G. D. (1987). Male-female differences in sexual activity, enjoyment, and fantasies. *Personality and Individual Differences, 8*, 125–126.

Wilson, M. (1989). Conflict and homicide in evolutionary perspective. In R. Bell & N. Bell (Eds.), *Sociobiology and the social sciences*, 45–62. Lubbock: Texas Tech University Press.

Wilson, M., & Daly, M. (1985). Competitiveness, risk taking, and violence: The young male syndrome. *Ethology and Sociobiology, 6*, 59–73.

———. (1992). The man who mistook his wife for a chattel. In J. Barkow, L. Cosmides, & J. Tooby (Eds.), *The adapted mind: Evolutionary psychology and the generation of culture*, 289–322. New York: Oxford University Press.

Wilson, M., & Mesnick, S. L. (1997). An empirical test of the bodyguard hypothesis. In P. A. Gowaty (Ed.), *Feminism and evolutionary biology: Boundaries, intersections, and frontiers*. New York: Chapman & Hall.

Wolf, M., Musch, J., Enczmann, J., & Fischer, J. (2012). Estimating the prevalence of nonpaternity in Germany. *Human Nature,* 23(2), 208–217.

Wolf, N. (1991). *The beauty myth.* New York: Morrow.

Yosef, R. (1991). Females seek males with ready cache. *Natural History,* June, 37.

Young, R. R., & Thiessen, D. (1992). The Texas rape scale. *Ethology and Sociobiology,* 13, 19–33.

Zahavi, A. (1975). Mate selection—a selection for a handicap. *Journal of Theoretical Biology,* 53(1), 205–214.

———. (1977). The testing of a bond. *Animal Behavior,* 25, 246–247.

索 引[①]

Abuse,虐待
  battered women,受虐的女性,244
  by intimate partner,被亲密的伴侣~,243-245
  jealousy and,嫉妒和~,217
  psychological,心理~,243
  sexual,性~,142-143,244
  spousal,配偶~,67,214,285-287
  verbal,言语~,213
  women's vulnerability,女性的脆弱性,138

Accessibility, sexual,性的可接触性
  aggressiveness,攻击性/侵犯性,229-231
  commitment and,承诺和~,80,129,225-226,231-232
  competition for,对~的竞争,4,12-13,19,32,166-167,224,336-338
  infidelity,背叛/不忠,276-278
  loss of,~的丧失,190
  male coalitions,男性的结盟,334
  mate-poaching,窃取配偶,168,192-195,209-213,216,337,342
  physical prowess,体能,164
  questioning a female rival's accessibility,质疑女性竞争对手的可接触性,180-181
  rape,强奸,251
  selective,有选择性的~,176
  sequestering wives,隔绝妻子,303
  sexual harassment,性骚扰,246-248
  signals of availability,可获得性的暗示,177-182
  "special friends,""特别的朋友",58
  to variety of women,各种各样的女人的~,120-129
  withholding sex,性抑制,232,281-

[①] 索引中的页码为英文原书页码,见于正文边栏处。——译者注

282，290

另见 Internet dating

Adaptations，适应（机制）

 anti-rape，反强奸～，259-266

 artistic abilities, as by-products of other adaptations，艺术能力作为适应其他功能而进化出来的副产品，184

 attracting a mate，吸引配偶，152，182

 breaking up，分手，17，273-276，286，291

 casual sex，随意性关系，115-117，121-122，182

 changing behavior，行为改变，330

 conflict，冲突，235

 context, consideration of，对情境的考量，24

 for coping with mating challenges，应对择偶挑战的～，329

 defined，明确的～，7-8

 error management theory，错误管理理论，227

 female orgasm，女性性高潮，118-119

 heterosexuality，异性恋，20，110

 to individual circumstances，对个体环境的～，315-316

 jealousy，嫉妒，15，26，195-196，198，203-204，218

 living in harmony with opposite sex，与异性和谐共处，327

 mate ejection，抛弃配偶，287

 mate retention，留住配偶，220

 mate switching，更换配偶，291，340

 mate value, changes in，配偶价值的改变，294-295

 mating strategies，择偶策略，25，266，281

 menopause，更年期，309-310

 potential backup mates，潜在的备胎，271

 rape，强奸～，250-257

 risk-taking by men，男性承担的风险，316

 sexual overperception bias，夸大型的性知觉偏误，228-229，248

 vengeance，报复，194

Adolescence，青少年期，44，61，85，97，110，144-145，324

Adultery. 通奸/私通，**参见** infidelity

Advertisements，启事

 personal ads，个人征婚启事，39-40，58，59，66，73，74，84

 standards of beauty and，美丽的标准和～，94，101-104，110，169，172-174

Age/aging，年龄/年龄增长

 attractiveness of women，女性的吸引力，88，296

 divorce and，离婚和～，280

 earlier death of men，男性的早亡，316-318

 extramarital sex，婚外性关系，304-305

 fertility，生育力，83，280，295，304-305，308，325-326

gay men's emphasis on youthfulness, 男同性恋者对年轻的重视, 99

mate value, 配偶价值, 276, 296, 301, 311-315

men's preferences, 男性偏好, 83-86, 111, 296, 327

rape and, 强奸和~, 254

remarriage and, 再婚和~, 320

reproductivity and, 生殖力和~, 110, 302, 308-311

sexual desire, 性欲望, 298-300

sexual harassment, 性骚扰, 247

women's preferences, 女性偏好, 44-48

Aggressiveness, sexual, 性侵犯, 60, 109, 229-231, 253, 256, 344

Allgeier, Elizabeth, 伊丽莎白·奥尔盖耶, 70

Allon, Natalie, 娜塔莉·阿隆, 179

Ambition, 抱负, 34, 48-49

Ancestral people, 祖先

aggression between men, 男性之间的攻击, 270

ancestral men, mating preferences of, 男性祖先的择偶偏好, 82-83, 101, 105, 114, 151, 241

attracting a mate, 吸引配偶, 151

breaking up, 分手, 273, 276

casual sex, 随意性关系, 114, 117, 120, 134, 148

coalitions of males, 男性的结盟, 334

commitment 承诺, 79, 81, 234

conflict among co-wives, 多妻的冲突, 284-285

environmental dangers, 环境危险, 270-271

fertility, 生育力, 82-83, 87, 92

gender differences in mating behavior, 择偶行为的性别差异, 331

infidelity, 背叛/不忠, 15

jealousy, 嫉妒, 195

life span, 毕生, 309

mate ejection, 抛弃配偶, 16-17

mate selection, 配偶选择, 33-34, 51, 53, 57, 62, 75, 241

mate-switching, 更换配偶, 139

mate value, change in, 配偶价值的改变, 291

mating strategies, 择偶策略, 23-25

menopause, 更年期, 309

paternity, certainty of, 父权的确定性, 105-106, 108

rape, 强奸, 263

rapid reproduction, 迅速繁殖, 310-311

reproductive success, 繁殖成功, 8, 15, 33, 80, 101, 105-106, 134, 164, 309

resource potential, 资源潜力, 36-38, 41, 334

risk-taking, 冒险, 318

sex ratio imbalance, 性别比失衡, 321

social status, 社会地位, 41-44, 81

women, mating preferences of, 女性的择偶偏好, 33-34, 41, 45, 53,

76，114，134，151，241
Animal studies，动物研究
  attracting a mate，吸引配偶，4，12 - 13，154
  bravado, displays of，吹嘘/炫耀，167
  competition for mates，对配偶的竞争，13
  conflict between sexes，两性之间的冲突，18
  deception，欺骗，162，239
  domination in primate groups，灵长类族群中的支配性，57 - 58
  evidence of ovulation，排卵的证据，82
  females, competition among，女性之间的竞争，13 - 14
  health, importance of，健康的重要性，60 - 61
  investment in young，对后代的投资，196
  keeping a mate，留住配偶，14 - 15
  male primates' preference for older females，雄性灵长类对年长雌性的偏好，109 - 110
  mate-keeping tactics，留住配偶的策略，190 - 191，213
  mate poaching，窃取配偶，168，210
  mate preferences，配偶偏好，10
  mate-switching，配偶更换，139
  mate value，配偶价值，293 - 294
  physical characteristics preferred by females，女性对身体特征的偏好，57
  rape，强奸，250
  replacing a mate，取代配偶，16
  resource potential，资源潜力，36 - 37
  resources, displaying，炫耀资源，154
  sex-role reversed species，性别角色倒置的物种，32
  sexual variety，性多样化，125 - 126
  symmetry，对称，90
Appearance 外貌
  enhancing，改善～，168 - 170
  sexualizing，体现性别特征的～，178 - 179
  另见 beauty
Artistic abilities, as by-products of other adaptations，作为适应其他功能而进化出来的副产品，184
Asymmetry，不对称，90
Athleticism，运动能力，57，123，164，344
Attracting mates 吸引配偶
  adaptations for，对～的适应性，152，182
  appearance enhancement，外貌的改善，168 - 174
  artistic and musical abilities，艺术和音乐能力，184
  bravado and self-confidence，吹嘘和自信，165 - 168
  clothing，衣着，156
  commitment，承诺
  creating illusion of，创造～的错觉，161
  signs of，～的暗示，158 - 160，163
  context, importance of，情境的重要性，

19，22−25，36，112−113，153，176

fidelity，忠诚，174，176−177

fitness signaling hypothesis，健康信号假设，183−185

generosity with resources，对资源的慷慨，156

honesty，诚实，162−163

humor，幽默，182−183

intelligence，聪明才智，185

men-to-women ratio，男女比例，24−25，187，324−325，342

nonverbal seduction tactics，非言语诱惑策略，178

persistence in courtship，求爱时的坚持不懈，158−159

physical prowess，体能，164

playing hard to get，表现得难以得到，176

resource display，炫耀资源，154−157

resource potential，资源潜力，156

sexual morality，性道德，185

sexual signaling，性暗示，177−182

sneak, or satellite, strategy，潜随或伴随策略，167

subservient signals，屈从恭顺的暗示，181

visual contact，视线接触，179−180

另见 casual sex；competition

availability, signaling，暗示的可获得性，177−178

Bailey, Michael，迈克尔·贝利，20

Baker, Robin，罗宾·贝克，140

Beach, Frank，弗兰克·比奇，60，87

Beauty 美丽/审美

body shape，体型，90−93

enhancement products，美容产品，169−170

media effect on standards of，媒体对审美标准的影响，101−104，172−173

men's social status and，男性的社会地位和～，95−96

early emergence of，～标准在生命早期就已出现，88

homosexual men and women, preferences of，男同性恋者和女同性恋者的～偏好，96−99

men's preferences，男性的偏好，86−90

as reflection of reproductive potential，～作为繁殖潜力的反映，111

symmetrical faces，对称的面孔，89

waist-to-hip ratio，腰臀比，92−93

women's preferences，女性的偏好，57−62

women's reproductive capacity and，女性的繁殖能力和～，86−87

Bellis, Mark，马克·贝利斯，140

Belsky, Jay，杰伊·贝尔斯基，341

Better genes theory，好基因理论，140

Betzig, Laura，劳拉·贝齐格，276

Biological determinism，生物决定论，27−28

Birth control，避孕/生育控制，34，106，

112, 149, 261
Bisexuality，双性恋，21
Blumstein, Philip，菲利普·布卢姆斯坦，99
Body shape，体形，90-93
Bodyguard hypothesis，保镖假设，263-265
Breaking up，分手
　adaptations for，～适应，17, 270-271, 273-276, 286-287, 291
　childlessness，无子女，279
　conflict among multiple wives，多妻的冲突，283-285
　coping with，应对～，289-290
　cruelty and unkindness，冷酷和不近人情，285-287
　divorce and remarriage, prevalence of，离婚和再婚的普遍性，269-270
　economic support, lack of，缺乏经济支持，282-283
　infertility，不育，278-281
　infidelity，背叛/不忠，276-278
　justification，正当理由，275
　mate ejection tactics，配偶抛弃策略，17, 275, 278, 287-289
　mate poaching，窃取配偶，168, 192-195, 209-213, 216, 337, 342
　sexual withdrawal，性拒绝，281-282
Bride-price，聘礼，295, 296
Brownmiller, Susan，苏珊·布朗米勒，260
Bush, George, H. W.，乔治·布什，59

Camire, Lori，洛丽·卡米雷，161
Cash economies, stockpiling resources and，储存资源和现金经济，312-313
Casual sex，随意性关系
　adaptations for，对～的适应性，115-117, 121-122, 182
　adolescent premarital experimentation，青少年的婚前性试验，145
　backup mates，备胎，138-139
　benefits for men，男性的收益，120
　benefits for women，女性的收益，134-138
　better genes theory，好基因理论，140
　closing time effect，打烊效应，130-131
　Coolidge effect，柯立芝效应，125-127
　costs of，～的代价，142-143
　evolutionary history of，～的进化历史，116-119
　fantasies about，关于～的幻想，127-129
　father absence，父亲的缺席，144
　genetic benefits of，～的遗传收益，140-142
　legal, social, and cultural sanctions of，～的法律、社会和文化许可，147
　low-commitment sex，低承诺的性关系，124-130
　lust，性欲，119-122
　mate value, reassessment of，重新评估配偶价值，145, 147

post-orgasm shift, 性高潮后的变化, 131

prostitution, 卖淫, 133-134

　as result of sex ratio imbalance, ～作为性别比失衡的结果, 145-146, 187

　sex with strangers, 和陌生人发生性关系, 113-114

　sexual orientation and, 性取向和～, 132-133

　sexual regret, 性后悔, 129-130

　standards for acceptable partners, 可接受的伴侣的标准, 123-124

　strategies pursued by others, 其他人采取的策略, 147-148

　variety, sexual, 性多样化, 125-129

　另见 attracting mates

Chagnon, Napoleon, 拿破仑·夏侬, 27, 83, 345

Chastity. 贞节, 参见 virginity

Chavanne, Tara, 塔拉·夏凡纳, 261

Children, 孩子

　certainty of paternity of, ～的父权确定性, 80, 105-106, 174, 195-196

　divorce and, 离婚和～, 279, 341-342

　effect of on marriage, ～对婚姻的影响, 279, 299, 347

　grandmother hypothesis, 祖母假设, 310

　response to faces, 对面孔的反应, 88

　spacing of births, 生育的间隔, 310-311

　survival and reproductive success of, ～的生存和繁殖成功, 38, 80

Claustration, 幽禁, 210

Clitoridectomy, 阴蒂切开术, 214

Closing time effect, 打烊效应, 130-131

Coalitions, male, 男性的结盟, 334-335

Coercion, 强迫, 60, 253, 256, 265, 324, 333, 344, 346

Colwell, Mark, 马克·科尔韦尔, 139

Commitment 承诺

　benefits for men, 男性的收益, 79-81

　casual sex and, 随意性关系和～, 124, 127-131

　changes in, ～的改变, 300-308

　channeling of resources to mate, 对单一伴侣的排他性资源～, 65

　deception, 欺骗, 161, 186-187, 225, 240-243

　demonstrations of, ～的证明, 157-163

　emotional, 情感～, 205, 224, 232-235

　fidelity and, 忠诚和～, 64, 109

　importance of to women, ～对于女性的重要性, 62-63, 67-68, 75

　love as cue to, 爱作为～的线索, 63-64

　planning to have children, 计划生育孩子, 65

　sex ratio imbalance and, 性别比失衡和～, 321-323

　sincerity, 真诚, 76

Compatibility, 和谐共处, 53-60

Competition, 竞争

　among women, 女性间的～, 13-14,

103-104, 337

appearance enhancement, 改善外貌, 168-172

derogation of competitors, 对竞争者的诋毁, 152, 155-156, 170-171, 174-175, 180-181, 186, 212

female preferences, role of, 女性的偏好的作用, 13-14

fitness signaling, 健康信号, 182-186

forms of, ～的形式, 3-4

for sexual access, 为了性接触而～, 19, 32, 166-167, 224, 336-338

sexual signaling, 性暗示, 177-182

for status and resources, 为了地位和资源而～, 24, 165-167, 336-337

另见 mate keeping

Conflict, 冲突

adaptations for, 对～的适应性, 235

consenting and nonconsenting sexual situations, 自愿和非自愿的性场景, 251-252

within couples, 配偶之间的～, 344-345

deception, 欺骗, 239-243

emotional commitment, 情感承诺, 19, 232-235

gender reactions to sexual events, 两性对性活动的反应, 225-226

between genders, 两性之间的～, 344, 346

intimate partner violence, 亲密伴侣的暴力, 243-245, 256

mating strategies, 择偶策略, 18-20

as the norm in mating behavior, ～作为择偶行为的常态, 2-3

origins of, ～的起源, 224, 266

psychological adaptations, 心理适应, 266-267

resource investment, 投资, 235-238

sexual harassment, 性骚扰, 245-248, 344

sexual mind reading, 性心理解读, 180, 226-232, 228, 229

warfare, 战争, 345-346

另见 rape; violence

Conroy-Beam, Dan, 丹·康罗伊-比姆, 274

Context 情境

adaptations and, 适应和～, 24, 28, 77

jealousy and, 嫉妒和～, 16

mating strategies and, 择偶策略和～, 19, 22-25, 36, 112-113, 176

women's desires and, 女性的欲望和～, 72-73, 77

Coolidge effect, 柯立芝效应, 125-127

Cosmetics industry, 化妆品产业, 111

Courtship, 求爱/求偶

artistic ability and, 艺术能力和～, 184

guarding against deception, 对欺骗的防范, 242

length of, ～的长度, 19, 153, 224

men's disinterest in, 男性对～不感兴趣, 129, 132

persistence in, ～时的坚持不懈, 158

tactics，~策略，164
Cruelty，冷酷，285-287
Cuckoldry，通奸，196-197，216，219，307
Cultural contexts, role of，文化情境的作用，22-25，65，112
Cultural studies，文化研究
　acts of love，爱的行动，64
　age difference of mates，配偶的年龄差异，83-86
　aggression, sexual，性侵犯，253，256
　allocation of money，金钱的分配，238
　ambition, importance of to women，抱负对于女性的重要性，48-49
　attraction tactics，吸引策略，161-162，166-167
　attractive faces，有吸引力的面孔，89
　attractiveness and age，吸引力和年龄，296
　babies, arrival of，孩子的降生，299-300
　body types，体型，91-92
　bodyguard hypothesis，保镖假设，263-265
　charity contributions，慈善捐款，156
　chastity，贞节，106-107，341
　children as strengtheners of marriage bonds，孩子作为加强婚姻纽带的助力，279
　closing time effect，打烊效应，130-131
　clothing expense and status，着装花费和地位，157
　clothing style and skin exposure，着装风格和皮肤暴露，178-179
　commitment，承诺
　　demonstrations of，~的证明，158
　　emotional，情绪的~，208
　comparison of mate to alternative mates，配偶与替代配偶之间的对比，274
　compatibility，和谐共处，54
　conflict between sexes，两性之间的冲突，224-225
　consenting and nonconsenting sexual situations，自愿和非自愿的性场景，251-252
　cruelty，冷酷，285
　deception，欺骗，240-241
　dependability，可靠性，49
　derogation of competition，对竞争的诋毁，170-171
　detecting sexual cues，觉察性暗示，180，228，229
　divorce, causes of，离婚的原因，276，279，281-283，284
　early experiences, effect of on mating strategies，早期经验对择偶策略的影响，341-342
　education，教育，52-53
　emotional stability，情感的稳定性，50
　extramarital sex，婚外性关系，126，128，305-307
　failure to provide resources，不能提供资源，282-283

fantasies, sexual, 性幻想, 128-129
fertility, 生育力, 279-280
financial prospects, value of, 经济预期的价值, 39-41
financially successful women, 有经济实力的女性, 69-71
flirtation tactics, 调情手法, 178
grandmothers' effect on children's survival, 祖母对孩子存活的影响, 310
harassment, sexual, 性骚扰, 246-248
health, 健康, 60
high social status, 高社会地位, 42
homosexuals, mate preferences of, 同性恋的配偶偏好, 71-72, 97-98
human prestige criteria, 人类的声望标准, 96
ideal mate, 理想的配偶, 55
industriousness, importance of to women, 勤奋对于女性的重要性, 48-49
infants' social responses to faces, 婴儿对面孔的社交反映, 88
infertility, 不育, 279
infidelity, 背叛/不忠, 201-203
influence of media on satisfaction with current partner, 媒体对现任伴侣满意度的影响, 102
insulting a woman's appearance, 侮辱女性的外貌, 245
intelligence, 聪明才智, 52-53
Internet dating, 网络约会, 122
jealousy, 嫉妒, 197-200, 204-203, 208, 217, 218, 244
kindness, 善意, 67
love as a marriage requirement, 爱情作为婚姻的必要条件, 65-67
man's occupational status and attractiveness of wife, 男性的职业地位和妻子的吸引力, 100-101
masturbation, 手淫, 121
mate attraction, 配偶吸引, 154-155
mate copying, 配偶复制, 72-73
mate deprivation hypothesis, 配偶剥夺假设, 253-254
mate ejection, 抛弃配偶, 278
mate guarding, 守卫配偶, 303
mate keeping, 留住配偶, 207
mate poaching, 窃取配偶, 168, 193-195
mate preferences, changes in, 择偶偏好的变化, 327
mate retention, 留住配偶, 204-207, 220, 302
mating behavior, 择偶行为, 5-7
money as source of conflict, 金钱作为冲突的诱因, 238
murder over sexual matters, 性谋杀, 217
nonverbal attraction tactics of women, 女性的非言语吸引策略, 177-178
nurturance toward children, 对孩子的抚育, 159-160
older mates, 年长的配偶, 44-46
ovulation and mate preferences, 排卵和

配偶偏好，141

partner, sexual experience of，伴侣的性经验，108-109

partner abuse，伴侣虐待，244

partners, desired number of，伴侣的期望数量，120-121

physical attractiveness，身体吸引力，93-94

physical coercion，身体强迫，253

physically formidable mates as crime-protection，身体强壮的配偶作为犯罪的屏障，265

playing hard to get，表现得难以得到，176

polygyny，一夫多妻制，40，84，283-285

pornography consumption，色情消费，121

post-orgasm shift，性高潮后的转变，131

pregnancy rate resulting from rape，强奸导致的怀孕率，255

prostitution，卖淫，133，135-136

rape, incidence of，强奸的发生率，249

rape, male proclivity toward，男性的强奸倾向，256

rape, young women's fear of，年轻女性对～的恐惧，263

rapes, distribution of across female menstrual cycle，强奸在女性月经周期中的分布，261

rapists, ages of，强奸犯的年龄，324

remarriage patterns，再婚模式，319

risk avoidance by women，女性避免冒险，262-263

sex drive，性冲动，121

sex with strangers，与陌生人发生性关系，113-114，121-122

sexual aggressiveness, gender perception of，两性对性侵犯的感知，230-231

sexual orientation，性取向，20

sexual orientation and casual sex，性取向和随意性关系，132-133

sexual overperception bias，夸大型的性知觉偏误，228-229

sexualization of appearance，外貌的性化，178-179

speed dating，快速约会，228

sperm production, effect of separation of mates from each other on，配偶分离对精子产生的影响，117

tall men，高个男性，58

traits for long-term mating success，长期择偶成功的特性，327

unkindness，不近人情，286-287

variety, sexual，性多样化，126-127

virginity and mate choice，童贞和配偶选择，106-107，341

waist-to-hip ratio，腰臀比，92-93

withdrawal of sex，性拒绝，281-282

women's fear of stranger rape，女性对陌生人强奸的恐惧，263

women's mating preferences，女性的择偶偏好，74-75

younger mates, 更年轻的配偶, 47-48

Cunningham, Michael, 迈克尔·坎宁安, 88

Darwin, Charles, 查尔斯·达尔文, 3-4

Dating, 约会

    acts of love and commitment, 表达爱意和承诺的行为, 205

    clothing as indicator of social status, 衣着作为社会地位的标志, 157

    complaints about neglect and unreliability, 对忽视和不可靠的抱怨, 236

    conflict, 冲突, 224

    failure to express feelings, 不能表达情感, 233-234

    ideal mate, 理想的配偶, 55

    jealousy, inducing, 引起嫉妒, 208

    male submissiveness, 男性的服从, 208

    matched/mismatched couples, 般配/不般配的配偶, 54

    mate poaching, 窃取配偶, 195

    moodiness, 喜怒无常, 234-235

    as part of courtship, ～作为求爱的一部分, 158

    personal ads, 征婚启事, 39-40, 58, 59, 66, 73, 74, 84

    providing economic and material resources, 提供经济和物质资源, 206

    rape, 强奸, 143, 249, 257

    sexual accessibility, 性可接触性, 225-226

    speed-dating, 快速约会, 228

    verbal and physical abuse, 言语和身体虐待, 213-214

    另见 Internet dating

Daughter guarding, 女儿守卫, 144

David and Bathsheba, 大卫和拔示巴, 192-193

Death rates, gender differences in, 死亡率的性别差异, 316-318

Deaux, Kay, 凯·杜克斯, 98

Deception, 欺骗

    age, 年龄, 243

    casual affairs, 随意性外遇, 153

    commitment, 承诺, 241

    depth of feelings, 感情的深度, 240-241

    detection of, ～的觉察, 242-243, 267

    infidelity, 背叛/不忠, 241

    by men, 男性的～, 162, 166, 186, 187, 240

    resources, 资源, 241

    sexual history, 性历史, 243

    social status, 社会地位, 48

    by women, 女性的～, 187, 239

Degeneres, Ellen, 艾伦·德詹尼丝, 21

Dependability, 可靠性, 49-51, 73, 327, 331, 344

Derogation of competitors, 贬低/诋毁竞争者, 152, 155-156, 170-171, 174-176, 180-181, 196, 212

Derogatory sexual terms, 性贬义词, 175-176

Disease,疾病,61-62,87,89,92
Divorce,离婚
　　age discrepancy,年龄差异,46
　　children and,孩子和～,341-342
　　conflict among multiple wives,多妻的冲突,283-285
　　consequences of,～的后果,17-18
　　cruelty and unkindness,冷酷和不近人情,285-287
　　divorce rate,离婚率,1,190,269-270
　　infertility,不育,276-281
　　infidelity,背叛/不忠,142,276-278
　　lack of economic support,缺乏经济支持,69,282-283
　　mate value, change in,配偶价值的变化,297,345
　　psychological adaptations for,对～的心理适应,23-24
　　reasons for,～的理由,16,276
　　remarriage to younger women,与更年轻的女性再婚,86,319
　　resource inequality,资源不平均,336
　　sex ratio imbalance,性别比失衡,321-322
　　sexual incompatibility,性不协调,137
　　另见 breaking up
Dukakis, Michael,迈克尔·杜卡基斯,59

Easton, Judith,朱迪丝·伊斯顿,305
Education,教育,42,48,52-53,73-74,123,321
Eligibility,合格,43
Ellis, Bruce,布鲁斯·埃利斯,59,129
Environmental determinism,环境决定论,27
Error management theory,错误管理理论,227
Evolutionary psychology,进化心理学,5,71
Evolutionary theory, resistance to biological determinism,进化论对生物决定论的反驳,27-28
　　fear of gender discrimination,对性别歧视的恐惧,28
　　idealistic views of romance, sexual harmony and lifelong love,关于浪漫爱情、性和谐和钟爱一生的理想主义观念,29
　　ideological beliefs,意识形态信仰,26
　　naturalistic fallacy,自然主义谬误,26-27
　　perception of evolutionary time span,对进化时间跨度的感知,25-26
　　romantic fallacy,浪漫主义谬误,27
Extramarital sex,婚外性关系
　　frequency of,～的频率,304-308
　　gender differences in,～的性别差异,126,306-307
　　hunting ability and,狩猎能力和～,312-313
　　incidence of,～的发生率,2
　　mate guarding,配偶守卫,114,326

mate switching adaptations of women, 女性更换配偶的适应机制，340

men's patterns of，男性的～模式，306

motivations for，～的动机，326

predictor of，对～的预测，108

prevention of，～的预防，214－215

reactions to，对～的反应，241

reproductive benefit of，～的繁殖收益，119

risks for men，男性的风险，142

risks for women，女性的风险，142－143

sex ratio balance and，性别比平衡和～，146

sexual strategies pursued by other people，他人采取的性策略，147

unkind men and，缺乏善意的男性，67

women's aging and，女性的衰老和～，304－305

women's participation in，女性参与～，326，340

Fantasies，幻想，127－129，229－230，305，308，332

Females, competition among，女性之间的竞争，13－14

Feminism，女权主义，333，336

Fertility，生育力，83，85，93，111，255，285，308，309

Fidelity，忠诚，64，105，108－109，142，160，174－177，199，243，276－278

另见 infidelity

Fishel, Diane，戴安娜·菲谢尔，179

Fisher, R. A.，R. A. 费希尔，184

Fitness signaling hypothesis，健康信号假设，183－185

Flaubert, Gustav，福楼拜，127

Flinn, Mark，马克·弗林，303

fMRI brain scans，功能性磁共振成像大脑扫描，203

Food preferences，食物偏好，9－10，23

Ford, Clelland，克莱兰·福特，60，87

Gallup, Gordon，戈登·盖洛普，261

Gangestad, Steve，史蒂夫·甘杰斯塔德，89－90

Gay men. 男同性恋者，参见 sexual orientation

Gender identity，性别认同，21，22

Genghis Khan，成吉思汗，260

Good genes，优良基因，33，36，52－53，73，77，119，141，183

Gottschall, Jonathan 乔纳森·戈特沙尔，255

Gottschall, Tiffani，蒂芙妮·戈特沙尔，255

Grammer, Karl，卡尔·格拉默，101

Grandmother hypothesis，祖母假设，309－310

Gregor, Thomas，托马斯·格雷戈尔，127，260

Greiling, Heidi，海蒂·格雷林，140

Griffin, Susan，苏珊·格里芬，257

Hanna, Randel, 兰德尔·汉纳, 98

Harassment, sexual, 性骚扰, 245–248, 344

Harmony, 和谐
adaptations for, 为了～而适应, 327
benefits of, ～的收益, 349
changing mating behavior, 改变择偶行为, 330, 347, 349
sexual fidelity, 性忠诚, 348
另见 staying together

Haselton, Martie, 马尔蒂耶·哈兹尔顿, 131

Health, signs of, 健康的标志, 60–62, 87

Heche, Anne, 安妮·海切, 21

Heterosexuals, 异性恋者, 20, 98–99, 110

Hickman, Susan, 苏珊·希克曼, 263

Hill, Kim, 金·希尔, 80

Hill, Sarah, 莎拉·希尔, 72

Holmberg, A. R., A. R. 霍姆伯格, 157

Homosexuals. 同性恋者, **另见** sexual orientation

Hookups, 勾搭, 122, 130, 146, 162, 321, 342

Hrdy, Sarah, 莎拉·赫迪, 71

Humor, 幽默, 182–183

Hunter-gatherer societies, 狩猎者-采集者社会, 41–42, 312

Incest avoidance, 防止乱伦, 68, 215

Industriousness, 勤奋, 48–49, 51, 71, 73

Infanticide, 杀婴, 143

Infertility, 不育, 16, 276, 278–281

Infibulation, 阴部扣锁法, 214–215

Infidelity, 背叛/不忠
ancestral history of, 关于～的祖先历史, 117
cruelty and unkindness, 冷酷和不近人情, 286
deception, 欺骗, 241
divorce and, 离婚和～, 142, 276–278
infidelity overperception bias, 夸大型的不忠感知偏误, 201–204
jealousy as deterrent to, 嫉妒有助于防止～, 15
men's abhorrence of in wife, 男性憎恨妻子～, 109
murders, 谋杀, 142
sexual incompatibility and, 生殖不亲和性, 137
sperm competition, 精子竞争, 251
violence and, 暴力和～, 142, 214, 217–219, 256, 258, 277

Intelligence, 聪明才智
adaptive benefits of, ～的适应性收益, 185
as desirable trait in mate, ～作为伴侣的理想特质, 68, 70, 71, 73, 123, 173, 331
increased success in same-sex competition, 在同性竞争中提高胜算, 4

as indicator of high genetic quality，～作为优秀基因品质的信号，183

lack of as deal breaker，缺少～就会坏事，68

as predictor of possession of economic resources，～预示着拥有经济资源，51－53，75

as predictor of upward mobility，～预示着向上流动，321

Internet dating 网络约会
 deception, use of，欺骗的使用，58，74，162－164，187
 educated men's advantage，受过教育者拥有优势，187
 evolved sexual psychology，进化出的性心理，332
 mating strategies，择偶策略，22，103
 potential mates，潜在伴侣，103，148
 sex ratio imbalance，性别比失衡，342
 variety, men's desire for，男性欲望的多样性，122
 websites，网站，103，132，162，163，164，187，332，342

Jankowiak, William，威廉·扬科维亚克，64，97
Janus, Cynthia，辛西娅·贾纳斯，137
Janus, Samuel，塞缪尔·贾纳斯，137
Jealousy，嫉妒
 adaptations for，适应～，15，26，195－196，198，201，203－204，218
 belief hypothesis，信念假设，201

cuckoldry，通奸，196－197
dangers of，～的危险性，216－219
gender differences，性别差异，199－204
homicidal，～引发的凶杀，217－218
as mate-keeping tactic，～作为留住伴侣的手段，208－209
reactions to，对～的反应，15－16，26－27
spouse abuse and，配偶虐待和～，214，244
universality of，～的普遍性，215－216

Kenrick, Douglas，道格拉斯·肯里克，39
Kin selection theory，亲属选择理论，97
Kindness，亲切/善意，55，62，66－67，73，159，161，205，348
Kinsey, Alfred，阿尔弗雷德·金赛，96，114，118，126，127，132，133，277，304，305
Kissinger, Henry，亨利·基辛格，41
Kuhle, Barry，巴里·库勒，202

Lalumiere, Martin，马丁·拉吕米埃，253
Langlois, Judith，朱迪丝·朗格卢瓦，88，89
Lesbians，女同性恋者，71－72，98－99，132
 另见 sexual orientation
Levy, Gary，加里·利维，156

Li, Norman, 诺曼·李, 39

Lippa, Richard, 理查德·里帕, 71

Long-term mating, 长期择偶, 11, 15, 19, 37, 44, 49, 53, 65, 75-77, 80-81, 108, 327

　另见 Marriage

Love, 爱情

　centrality of, ~的中心性, 2, 66

　commitment, as cue to, ~作为承诺的线索, 66-67, 76

　displays of, 炫耀~, 157, 160

　marriage, as requirement for, ~作为婚姻的前提, 65

　mate retention, 留住配偶, 205

　romantic notions of, 对于~所抱有的浪漫观念, 1

　universality of, ~的普遍性, 64-65

Malinowski, Bronislaw, 布罗尼斯拉夫·马林诺夫斯基, 87

Margulis, Lynn, 林恩·马古利斯, 162

Marriage, 婚姻

　arranged, 被安排的/包办的~, 141-142

　assessment of potential mate, 评估潜在配偶, 153

　benefits of for men, 男性的收益, 105

　commitment, changes in, 承诺的改变, 300-303

　cultural patterns of, ~的文化模式, 24

　intercourse, frequency of, 性交频率, 126

　love as a requirement for, 爱情作为~的前提, 65

　mate preferences, changes in, 择偶偏好的变化, 294-298, 311-316, 327

　mate retention, 留住配偶, 204-207, 212-216

　men's preference for younger women, 男性偏好更年轻的女性, 84-86

　sexual desire, changes in, 性欲的变化, 298-300

　另见 breaking up; conflict; extramarital sex; harmony

Marriage squeeze, 婚姻排挤, 319

Masturbation, 手淫, 121

Mate copying, 配偶复制, 72-73

Mate deprivation hypothesis, 配偶剥夺假设, 253-254

Mate ejection. 抛弃配偶, 参见 breaking up

Mate guarding, 配偶守卫, 114, 192, 195, 301-303, 305

Mate keeping 留住配偶

　acts of love and kindness, 爱和善意的举动, 205

　appearance, enhancement of, 外貌的改善, 206-207

　benefits of, ~的收益, 189

　concealment of mates, 隐藏配偶, 210-211

　derogation of competitors, 诋毁竞争对手, 152, 174-176, 212

economic and material resources，经济和物质资源，206
genital mutilation，割礼，214
infibulation，阴部扣锁法，214-215
jealousy, inducing，引起嫉妒，208-209
mate poaching，窃取配偶，192-195，209-212
monopolization of mate，独占配偶，210-211
public marking，公开标记，209-210
punishing mate，惩罚配偶，213-214
submission or self-abasement，屈从或自卑，207-208
tactics for，～的手段，219-221，302-303
threats and violence，威胁和暴力，15，212-213
vigilance，警惕，15，205，210，241-242
Mate poaching，窃取配偶，168，192-195，209-213，216，337，342
Mate switching，更换配偶，139，212，291，305，308，340，342
Mate value，配偶价值
aging and，年龄增长和～，276
assessing，评估～，35
conflict over，关于～的冲突，226
cues to，～的线索，232，282
desirable personality characteristics，合意的人格特征，56
as determined by individual women's needs，～取决于女性个体的需要，315-316
emotional manipulation and，情感操纵和～，207-209
improving，提升～，272
of men，男性的～，42-44，74，311-316，326
rape and，强奸和～，265
self-esteem and，自尊和～，213
sexual overperception bias，夸大型的性知觉偏误，228
spousal abuse and，配偶虐待和～，214
of women，女性的～，83，87，168，272，276，295-298，301-303，327
Mating behavior，择偶行为
cultural variation in，～的文化差异，24，340-343
desired length of relationship，理想的关系长久度，73
differences between the sexes，两性的～差异，331-333
effects of women's desires on，女性欲望对～的影响，74-75
evolutionary roots of，～的演化根源，3-7
mate poaching，窃取配偶，168，192-195，209-213，216，337，342
mate selection，挑选配偶，9-11，36，60，76-77，153，185，195
mate value，配偶价值，73，96

preferences, shared, 共享的偏好, 331

sexual mind reading, 性心理解读, 180, 226-232, 228, 229

trade-offs, 交易, 36, 76-77

另见 breaking up; casual sex; competition; conflict; Internet dating; men, mating preferences; women, mating preferences

Mating strategies 择偶策略

adaptations for interference with, 干扰~的适应机制, 266, 281

conflict and, 冲突和~, 18-20

context and, 情境和~, 22-25

culture and, 文化和~, 24-25

diversity in, ~的多样性, 338-340

early experiences, influence of, 早期经验的影响, 341-342

as problem-solving methods, ~作为解决问题的方法, 7-9

sneak, or satellite, strategy, 跟踪或尾随策略, 167

withholding sex, 性抑制, 231, 232, 281-282, 290

另见 long-term mating; sex ratio imbalance; short-term mating

McFarland, Jimi, 吉米·麦克法兰, 183

Men, 男性

appearance, sexualization of, 外貌的性化, 178-179

closing-time effect, 打烊效应, 131

coalitions among men, 男性的联盟, 334-335

competition for resources, 资源竞争, 336-337

deception by, 被~欺骗, 162, 166, 186, 187, 240

emotional constrictedness, 情感压抑, 234

extramarital sex patterns of, ~的婚外性模式, 306

fantasies, sexual, 性幻想, 127-129

income distribution by age, 不同年龄的收入, 314

low-commitment sex, 低承诺的性关系, 120, 124-130

mate value, 配偶价值, 42-44, 74, 311-316, 326, 74

matelessness, 没有配偶, 317-318

mortality of, ~的死亡率, 316-318

patriarchy, 父权制, 333-338

post-orgasm shift, 性高潮后的变化, 131

rape, as perpetrators of, ~作为强奸的肇事者, 249-250

regret, sexual, 性后悔, 129-130

resources, changes in, 资源的变化, 273, 311-312

risk-taking, 冒险的~, 316, 343

sexual orientation, development of, 性取向的发展, 21

sexual overperception bias, 夸大型的性知觉偏误, 227-229, 248

status and resource acquisition drives of, ~获取地位与资源的动力, 71

variety, sexual, 性多样化, 81, 120-129, 132, 146, 250, 307, 332, 348

　　另见 commitment; jealousy; social status of men

Men, mating preferences of 男性的择偶偏好

　　actualization of, ～的实现, 100-101

　　adolescent males, 青春期男性, 85

　　ancestral men, 男性祖先, 82-83, 101, 105, 114, 151, 241

　　chastity and fidelity, 贞节和忠诚, 104-109

　　commitment, benefits of, 承诺的收益, 79-83

　　evolutionary bases of, ～的进化基础, 109-112

　　female's physical appearance, 女性的外貌, 90-95

　　fertility of mate, 配偶的生育力, 82-83

　　health, 健康, 60-62, 87

　　homosexuals' preferences, 同性恋者的偏好, 96-99, 110

　　low-commitment sex, 低承诺的性关系, 120, 124-130

　　marriage, 婚姻, 79-81

　　media effects on, 媒体对～的影响, 101-104

　　number of desired sex partners, 理想的性伴侣数量, 120-121

　　paternity, certainty of, 父权的确定性, 80, 105-106, 174, 195-196

　　reproductive potential of women, 女性的繁殖潜力, 86-87, 110

　　sex drive, 性冲动, 121

　　sex with strangers, 与陌生人发生性关系, 114, 121-122

　　sexual variety, 性多样化, 81, 120-129, 132, 146, 250, 307, 332

　　social status and, 社会地位和～, 81, 91, 95-96

　　universal, 普遍存在的～, 110

　　youth, 年轻, 83-86, 111, 296, 327

　　另见 extramarital sex

Men-to-women ratio. 男女性别比, 参见 sex ratio imbalance

Mencken, H. L., 门肯, 13

Menopause, 更年期

　　adaptations, 适应, 309-310

　　ancestral people, 祖先, 309

　　grandmother hypothesis, 祖母假设, 309-310

　　rapid reproduction and, 迅速繁殖和～, 310-311, 325-326

Mesnick, Sarah, 莎拉·梅斯尼克, 263-264

Miller, Geoffrey, 杰弗里·米勒, 183, 184

Monogamy, 一夫一妻制, 24, 40, 339, 348

Morality, sexual, 两性的死亡率, 185, 339-340

Muehlenhard, Charlene, 夏琳·米伦哈德, 263

Mutation loads,转变负担,81,183

Naturalistic fallacy,自然主义谬误,26-27

Non-paternity rates,"喜当爹"的比例,109

Online dating. 在线约会,**参见** Internet dating

Orgasm, female,女性性高潮
 extramarital affairs and,婚外情和～,119,305
 as mating strategy,～作为择偶策略,120
 as selection device,～作为挑选机制,119
 sperm retention and,精子留存率和～,118

Oring, Lewis,刘易斯·奥林格,139

Ovid,奥维德,157

Ovulation,排卵
 concealed,隐蔽的～,105
 cues,线索,104
 physical changes during,～期的生理变化,82
 preference shifts,偏好变化,141
 risk avoidance during,～期避免冒险,261-262
 sexual liaisons and,私通和～,118

Palmer, Craig,克雷格·帕尔默,250

Paternity, certainty of,父权的确定性,80,105-106,174,195-196

Patriarchy,父权制,333-338

Perilloux, Carin,卡琳·佩里厄,228

Pinker, Steven,史蒂芬·平克,26,184

Polyamory,多边恋,24,126,147,330

Polyandry,一妻多夫制,24

Polygamy,多偶制,307,342

Polygyny,一夫多妻制,24,40,84,86,192,219,283-285,317,318,343

Pornography,色情文学,121,127

Posner, Richard,理查德·波斯纳,107

Pregnancy,怀孕
 after casual sex,发生随意性关系之后～,33,143,241
 after rape,强奸之后～,254-255,258
 birth control,避孕/生育控制,34,106,112,149,261
 spousal abuse during,～期间虐待配偶,214
 waist-to-hip ratio,腰臀比,93

Primary sexual orientation,首要性取向,21

Promiscuity,滥交,116,124,137,142,175

Prostitution,卖淫,133,135-136

Psychological abuse,心理虐待,243

Psychological mechanisms 心理机制
 advertising, use of in,广告中～的使用,102
 assessment of relationship,评估关系,273
 attracting a mate,吸引一位伴侣,151-

152
changes in relationship, 关系的变化, 295, 316, 325
coercive sex, 强迫发生的性关系, 250-251
commitment, 承诺, 68
conflict and, 冲突和～, 238
cultural variations, 文化差异, 343
defined, 明确的～, 5
homosexual mate preferences, 同性恋者的配偶偏好, 110
infidelity, 不忠/背叛, 281
mate ejection, 抛弃配偶, 17, 275
mate selection, 挑选配偶, 36
mate-switching, 更换配偶, 291
   resources and status, attainment of, 资源和地位的获得, 334
   short-term mating, 短期择偶, 120, 143, 340
spousal homicide, 杀害配偶, 219
Psychological pain hypothesis, 心理创伤假设, 265
Psychology, evolutionary, 进化心理学, 5

Rape, 强奸
   anti-rape defenses, 反强奸防御性, 259-266
   bodyguard hypothesis, 保镖假设, 263-265
   date rape, 约会强奸, 143, 249, 257
   distribution of across female menstrual cycle, ～在女性生理周期中的分布,

261
high ratio of males, 男性的比例高, 324
male proclivity toward, 男性的～倾向, 256
male rapists, characteristics of, 男性强奸犯的特征, 256, 324
marital, 婚内～, 256
marital status, sexual victimization and, 性侵害和婚姻状态, 264-265
mate deprivation hypothesis, 配偶剥夺假设, 252-253
pregnancy rate after, ～导致的怀孕率, 254-255
psychological pain hypothesis, 心理创伤假设, 265
rape-as-adaptation theory, 强奸适应理论, 250-251, 266
risk avoidance during ovulation, 排卵期避免冒险, 261-262
"special friends," "特别的朋友", 260
stranger rape, fear of, 对陌生人强奸的～恐惧, 263
types of, ～的类型, 256-257
victim trauma, 受害者创伤, 258-259
victims, age of, 受害者的年龄, 254
war related, 战争中发生的～, 257, 259-260, 346
women's risk avoidance maneuvers, 女性的避免冒险策略, 262-263
young women, vulnerability of, 年轻女性的脆弱性, 254

young women's fear of，年轻女性对～的恐惧，263

Reproduction expediting，繁殖加速，305

Reproductivity，繁殖能力

 aging and，年龄增长和～，83，304 - 305

 concealed ovulation，隐蔽的排卵，104

 female beauty and，女性美和～，86 - 87，90，92 - 93

 mate value of women，女性的配偶价值，83，87，168，272，276，295 - 298，302 - 303，327

 menopause，更年期，308 - 311，325 - 326

 reproductive advantages，生殖优势，10 - 11，62 - 63

 reproductive success，繁殖成功率，8，15，33 - 34，80，101，105 - 106，290，298，312，336，345

Resources，资源

 access to，～获得，44 - 45，69，134 - 135，335 - 336

 changes in men's，男性的～变化，273，311 - 312

 dependability and stability, importance of，可靠性和稳定性的重要性，49 - 51

 display of，炫耀～，154 - 157

 failure to provide，未能提供～，69，282 - 283

 fidelity/infidelity，忠诚/不忠，64 - 65，276 - 278

 generosity with，对～的慷慨，34，154，156

 health of mate and，配偶的健康和～，62

 intelligence as predictor of resource acquisition，聪明才智作为资源获取的预测因素，51 - 53，75

 investment of，投资，235 - 238

 mate retention，留住配偶，206

 men's ability to attract wives，男性吸引妻子的能力，74

 men's control of，男性对～的控制，333 - 338

 as necessity rather than luxury，～作为必需品而不是奢侈品，39，44

 potential，～潜力，35，36 - 41，47 - 49，156

 powerful women's preferences，女强人的偏好，67 - 71

 reproductive，生殖～，33，67，75

 securing commitment of，确保～的承诺/投入，67

 sharing among wives，由多位妻子共享～，284 - 285

 short-term sex and，短期性关系和～，134 - 135

 social status，社会地位，41 - 44

 stockpiling，囤积～，312

 withholding，抑制～，288

 women's preference for older men，女性偏好年长的男性，44 - 48

Romantic fallacy，浪漫主义谬误，27

Rubin, Zick, 齐克·鲁宾, 54

Scelza, Brooke, 布鲁克·谢尔扎, 202
Schmitt, David, 戴维·施密特, 42, 193, 194
Schwartz, Pepper, 佩珀·施瓦茨, 99
Sex cells, differences in, 性细胞的差异, 31-32
Sex ratio imbalance 性别比失衡
 among college-educated group, 受过大学教育人群中的~, 320
 destabilization of marriages, 婚姻不稳定, 321, 323
 divorce rates, 离婚率, 322
 earlier death of men, 男性早亡, 319
 female participation in paid employment, 女性参与有偿就业, 322
 lower mate value of older women, 年长女性配偶价值降低, 321
 men marrying younger women, 迎娶年轻女性的男性, 319
 sexual strategies, 性策略, 24-25, 324-325, 342
 short-term sex and, 短期性关系和~, 145-146, 187
 violence toward women, 针对女性的暴力, 323-324
 war, likelihood of, 战争的可能性, 324
 women's enhancement of appearance, 女性改善外貌, 323
Sex-role reversed species, 性别角色颠倒的物种, 32
Sexual aggressiveness, 性侵犯, 229-231
Sexual assault. 性侵犯, **参见** rape
Sexual desire, changes in over time, 性欲随时间的变化, 298-300
Sexual mind reading, 性心理解读, 180, 226-232, 228, 229
Sexual orientation 性取向
 butch vs. femme, 充当男性角色的女同性恋者与充当女性角色的女同性恋者, 71-72
 casual sex and, 随意性关系和~, 132-133
 development of in males, 男性~的发展, 21, 22
 gender identity, 性别认同, 21, 22
 genetic basis of, ~的遗传基础, 20
 kin selection theory, 亲属选择理论, 97
 mate preferences of homosexuals, 同性恋者的配偶偏好, 71-72, 96-99
 primary, 首要~, 21
 same-sex mate preference percentage, 同性配偶偏好比例, 96-97
 sexual flexibility of women, 女性的性取向灵活可变, 21-22
Sexual overperception bias, 夸大型的性知觉偏误, 227-229, 248
Sexual selection theory, 性选择理论, 3-5
Sexual signaling, 性暗示, 177-182
Sexy son hypothesis, 性感儿子假设, 140-

141, 167, 184

Short-term mating, 短期关系/短期择偶, 11, 19, 34, 62, 80, 108, 153, 160, 175, 182, 187, 246, 308, 339, 340

另见 casual sex

Sincerity, 真诚, 66

Singh, Devendra, 德文德拉·辛格, 91-92

Slemp, Jennifer, 詹尼弗·斯莱普, 178

Smith, Robert, 罗伯特·史密斯, 138

Smuts, Barbara, 芭芭拉·斯马茨, 57, 60, 260, 333, 335

Sneak, or satellite, strategy, 跟踪或尾随策略, 167

Social conflict, 社会冲突, 224

Social status of men, 男性社会地位

  age and, 年龄和～, 44-48, 313-314

  attracting mates, 吸引伴侣, 151-153

  changes in, ～的变化, 139-140, 197

  commitment, 承诺, 81

  competition for, 关于～的竞争, 166-167

  conflict, 冲突, 224

  control of resources, 控制资源, 41-42

  elevation of, ～的提升, 48, 272, 326

  mate value, 男性价值, 42-44, 74, 311-316

  tallness, 身高, 58

  women's beauty and, 女性的美丽和～, 95-96, 100-101

women's response to sexual harassment and, 女性对性骚扰的反应和～, 248

Sociosexual orientation, 社会性取向, 115

Specialized psychological pain, 特殊的心理痛苦, 265

Sperm competition, 精子竞争, 116, 191, 251, 256

Sperm production, effect of separation of mates from each other on, 配偶彼此分开对精子产生的影响, 117

Sperm retention and orgasm, 精子留存率与性高潮, 118

Sprecher, Sue, 苏·斯普雷彻, 64

Status competition, 地位竞争, 166

Staying together 在一起/长相厮守

  emotional manipulation, 情感操纵, 207-209

  exploitation of psychological adaptations, ～对心理适应机制的利用, 220-221

  fulfilling mate's desires, 满足配偶的欲望, 204-207

  mate-poaching, 窃取配偶, 168, 192-195, 209-213, 216, 337, 342

  preserving a long-term bond, 维持长期纽带, 290

  sexual jealousy and, 性嫉妒和～, 195-200, 216-219

  另见 harmony; mate keeping

Stranger rape, 陌生人强奸, 257, 263

Strategic interference, 策略冲突, 19

Structural powerlessness，结构性权力缺乏，70 - 71

Studies. 研究. 参见 animal studies；cultural studies

Survival strategies，生存策略，8，23

Symmetry，对称性，60 - 62，89 - 90

Symons, Donald，唐纳德·西蒙斯，126，129，256

Testes, sperm competition and size of，精子竞争和～的大小，116

Thornhill, Randy，兰迪·桑希尔，89 - 90，250

Tinder，美国的一款约会软件（类似陌陌），162，163，164，187，332，342

Tooke, William，威廉·图克，161

Townsend, John Marshall，约翰·马歇尔·汤森，156

Trivers, Robert，罗伯特·特里弗斯，162

Twain, Mark，马克·吐温，308

Unkindness，不近人情，67，285 - 288

Variety, sexual，性多样化，81，120 - 129，132，146，250，307，332

Vigilance，警惕，15，196，205，210，241，243，302

Violence，暴力
    in combat，战斗中的～，270 - 271
    female vulnerability，女性的脆弱性，138
    infidelity，不忠/背叛，217
    intimate partner，亲密伴侣，243 - 245，256
    jealousy，嫉妒，15，208，214，217，220
    to mate poachers，针对窃偶者的～，194，196，212 - 213
    as mate retention tactic，～作为留住配偶的手段，15，212
    mating and，择偶和～，343 - 347
    protection by extended kin，受到亲属网络的保护，257
    against women，针对女性的～，260，265，323 - 324

Virginity，童贞，106 - 108，111，130，136，341

Wade, T. Joel，乔尔·韦德，178

Waist-to-hip ratio，腰臀比，92 - 93

War-related rape，战争中发生的强奸，257，259 - 260，346

West, Mae，梅·韦斯特，175，181

Wiederman, Michael，迈克尔·维德曼，70

Wilson, Margo，马戈·威尔逊，263 - 264

withdrawal of sex，性拒绝，281 - 282，290

Wolf, Naomi，娜奥米·沃尔夫，172

Women，女性
    anti-rape defenses，反强奸防御性，259 - 266
    appearance, sexualization of，外貌的

性化，178-179

changes in mate value，配偶价值的变化，295-298, 301, 327

competition among，～间的竞争，14-15, 103-104, 337

concealed ovulation，隐蔽的排卵，104

cosmetic advertisements, negative effects of，化妆品广告的负面影响，173-174

deception by，被～欺骗，187, 239

exploitation of men's sexual overperception bias，利用男性的夸大型性知觉偏误，229

fantasies，幻想，129, 229-230, 305, 308, 332

flexibility, sexual，性的灵活多变，21-22

harassment, sexual，性骚扰，247-248, 344

ideal body shape, perception of，对理想体型的感知，91

limited reproductive opportunities of，～有限的繁殖机会，33

mate choice, investment in，配偶选择中的投资，32-33

mate-finding difficulty of college-educated women，受过大学教育的女性择偶难，320

mate guarding of young wives，年轻妻子守卫配偶，303

moodiness，喜怒无常，234-235

orgasm, functions of，性高潮的功能，118-119

patriarchy, role of women in，父权制中的女性角色，334-335

prostitution，卖淫，135-136

reproductive capacity，繁殖能力，83, 86-87, 90

reproductive value of，～的生殖价值，33, 82-83, 86-87

sex drive，性冲动，121

sexual regret，性后悔，129-130

sexual signaling，性暗示，177-182

withholding sex，性抑制，231, 232, 281-282, 290

另见 commitment

Women, mating preferences of ambition，女性偏好有抱负的配偶，34, 48-49

ancestral women，女性祖先，33-34, 41, 45, 53, 76, 114, 134, 151, 241

assessment of a man's attributes，评估男性的特质，34-36

compatibility，和谐共处，53-56

context-dependent shifts in，女性欲望的情境性转变，72-73

deal breakers，坏事因素，68

dependability，可靠性，49, 51, 73, 327, 331, 344

education，教育，42-43

emotional stability，情绪稳定性，50-51

emotional support，情感支持，65

evolutionary roots of，～的演化根源，

31-34
fidelity, 忠诚, 64
good genes, 优良基因, 52-53, 73, 141
health cues, 健康的线索, 60-62
incest avoidance, 防止乱伦, 68
industriousness, 勤奋, 48-49, 51, 71, 73
lesbian preferences, 女同性恋偏好, 71-72
love, 爱情, 63-66
masculine features/masculinity, 男性化特征/男子气概, 57-62
mate copying, 配偶复制, 72
mate value of older men, 年长男性的配偶价值, 44-48, 314, 326
men's status and resource-acquisition drives, influence on, 男性获取地位和资源的动力对～的影响, 71
number of desired sex partners, 理想性伴侣的数量, 120-121
nurturance toward children, 抚养孩子, 159-160
during ovulation, 排卵期～, 141
resource potential, 资源潜力, 36-41
sex with strangers, 与陌生人发生性关系, 114, 121-122
social status, 社会地位, 41-45
tallness, 身高, 58-59

temporary lovers, 暂时的情人, 81, 135, 137, 140
trade-offs, 交易, 36, 76-77
universality of, ～的普遍性, 40
V-shaped torso, V形身材, 58
women with power, 掌握权力的女性, 68-71
younger men, 年轻男性, 46-47
另见 casual sex; extramarital sex; intelligence; long-term mating; short-term mating

Yosef, Reuven, 鲁文·优素福, 37
Youth, 年轻
appearance enhancement by women, 女性改善外貌, 168-174
gay men's preference for, 男同性恋者对～的偏好, 97, 99, 110
as indicator of reproductive potential, ～作为生殖能力的象征, 110
mate value of women, 女性的配偶价值, 296, 301, 311-315, 327
media images of, ～的媒体形象, 102
men's preference for, 男性对～的偏好, 83-86, 111, 296, 327
physical cues to, ～的体征, 87-90

Zahavi, Amotz, 阿莫茨·扎哈维, 184

译后记

美国得克萨斯大学奥斯汀分校的心理学教授戴维·巴斯是进化心理学领域的集大成者。他运用大规模跨文化研究，以传统的社会科学方法验证了演化理论对人类心理机制的猜想。他的《进化心理学》（第4版）一书已在国内翻译出版（张勇、蒋柯译，商务印书馆2015年出版）。这本《欲望的演化》也是进化心理学领域的重要前沿著作。该书探讨了其他学科较少涉及的课题——人类择偶行为的进化心理机制，在实证研究的基础上解释了两性择偶欲求、吸引策略、短期性行为、两性冲突以及两性和谐共处等内容，在人类探索自身的科学历程上具有填补空白的意义。该书体现了进化心理学的独到视角，为我们揭开了爱情和婚恋的神秘面纱，使进化心理学的研究更贴近我们的生活。它不仅适合于心理学专业的学者和学生研读，也可供社会学、人类学、生物学等领域的研究人员参考使用。

本书初版于1994年，后经作者增补，2003年出了修订版，谭黎与王叶于2009年对修订版进行了翻译。2016年作者再次增补修订，出版了修订更新版，本次翻译依然由谭黎与王叶完成。翻译工作自2018年9月份起始，最终于2019年8月完成初稿。接下来的两个月，我们两人互相仔细校阅了对方翻译的章节，并请方文老师过目，经过反复修改后定稿。具体分工如下：谭黎负责翻译第一章到第五章及"索引"后半部分；王叶负责翻译第六章到第十章和"序言""致谢"，以及"索引"前半部分。

需要说明的是，原书援引了许多人类学和生物学的研究发现，其中包含一些较为罕见的地名和物种名称，译者根据相关的翻译工具书尽量给出中文译名。对于个别"遍寻不着"的专业名词，在询问了相关专业的人士之后，如果目前尚无中文译法，我们也不敢贸然译出，因此保留英文原文。

十余年如一梦，此身虽在堪惊。

十载悠悠，转瞬须臾，当大洋彼岸的巴斯先生继续探索进化心理学更深层次的奥义之时，我们在专业领域的学习却止步于十年前，因此当恩师再次将最新修订版翻译的任务交托给我们时，我们内心喜悦与忐忑的心情杂陈，喜悦于所学尚有用武之地，忐忑于自身在专业上的不足。方文老师历来治学严谨，研究学问与教导学生从不马虎，纵使我们离开学校数年，恩师的教诲如在耳边，时刻指导我们的言行。身为学生自当勤勉，不辱没门风，不愧对恩师。此记再次感谢恩师方文的教导与信赖。

王叶　谭黎
2019 年 10 月于北京

当代西方社会心理学名著译丛

《归因动机论》

- 著名社会心理学家、归因理论集大成者伯纳德·韦纳收山之作
- 深入探究社会动机，独到剖析社会正义，透彻解读道德情感

伯纳德·韦纳 著
周玉婷 译
ISBN：978-7-300-28542-9
出版时间：2020 年 9 月
定价：59.80 元

《偏见》（第 2 版）

- 著名社会心理学家鲁珀特·布朗关于偏见研究的全新作品
- 正确理解偏见、积极消除偏见、客观认识世界的不二之选

【英】鲁珀特·布朗 著
张彦彦 译
ISBN：978-7-300-28793-5
出版时间：2021 年 1 月
定价：98.00 元

《努力的意义：积极的自我理论》

- 全球最大教育奖"一丹教育奖"首位获奖者扛鼎之作
- 汇集 30 余年自我理论研究之精华，挑战错误的教育观念
- 帮助下一代充分实现自我潜能，成为比我们更了不起的人

【美】卡罗尔·德韦克 著
王芳 左世江 等 译
ISBN：978-7-300-28458-3
出版时间：2021 年 3 月
定价：59.90 元

《偏见与沟通》

- 深刻揭示偏见与沟通的开创性著作
- 全面了解群际接触理论及研究的必读书

【美】托马斯·佩蒂格鲁，琳达·特罗普 著
林含章 译
ISBN：978-7-300-30022-1
出版时间：2022 年 1 月
定价：79.80 元

《情境中的知识：表征、社群与文化》

- 伦敦政治经济学院社会心理学资深教授约夫切洛维奇扛鼎之作
- 深入理解知识的社会心理路径的不二之选

【英】桑德拉·约夫切洛维奇 著
赵蜜 译
ISBN：978-7-300-30024-5
出版时间：2022 年 1 月
定价：68.00 元

《道德之锚：道德与社会行为的调节》

- 斯宾诺莎奖（荷兰最高科学奖）获得者关于道德心理学的最新力作
- 除非将道德看作一种群体现象，否则我们就无法理解道德

【荷】娜奥米·埃勒默斯 著
马梁英 译
ISBN：978-7-300-31154-8
出版时间：2023 年 1 月
定价：88.00 元

The Evolution of Desire: Strategies of Human Mating, Revised and Updated Edition

By David M. Buss

Copyright © 1994 by David M. Buss

Revised edition copyright © 2003 by David M. Buss

Revised and updated edition copyright © 2016 by David M. Buss

This edition published by arrangement with Basic Books, an imprint of Perseus Books, LLC, a subsidiary of Hachette Book Group, Inc., New York, New York, USA.

Simplified Chinese version © 2020 by China Renmin University Press.

All Rights Reserved.

图书在版编目（CIP）数据

欲望的演化：人类的择偶策略：最新修订版/（美）戴维·巴斯（David M. Buss）著；王叶，谭黎译. -- 北京：中国人民大学出版社，2020.8
（当代西方社会心理学名著译丛）
书名原文：The Evolution of Desire：Strategies of Human Mating 4e
ISBN 978-7-300-28329-6

Ⅰ.①欲… Ⅱ.①戴… ②王… ③谭… Ⅲ.①恋爱心理学-研究 Ⅳ.①C913.1

中国版本图书馆 CIP 数据核字（2020）第 115444 号

当代西方社会心理学名著译丛
方文　主编
欲望的演化：人类的择偶策略（最新修订版）
［美］戴维·巴斯（David M. Buss）　著
王叶　谭黎　译
Yuwang de Yanhua：Renlei de Zeou Celüe（Zuixin Xiudingban）

出版发行	中国人民大学出版社			
社　　址	北京中关村大街 31 号	邮政编码	100080	
电　　话	010 - 62511242（总编室）	010 - 62511770（质管部）		
	010 - 82501766（邮购部）	010 - 62514148（门市部）		
	010 - 62511173（发行公司）	010 - 62515275（盗版举报）		
网　　址	http：//www.crup.com.cn			
经　　销	新华书店			
印　　刷	北京昌联印刷有限公司			
规　　格	170 mm×240 mm　16 开本	版　　次	2020 年 8 月第 1 版	
印　　张	23.5 插页 2	印　　次	2025 年 10 月第 10 次印刷	
字　　数	340 000	定　　价	79.80 元	

版权所有　侵权必究　印装差错　负责调换